中华译学倡立之传宗旨

以中华为根　译与学并重

弘扬优秀文化　促进中外交流

拓展精神疆域　驱动思维创新

丁酉年冬月许钧撰　罗卫东书

"十四五"时期国家重点出版物出版专项规划项目

中华译学馆·中华翻译研究文库

许 钧 ◎ 总主编

张柏然翻译思想研究

胡开宝 辛红娟 ◎ 主编

ZHEJIANG UNIVERSITY PRESS
浙江大学出版社

总　序

改革开放前后的一个时期,中国译界学人对翻译的思考大多基于对中国历史上出现的数次翻译高潮的考量与探讨。简言之,主要是对佛学译介、西学东渐与文学译介的主体、活动及结果的探索。

20世纪80年代兴起的文化转向,让我们不断拓展视野,对影响译介活动的诸要素及翻译之为有了更加深入的认识。考察一国以往翻译之活动,必与该国的文化语境、民族兴亡和社会发展等诸维度相联系。三十多年来,国内译学界对清末民初的西学东渐与"五四"前后的文学译介的研究已取得相当丰硕的成果。但进入21世纪以来,随着中国国力的增强,中国的影响力不断扩大,中西古今关系发生了变化,其态势从总体上看,可以说与"五四"前后的情形完全相反:中西古今关系之变化在一定意义上,可以说是根本性的变化。在民族复兴的语境中,新世纪的中西关系,出现了以"中国文化走向世界"诉求中的文化自觉与文化输出为特征的新态势;而古今之变,则在民族复兴的语境中对中华民族的五千年文化传统与精华有了新的认识,完全不同于"五四"前后与"旧世界"和文化传统的彻底决裂与革命。于是,就我们译学界而言,对翻译的思考语境发生了根本性的变化,我们对翻译思考的路径和维度也不可能不发生变化。

变化之一,涉及中西,便是由西学东渐转向中国文化"走出去",呈东学西传之趋势。变化之二,涉及古今,便是从与"旧世界"的根本决裂转向对中国传统文化、中华民族价值观的重新认识与发扬。这两个根本性的转变给译学界提出了新的大问题:翻译在此转变中应承担怎样的责任? 翻译在此转变中如何定位? 翻译研究者应持有怎样的翻译观念? 以研究"外译中"翻译历史与活动为基础的中国译学研究是否要与时俱进,把目光投向"中译外"的活动? 中国文化"走出去",中国要向世界展示的是什么样的"中国文化"? 当中国一改"五四"前后的"革命"与"决裂"态势,将中国传统文化推向世界,在世界各地创建孔子学院、推广中国文化之时,"翻译什么"与"如何翻译"这双重之问也是我们译学界必须思考与回答的。

综观中华文化发展史,翻译发挥了不可忽视的作用,一如季羡林先生所言,"中华文化之所以能永葆青春","翻译之为用大矣哉"。翻译的社会价值、文化价值、语言价值、创造价值和历史价值在中国文化的形成与发展中表现尤为突出。从文化角度来考察翻译,我们可以看到,翻译活动在人类历史上一直存在,其形式与内涵在不断丰富,且与社会、经济、文化发展相联系,这种联系不是被动的联系,而是一种互动的关系、一种建构性的力量。因此,从这个意义上来说,翻译是推动世界文化发展的一种重大力量,我们应站在跨文化交流的高度对翻译活动进行思考,以维护文化多样性为目标来考察翻译活动的丰富性、复杂性与创造性。

基于这样的认识，也基于对翻译的重新定位和思考，浙江大学于 2018 年正式设立了"浙江大学中华译学馆"，旨在"传承文化之脉，发挥翻译之用，促进中外交流，拓展思想疆域，驱动思想创新"。中华译学馆的任务主要体现在三个层面：在译的层面，推出包括文学、历史、哲学、社会科学的系列译丛，"译入"与"译出"互动，积极参与国家战略性的出版工程；在学的层面，就翻译活动所涉及的重大问题展开思考与探索，出版系列翻译研究丛书，举办翻译学术会议；在中外文化交流层面，举办具有社会影响力的翻译家论坛，思想家、作家与翻译家对话等，以翻译与文学为核心开展系列活动。正是在这样的发展思路下，我们与浙江大学出版社合作，集合全国译学界的力量，推出具有学术性与开拓性的"中华翻译研究文库"。

积累与创新是学问之道，也将是本文库坚持的发展路径。本文库为开放性文库，不拘形式，以思想性与学术性为其衡量标准。我们对专著和论文(集)的遴选原则主要有四：一是研究的独创性，要有新意和价值，对整体翻译研究或翻译研究的某个领域有深入的思考，有自己的学术洞见；二是研究的系统性，围绕某一研究话题或领域，有强烈的问题意识、合理的研究方法、有说服力的研究结论以及较大的后续研究空间；三是研究的社会性，鼓励密切关注社会现实的选题与研究，如中国文学与文化"走出去"研究、语言服务行业与译者的职业发展研究、中国典籍对外译介与影响研究、翻译教育改革研究等；四是研究的(跨)学科性，鼓励深入系统地探索翻译学领域的任一分支领域,如元翻译理论研究、翻译史研究、翻译批评研究、翻译教学研究、翻译技术研究等,同时鼓励从跨学科视角探索翻译的规律与奥秘。

青年学者是学科发展的希望,我们特别欢迎青年翻译学者向本文库积极投稿,我们将及时遴选有价值的著作予以出版,集中展现青年学者的学术面貌。在青年学者和资深学者的共同支持下,我们有信心把"中华翻译研究文库"打造成翻译研究领域的精品丛书。

许　钧

2018 年春

前　言

　　转眼间,导师张柏然教授去世已近五年。他虽远去,却留下了包括其翻译思想在内的一大笔丰富的精神遗产。导师是江苏常州人,生前担任南京大学外国语学院教授、博士生导师,兼任中国翻译协会副会长和中国辞书学会副会长。他不仅在双语词典编纂研究领域成绩斐然,而且在翻译学理论构建和翻译学人才培养方面成就卓著。导师主编出版了《新时代英汉大词典》,开创了国内运用语料库编纂大型双语词典的先河,该词典获得江苏省人文社会科学优秀成果奖一等奖、教育部人文社会科学成果奖二等奖;翻译出版了《职业的选择》《人生的枷锁》《超载》《大白鲨》《死胡同》《沸腾的群山》《血谜》《人的本性》以及《绿阴山强盗——约翰·契弗短篇小说选》等英美文学名著,其中《人生的枷锁》获中国外国文学优秀图书二等奖。导师还发表、出版了数十篇(部)双语词典学和翻译学研究的著述。

　　细读导师发表、出版的翻译研究著述,我们发现,导师的翻译思想已发展成为辩证而中庸、兼容并蓄的思想体系。导师的翻译思想以中国特色翻译学思想为内核,以中西交融、传统与现代并重为特色,既强调翻译研究的人文性,也推崇翻译研究的科学性。然而,遗憾的是,导师的翻译思想散见于不同的著述之中,未曾得到系统整理,而且国内翻译学界一直过分强调西方翻译理论的引介和应用,因而没有得到应有的关注。为此,我们倡导并组织同门一起撰写《张柏然翻译思想研究》一书,系统梳理并阐发导师的翻译思想,以彰显导师对翻译学理论构建的追求及其对中国翻译学科建设的贡献。

《张柏然翻译思想研究》一书由引论、正文和附录三大部分组成。在引论部分,许钧教授深情地回忆了他和张柏然教授携手译学研究和翻译传承的友情,并结合张柏然教授的著作《译学研究叩问录》,分析了新时代背景下翻译学科面临的际遇与应担负的学术使命。正文部分由四编组成。第一编收入 5 篇文章,系统而深入地分析了导师中国特色翻译学思想的主要内容、特征与价值,描绘了张柏然中国特色翻译学思想的全景。第二编收入 6 篇文章,从西方译论观、比较译学观和中国译论观等视角展现了导师对于中西译论深刻而独到的阐释。第三编收入 5 篇文章,分别从美学特质、传统诗学要素、美学观和翻译学派观阐述了导师的翻译学思想,尤其是他的中国特色翻译学思想对当下翻译研究和翻译学科建设的重要启示意义。第四编收入 4 篇文章,侧重于分析导师的翻译人才培养观。附录部分是张柏然学术编年,系统地梳理了导师的学术生涯和学术成就。

本书是同门精诚合作的结晶。为确保本书撰写任务顺利完成,我们专门成立了由导师培养的 27 位博士组成的编委会。编委会先后召开了两次全体会议,确定了本书的写作思路和原则以及全书的框架和章节安排。正文部分共收录了 14 位同门及其弟子撰写的 20 篇专题研究文章。附录部分"张柏然学术编年"由辛红娟及其指导的研究生蒋梦缘共同完成。全书的设计与统稿由胡开宝和辛红娟负责。限于篇幅,本书未能收录所有同门的文章,不过大家都以不同的方式关注并支持着本书的撰写与出版,在此谨向全体同门表示衷心感谢。没有大家的精诚合作和辛勤付出,本书的撰写不可能顺利完成。

本书辑录的部分论文已在不同的学术期刊发表,在编辑过程中,我们虽已尽力对体例进行了统一处理,但仍难免有不统一的地方。同时,各篇论文从不同视角探究张柏然先生的学术思想,对其学术著述的引用也难免存在重复现象。此外,本书对张柏然先生学术生涯时长的表述保留了每篇文章发表时的用语。

我们特别感谢浙江大学文科资深教授许钧先生。他自始至终关注并支持本书的撰写与出版,承担了本书稿件的审稿工作。他欣然同意将该书收入他主编的"十四五"时期国家重点出版物出版专项规划项目——浙江大学"中华译学馆·中华翻译研究文库",并担任《宁波大学学报》和《解放军外国语学院学报》"张柏然翻译思想研究"专栏的主持人。我们感谢《宁波大学学报》和《解放军外国语学报》在版面十分紧张的情况下出版专栏,发表张柏然翻译思想研究的专题文章;感谢《中国翻译》《上海翻译》《外语教学》《外语研究》《外语学刊》和《外国语言与文化》等学术期刊刊载了本书收录的部分文章。最后,我们还要感谢浙江大学出版社同仁对本书编辑与出版所给予的大力支持,特别感谢本书责任编辑张颖琪老师的无私付出与严谨敬业!

胡开宝　　　辛红娟

上海外国语大学　宁波大学

2022 年 3 月

目　录

引　论

引　论

坚守与求索

——张柏然教授的译学思考与人才培养

许　钧

浙江大学

摘　要: 张柏然教授为我国著名翻译家、双语词典编纂家,曾任中国辞书学会副会长、中国翻译协会副会长、江苏省翻译工作者协会会长,《新时代英汉大词典》主编。张柏然教授毕生致力于中国特色译学理论的构建与翻译人才培养工作,先后培养了 28 位翻译学和双语词典学博士。本文梳理了笔者与张柏然教授携手译学研究与翻译传承二十余年的友情,结合张柏然教授的著作《译学研究叩问录》,分析了新时代背景下翻译学科面临的际遇与应担负的学术使命。

关键词: 张柏然,中国特色,译学研究,人才培养

2017 年 5 月 26 日,张柏然教授因病溘然辞世,业界大恸,我的悲伤尤甚。张柏然教授与我交情甚笃,我们两人在翻译方面的认知、对翻译事业的追求以及在翻译学研究生培养理念上一直非常投契。5 月,往往是学人最为忙碌的月份。在徐州开完江苏省翻译协会年会回到南京,我心里总想着病中的张柏然教授。26 日早上起床后,没有任何来由,我突然特别想去看看当时在江苏省人民医院住院治疗的他。上午十点左右,我进入病房。见到我,柏然教授显得非常高兴,虽然已不能清晰交流,但他端起正由亲人手持的水杯,独立将水喝完,向我证明他一切都还好,目光中透出的坚毅深深地嵌入了我的心底。因不便打搅太久,短暂探视后我很不舍

地告辞离开。未料，当天下午三点半，便接到他辞世的噩耗。那日的短暂
会面和动心的交流，至今仍清晰地刻在我记忆的深处。二十多年的时光
如梭，与张柏然教授相知、相交的一幕幕，宛如一幅新时代译学画卷，在我
眼前徐徐展开……

一、道一风同：携手译学研究与翻译传承

1991 年，我调入南京大学外文系任教，从事法国文学的译介研究与翻
译人才培养。张柏然教授当时已是南京大学双语词典中心主任，在外文
系执教，是国内外语界为数不多的富布赖特高级访问学者，已经参与翻译
出版《职业的选择》《人生的枷锁》《超载》《大白鲨》《死胡同》《沸腾的群山》
《血谜》《人的本性》以及《绿阴山强盗——约翰·契弗短篇小说选》等英美
文学名著，其中《人生的枷锁》获中国外国文学优秀图书二等奖。由于共
同的工作环境，对文学、文字的痴迷，我们之间的交往逐渐多起来，成为学
术上的好同事、好朋友。

20 世纪 70 年代末，改革开放，国门打开，国外起步于世纪中期的各家
各派翻译理论研究成果被逐渐介绍到中国来，激发起一批具有敏锐前沿
意识和宽阔学术视野的学者对翻译理论的关注，翻译研究成果一时蔚为
大观。1997 年，张柏然教授与我从江苏译界学人此前近二十年间陆续发
表的学术论文中选出 52 篇汇集而成《译学论集》。这一年，张柏然教授明
确提出建立"中国翻译学"的主张，呼吁翻译界在西方翻译理论引进的高
潮中，结合当代学理开展中国翻译理论冷思考，对一些具有世界意义的中
国译学经典进行现代性的"还原释读"，超越非此即彼的东西文化冲突模
式，凝练出翻译研究的中国经验与中国智慧。张柏然教授的这一主张具
有号召力。在打开视野开展翻译研究的过程中，我发现当代翻译理论几
乎都是西方的，便希望能把中国几千年来的翻译实践和翻译研究状况做
个梳理与总结，使其得以进入国际学术交流中去，让西方了解中国的翻译
理论和研究现状。因此，也是在这一年，我给世界著名翻译学理论杂志
META 主编写信，希望就中国的翻译理论与实践做一专号，让翻译世界听

到中国翻译学者的声音,这一愿望得到了主编的首肯。而选编《译学论集》,我特别赞同张柏然教授所确定的文集整体遴选方针,那就是"中国译论要有中国味"。近代西方文化对中国的冲击规模大且影响深,致使中国传统的美学和译论一度遭受冷遇。在他看来,在大量引进西方现代译论和美学思想的同时,我们必须重新重视且广为弘扬我国传统的翻译理论和美学思想,"只有把握住了我们自己的传统,才可能在对话中充满底气,使弘扬落在实处,为创造打下基础"①。集内所收论文,有的是学贯中西、蜚声中外的学界耆宿之手笔,有的是著译颇丰、成绩斐然的中年学者的研究成果,有的则是学坛新秀的精心之作。他们或从理论的高度,对翻译理论做整体的把握和全方位的思考;或借鉴"西方话语",从某一特定视角入手,对所议论题层层剖析,在具体分析中去展示译学的迷人风采;或以美学为纲绳,探测挖掘翻译这一特殊的人类"生命—精神"活动的美的灵光。《译学论集》中的论文从哲学、美学、语言学、文体学、语义学、社会符号学等不同视角对中国译学展开系统的理论探讨,同时还从译者主体、翻译过程、审美同构等前沿视点展开对文学复译、典籍翻译,以及异国情调再现的批评研究。《译学论集》的问世既是对既往翻译学理的梳理与回顾,也预示了新世纪译学研究的走向——中国翻译学界将从跨学科的角度展开对中国翻译的走向、翻译的基本问题、翻译的本体、翻译与文化的关系等重要问题的系统、科学研究。

站在世纪门槛处的中国学者逐渐褪去 90 年代初对于西方译论的普遍狂热,多了些冷静的思考,越来越多的学者有了明确的中西比较译学意识,注重从西方译学获得启示,展开对中国译学研究的理论思考,群策群力创建中国翻译学。此时,"中国特色的翻译学"和"中国翻译学"已然呼之欲出。2001 年年末,张柏然教授在《光明日报》发文,呼吁"发展中国的译学研究",倡导在多样性的世界文化中发展我们的中华文化,让中国译学走向世界。② 2002 年春,张柏然教授应香港中文大学之邀赴港,在"词

---

① 张柏然,许钧. 译学论集. 南京:译林出版社,1997:2.

② 张柏然. 发展中国的译学研究. 光明日报,2001-12-25(B03).

典与翻译"的主题演讲中第一次在境外正式发声,明确提出建立"有中国特色的翻译理论"。香港《文汇报》"两地书刊"栏目刊发长文《为翻译学画龙点睛》,专题报道张柏然教授建设有中国特色的翻译理论的学术主张,在境外人文学者中产生了广泛影响。① 为了更加系统地总结我们译学领域的最新实践经验和理论成果,回答译学界普遍关心的一些重大的理论问题与实践问题,推动中国特色翻译理论的建设,张柏然教授又与我着手选编《面向 21 世纪的译学研究》论文集。我们倡导:"中国现代翻译学应该站在现代文化的立场上,寻找曾经孕育了她几千年历史的文化之根,重建传统,同时吸取西方翻译学的智慧,参照现实文化变迁的需要,创建一种具有新的文化精神的翻译学。"②45 篇选文或开展理论性的元思考,或做学科分支性的研究,抑或进行应用性的研讨,都力图从特定的学术视角对具体的翻译现象进行准确诠释,在总揽实际和翔实的资料分析基础上,提出切实可行的对策和思路。学者们意识到对中西译论进行比较研究具有重要意义与作用,中西不同的哲学思想、不同的价值体系以及不同的语言文化,始终对中西译论体系有着重要影响,中西哲学和思想体系对事物的命名传统,对各自译论术语的形成与发展起了至关重要的作用③,因此,译学界需要解决的重要任务之一就是如何发展既切合民族特点,又能与国际接轨,易为外界理解与接受的一整套术语,以期建立一种具有东方神采的"感悟翻译哲学",破解中国思维方式的秘密,融合中国翻译文化的基本特征,促使中国译论走向生命科学,创立一种包含着丰富的中国智慧的"文化—生命翻译诗学"。文集中既有对中国传统译论现代转换和西方现代译论借鉴与使用的思考,也有基于西方学术范式更迭对中国翻译学科的畅想,在一定程度上,这些论文向学界展示了我国老、中、青三代学者新时期以来在译学领域所做的不懈努力,以及他们在融通中西译学、继承和发展中国传统译论方面所取得的研究成果。有学者评论说,该文集"处处

① 余平. 为翻译学画龙点睛——张柏然教授访谈.(香港)文汇报,2002-03-06(PC2).
② 张柏然,许钧. 面向 21 世纪的译学研究. 北京:商务印书馆,2002:编者絮语 6.
③ 谭载喜. 翻译学必须重视中西译论比较研究. 中国翻译,1998(2):16.

洋溢着编著者对翻译实践与理论研究的执着和热情,表现了他们对中国翻译事业在新世纪腾飞的坚定信心"①。

十二年是我国传统天干地支计年法中地支的一个轮回,对世纪之交的中国翻译学而言,十二年则意味着一代学术新人的成长、一股学术中坚力量的养成,意味着翻译学科建设与发展的质的飞跃。自张柏然教授与我联合推出《译学论集》之后的第十二个年头,中国翻译学学科建设已取得重要进展,位于东部沿海地区的江苏省在翻译教学、翻译理论研究和翻译服务等方面更是成绩喜人,学科建设成绩显著,翻译理论研究成果斐然,翻译人才培养规模与速度突飞猛进,省内多家院校相继设立翻译系、翻译硕士专业,招收和培养翻译学的学士、硕士或博士。为了展示江苏翻译学人在译学研究领域所做的不懈努力和对中国传统译论的继承与发展,为了梳理和总结江苏译学研究的成果,促进同行间的交流,让更多的人来关心翻译学科的建设,我们从江苏译界学人在《译学论集》(1997)刊印之后陆续发表的论文中遴选出 48 篇,以《译学新论》为题结集出版。该论集中,既有对《译学论集》原有话题"文学翻译经典化""翻译哲学""翻译美学""翻译文体学""翻译过程""译者主体性"等的深度探讨,也有从后殖民主义、解构主义、互文性理论、计算语言学、语料库语言学等新视角对翻译研究范围的拓展;既有对中国翻译智慧,诸如林语堂、董秋斯、梁实秋、傅雷等翻译家思想的再发掘与再阐释,也更明显、更集中地体现了反思西方翻译理论,建构中国译论的学术努力。全书从一个个侧面体现了我国翻译理论研究在艰难中探索前进的轨迹。新时期的翻译理论改变了原有的面貌,它探索的锋芒射向翻译研究领域的各个方面,论集所收的文章讨论的不少问题是过去的翻译理论研究未曾涉及的,新见迭出。

"随着全球化进程日渐加快,中外交流日益扩大,目前我们几乎能够实现对西方学术界最新成果的同步接受。这看似一种进步,实际上给我

---

① 肖辉. 中国译学的回眸、反思、总结与展望——评《面向 21 世纪的译学研究》. 语言与翻译,2004(1):80.

们造成的困扰也不小。"①翻译学理论的大批、快速涌入,出现了理论速食主义倾向,致使翻译学科在繁荣发展的同时也暗藏危机:"翻译研究在引进各种理论的同时,有一种被其吞食、并吞的趋向,翻译研究的领域看似不断扩大,但在翻译从边缘走向中心的路途中,却潜伏着又一步步失去自己位置的危险。"②也正是在普遍主义与本土理论传统之争,文化研究冲击与审美经验在翻译学中地位的进与退,西方的后现代、后结构、后殖民等"后学"话语的引入与对中国翻译理论研究状况的现实思考中,张柏然教授提出建立一种"渊深宏通、胸襟开放,又新锐高效的学术创新体制"的学术主张。可以说,此种学术主张在我与张柏然教授对翻译学博士生的培养上体现得非常明显。1995 年,我们同时开始指导自己的第一位翻译学博士生,经过整整十年的摸索与共同商讨、切磋,当这批学术新人带着殷殷的学术期许,加入翻译研究的洪流中并迅速成长起来后,在上海译文出版社的支持下,张柏然教授邀我共同策划主编了一套"译学新论丛书",从2005—2009 年共推出翻译学博士生论丛 33 部。"译学新论丛书"有着明确的追求:一是入选的课题力求有相当的理论深度和原创性,能为翻译学科的理论建设和发展起到推动作用;二是研究力求具有系统性,以强烈的问题意识、科学的研究方法、扎实的论证和翔实的资料保证研究质量;三是研究力求开放性,其开放性要求研究者既要有宽阔的理论视野,又要把握国际翻译理论研究前沿的进展状况,特别是要在研究中具有探索的精神,力求有所创新。如今,这 33 部著作的研究者已基本成为当前翻译研究领域的中坚力量,为我国翻译学理论研究与探索的不断深化发挥了重要作用。

从对翻译事业的共同热爱,到同时指导翻译学博士生;从联袂推出第一部翻译学论集,到共同打造译学新人学术丛书;从对外国文字、文学、文化的痴迷,到翻译学科建设的担当,张柏然教授与我从英语、法语出发,跨

---

① 许钧. 从翻译出发——翻译与翻译研究. 上海:复旦大学出版社,2014:245.
② 张柏然,许钧. 译学新论丛书:总序//祝朝伟. 构建与反思——庞德翻译理论研究. 上海:上海译文出版社,2005:总序 5.

越荆棘丛生的字林、语林,在文化与思想的层面思考翻译问题,培养翻译学者,共同推动并见证了中国翻译学科建设的一代风华。

二、"应然"与"实然":叩问译学之"是"

2016 年年末,张柏然教授的大作《译学研究叩问录——对当下译论研究的新观察与新思考》由南京大学出版社刊印发行,堪称国内翻译研究领域首部以问答形式对当下译论研究展开全方位观察与思考的著述。该书是柏然教授指导他的博士辛红娟教授,从宏观理论构建出发,结合具体翻译现象和当下热门话题,对翻译之"应然"与"实然"发出的学术叩问。全书从酝酿到成稿,经历了张柏然教授与病魔抗争,接受化学治疗的全过程,可以说,这部著作从内容到形式都可视作张柏然教授毕生开展翻译理论追索和翻译人才培养的学术映像,令译界后人高山仰止,景行行止。

1.《译学研究叩问录》的学理脉络

在《译学研究叩问录》中,柏然教授将数十年来对译学研究的所思所想,以最生动的问答形式呈现出来。实际上,叩问的做法正是西方贤哲苏格拉底与东方圣人孔子对事物本源的追索方式,能够以灵动的思维无限逼近事物的"应然"与"实然"。全书分上、中、下三编,试图在一问一答之间,或从理论的高度,对翻译理论做整体性的把握和多方位的思考;或秉持中国传统译学理论、借鉴西方译论话语,从某一特定视角出发,对所论议题进行剖析,在具体分析中去探索译学的奥秘;或以哲学、美学为纲绳,探测、挖掘翻译这一人类特殊的精神活动的丰富内涵。该书既侧重于对翻译本体、中国翻译学建设、全球化语境下的翻译理论研究、中国传统译论的现代转换、中国翻译学术话语体系创建、传统译论美学思想、中国翻译研究的基本走向、中国翻译研究流派创设等学理问题的形上之思,也聚焦当下时新文学传播、文化交融、数字革命等文化大事件,通过莫言获奖引发的中国文学海外传播热潮、中国文化典籍海外译介与研究等文化事件,深入剖析在讲述中国故事的大背景下,如何培养能够承担起历史重任的翻译人才,如何打造中国话语体系;既有对翻译理论研究的语言学派与文化学派的理论偏向的冷静思考,也有对语言大数据时代语料库翻译、语言服务等命题的理性分析。作者还立足文化记忆,展开对语词翻译、术语流变的历史描画,通过中国学术思想史进程中具有典型个案意义的系列语词的翻译流变,镜像式阐述了人类文明交流中因文化接触而促生的语言传播。

读《译学研究叩问录》上编,我们可以清晰地看到作者所梳理的中国译学理论研究的发展轨迹。作者在比较中西翻译研究方法和话语方式的异同的基础上,对翻译学的当代存在方式展开追问,剖析了翻译之"是"的丰富内涵。在对译学研究的元理论向度、翻译的本质、中国翻译学的立足点、传统译学的定位等一系列命题展开思考之后,张柏然教授倡导,当代翻译理论界应继承中国古代诗性、存在哲学的传统,在新的文化范型中进行元理论探究,努力找到一个可以与古代翻译理论资源进行对话与整合的理论生长点,提高中国当代翻译理论的自信与对相关翻译理论问题的阐释力。该书在肯定中国传统译论具有深厚的哲学—美学渊源、丰富的美学思想和显著的文论色彩及美学特点的同时,以兼容并蓄的发展眼光提出,每一种译论都有它的盲区和局限性,其适用性范围都是有限的;中国译论的现代化存在于中国译论家的持续创造之中,创造是对中国传统译论和西方译论的超越。只有把我国译论典籍研究透,确切了解人类全部发展过程中所创造的译论,联系 20 世纪以来翻译和译论所发生的变化,探索中西译论的异同,洞察世界译论发展之走向,密切注意研究和解决世界译论多元发展中所共同关心的翻译问题,在参与世界译论创造的过程中,挖掘我们的译论资源,发扬我们的译论特点,增强创新意识,才能在 21 世纪建构出"外之既不后于世界之思潮,内之仍弗失固有之血脉",既有中国特色,又有世界意义,富于当代气息的译论话语和理论体系。①

《译学研究叩问录》中编立足于对西方语言学派翻译理论研究和文化学派理论研究的冷思考,剖析当今翻译研究的具体向度,展示零度修辞

---

① 张柏然,辛红娟. 译学研究叩问录——对当下译论研究的新观察与新思考. 南京:南京大学出版社,2016:60-61.

学、文化旅行理论、社会符号学理论等对翻译研究的阐释力。该编通过对毛姆作品汉译与经典化、莫言小说英译与传播、国际汉学视域中的《道德经》接受等个案分析具体阐释了翻译对文学、文化跨语际传播的影响力,预言一股讲述中国故事的跨文化交流大潮即将到来。在该部分,柏然教授既能够结合数十年双语词典编纂、悠游文化之林的体验,从"旅行"概念的语源学梳理入手,结合后现代文化学者的研究成果,对本雅明《译者的任务》进行哲学还原和理论解读,也能够轻松裕如地借助中国本土语言学三一学派代表人物、南京大学文学院王希杰教授的零度—偏离理论释读东方主义学者爱德华·赛义德的理论旅行。纵横捭阖的理论剖析方式和对古今东西文化理论的信手拈来,彰显了柏然教授治学的理论深度与广度。柏然教授分析指出,无论是文化语词的跨语际转换还是文学、文化文本的异域传播,都会因距离的跨越而"颠顿风尘,遭遇风险,不免有所遗失或受些损伤"①,但《周易·观卦》的卦辞"旅贞吉"对于作为文化中间人的译者而言无疑具有无比重要的启示意义,也就是说,只要译者在文化斡旋过程中保持谦柔守正的态度,必能获得"吉利"。

《译学研究叩问录》下编则更加与时俱进,紧扣翻译研究发展的社会现实,剖析大数据时代翻译协作应运而生,翻译技术突飞猛进,翻译研究、翻译实践、翻译教学等正在体验的各种变革,以及这一飞速变化的时代对翻译理论建设提出的新问题。数字化时代,翻译活动在内容、工具、形态和职业范畴等方面均发生了重大改变,机器翻译、网络翻译、云翻译完全不同于传统意义上的翻译,不仅为新世纪的翻译学研究提供了新的内容,也对新世纪的翻译学理论建设方法提出了新的要求和挑战。21世纪的中国翻译学何去何从,如何应对数字化科技带来的前所未有的颠覆性革命,如何创建充满睿智与活力的中国翻译学新体系,如何应对轰轰烈烈裹挟而来的数字化大潮,如何调整传统翻译学的研究路径,以快速解决蜂拥而至的时代命题,如何在喧闹的数字化翻译中保持理论的冷静与理智,如何对翻译研究进行数字化的重新思考……这些源自现实又超越现实的问

---

① 钱锺书. 林纾的翻译. 北京:商务印书馆,1981:19.

题,无不是张柏然教授叩问的内容。张柏然教授在该编中对当下各种翻译热点问题,诸如翻译服务、语料库翻译学、翻译学双语词典、术语与中国现代性、字母词现象、研究型翻译教材编写、应用型翻译硕士专业人才培养等诸多方面逐一展开镜像式扫描与思考。张柏然教授秉持"参互古今、打通中西"的学术态度,立足文明对话的学术视野,对这些翻译研究领域的新问题或展开敏锐的新观察,或进行务实的新思考,或给予具有参照性与操作性的建议。

张柏然教授指出:"任何一个文化大国,它在建设自己的翻译理论体系的时候,都是要以本国的翻译经验作为自己最基本的认知材料,作为整个知识体系的骨架和网络。"①基于这一学术风骨与洞见,张柏然教授力主我国译论建设应该"坚持本来,吸收外来,面向未来",以本民族的文化和译论资源为依托,古今沟通,中西融通,打造具有中国特色、中国风格、中国气派的翻译学学术话语体系。在他看来,要使我们的翻译理论体系具有中国的优势,必须重视我们自己的经验和智慧,养成我们中国式的人文情怀、文化姿态和叙事方式,直接进入中华文明的历史发展的过程,体验和思辨出具有自己文化专利权的原理、原则;然后对东西方的原理、原则进行互相参照,互相贯通,相同的东西通之,不相同的东西比较之,在参证比较中得出更加深层次的结论。为此,他在毕生研究的基础上,为我们指出了重建中国译论的三条重要道路:第一,以现代观念去整理中国的译论遗产,探究中国译论的现代价值与意义。第二,以创造性思维对西方译论流派进行变异,在世界译论流派史上刻上中国的名字。第三,以中国文化的整体性,去整合西方片面精确的译论,使之在更高的文化层次上得以整合与优化。②

2.《译学研究叩问录》的主要特色与贡献

全书以"叩问录"的形式展开,这一"问答式"的行文风格非常新颖,引

---

① 张柏然,辛红娟. 译学研究叩问录——对当下译论研究的新观察与新思考. 南京:南京大学出版社,2016:61.

② 张柏然,辛红娟. 译学研究叩问录——对当下译论研究的新观察与新思考. 南京:南京大学出版社,2016:128.

人人胜。每一次叩问都直击当下译学研究的关键话题，这其中既涉及宏大的翻译命题(如：中国能不能建立翻译学？建立中国翻译学，立足点何在?)，也观察到了翻译研究中微观层面的具体现实问题(如：怎样看待严复译名的存留问题？中国现代学术术语译介方法有何变化?)；既有对传统论题的新追问(如：翻译本体论研究究竟需要解决什么问题？中国建立翻译研究流派的意义何在?)，也有对新生论题的敏锐捕捉(如：中国文学如何更好地走向世界？数字化时代大背景下如何开展翻译理论建设?)。针对每一问的回答都丝丝入扣，精彩纷呈。在对翻译学关键命题的追索中，论者或旁征博引，或开宗明义，逐层揭开翻译学的神秘面纱，为后辈学人呈现了一幅气韵生动的中国译论建设新图景，而读者往往仅从一次叩问的妙言答语中就能获得巨大的信息量，可谓读之酣畅。例如，在回答"翻译学建设过程中传统的定位和选择问题"时，柏然教授并没有简单地给出任何先入为主的定位导向，而是首先探讨了当今译论与传统译论、西方译论之间的张力问题，分析指出"现代译论一方面享受着西方译论的开明之处，一方面对其局限性和适用性进行着研讨和反思"①，又以史为鉴讨论了对传统译论的评价问题，继而对当代译学理论的处境进行深入的观察，对中西译学理论各自的优缺点进行反思，在给读者以充分扎实、贯穿古今中西的翔实背景知识之后，方对传统译论的定位与选择进行具体说明，并提出要合理有效地做好传统译论的现代转换。答语内容可谓构思严密、层层铺进。

翻译研究应该与翻译实践相结合，诚如罗新璋先生所说："任何一种翻译主张，如果同本国的翻译实践脱节，便成无本之木，无源之水，没有渊源的崭新译论，可以时髦一时，终难遍播久时。"②这里说的是整个国家的翻译研究，用到翻译研究者身上同样合适。虽然目前我国翻译界已基本走出了翻译研究者与翻译实践者相互抵牾的泥潭，但由于人的精力总是

① 张柏然,辛红娟.译学研究叩问录——对当下译论研究的新观察与新思考.南京：南京大学出版社,2016:25.
② 罗新璋.译艺发端.长沙:湖南人民出版社,2013:79.

有限的,大部分翻译研究者从事翻译实践的时间相对较少,同样,投身翻译实践的学者,进行理论思考和课题论证的时间也会相对较少,但在张柏然教授身上,这一对矛盾完全不存在。我们知道,1966 年,张柏然先生从南京大学外文系毕业后留校任教,1968—1976 年在泰兴农场、连云港陇东中学等地劳动锻炼和教学,1976 年回南京大学协助陈嘉教授编《英语常用短语词典》,此后毕生结缘文字、文学。1986 年作为访问学者赴美国印第安纳大学和哈佛大学研究比较文学、词典学和美国文明史,次年回国创办南京大学双语词典研究中心。于文字,他有着至深的领悟与理解,于文学,他有着浓厚的兴趣和不凡的识见。除去经年累月编纂词典,柏然教授还密切关注美国现代重要小说家约翰·契弗(John Cheever)和英国著名小说家、剧作家萨默塞特·毛姆(Somerset Maugham)。他不仅是我国较早译介契弗、毛姆作品的译者,还多次在《当代外国文学》等期刊上发文评介英美当代文学的艺术特色。可以说,在他身上集中体现了对文字、文学、文化的谙熟与深省。《译学研究叩问录》一书中每一发问均来自我国翻译界的当下热点,每一回答均来自他毕生经年累月的文字、文学和翻译经验,因而书中的每一次叩问与应答内容都显得充分、翔实、严谨、有力。柏然教授结合自身数十年从事翻译实践和翻译研究、词典编纂和词典学研究的历练对不同的翻译命题加以阐释,或枚举个案、引经据典,而书中涉及不同翻译理论家及不同翻译观点的描述也交代得具体,评价客观而深刻。

　　该书最令人称道的特点是,论者始终站在"古今沟通、中西融通"的学术高度对我国翻译理论研究道路上的诸多现象和问题进行全面检视,答言高屋建瓴、切中命脉。"我国译论建设应该'坚持本来,吸收外来,面向未来'"①一句奠定了全书的研究高度。"坚持本来",这是一个根本,表明我们应对本土传统译论拥有充分自信,中国译学理论不应简单沦为西方译论的试验场;"吸收外来",这是一种博大开放的精神,说明在中西译论

---

① 张柏然,辛红娟.译学研究叩问录——对当下译论研究的新观察与新思考.南京:南京大学出版社,2016:前言 1.

比较融通的过程中,我们可以借鉴西方译论话语,为中国译学问题寻找可能的解决路径;"面向未来",则是一种责任,反映出作者推动我国译学理论研究正向发展的使命感以及著述该书的初衷。在全书论述过程中,作者始终秉持这样的出发点,以融合的视域、发展的眼光对诸多译论命题进行了全新观察和思考。也正因为如此,书中所述观点更能令读者深感信服,同时也为中国未来的翻译理论建设指明了继续探索前进的方向。中国翻译理论建设,既是一个时代的宏观命题,也是每一个负责任的翻译工作者需要身体力行的微观实践。《译学研究叩问录》一书集作者多年的翻译研究心得汇聚而成,作者对一系列翻译命题的思考并未囿于老旧传统的认识范围,而是以开放的精神、融合的视域、发展的眼光,既立足本土,亦通观全球;既回望传统,亦着眼现代、放眼未来。与当下国内很多同类研究相比,该书打破了以往相对封闭、断裂、零碎的研究范式,于传统、传承中见新思、新知,为中国翻译理论建设开启了一扇敞亮的未来之窗。

三、新时代翻译研究展望:学科建设与学术使命

在中国,早在 1951 年,董秋斯先生就在《翻译通讯》上发表了题为《翻译理论建设》的文章,明确提出建立翻译学的主张,详尽论述了研究翻译理论的必要性。这标志着我国译学发展史的开端。1972 年,美籍荷兰学者詹姆斯·霍尔姆斯在哥本哈根召开的第三届国际应用语言学会议上发表的《翻译研究的名与实》一文,成为西方"翻译学学科的创建宣言"[①],对翻译学的研究目标、研究范围以及学科内的划分提出了详细构想。此后,西方翻译理论研究热潮在世界范围内展开,自然也影响了改革开放后迫切想要从西方获得学术助推力的中国翻译界。1984 年,董宗杰在《翻译通讯》上发表了《发展翻译学,建立专业队伍》一文,从宏观和微观角度对翻译学的性质与内容进行了简要描述,提出应在有条件的高等学校设置翻

---

①   Gentzler,E. *Contemporary Translation Studies*. London and New York: Routledge,1993:92.

译学专业。① 1987 年,谭载喜发表《必须建立翻译学》一文,分析指出:"翻译学是一门与符号学、文艺学、社会学、心理学、信息论、数控论,尤其是语言学等多种学科有着密切联系但又具有相对独立性的综合性科学。"②到20 世纪 90 年代末,随着研究生教育的不断发展,外语界的翻译研究队伍逐渐成长,翻译研究逐步摆脱了被忽视、被轻视和边缘化的状况,得以与语言学和文学研究鼎足而立,成为外国语言文学学科的三大支柱之一。③

中国翻译事业的繁荣和社会对翻译人才不断增长的需求,构成了翻译学科发展的重要的推动力。外语学界一批具有宽阔学术视野和强烈学科意识的翻译学者以学术探索为基础,以队伍建设为中心,发扬改革创新的精神,不断推动翻译学的学科建设。中国的翻译学科建设经历了一个从"何为翻译学""有没有翻译学",到"如何建设翻译学"的发展过程,有过疑惑,有过争鸣,但疑惑促进了艰苦的探索,争鸣导向了积极的建设。④ 新世纪以来,翻译学科更是取得突破性的发展,翻译本科专业、翻译硕士专业学位、二级学科翻译学的自主设置,以及外国语言文学学科和博士后流动站中翻译方向博士生与流动站进站人员的培养和指导等成就有目共睹,翻译教学与研究界无不为之感到欣喜。应该说,翻译学之名在体制内被承认已成定局。中国文化"走出去"战略与"一带一路"倡议的实施,更是在理论层面和实践层面给翻译学科的发展与繁荣带来巨大的机遇和无限的发展空间。但机遇与发展空间往往也容易成为双刃剑,在促使翻译学人不断拓展翻译研究领域的同时,也给我们带来了学科界定与学科定位的焦虑。在新的历史时期,翻译活动呈现出一些新的特点,在新的历史际遇中翻译学科该如何走、走向何处的问题引起了学界的关注,不少学者呼吁应当重新定义翻译。

20 世纪后半叶以来,学科交叉互涉程度加深,学科边界不断被跨越,早在 20 世纪八九十年代翻译学科正式建立之初,就有不少学者意识到翻

① 董宗杰. 发展翻译学,建立专业队伍. 翻译通讯,1984(8):37-38.
② 谭载喜. 必须建立翻译学. 中国翻译,1987(3):7.
③ 许钧,穆雷. 探索、建设与发展——新中国翻译研究 60 年. 中国翻译,2009(6):6.
④ 许钧. 从翻译出发——翻译与翻译研究. 上海:复旦大学出版社,2014:215-216.

译研究的跨学科性质,意识到可以"从语言学、文艺学、交际学、符号学、人类文化学、思维科学、应用数学和计算机科学等社会科学和自然科学的角度,对翻译进行多层次、多角度、全方位、立体化的研究和探讨"①。但我们必须清醒地意识到,翻译研究的跨学科性并不意味着翻译学科的附属性,作为一门学科的翻译学,是一门并不隶属于任何其他学科(包括语言学)的相对独立的综合性学科。作为翻译研究者,我们必须具备翻译研究的独立意识,在注意吸收其他学科对翻译的深刻思考的成果的同时,防止把其他学科学者就翻译发表的论说或只言片语当作译学的体系性指南。翻译研究学者应当保持清醒的独立学科意识,对 20 世纪末期以来的文化翻译研究范式保持警惕,"翻译的文化研究在翻译研究目标下无限扩大翻译研究对象的外延,使其学术边界模糊,从而使翻译研究的学科建构失去可能。可以说,翻译的文化研究使翻译研究跳出语言学窠臼,但由于其与各个学科的紧密联系,在很大程度上遮蔽了翻译的本体研究,因而无法成为翻译研究的世纪标杆"②。因此,我们必须面对现实,认真思考,着力廓清翻译研究的本体,将目光拉回到翻译活动本身,让翻译理论探索围绕翻译活动展开。

翻译研究本体的回归,必须先明确研究对象,对翻译活动的本质属性有深刻的研究,对翻译学科所承担的学术使命有精准的定位和认识。为此,我们要结合新时期翻译任务和翻译路径的具体特点,对翻译本质、翻译过程、翻译对象、翻译主体、翻译因素、翻译方法、翻译标准、翻译评价、翻译教学等涉及理论翻译研究和应用翻译研究的诸多方面展开进一步探究,彰显翻译研究的系统性与科学性。"翻译学在本质上是一类以价值建构和意义阐释为目的的价值科学或文化科学。这既是事实性的(实然),也是表达性的(应然)。同时,翻译学的'科学特性'与'文化性格'在一般意义上并非相悖,而是有机结合的。它们从不同角度说明翻译活动的特

---

① 穆雷. 用模糊数学评价译文的进一步探讨. 外国语,1991(2):66.
② 张柏然,辛红娟. 译学研究叩问录——对当下译论研究的新观察与新思考. 南京:南京大学出版社,2016:167.

点:前者是从外在的、表层的、规范的方面,而后者则从内在的、深层的、精神的方面来说明。只有历史地认识到翻译学活动这两方面,方可说完整地理解了现代翻译学活动。"①正确处理好翻译学科之"实然"与"应然"两方面的关系,是确保翻译学科朝着健康方向发展的根本保障,为此,我们按照张柏然教授的译学思考指向,追索叩问以下四个方面的时代命题。

首先是如何处理好理论引进与本土化的关系。百余年来,我国各个时期译论的产生与演变无不受到当时某种西方翻译理论的影响。严复与梁启超的译论,虽然各自受到英国、日本翻译思想的影响,但似乎未成为主流意识。20 世纪 50 年代后,对我国翻译理论影响较大的主要是苏联的翻译理论;无论名家末流,一律拿来作为我们学习的范本。20 世纪 80 年代,大量西方翻译、学术著作引入国门,我国翻译研究界开始密集地引进西方翻译理论,一时间,奈达、纽马克、卡特福德、威尔斯、霍尔姆斯、霍米·芭芭、德·坎波斯兄弟等各家理论纷纷登场,颇有凌厉夺主之势。这些理论和相关术语很快吸引了不少学者的目光,相关的研究著作和论文大量涌现。不可否认,外来的理论对我们的吸引力是很大的,而且很多理论的确具有某种普适的维度。但正所谓一方水土养一方人,一方水土也养一方理论,如果盲目引进,理论到了我们这里"水土不服"了,我们利用病态的理论,只能结出畸形的果实。因此,我们在接受外来理论的过程中需要保持批判的目光和审慎的态度,历史地考察理论,理顺其来龙去脉,选取真正具有共性的维度,来观照我们的问题,在拓展广度的同时,也拓展理论的深度。与此同时,我们还要对一批具有世界意义的中国译学经典进行现代性"还原释读",从而在本色的意义上展示与西方译学发展不同的中国译学历史过程,汲取西方翻译学的智慧,参照现实文化变迁的需要,建立有中国特色的译学理论和翻译批评、翻译评价体系,使中国翻译学在国际对话中发出自己的声音,为世界译学和文化的发展做出贡献。②

---

① 张柏然. 发展中国的译学研究. 光明日报,2001-12-25(B03).
② 张柏然,辛红娟. 译学研究叩问录——对当下译论研究的新观察与新思考. 南京:南京大学出版社,2016:40-42.

　　其次是如何处理好传统与创新的关系。我们国家有悠久的翻译历史和翻译思考的传统,但研究表明,我国传统翻译理论和命题基本上来源于古典哲学—美学,几乎所有的译论命题都有其哲学—美学渊源,传统译论在充分享受其美学优势的同时,也把自身的缺陷显露无遗:一是"就美学体系而言,各种译论之间仍存在间断性和非系统性";二是"(传统译论)虽然抽象地反映了美和翻译艺术,却没有对其中的具体因素和复杂关系做多边探求和立体研讨";三是"中国传统译论在思维模式上更倾向于从主观的而非客观的、感性的而非理性的、体验的而非分析的角度来品评翻译和译品"。① 中国传统译论话语的方式不太符合今日占统治地位的西方学术话语方式,所以渐渐失去了话语权,但这并不意味着我们需要完全摒弃两千多年来的翻译理论传统。事实上,"案本—求信—神似—化境"的传统译论脉络能够给我们提供的思考和研究的可能性是不容忽视的。"传统译论要在当今译学建设中发挥作用,关键在于做好现代转换,……把其中那些具有普遍意义且与当代译学理论在内涵方面有着共通之处的概念及有着普遍规律性的成分清理出来,赋予其新的思想、意义,使其与当代译学理论融合,成为具有当代意义的译学理论的血肉。"②

　　继而是如何处理好继承与发展的关系。人文学科的一个突出特点是理论传承、拓展与深化。受中国传统文化知识类型影响,中国传统译论范畴体系及其结构呈渐进式发展样态,后来者在充分继承前人的基础上做一些补充工作,除极少数者外,在发展过程中一般没有质的改变,而是逐步丰富、逐步完善。然而,西方译学理论批评家个人建构理论体系的意识非常强烈,后出之理论学说如果不对前面的理论学说造成一种解构、颠覆,便不能算是成功。近些年来,我有一个感觉,受改革开放以来引入的形形色色西方翻译理论及其范式更迭影响,我们目前翻译界的各种理论与其说是有机传承、和谐共生,不如说是此消彼长,某一种理论热门了,其

---

① 张柏然,张思洁. 中国传统译论的美学辨. 现代外语,1997(2):29.
② 张柏然,辛红娟. 译学研究叩问录——对当下译论研究的新观察与新思考. 南京:南京大学出版社,2016:37.

他理论似乎就会被冷落甚至被否定。这种状态不仅不利于翻译学科力量的凝练与聚合，反而容易产生过于巨大的理论牵制力，在一定程度上阻碍学科的健康、良性发展。面对这一古今、中外的继承与发展关系问题，我们"既应充分重视中国传统译论资源的价值意义，创造性地吸收古代译论的理论精华，又必须正确地借鉴西方译论中有价值的观点和方法"①。也就是说，我们既要对传统译论术语进行现代转换，使之能够转化成为新文化的组成部分，又要对大量涌入的西方译学术语和概念进行本土改造，使其能够适切地解释中国大地上发生的汉外转换的翻译事实。要有继承，有借鉴，有批评，有改造，有创新。

最后是如何处理好译入与译出的关系。译入母语的翻译行为在各文化中都属于典型的翻译方式，甚至经常被视为唯一可行的翻译。1976年发布的联合国教科文组织关于通过法律保护译者和译作权利及提高译者地位的《内罗毕宣言》明确指出："译者应尽可能将作品译入其母语或其有同等程度掌握的语言。"②英国翻译理论家纽马克说："只有在译入惯用语言时才有可能译得自然、准确，取得最令人满意的效果。"③在英美等国，绝大多数人都主张翻译作为一种职业只能是单向的——从外语向母语的。译出行为之所以不被看好，显然是由译出翻译的性质决定的。然而，在我们这个时代，翻译活动出现了新的特点，翻译活动的走向有了新的变化，社会开始特别关注中国文化与思想的对外译介和传播，这为我们的翻译研究提供了前所未有的机遇，赋予了翻译更为重大的使命和责任。我们应该从自己的视角和立场出发，争取发出更大的声音，对翻译活动及以此为依托的跨文化交流活动的机制进行探索，提出建议，引导文化交流向更理智、更健康的方向发展，努力减少误读和误解，化解冲突，导向交流的平

---

① 张柏然，辛红娟. 译学研究叩问录——对当下译论研究的新观察与新思考. 南京：南京大学出版社，2016：62.

② Lonsdale，A. B. Direction of Translation (Directionality). In Baker，Mona. *Encyclopaedia of Translation Studies*. New York：Routledge，1998：64.

③ Newmark，P. *A Textbook of Translation*. New York：Printice Hall International (UK) Ltd，1988：3.

等对话和双赢结果。① 近年来，"翻译界和文化界对于中国文学的对外译介与传播或多或少表现出某种急功近利、急于求成的功利主义倾向"②，也因此导致了一些翻译焦躁症和市场决定论。针对这一境况，张柏然教授分析指出："在当今中国文化'走出去''讲好中国故事'的历史情境下，中国典籍需要翻译界的主动译介，本土文学作品译出研究的力度也亟须增强，以改变外译汉及相关研究长期以来占主导地位的局面，如此才谈得上增强文化自信，提高中国文化软实力。"③为了使中华优秀文化能够真正以自身的样态参与到国际文化对话中，我们不仅要主动承担起"译出"的责任，更要有耐心、有信心，相信经过一代代翻译人的努力，我们一定能够构建起具有担当的中国海外话语体系。

张柏然教授说："走进 21 世纪的翻译研究要达至'大成'，关键在于要建立一种渊深宏通、胸襟开放，又新锐高效的学术创新体制。"④从四十余年的教学岗位上荣退后，为了这一翻译学科建设的使命，他丝毫没有放慢译学研究和翻译人才培养的脚步。除了每日伏案继续他深爱的俚语词典编纂工作，他坚持用敏锐的眼光审视目前翻译学界的热点问题，并以最勤勉的态度努力推动翻译界新生代的成长、成材。中国文学、文化"走出去"、中国对外话语体系构建、翻译服务实业化、翻译硕士专业人才培养热潮等等，无不是他关注的焦点。就在他离开这个世界的当天早上，《中国社会科学报》与中国社会科学网推出了他与我联合署名的《典籍翻译：立足本土 融合中西》一文，呼吁学界全面、清晰认识典籍外译的目的，分析典籍翻译理论的构建原则和典籍翻译批评方法。直到生命的最后时刻，他仍然在用生命的最强音叩问：在典籍翻译相关研究不断拓展和深化的历史语境下，翻译学界如何通过恰当翻译传承中华典籍的思想价值和艺术价值？如何利用中国古典文论和译学思想资源，同时借鉴西方译论，建

① 许钧. 当下翻译研究中值得思考的几个问题. 当代外语研究，2017(3):3.
② 刘云虹. 中国文学对外译介与翻译历史观. 外语教学理论与实践，2015(4):1.
③ 张柏然，辛红娟. 译学研究叩问录——对当下译论研究的新观察与新思考. 南京：南京大学出版社，2016:77.
④ 张柏然. 发展中国的译学研究. 光明日报，2001-12-25(B03).

设典籍翻译理论？如何通过客观、中肯的翻译批评，提高典籍翻译的质量？……

　　酉鸡之年，痛失良友，谨以此文为念，致敬张柏然教授毕生对于中国特色翻译研究的坚守与求索。

（原载于《中国翻译》2018 年第 3 期）

第一编

张柏然中国特色翻译学思想

张柏然中国特色翻译学思想及其时代意义

胡开宝　辛红娟

上海外国语大学语料库研究院;宁波大学外国语学院

摘　要:本文系统梳理了张柏然中国特色翻译学思想的形成与发展及其主要内容,深入分析了张柏然教授对中国特色翻译学思想的界定和属性、构建中国特色翻译学思想的必要性和可行性、中国传统译论观以及构建中国特色翻译学思想的路径和方法。文章认为,张柏然中国特色翻译学思想产生于张柏然教授对塑造中国翻译理论主体性的追求及其对中国传统译论的热爱,其以毕生之力构建形成的张柏然中国特色翻译学思想,赋予中国特色翻译学全新的高度和维度,阐明了当代译学研究的发展方向,不仅为中国传统译论的阐发与研究提供了有力的理论支持,也为以数字技术与人文融合为主要特征的数字人文视域下的翻译研究提供了坚实的本土理论支撑。

关键词:张柏然,中国特色翻译学思想,时代意义

一、引　言

"20世纪70年代末,改革开放,国门打开,国外起步于世纪中期的各家各派翻译理论研究成果被逐渐介绍到中国来,激发起一批具有敏锐前沿意识和宽阔学术视野的学者对翻译理论的关注,翻译研究成果一时蔚为大观。"①一大批翻译研究论著和教材出版,众多翻译研究学术会议先后

---

① 　许钧. 坚守与求索:张柏然教授的译学思考与人才培养. 中国翻译,2018(3):65.

召开,各种翻译研究学术组织如雨后春笋般涌现,愈来愈多的翻译研究课题获得省部级和国家级资助立项。然而,国内翻译研究却未产生对国际翻译研究有重大影响的翻译理论,翻译学的中国学派或中国特色翻译学理论并未形成。张柏然教授敏锐地察觉到我国翻译研究存在的上述问题,旗帜鲜明地提出构建中国特色翻译学的主张,一针见血地指出:"对于21世纪中国译学的发展和创新来说,当务之急就是进行翻译学派的本土构建。"①自1997年以来,张柏然教授先后发表、出版了《对建立中国翻译学的一些思考》《发展中国的译学研究》《中国需要创建自己的翻译学派》《建立中国特色翻译理论》和《译学研究叩问录》等著述,系统构建了中国特色翻译学思想的理论框架。

二、张柏然中国特色翻译学思想的形成与发展

改革开放以来的很长一段时间里,国内翻译学界比较注重西方翻译理论的译介和阐释,并以这些理论为依据,分析外汉/汉外翻译现象或翻译事件,在很大程度上推动了我国当代翻译学研究的发展。然而,国内学界过分关注西方翻译理论的译介与应用,在一定程度上导致我国翻译研究沦为西方翻译理论的传声筒或注脚,原创性不尽如人意,遑论实现与西方翻译学界的平等对话。尤其令人担忧的是,国内翻译学界对于作为当代中国译学研究重要理论资源的中国传统译论的阐发与研究不够重视,与国外翻译理论的引介与研究热潮相比落差明显。这些问题引起了张柏然教授的关注,他不无忧虑地指出,国内一些学者直接挪用和移植西方译学观念与话语体系,甚至套用西方翻译理论来阐释中国传统翻译经典,严重削弱了中国翻译研究的主体性。为此,他主张学界应当以中国传统译论的现代阐发为基础,汲取西方译论的营养,"既要立足本位,也要参照外位,既要注重共性,也不能忽视特性,构建以本国语言文化现实为依据,并

---

① 张柏然,辛红娟. 中国需要创建自己的翻译学. 中国外语,2005(5):69.

能与国际学术界对话的中国翻译学"①。

张柏然教授具有深厚的国学素养,深谙中国传统译论对我国当代译学创新发展的理论价值,一直重视中国传统译论的梳理和研究,先后发表了《中国传统译论的美学辨》《翻译学的建设:传统的定位与选择》以及《中国传统翻译批评的超越性特征刍议》等理论文章,详细分析了中国传统译论的美学思想及其超越性的理论价值,强调若要将我国当代翻译理论发展成为完整的理论形态,形成中国特色翻译学,就必须继承并融合传统译学理论资源。他从中国特色翻译学与纯翻译学之间的关系、中西译论的比较、创建中国翻译学学派的意义、世界性与民族性的关系以及翻译的本质属性等视角出发,进一步阐述了中国特色翻译学的属性与构建的重要性、可行性和具体路径,从而对关于中国特色翻译学的"实然"与"应然"做出了清晰界定。张柏然教授从维护文化传统和文化身份的高度,阐明了构建中国特色翻译学的重要意义,强调"必须从我国翻译事业兴旺发达和民族振兴的高度,充分认识有中国特色的翻译理论的重要性和紧迫性"②。

张柏然教授倡导在多样性的世界文化中对一些具有世界意义的中国传统译学经典进行现代性"还原释读",从文化精神的内核中,提炼出具有中国现代特色的译学理论,同时对丰富、复杂的中国翻译现象进行系统搜集、整理、考订和理论把握,即"现象统观",从而建立起一种具有东方神采的"感悟翻译哲学",在西方译论走向形式科学的同时,促使中国译论走向生命科学,创立一种饱含丰富的中国智慧的"文化—生命翻译诗学"。③ 不难看出,张柏然教授之所以倡导构建中国特色翻译学,一方面是因为他希望中国翻译学研究能够塑造自身的主体性,改变对西方译论亦步亦趋的局面,另一方面是因为他认识到中国传统译论对于当代中国译论发展的重要意义。

---

① 张柏然,姜秋霞. 对建立中国翻译学的一些思考. 中国翻译,1997(2):16.
② 张柏然. 发展中国的译学研究. 光明日报,2001-12-25(B03).
③ 张柏然. 发展中国的译学研究. 光明日报,2001-12-25(B03).

三、张柏然中国特色翻译学思想的主要内容

本质上,张柏然中国特色翻译学思想强调中国翻译理论的中国味或中国学派,既重视对中国传统译论的现代转换,也强调对西方翻译理论的借鉴与吸收,其主要内容包括中国特色翻译学的界定与属性、中国特色翻译学构建的必要性与可行性以及中国特色翻译学构建的路径和方法。

1. 中国特色翻译学的界定与属性

在张柏然教授看来,构建中国特色翻译学应当立足于中华民族的语言、文化、思维方式,从汉—外、外—汉语言文化对比研究的实际情况出发,描写翻译实践过程,展开翻译理论研究。鉴于不同语言之间的差异,他主张中国的译学理论应从汉语的语言特点出发,通过与外国语言的对比描述确定相应的理论依据。汉语与西方语言的形态表现方式差别很大,汉语以"意合"为主,西方语言以"形合"为主。这一差异决定了汉语与西方语言间的转换很大程度上体现为语义功能的内容对应,而非符号系统的形式对等。汉语缺乏语法功能的形态表现手段,以意念作为句子的连贯纽带,因此在双语转换中要注重对语言事实从宏观到微观的描写、从整体到局部的把握与分析。此外,他主张对翻译主体——译者的研究要以民族文化背景为参照系,应充分研究和对比不同的民族心理及意识过程,探求译者在翻译过程中的认识及其规律,从而确立适合中国译者的认识论和方法论。汉民族的"综合性"整体认知模式与西方语言民族的"分析性"思维模式形成强烈对比,这一反差体现在译者的认识上则会有对文本客体的审美整体性与逻辑性的反应。①

经过世纪之交的理论激荡与探讨,经过十余年的坚守与探索,张柏然教授将中国翻译学学科建构中的"中国特色"提炼、归纳为如下四个方面:第一是指用中国人自己的目光、观点与理解,而非外国人的目光、观点与

---

① 张柏然,姜秋霞. 对建立中国翻译学的一些思考. 中国翻译,1997(2):8-9.

理解,来阐释中外翻译现象;第二是必须连接被忽视甚至中断了的古代翻译理论;第三是要与当代的中外翻译实践相结合,用以阐释我国与外国的新的翻译现象;第四是指中国特色翻译理论具有多样性。① 此外,他还强调中国译学理论的研究应将中国读者的审美期待与接受取向及其所折射的文化背景纳入研究范围,因为译者根据读者的接受特点对翻译动机和翻译实践所做的调整是按照一定的尺度和标准进行的。只有如此,我们的翻译研究才能拥有自己的视角和理解,才能实现古为今用和中西融合,形成中国特色翻译学。事实上,"任何一个文化大国,它在建设自己的翻译理论体系的时候,都是要以本国的翻译经验作为自己最基本的认知材料,作为整个知识体系的骨架和网络……我们的文明过程,我们的文化材料,才是我们的优势所在,也是我们中国翻译的理论原创性的根据所在"②。

张柏然教授认为,中国特色翻译学的"特色"并非故步自封地执着于传统和本土,需要在与西方翻译理论或翻译学的比较参照中得到凸显,在不拒绝汲取西方长处的同时也务必对"西方中心论"抱有高度警惕和持续批判态度,具有民族文化特点而又不隔绝于世界潮流,具有世界意义和当代气息。在他看来,中国特色翻译学形成的重要标志是在理论上有自己的一套不断确立着的规范、术语与观念系统,具有我们自己的理论独创之处,用我们自己的话语表述独具特色的中国翻译现象,使中外译论处于真正的交往、对话之中。

2. 中国特色翻译学构建的必要性

关于是否有必要构建中国特色翻译学,学界分歧较大。张柏然教授基于其对翻译本体的哲学探求,始终坚持构建中国特色翻译学的主张,并从翻译学的本质属性、中国特色翻译学与纯翻译学之间的关系,以及中国当代译学研究的现状等角度论述了构建中国特色翻译学的必要性。在他看来,"翻译学在本质上不是一类以价值中立、文化无涉为前提,以事实发

---

① 张柏然. 建立中国特色翻译理论. 常州工学院学报(社科版),2008(3):79-80.
② 张柏然. 中国译论:直面"浴火重生". 中国外语,2008(4):86.

现和知识积累为目的,以严密的逻辑体系为依托的科学活动,而是一类以价值建构和意义阐释为目的的价值科学或文化科学"①。他认为,翻译是语言的艺术,除了自然属性之外,社会文化属性是更为重要的。翻译离开了人,就不成为翻译,所以翻译学必然被深深地打上民族文化的烙印。在他看来,无论是翻译的客体(源语与目的语),还是翻译的主体(译者或读者)都因民族或文化的不同而不同。作为翻译基础要素的语言具有民族特点,不同语言的形式和结构存在很大差异。而且,作为翻译主体的译者,其思维、心理、情感等都脱离不了自己民族的文化和思想的影响。此外,读者的审美期待与接受取向也都与具体的社会文化因素密不可分。因此,不同国家或文化的翻译学研究往往会因为所涉及的语言、译者或读者的不同而具有不同的特征,并因此可能形成不同的学派。因此,完全有必要而且也应该构建中国特色翻译学。

应当指出,张柏然教授之所以倡导构建中国特色翻译学,一方面是由于翻译学的社会文化属性和翻译学的人文社会科学属性,另一方面则是由于中国特色翻译学研究在推动纯翻译学发展中所发挥的重要作用。在讨论中国特色翻译学构建的必要性时,张柏然教授分析了中国特色翻译学与纯翻译学之间的辩证关系,认为中国特色翻译学与纯翻译学是一个问题的两个方面,前者是特殊性,后者是普遍性,两者既对立,又统一,不可偏废。② 纯翻译学的存在以诸多特殊性的存在为前提,而这些特殊性具体表现为具有不同民族或文化特征的翻译学研究。如果过分强调翻译学的普遍性而不顾及诸多特殊性的存在,翻译理论的构筑似乎不太现实。他主张强调翻译学的中国特色并不意味着放弃对普遍性的追求,而纯翻译学对普遍性的偏重也不应该以牺牲特殊性为代价。他指出,从汉语的语言文化特性研究做起,并不意味着中国特色翻译学放弃了对共性的追求;相反,中国特色翻译学研究遵循着由特性及共性再及特性的认识历

---

① 张柏然. 全球化语境下的翻译理论研究. 中国翻译,2002(1):58.

② 孙会军,张柏然. 全球化背景下对普遍性和差异性的诉求——中国当代译学研究走向. 中国翻译,2002(2):5.

程。在他看来,中国特色翻译学与纯翻译学之间的关系本质上是民族性和世界性之间的关系。两者表面对立,实则统一。有鲜明的民族性,才有真正的世界性。没有各个民族深入挖掘、慷慨奉献本民族的优质元素,就无法打造出内涵丰富、形式多样、色彩斑斓的世界性。①

此外,张柏然教授还从国际翻译研究话语权构建的高度论述了构建中国特色翻译学的必要性和重要意义。他指出,多年来我国翻译学在国际翻译研究领域基本上处于"失语"状态。在很长一段时间里,我国翻译研究热衷于模仿、追随西方各式各样的翻译理论潮流,时至今日,许多学者将西方理论奉为圭臬、照搬照抄西方模式和西方理论、以西方理论来剪裁国人审美的现象仍屡见不鲜,结果导致了中国传统译学被遮蔽。同时,国内翻译研究学者往往满足于"自说自话",在国际主流学术界较少能听到中国学者发出的理论强音和富有影响力的学术创见。故而,"中国现代翻译学应该站在现代文化的立场上,寻找曾经孕育了她几千年历史的文化之根,重建传统,同时吸取西方翻译学的智慧,参照现实文化变迁的需要,创建一种具有新的文化精神的翻译学,唯如此,才是世界性的翻译学。我们的目标是繁荣和发展中国译学研究,建立有中国特色的译学理论和翻译批评、翻译评价体系,使中国翻译学在国际对话中发出自己的声音,为世界译学和文化的发展做出贡献"②。

显然,无论是从翻译学的社会文化属性出发,或者从中国特色翻译学与纯翻译学之间的关系出发,还是从国际译学话语权构建出发,构建中国特色翻译学都是十分必要的。我国翻译学研究迄今尚未形成一套自己特有的表达、沟通和解读翻译理论的话语谱系,而且在思维范式、话语方式和研究取向等方面长期受制于西方的弱势地位并未得到根本转变。事实

---

① 张柏然. 建立中国特色翻译理论. 常州工学院学报(社科版),2008(3):82.
② 张柏然. 全球化语境下的翻译理论研究. 中国翻译,2002(1):59.

上,正是由于类似原因,我国文学界近年来一直倡导要建立中国特色的文论。① 从这个意义上讲,张柏然教授关于构建中国特色翻译学的主张是合乎逻辑的,也是令人信服的,应当引起国内翻译学界的关注。

3. 中国特色翻译学构建的可行性

一般而言,能否构建翻译学的学派或者具有民族、文化特色的翻译理论,在很大程度上取决于是否拥有相应的学术基础和学术理论资源,是否拥有稳定的研究团队。根据张柏然教授的观点,中国特色翻译学已经具有形成自己的风格和学派的条件和基础,尽管尚缺理论方法的眼力、提炼升华的能力和假设演绎的魄力。首先,中国拥有涉及汉语和少数民族语言的大量翻译语料,拥有丰富的译学历史典籍,对于语言与翻译问题做了长期的思考和探索,且取得了丰硕的成果,学术传统悠久而独立。其次,中国翻译学交流越来越频繁、流畅,语言学、心理学和社会学等与翻译学科相关的学科发展较快。最后,中国业已拥有一支梯队层次分明、知识结构合理的高素质研究群体。此外,新时期的翻译理论中出现了不少优秀著述,这些著述初步实现了理论观念的多元化和研究方法的多样化。新时期的译论可以成为中国特色翻译理论的前期成果,而且将作为丰富的思想资料,汇入新世纪的新的理论创造之中。② 在他看来,中国翻译学研究不仅拥有与众不同的翻译实践活动和取得高水平研究成果的研究团队,更为重要的是,拥有丰富的理论资源,尤其是中国传统译论资源,因而中国特色翻译学的构建是完全可行的。

张柏然教授认为,中国传统译论的思维模式在于从特定的价值取向去考察美和翻译艺术,不对美和翻译艺术的属性做事实判断,不对美和翻译艺术的构成要素进行分析,但对美和翻译艺术的意义、功能或作用进行评价。中国传统译论倾向于从宏观直觉经验出发,将抽象的风格、境界、

---

① 参见:朱立元. 建构有中国特色的当代文论话语体系的基础工程. 文艺争鸣,2017 (1):15-17;刘发开. 在走出"误读"和"贫困"中构建中国特色文论话语体系. 学术探索,2018(9):91-96;杨水远. 百年中国特色文论建构的资源抉择及其历史经验. 文艺争鸣,2019(11):107-115.

② 张柏然. 建立中国特色翻译理论. 常州工学院学报(社科版),2008(3):82.

概念等赋予感性映像,运用类比联想的方式与象征性描述的手法,形象、整体地把握审美活动的诸方面性质与功能。中国传统译论对翻译现象所做的概括往往将理性思辨融于形象化类比,不再拘泥于分析的繁文缛节,而是在直接、丰富的中和美感和律动中阐明翻译的本质。① 因此,中国当代译论的构建应当充分利用传统译论的智慧优势,"从古代译论中吸取丰富的营养,摄取那些具有生命力的观念,激活那些并未死去的东西,使之成为新的译论的血肉"②。

他将古今沟通和中西融通视为构建中国特色翻译学的重要手段。无论是古今沟通,还是中西融通,中国传统译论都是构建中国特色翻译学所必须利用的理论资源。没有中国传统译论,就谈不上翻译学或翻译理论的中国特色。但他也同时指出,传统译论的术语大多模糊、含混,不具备概念范畴上的明晰性和定义上的准确性,相关阐述不成系统,故而不能直接应用于当代译学理论的构建,只有对传统译论进行现代转换,以现代观念去整理中国的译论遗产,方能探究中国译论的现代价值与意义。基于对中国传统译论的定位与选择的深入分析,张柏然教授认为,在中国建立翻译学不仅完全可能,也完全可行。③

4. 中国特色翻译学构建的路径和方法

有必要指出,张柏然教授倡导构建中国特色翻译学,目的在于构建能够与西方翻译理论进行平等对话的当代中国译学理论。他撰文指出:"我国译论建设应该以本民族的文化和译论资源为依托,建设具有民族特色和大国气象、大国风范的现代译论。因此,中西融通与古代译论的现代转换工作,便成了一个关涉我国翻译理论建设前途和速度的重大问题。"④为构建具有国际话语能力的中国特色翻译学,他从宏观和微观层面入手,详细分析了中国特色翻译学构建的具体路径。

---

① 张柏然,辛红娟. 中国传统翻译批评的超越性特征刍议. 外语与翻译,2012(1):3.
② 张柏然. 建立中国特色翻译理论. 常州工学院学报(社科版),2008(3):80.
③ 张柏然,辛红娟. 译学研究叩问录——对当下译论研究的新观察与新思考. 南京:南京大学出版社,2016:19.
④ 张柏然. 中国译论:直面"浴火重生". 中国外语,2008(4):1.

首先,张柏然教授注重科学化与人文性相结合,认为翻译学兼具自然科学和人文科学的双重属性。一方面,对翻译的内在规律做抽象的、形式化的描写使得翻译研究具有自然科学的属性;另一方面,翻译是涵盖面极广的社会现象,对翻译的社会性、实践性和主体性的研究又使翻译研究具有人文科学的属性。根据翻译学的双重属性,中国特色翻译学的构建应当走科学化与人文性相结合的道路。针对 20 世纪 80 年代以来我国翻译研究一味分化、一味求细的趋势,张柏然教授强调翻译研究在追求科学化的同时,应坚守翻译研究的人文性。他指出,作为翻译学研究对象的语言是蕴含着生机、灵气、活力、智慧的生命编码。如果我们无视语言的这一属性,片面强调翻译研究的模式化、标准化,就会把情感丰富的翻译活动变成冷冰冰的文字游戏场,结果导致"人""文"分离,因而背离翻译研究的人文性,并有违翻译研究科学化的初衷。不过,他也反对人们以翻译研究的人文性来否定翻译研究的科学化,翻译研究的人文性和科学化可以并行不悖,相安共处。①

其次,张柏然教授倡导"古今沟通",认为中国翻译学建设有必要从传统译论中提炼出具有我们这个时代的精神高度的原创性译学原理。然而,中国传统译论大多为感悟和不成系统的阐述,很少对概念的内涵和外延进行梳理,很难直接应用于当代中国译学理论的构建与阐发。为此,他主张对中国传统译论进行梳理与现代转换,"对一批具有世界意义的中国译学经典进行现代性的'还原释读',从其文化精神的内核中,迸发出具有中国现代特色的译学理论"②。此外,还应当对极其丰富复杂的翻译现象进行系统的搜集、整理、考订和理论把握,"比较充分地吸收和转化中国传统的翻译学的学问,从而以比较深厚的理论功力,在本色的意义上展示与西方译学发展不同的中国译学历史过程,进而在宏观上建立中国翻译学"③。中国传统译论的现代转换主要包括以下两方面的工作:其一为范

---

① 张柏然,姜秋霞. 对建立中国翻译学的一些思考. 中国翻译,1997(2):9.
② 张柏然. 发展中国的译学研究. 光明日报,2001-12-25(B03).
③ 张柏然. 发展中国的译学研究. 光明日报,2001-12-25(B03).

畴的清理与界定。中国传统译论一般没有界定范畴的习惯,一个范畴可以有多种称谓去表述,而且可以随机地在引申的意义上去使用。如果不采用现代逻辑范畴的一般要求将中国传统译论的范畴转换成现代译论可以接受的范畴,则很难利用这些范畴。其二为范畴内涵和外延的梳理。常识告诉我们,要对某个范畴进行界定,就需要揭示和把握该范畴所概括对象的本质属性。然而,中国传统译论很少明确具体范畴的内涵与外延,因而有必要对中国传统译论范畴的内涵与外延、本质与特征进行理性的梳理,给传统译论建构一个理论语境,并加以适当的阐释,这将有助于构建基于中国传统译论的当代翻译理论。① 应当说,张柏然教授的"古今沟通"并非简单的复古,而是深入中国古代译论宝库,悬置前人见解,读出真切体验,将古人散金碎玉式的论述用现代理性眼光连缀起来。②

最后,张柏然教授主张"中西融通",并将其视为构建中国特色翻译学的重要路径之一。所谓"中西融通",是指"将我们民族的翻译理论资源输入现代语境,与我们现代视野中的西方译论,进行平等的对话与沟通,从中挑选出更符合翻译现象实际的理论范畴和命题,进行创造性的整合和建构,从而创造出有中国理论资源参与的翻译理论新形态"③。他的"中西融通"不能简单地理解为复古,也不能简单地等同于中西比较。一方面,古代译论产生于中国古代文化语境中,不可能具有典型现代意义。另一方面,中西比较旨在通过比较确定中西翻译理论的异同,为中西对话打下基础。而中西融通是指以理论创新为目的,对中西翻译理论共同性和互补性的东西进行融通,以提出新的范畴和新的理论。④

总体上看,张柏然教授关于构建中国特色翻译学路径的阐述可以概括为三个"一",即一个结合,一个转换,一个融通。一个结合,即科学化和人文性的结合,从翻译学本质属性出发,乃中国特色翻译学构建和当代译学研究的重要方法;一个转换是指古代译论的现代转换;一个融通则为中

① 张柏然. 中国译论:直面"浴火重生". 中国外语,2008(4):85-86.
② 辛红娟,徐薇. 中国翻译学的建构路径. 光明日报,2018-06-11(16).
③ 张柏然. 中国译论:直面"浴火重生". 中国外语,2008(4):1.
④ 张柏然. 中国译论:直面"浴火重生". 中国外语,2008(4):1.

西译论之间的融通。它们均为构建中国特色翻译学的内在要求,也是实现当代中国译论创新发展的必由之路。可以认为,张柏然就中国特色翻译学构建路径的分析阐明了中国特色翻译学构建的具体方法,对中国特色翻译学构建乃至对中国翻译研究的创新发展具有十分重要的指导意义。

四、张柏然中国特色翻译学思想的时代意义

进入 21 世纪以来,我国翻译学科迅速发展。一方面,翻译本科和翻译硕士专业学位的设置分别于 2006 年和 2007 年获得教育部的批准,2013 年翻译学已被确定为外国语言文学一级学科的五大二级学科方向之一。至此,我国形成了包括翻译本科、翻译专业硕士、翻译学硕士再到翻译学博士在内的较为完整的人才培养体系。另一方面,翻译理论研究的广度和深度与以往相比获得前所未有的提升,翻译研究的范围大大拓展,翻译研究方法更趋多元,翻译研究成果层出不穷。然而,我国的翻译研究一直以西方翻译理论或西方相关理论的借鉴和应用为主。我国学者在国内外学术期刊上发表的论文仍多以西方翻译理论、西方语言学理论或文化理论为知识框架,所做的研究往往是通过对外—汉或汉—外翻译事实/翻译现象的分析,对西方翻译理论、语言学理论和文化理论进行验证性研究。近年来,我国翻译学界表现出愈来愈强烈的理论自主意识,开始建构自己的原创理论,如许渊冲的"优化论"、黄忠廉的"变译论"和胡庚申的"生态翻译学"等。然而,我国翻译研究未能从根本上改变跟跑西方翻译理论的局面,理论原创性尚有很大的提升空间。迄今为止,我们尚未取得能够产生国际影响的理论研究成果,我国的翻译研究在世界翻译研究领域相对"失语"的状态并未真正得到改善。针对这一现象,张柏然教授提出,应从我国翻译事业兴旺发达、民族振兴和国际译学研究话语权构建等角度认识构建中国特色翻译学的重要性和紧迫性,应通过古今沟通和中西融通的方式,努力打造具有中国特色、中国风格、中国气派的翻译学话语体系。这一主张赋予了中国特色翻译学构建的意义和价值以全新的高

度和维度,阐明了我国当代译学研究的重要发展方向。

事实上,构建中国特色翻译学不仅是形成具有中华民族特色翻译理论、塑造中国翻译研究主体性的重要路径,也是实现当代译学研究创新发展的重要手段。一般而言,我国翻译研究可以利用的理论资源有西方译论、西方语言学和文化理论、中国传统译论、中国传统语言学和文化理论以及中国现代译论。我们固然可以在消化、吸收西方译论、西方语言学和文化理论基础之上进行融通,开展原创性研究或者提出原创性翻译理论,然而这些研究或理论的话语和理论框架始终是西方的,缺乏质地鲜明的中国特色。我们可以利用西方译论或其他理论资源推进汉—外或外—汉翻译事实的研究,但是如果完全依赖西方理论资源,我们的翻译研究往往会沦为西方译论的"背书"或延伸,研究成果充其量只是中外合资的"中国制造",而非具有核心竞争力或核心技术的"中国创造"。而立足于本民族的语言文化传统,凭借古今沟通和中西融通等手段进行融合、创新,完全能够形成具有鲜明中国特色的原创性翻译理论,从而获得与西方译学进行平等对话的资格,改变我国翻译研究在国际译学领域中的局面。

应当指出,自改革开放以来,国内学界积极引介、借鉴并吸收外国翻译理论,在很大程度上推进了国内翻译研究的发展。然而,国内翻译学界对传统译论的梳理和研究不够重视,甚至怀疑中国传统译论的价值,尤其是对我国当代译学理论建设的价值,很少对中国传统译论进行现代转换,也很少依据传统译论开展翻译研究。尤其令人担忧的是,翻译专业设置中国传统译论课程的高校寥寥无几。根据张柏然的中国特色翻译学思想,中国传统译论是中华民族在翻译领域内追求真理的结晶,所蕴含的理性、实证、怀疑、求真等精神气质不仅与西方的科学精神相通,其特有的天人合一的思维方式更注重自然与人的协调统一、科学理性与人文关怀的结合。从中国传统译论中汲取营养,实现传统译论与当代译论之间的有机融合,不仅可以凸显当代译学理论的中国特色或中国身份,而且可以推进当代译论的创新发展。从这个意义上讲,张柏然教授关于中国传统译论的价值及其现代转换的观点能够为中国传统译论的阐发与研究提供有力的理论支持。

还应指出,张柏然教授从翻译学的自然科学与人文科学双重属性出发,强调中国特色翻译学的构建应当走科学化与人文性的发展道路。这对于当代译学研究不无启示意义。一方面,依据张柏然中国特色翻译学思想,我们在追求翻译研究的科学化的同时不能牺牲翻译研究的人文性,毕竟翻译活动是充满生命力和情感的活动。我们对具体的翻译事实或翻译现象进行逻辑严密的演绎和归纳时,可以采用语料库技术、键盘记录和眼动追踪等技术来分析翻译语言和翻译过程的规律性特征。当然,我们在进行这些科学化分析的同时,也不能忽视翻译研究的人文性,应当将科学化与人文性有机结合起来。以语料库翻译学研究为例,我们可以在对翻译事实或翻译现象的语料库考察和数据分析的基础之上,揭示翻译背后的译者主体性和社会文化因素的制约。另一方面,张柏然中国特色翻译学思想告诉我们,不能因为翻译研究的人文性而否定、排斥翻译研究的科学化。近年来,以语料库技术应用为核心特征的语料库翻译学研究发展迅速,取得了较为丰硕的成果,却往往因为对语料库技术应用的重视和对科学性、客观性的追求而受到学界质疑。在许多学者看来,翻译学是人文科学,而语料库技术属于自然科学范畴,两者之间存在本质的冲突。然而,基于张柏然中国特色翻译思想的深入分析可知,鉴于翻译学兼具人文性和科学性,采用技术手段研究翻译不仅是合理的,也是必要的。采用技术手段研究翻译,可以帮助我们观察到仅凭肉眼无法观察到的翻译事实或翻译现象,建立在大量双语语料或翻译语料的观察和相关数据的统计与分析基础之上的翻译研究因而更加客观、全面、科学。张柏然中国特色翻译思想为大力推进以数字技术与人文融合为主要特征的数字人文视域下的翻译研究提供了坚实的本土理论支撑。

五、结　语

本文认为,张柏然中国特色翻译学思想论述了构建中国特色翻译学思想的重要意义及其具体路径和方法,阐明了中国传统译论在中国特色翻译学构建中的理论价值,廓清了人们关于构建中国特色翻译学的必要性、可行性以及具体方法和手段的模糊认识。张柏然教授将构建中国特色翻译学的重要性提高到我国翻译事业发展、译学研究话语权以及民族振兴等上面来,赋予了中国特色翻译学构建的意义和价值全新的高度和维度,阐明了我国当代译学研究的重要发展方向。张柏然教授关于中国传统译论的价值及其现代转换的观点能够为中国传统译论的阐发与研究提供有力的理论支持。张柏然教授关于人文性与科学化相结合的主张为大力推进以数字技术与人文融合为主要特征的数字人文视域下的翻译研究提供了坚实的本土理论支撑。可以认为,张柏然中国特色翻译学思想在翻译学科蓬勃发展的当代具有鲜明的时代意义。

(本文主体部分已在《外语教学》2021 年第 5 期发表)

描绘构建"中国翻译学"的路线图

——张柏然译学思想的话语镜像与价值重构

魏向清　刘润泽　黄鑫宇　董晓娜　刘谕静　沈家豪

南京大学外国语学院/南京大学中国语言战略研究中心

摘　要:"中国翻译学"理念的提出旨在尊重语言文化特殊性的基础上,促进中西方译学知识的互参互鉴,为翻译的普遍性研究提供多样性依据。这其中,张柏然先生作为"中国翻译学"坚定的倡导者之一,在其数十年的理论思考中,践行着从价值自觉、问题自知到理论自足这一以中国为本位的译学研究的文化自信道路,为中国译学的未来自主发展与当代译学话语构建提供了前瞻性的思想引领。本文立足于译学的地方性知识生产实质,剖析"中国翻译学"的认知起点、历时演进与实践路径,描绘张柏然构建"中国翻译学"的路线图并重释其译学思想的深层价值。

关键词:"中国翻译学",构建路线图,张柏然,话语镜像,价值重构

引　言

在中国当代译学研究领域,"中国翻译学"概念的正式提出通常可追溯至 20 世纪 80 年代末期,以方梦之的《发展与完善我国的译学研究体系——谈建立中国翻译学》一文中的关键词为显性术语标记。由此,学界围绕"中国翻译学"这个重要术语展开了持续近 40 年的理论探讨,其中的学术观点纷争无疑是中国当代译学理论研究中一道独特的风景。事实

上,这其中同时还交织着有关"翻译学"学科建设的长期争议。众所周知,自 1951 年董秋斯率先提出"翻译学"学科建设的主张起,到 2013 年"翻译学"被正式列为外国语言文学一级学科的二级学科方向,"翻译学"学科体制建设基本完成,这表明"翻译学"作为学科已经获得了翻译学科共同体内部、来自其他学科共同体以及学科共同体外部的一致承认。我国"翻译学"学科经过 60 多年的努力得以确立,标志着中国翻译理论与实践研究的现代化与国际化发展进程的重要推进。相较而言,"中国翻译学"作为"翻译学"的下位概念术语,在我国翻译研究共同体内部仍未完全被接受,这与学界对此概念认知的视角差异有很大关系。如果说"翻译学"学科的体制化确立更多强调的是"由学者组成的共同体形成的有序的组织结构"①,那么"中国翻译学"则更应该是从学科构建的知识逻辑去界定和思考。换言之,"中国翻译学"能否作为"翻译学"研究的分支要从学科作为知识场域的本质特征去考量,而非取决于学科体制化的构成形态属性。

"学科的本质是知识,知识是学科的质的规定性……没有知识的生产、发展和创新,就不可能有学科的孕生、存在和发展。"②就学科生成和发展的知识逻辑而言,我国的"翻译学"作为学科要在知识生产、发展和创新方面独立于先前主要归属的比较文学或语言学学科,而"中国翻译学"则应该在中国翻译知识生产、发展和创新方面独立于西方翻译学学科体系。这与"翻译学"作为基于翻译实践的学科特殊性也是相吻合的。翻译实践涉及两种异质的语言与文化,不同"语言对"的特殊性往往为翻译实践带来差异性,这种差异性在很大程度上会造成翻译理论形态与实质的不同。对此,我们比较一下中西译论的理论形态与思维方式,甚至术语的使用便能了然。"中国翻译学",顾名思义,是指基于中国翻译实践的特殊性而产生的译学知识集合。回溯中国翻译实践史,历次翻译高潮期,中国翻译实践最鲜明的特征在于其所涉及的"语言对"之间巨大语言文化差异的影

---

① 王雪梅. 对国家战略视角下外语学科发展规划的思考. 中国外语,2007(5):32.

② 李枭鹰,齐小鹍. 生成整体论视域中的一流学科建设. 学位与研究生教育,2019 (12):27.

响,即所谓远距离语言之间的跨文化交际实践,借此而产生的中国译学知识,自然与西方近距离"语言对"之间翻译实践的理论呈现出不同的状貌。正是这种源自不同"语言对"实践特殊性的翻译理论研究构成了"翻译学"的各类型分支,它们具有互补性,是探究"翻译学"普遍性规律的多样性实践基础。离开这种人类翻译实践类型的多样性基础,翻译理论普遍性的探究无异于缘木求鱼。对于这一点,"中国翻译学"坚定的倡导者和实践者之一——张柏然先生,以其数十年的理论思考为我们描绘了构建"中国翻译学"的路线图,其具有前瞻性的译学思想,将为中国译学的未来发展提供重要的精神引领。

一、构建"中国翻译学"的认知起点

在我国当代译学研究领域,"中国翻译学"这一术语自提出以来就一直备受争议,或许至今也未得到学界的充分认同。究其原因,以往的争议焦点在于"中国翻译学"的认知起点和概念内涵。在是否应确立"中国翻译学"这一译学研究分支的问题上,比较有代表性的一种声音是以"翻译学"学科的科学属性为出发点,强调其科学性,比如,"翻译学是一门科学,是四海皆准的,因此不宜提'建设有中国特色的翻译学'的口号"①,"我们不宜提要建立有中国特色翻译学的口号,这样会陷入狭隘的民族主义的泥坑,不能产生科学的、具有广泛应用价值的现代译学理论"②。对此,一些学者有着不同的认识。③ 其中,张柏然从"翻译学"学科的人文属性出发,认为其"既不同于人文社会科学,也不同于自然科学"④,并明确指出,翻译学在本质上"是一类以价值建构和意义阐释为目的的价值科学或文

---

① 穆雷. 关于翻译学的问题. 外语教学,1989(3):77.
② 谭载喜. 中西现代翻译学概评. 外国语,1995(3):16.
③ 参见:罗新璋. 我国自成体系的翻译理论. 中国翻译,1983(7):9-13;刘宓庆. 现代翻译理论. 南昌:江西教育出版社,1990.
④ 张柏然. 建立中国特色翻译理论. 常州工学院学报(社科版),2008(3):82.

化科学"①,故而"翻译理论不同于自然科学理论,至少在相当一段长时间内,还不可能形成一种真正具有世界性意义的译论"②。显然,这两种观点的根本分歧就在于它们各自对"中国翻译学"的认知起点不同,前者注重"翻译学"的科学性,而后者则强调"翻译学"的人文性。应该说,这两种观点关注了"翻译学"学科属性的不同方面。但从学科的知识集成本质来看,"翻译学"学科的人文性是其知识价值不可忽略的重要内容。"翻译学"普遍性知识的抽象无法脱离人类翻译实践地方性知识的多样性基础。值得注意的是,这种多样性是指基于翻译实践类型的知识多样性,涉及源自翻译实践文本类型以及"语言对"类型等的多种知识生产特殊性。这其中,"语言对"类型差异尤其值得重视。众所周知,现代翻译学作为学科的构建与发展主要是基于西方译学知识的代表性,而西方译学知识的生产与发展所依托的大多是近距离的西方"语言对"之间的翻译实践,并不具备"翻译学"学科知识所需的天然普遍性。试想,如果我们忽略中国译学实践作为远距离"语言对"翻译实践的类型特殊性,那么仅仅建基于西方(大多为近距离语言间)翻译实践类型的西方译论似乎也不足以勾勒世界译学普遍性的轮廓。由此,我们可以看出,张柏然构建"中国翻译学"的认知起点具有最根本的合理性,与"翻译学"学科建设的普遍性并不冲突,应该是相互促进的关系。

基于上述认知起点,张柏然还有的放矢,紧扣"中国特色"这一关键概念要素展开充分论述,进一步阐明了构建"中国翻译学"路线图上的目标任务。具体来说,1997年,张柏然旗帜鲜明地倡导要"构建具有本国特色的译学理论",强调"我们要立足于中华民族的语言、文化、思维方式,从本民族的语言和现实出发,从汉—外、外—汉语言文化对比研究的实际出发,描写翻译实践过程,展开翻译理论研究"③。"只有坚持各国、各民族的'特殊性'和'差异性',我们才能营造多元、平等、对话的世界文化格局,才

① 张柏然. 全球化语境下的翻译理论研究. 中国翻译,2002(1):58.
② 陶李春,张柏然. 对当前翻译研究的观察与思考——张柏然教授访谈录. 中国翻译,2017(2):67.
③ 张柏然,姜秋霞. 对建立中国翻译学的一些思考. 中国翻译,1997(2):8.

能最终完成对世界翻译学的构建。"①而对于译学"中国特色"的确切内涵，张柏然则深入"中国传统"，发掘其深层次的知识价值，认为"中国译学理论思维是感悟性强于思辨性，生命体验力强于逻辑分析力"②，需要我们"利用自身智慧优势，建立一种具有东方神采的'感悟翻译哲学'"③。除了"翻译哲学"方面，张柏然还将"翻译美学"作为"中国特色"译学建设的另一重要内容。1997年，他指出我国传统译论命题几乎"都有其哲学—美学渊源"④，认为"传统译论的根本特色是从特定的价值取向考察美和翻译艺术"⑤，中国传统翻译美学的价值指向在于维护人的自然感性和生命力量，展示中国人实现审美生存超越与从事翻译艺术创造的内在规则与奥秘。⑥由此可见，张柏然对于"中国特色"的概念解读是深入中国翻译实践传统的洞察与分析，又上升到了哲学与美学的层面，其文化自觉的高度是对"翻译学"学科特殊性认知的重要参考。

更为重要的是，张柏然倡导构建"中国翻译学"的目标并不囿于"中国特色"与"中国传统"，而是面向现代化，面向未来，具有"翻译学"学科建设与发展的时代追求。他认为"具有中国特色的翻译理论与具有普遍适用性的纯翻译理论是一个问题的两个方面"⑦，主张"西方译论要引介，古代传统精华也要理性继承"⑧，"我们既要立足本位，也要参照外位"⑨，只有

① 孙会军，张柏然. 全球化背景下对普遍性和差异性的诉求——中国当代译学研究走向. 中国翻译，2002(6):6.
② 张柏然. 发展中国的译学研究//张柏然，辛红娟. 译学厄言. 南京:南京大学出版社，2012:38.
③ 张柏然. 建立中国特色翻译理论. 常州工学院学报(社科版)，2008(3):81.
④ 张柏然，张思洁. 中国传统译论的美学辨. 现代外语，1997(2):25.
⑤ 张柏然，辛红娟. 中国传统翻译批评的超越性特征刍议. 外语与翻译，2012(1):1.
⑥ 张柏然，辛红娟. 译学研究叩问录——对当下译论研究的新观察与新思考. 南京:南京大学出版社，2016:44.
⑦ 孙会军，张柏然. 全球化背景下对普遍性和差异性的诉求——中国当代译学研究走向. 中国翻译，2002(6):5.
⑧ 张柏然，张思洁. 翻译学的建设:传统的定位与选择. 南京大学学报(哲学·人文科学·社会科学)，2001(4):91.
⑨ 张柏然，张思洁. 中国传统译论的美学辨. 现代外语，1997(2):16.

这样才"有益于真正实现多样共存互补的文化"①。换言之,他一方面珍视译学的"中国传统",同时更重视思考中国译学如何与国际接轨,如何根治中国当代译学研究的"失语症",让中国译学在当今国际译学知识多样性之中有一席之地。另一方面,他还超脱于构建中国译学及其理论本身,从中国译学的独特视角去思考当下世界翻译学研究的普遍性问题。他认为,应该充分地吸收和转化中国传统的翻译学的学问,"以现代观念去整理中国的译论遗产,以探究中国译论的现代价值与意义"②,特别要"激活那些具有生命的部分,获得现代阐述,使之成为当代译学理论的有机组成部分"③。与此同时,他还强调:"建立中国翻译学,就是要进行多角度、多学科的研究,结合中国传统的宏观描写理论与西方的微观分析理论,以中国语言、文化为基石,用科学的方法加入人文观照对双语转换过程中的各个机制进行描述,找出客观规律与普遍性,确立语言翻译的科学依据和依归。"④无疑,这一阐述比较全面地体现了其构建"中国翻译学"的主要精神实质,即强调中国译学研究的独特语言文化基础,同时重视中西方译学知识的互参互鉴,旨在为翻译普遍性研究提供多样性的依据。这与一些学者所提出的"中国特色翻译学"有民族沙文主义之嫌⑤的看法有着截然不同的学术旨趣与精神追求。

二、构建"中国翻译学"的现实坐标

如果说张柏然构建"中国翻译学"的认知起点体现了其对于翻译学"中国价值"的认同,那么,这种知识价值取向的洞察力则来自他对于翻译

① 张柏然. 发展中国的译学研究//张柏然,辛红娟. 译学厄言. 南京:南京大学出版社,2012:38.
② 张柏然,辛红娟. 中国需要创建自己的翻译学派. 中国外语,2005(5):73.
③ 张柏然,辛红娟. 译学研究叩问录——对当下译论研究的新观察与新思考. 南京:南京大学出版社,2016:37.
④ 张柏然,姜秋霞. 对建立中国翻译学的一些思考. 中国翻译,1997(2):16.
⑤ 王秉钦. 近现代中国翻译思想史. 上海:华东师范大学出版社,2018:266.

学"中国问题"的历时性思考,其中包括基于"中国传统"的"中国特色"定位。而这一定位实质上是张柏然在当代中国译学发展现实坐标系中的"问题定位"结果。众所周知,构建"中国翻译学"的思想酝酿、产生与发展皆在中国当代译学研究的知识生产空间之中。如果我们以中国译学历时发展的时间轴为横轴,以译学空间的知识生产为纵轴,通过数据分析,就很容易构建"中国翻译学"思想的现实坐标系,也就能够深度理解张柏然构建"中国翻译学"思想的现实基础。为此,我们用 CiteSpace 知识图谱软件分别绘制了中国当代译学研究文献(1993—2020 年)与同时期张柏然译学研究文献(1993—2017 年)的关键词时区图(图 1、图 2)①,旨在通过对比捕捉其构建"中国翻译学"思想产生与发展可能的现实影响。基于相关数据分析和文献细读,我们发现,张柏然提出的构建"中国翻译学"的思想有着深刻的中国译学问题意识,具体体现在以下不同阶段对中国当代译学发展核心问题的关注,主要包括中国特色翻译理论、中国传统译论研究、中国翻译美学三个方面,是对这些核心问题的系统性思考与应对。

第一,关于"翻译学"与"中国特色翻译理论"的关系问题。

从图 1 和图 2 中不难发现,1997 年之前,中国译学的问题域主要聚焦在"翻译学"作为独立学科的建设方面,且相关研究与讨论一直延续到 2009 年前后。当时,对于这一热点问题,张柏然敏锐地意识到"构建具有本国特点的译学理论"②对于"翻译学"学科建设的重要性,呼吁应"充分认识有中国特色的翻译理论的重要性和紧迫性"③,并积极提倡"建立中国特色翻译学……共同营造多元平等对话的世界翻译理论格局"④。2005 年,

① 其中,中国译学相关文献是指以"中国翻译学""中国译学"或"中国特色翻译学"为主题的学术期刊、硕博与会议论文,共 286 篇。张柏然文献是指中国知网收录的、以张柏然为作者的文献,共 58 篇。两张关键词图表均符合 CiteSpace 知识图谱的度量指标。
② 张柏然,姜秋霞. 对建立中国翻译学的一些思考. 中国翻译,1997(2):8.
③ 张柏然. 发展中国的译学研究//张柏然,辛红娟. 译学卮言. 南京:南京大学出版社,2012:38.
④ 张柏然. 建立中国特色翻译理论. 常州工学院学报(社科版),2008(3):83.

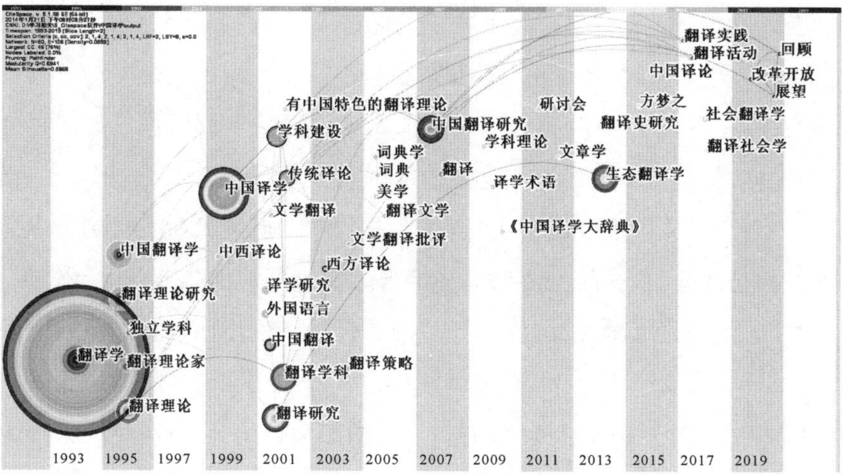

图 1　中国译学相关文献关键词时区图（1993—2020 年）

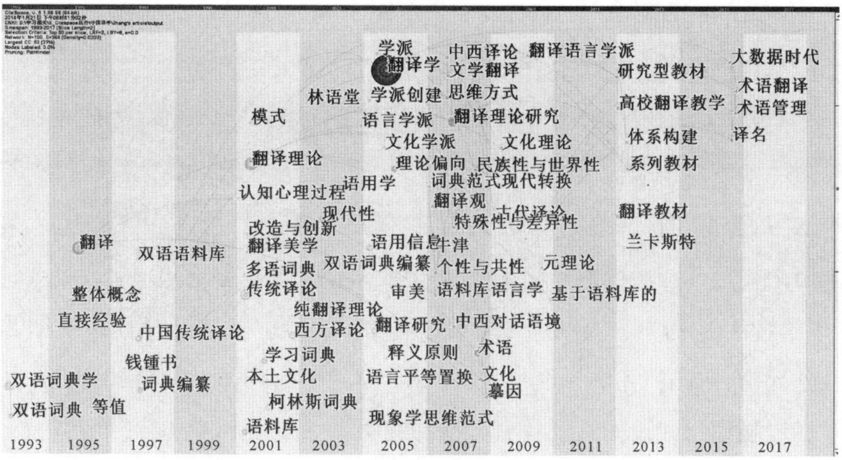

图 2　张柏然文献关键词时区图（1993—2017 年）

他进一步提出"中国需要创建自己的翻译学派"①。2016 年，他明确倡导要"打造具有中国特色、中国风格、中国气派的翻译学话语体系"②。由此可见，在我国译界探讨"翻译学"学科建设的过程中，他所倡导的以中国特

① 张柏然，辛红娟. 中国需要创建自己的翻译学派. 中国外语，2005(5)：73.

② 张柏然，辛红娟. 译学研究叩问录——对当下译论研究的新观察与新思考. 南京：南京大学出版社，2016：前言 1.

色翻译理论为核心的"中国翻译学"内涵在与时俱进,不断深化,为中国的
"翻译学"学科建设提供了重要的思想引领。

这其中,张柏然十分重视并多次论述了中国特色翻译理论的自主性
与特殊性,奠定了中国译论特色论的基本观点。所谓自主性,即具有"自
我意识"且"自成体系",建立在"自身特点"和"自己经验"之上,创造出译
学的"自身体验"。这些论述都是基于当时译学研究的具体问题而言的。
针对中国是否具有建设"翻译学"的基础,他还明确指出,"我们有着自成
体系的译学思想",认为我们的整体思维方式和审美思想是译学理论发展
的基石。① 而针对翻译学建设的方式,张柏然又提出"自身特色"与"理论
自信",认为我国有人类一流的翻译经验②,可以打造具有中国特色、风格、
气派的翻译学话语体系。与此同时,面对学界对特色论之"特色"提法的
质疑,张柏然强调,特色不是反对普遍,是从具体翻译个性入手挖掘普遍
共性,从民族性引向多元的世界性。

此外,张柏然还从"文化战略"的高度辩证论述了中国特色翻译理论
价值的重要性与现实性。"文化战略"并非"政治正确"式的振兴传统、弃
今从古,而是在理解翻译本质与价值的基础上的必然选择。从内来看,我
国历来视翻译为救民族于危难的文化战略武器,这是"最基本、最重要的
'中国特色'"③,当下发展翻译理论也有助于提升中国文化的国际可见度。
从外而言,本国特色的译论也是实现多样互补共存的世界文化的前提,可
谓世界翻译学建设的重要补充。他特别强调中国翻译学术界"需要冷静、
客观地保持中国翻译理论文化研究向度的主体性自觉和作为新的知识形
态的自觉"④。对于这种基于文化自知的自觉和自信,就方法论而言,他认

---

① 张柏然,姜秋霞. 对建立中国翻译学的一些思考. 中国翻译,1997(2):8.
② 张柏然,辛红娟. 译学研究叩问录——对当下译论研究的新观察与新思考. 南京:
南京大学出版社,2016:前言5.
③ 张柏然,辛红娟. 译学研究叩问录——对当下译论研究的新观察与新思考. 南京:
南京大学出版社,2016:77.
④ 张柏然,辛红娟. 译学研究叩问录——对当下译论研究的新观察与新思考. 南京:
南京大学出版社,2016:170.

为,中国特色翻译理论应站在"现代文化"立场上,找寻中国的"文化之根"并汲取西方译学智慧,创建具有"文化精神"的翻译学。① 简言之,中国特色翻译理论研究一要"具有国际眼光",解决"中国翻译问题";二是要"说自己的话"。

第二,关于"中国传统译论"的现代转换问题。

从图 1 可见,我国译学研究于 2001 年及 2015 年出现了"传统译论""中国译论"的关键词结点,传统译论成为当时译学研究的重点问题。而对比一下图 2,自 1997 年到 2008 年,张柏然多次谈及传统译论,特别是传统译论的扬弃与转化成为其构建"中国翻译学"的主要思想内容。他认为,传统译论乃我国译学建设之"母体和本根"②,本国翻译经验是基本的认知材料,是书写自我翻译理论原创性的根据,也是"整个知识体系的骨架和网络"③。因此传统译论是不可多得的理论资源。在此基础上,他还对传统译论的特点与利弊有着清醒的认识,"中国传统译论的概念、范畴和命题,带有具象性、比喻性、感悟性、经验性的特征……它不作界说……它把各个别要素在感悟中综合成一个有机整体"④。由于这种超越性思维特点,直接搬用传统译论概念将使中外思想难以交流,或"难以适于阐述当代现代性启蒙下发生的新译学现象"⑤,必须进行理论重构。"对传统译论的理性继承并不意味着把古代和近代的译论生迁硬徙到当代译论之中"⑥,而是"激活那些具有生命力的古代译论部分,获得现代阐述,使之成

① 张柏然. 全球化语境下的翻译理论研究. 中国翻译,2002(1):59.
② 张柏然,辛红娟. 译学研究叩问录——对当下译论研究的新观察与新思考. 南京:南京大学出版社,2016:35.
③ 张柏然. 中国译论:直面"浴火重生". 中国外语,2008(4):86.
④ 张柏然,辛红娟. 译学研究叩问录——对当下译论研究的新观察与新思考. 南京:南京大学出版社,2016:43.
⑤ 张柏然,张思洁. 翻译学的建设:传统的定位与选择. 南京大学学报(哲学·人文科学·社会科学),2001(4):92.
⑥ 张柏然,辛红娟. 译学研究叩问录——对当下译论研究的新观察与新思考. 南京:南京大学出版社,2016:34.

为当代译学理论的有机组成部分"①。这种转换仍然困难重重。现代译学缺乏与传统译论的血肉联系,因此传统译论的转化必须在现代译学理论基础上进行分离、重释,使之与现代、西方译学理论融合,形成新形态。面对学界"腐儒式"地批判西方译论或机械套用比附中西概念的做法,他明确指出两者的思维互补性。同时,更为重要的是,他还提出了切实可行的传统译论现代转换之途径,"要对古代译论具体的理论范畴从局部开始进行逐步清理;同时不能照搬古代译论的范畴体系,而要在整体上了解古代译论的根本精神和总体特征,对其加以改造以资今用"②。"从范畴研究到体系研究",即从传统译论范畴的思维、逻辑和结构特点引向宏观的传统译论的深层研究,是实现传统译论现代价值的重要方式。他本人也身体力行,对译学经典进行"还原释读",如其对马建忠"善译"思想的重释即是其中重要代表。从图1可以看出,"传统译论"和"译学术语"分别是我国译学文献2001年与2011年区间的关键词,这在一定程度上体现了与张柏然构建"中国翻译学"思想的高度重合。

第三,关于"中国翻译美学"的独特性问题。

从图2的数据分析结果来看,张柏然在针对"中国特色翻译理论"以及"中国传统译论"研究的基础上,前瞻性地提出了"中国翻译美学"的独特性问题(2001),并进行了开创性探讨。这从图1所呈现的中国译学研究关键词(2005)上可以看出,张柏然的研究具有引领性特点。具体来看,张柏然对于"中国翻译美学"独特性的关注,主要体现在两个方面。首先,针对中国翻译理论发展中轻视或放弃本体研究的现状,他认为应重塑翻译美学研究本体维度的哲学思路。2009年,他指出,中国翻译理论研究中的元理论思考是被普遍意识到但未得到有效处置的问题③,这一趋向在当代翻译美学理论研究中同样存在。其次,关于"中国翻译美学"研究的方

---

① 张柏然,辛红娟. 译学研究叩问录——对当下译论研究的新观察与新思考. 南京:南京大学出版社,2016:37.

② 张柏然,辛红娟. 译学研究叩问录——对当下译论研究的新观察与新思考. 南京:南京大学出版社,2016:35.

③ 张柏然,辛红娟. 当下翻译理论研究的两个向度. 中国外语,2009(5):95.

法论问题,张柏然仍然强调从发掘传统翻译美学的"诗性智慧"和直觉思维着手,体现了其构建"中国翻译学"的明确取向。他还进一步以传统美学观照中国传统翻译批评模式,认为中国传统翻译批评具有诗性特征,其思维模式在于从特定价值取向考察美与翻译艺术。这种宏观直觉经验的美学传统形成了以"类比联想—象征描述"为主体的翻译批评方式。①

张柏然在关注"中国翻译美学"独特性问题的同时,仍不忘与西方美学传统进行互参比较。他全面分析了中西美学传统与翻译批评的不同范式,重新认识传统批评的理论价值,而其缺憾和局限可借助西方批评参证解决。② 比如,他以中西美学审美方式的"知觉体悟"和"辩证逻辑"之分,推演至中西民族心理和文化背景差异,进而书写中西译学之异。③ 对传统译论的分析也基于其美学优势与缺陷——美学体系的间断性、非系统性等导致传统译论思维模式的主观感性。④ 不难看出,张柏然以翻译美学为切入点,细致入微地探讨了传统译论和翻译理论建设问题,其开创性研究为"中国翻译学"建设提供了全新的思路与示范。

综上所述,"中国特色翻译理论、传统译论与翻译美学"是张柏然构建"中国翻译学"思想中的重要内容,也是他对同时期中国译学发展的一些关键问题的理论回应。这其中,中国特色翻译理论是中国翻译学建立的主要方式,是宏观层面理论意识的呼吁;传统译论是中国翻译学的根本资源,是中观层面实践方向的指引;翻译美学是中国翻译学的核心主题,是微观层面理论发展的实操。张柏然构建"中国翻译学"的思想无一不是在中国当代译学发展现实坐标系中的问题定位结果和对"中国翻译学"建设的具体践行。

---

① 张柏然,辛红娟. 中国传统翻译批评的超越性特征刍议. 外语与翻译,2012(1):1.
② 张柏然,辛红娟. 译学研究叩问录——对当下译论研究的新观察与新思考. 南京:南京大学出版社,2016:58.
③ 张柏然,辛红娟. 译学研究叩问录——对当下译论研究的新观察与新思考. 南京:南京大学出版社,2016:22.
④ 张柏然,张思洁. 中国传统译论的美学辨. 现代外语,1997(2):29.

三、构建"中国翻译学"的理论参照

张柏然译学思想的形成与发展体现出鲜明的价值取向和问题意识，即立足于中国译学知识的学科价值，以当代译学研究的核心问题为现实参照，其研究与论述并非就翻译而论翻译，而是从世界文化发展与中国学术建设的角度，高屋建瓴地描述"中国翻译学"的建设图景。在具体研究过程中，张柏然借鉴了古今中外的多学科学术资源，充分彰显出其学贯中西的深厚学养和跨学科方法论意识。对此，我们以张柏然译学思想汇总之作——《译学叩问录》为话语样本，重点对其参考文献（共 361 篇）进行了人工统计分析，研究发现如图 3 所示。

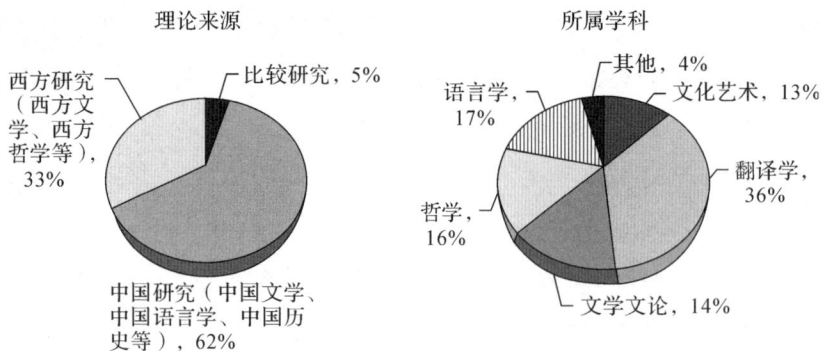

理论来源

所属学科

西方研究（西方文学、西方哲学等），33%

比较研究，5%

中国研究（中国文学、中国语言学、中国历史等），62%

其他，4%

语言学，17%

文化艺术，13%

哲学，16%

翻译学，36%

文学文论，14%

图 3 《译学叩问录》引用文献情况

首先，就张柏然译学研究所参考的理论来源看，在 361 篇引用文献中，62%为关于中国或中国学者的研究，包括中国文学、中国语言学、中国历史等；33%为西方研究，如西方文学、西方哲学、西方语言学、西方译学等；还有 5%为比较研究，如比较文学、比较文化、比较译学。由此可见，其研究以中国问题与中国背景为主，兼顾西方理论成果与比较研究的理论，其理论来源具有中西融通的知识多样性。这其中，比较文学、比较译学、比较哲学等涉及中外思想对比的研究占到一定比重，他多次援引安乐哲、刘宓庆等学者有关中西思想比较的论述，阐述中西思维、方法等诸多层次的异同。其次，就其译学研究参考文献的所属学科而言，36%为译学文献,语言学、哲学、文学文论紧随其后,分别为 17%、16% 和 14%。语言学、哲学、文学文论、文化艺术所占比例相当,反映了其思想的形成与发展依托的是广泛而均衡的人文社科理论,这与其所主张的"翻译学"研究的人文性特质非常一致。而进一步深入其中,我们发现有不少是各领域的经典文献与思想资源,如伽达默尔、海德格尔、巴赫金、萨义德等的哲学思想,梁启超、胡适、鲁迅等有关中国文化的观点,蒙娜·贝克、巴斯奈特等人的译论,等等。这也有力佐证了其所倡导的学术观点——中西学术并非对立,而是互参互鉴的关系。"中国翻译学"的构建并非民族沙文主义,而是站在世界翻译学乃至世界文化高度的理论思考;并非故步自封,而是在自觉自知的前提下,兼容并蓄、推陈出新的文化自信实践。

在上述数据统计分析的基础上,我们还通过文本细读深入探究了其思想生成与发展过程中对中西学术思想借鉴与参照的具体情况。特别值得重视的是,张柏然曾就"中国翻译学"的构建提出了三条道路:"第一,以现代观念去整理中国的译论遗产,探究中国译论的现代价值与意义。第二,以创造性思维对西方译论流派进行变异,从而在世界译论流派史上刻上中国的名字。第三,以中国文化的整体性,去整合西方片面精确的译论,使之在更高的文化层次上得以整合与优化。"①显然,这三条道路的确立正是其有意识借鉴不同理论资源去重建中国译学的研究意图,是其构建"中国翻译学"的行动纲领,而他本人也通过具体的研究率先给我们进行了示范。比如,他对马建忠"善译"理论全貌的发掘,并非直接进入"善译"文本,而是先挖掘马建忠的译者身份背景和思想倾向,再挖掘其翻译思想的文化战略考量,并具体划分为翻译选材、翻译规范、人才培养与术语翻译意识,类而划之、条分缕析地进行具体论述,丰富"善译"理论内涵。这一类即是"唯中而释"的"第一条道路"的译论建设方法。又如,他借鉴西方修辞学"零度—偏离"理论来阐发其关于翻译学发展的思想,在回顾西方修辞学"零度"与"偏离"的概念及其方法论意义的基础上,进一步论

① 张柏然,辛红娟. 译学研究叩问录——对当下译论研究的新观察与新思考. 南京:南京大学出版社,2016:128.

述翻译中的"零度"与"偏离",其中穿插西方哲学与中国文化中对"偏离"的论述(如德里达的"延异"与钱锺书的"讹")和对"零度"理想的追求(如中国的支谦、道安、鲁迅等,西方的圣经翻译、语言学翻译)。如此,张柏然从基本概念、适应性、例证、对翻译的方法论启示等方面开创性地构建了翻译中的"零度—偏离"理论。这种对西方理论的借鉴与重写,践行了其"第二条道路"的研究理念。再如,他对翻译元理论问题的重申。他首先回溯近年来西方译论的元理论焦虑和国内的元理论阙失,然后借用西方"理论旅行"和中国老子、庄子的论述辅证元理论思考的必要性。中西文化传统哲学主题的相似性共同指向译学的根本意义问题,这体现了其"中西互通"的"第三条道路"的合理性价值。可以看出,张柏然译学思想融贯中西,其源头活水带给我们构建"中国翻译学"的清新生动的面貌,指引了中国译学理论发展前进的方向。

四、构建"中国翻译学"的实践路径

张柏然数十年的译学研究主要围绕"中国翻译学"构建这一中国当代译学理论建设和学科发展的目标任务,并对其路线图中的实践路径进行了前瞻性的系统思考。他通过一系列宏观话题的追问,不断推进中国译学研究领域同仁的集体思考,具体包括"中国能不能建立翻译学?""应当建立怎样的中国翻译学?""建立中国翻译学的立足点何在?""如何建构翻译理论的中国学术话语体系?"等中国翻译学建设的核心问题。确切地说,这些话题正是他为构建"中国翻译学"所确立的具体问题域,为我们后续探索"中国翻译学"建设的实践路径提供了重要的逻辑引领。而他本人则身体力行,率先进行了示范性的实践路径探索,即从价值自觉、问题自知到理论自足的文化自信实践道路。

第一,构建"中国翻译学"的价值自觉。就构建"中国翻译学"而言,所谓价值自觉,就是指对中国译学知识的价值自觉,其实质是对中国翻译实践文化的价值自觉。这是张柏然构建"中国翻译学"的认知起点和精神内涵,也是其实践路径探索的出发点。"中国能不能建立翻译学?"有学者认为翻译的主观性使"翻译学"本身成了"迷梦"①,但张柏然认为,中国译学已经起步并积累了一定的理论基础,"中国翻译学"建立是可行的②,"中国翻译学"要立足于中国的语言文化思维方式以及翻译实践情况,基于汉语语言特点及其中所反映的文化精神,构建具有中国特点的译学理论。③ 对此,我们借助张柏然译学研究文献的数据分析图可以清晰地看出,其译学思想的关键词正是"文化"(图 4),其文化价值的自觉意识非常凸显,而这与其对翻译学学科本质特点的深刻理解密不可分。

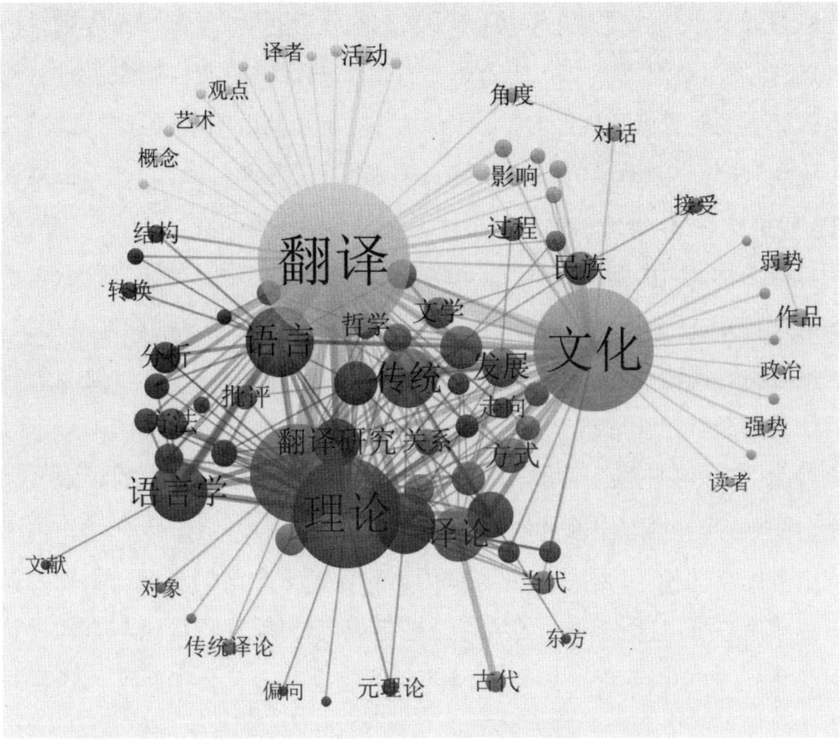

图 4　张柏然文献全文主题聚类

---

①　劳陇. 丢掉幻想　联系实践——揭破"翻译(科)学"的迷梦. 中国翻译,1996(2):39-42.

②　张柏然,姜秋霞. 对建立中国翻译学的一些思考. 中国翻译,1997(2):8.

③　张柏然,姜秋霞. 对建立中国翻译学的一些思考. 中国翻译,1997(2):8.

　　由图 4 可以看出,对"翻译"本身的探究、对"文化"问题的探讨以及对翻译"理论""研究"的思考是张柏然译学思想中最为关键的一些内容。这其中,张柏然构建"中国翻译学"的思想形成与发展从根本上离不开其对"翻译"作为文化实践本质的深刻见解。他认为,译学研究与文化研究紧密相连。翻译学既是事实描述,也是文化和价值表达。只有联系文化来研究译学,才能对译学的意义和作用有深入的理解。21 世纪的翻译学应该"站在对 20 世纪甚至有史以来中国及世界各国翻译学传统进行文化批判的基础上,对现实的翻译问题进行文化的分析"①,不仅关注实际翻译活动,还要关注整个民族文化的命运。具体来说,要从"文化概念"出发,对中国译学经典进行现代性的"还原解读",对丰富复杂的翻译现象进行"现象统观",把握"翻译学的文化性格",才能回答"翻译是什么"这一根本问题。② 显然,文化价值自觉是张柏然译学思想的灵魂所在。

　　第二,构建"中国翻译学"的问题自知。就构建"中国翻译学"而言,所谓问题自知,就是指对中国译学研究现状与问题的自我审视和客观把握。这是张柏然构建"中国翻译学"的逻辑前提与实践基础。"应当建立怎样的中国翻译学?"张柏然一方面非常明确地指出,要从传统译论中寻求理论构建资源,另一方面则非常清醒地正视中国传统译论自身的局限性问题,并努力找寻推陈出新的实践方案。比如,他认为,中国传统译论虽具有诸多优点,但不可否认,其对具体因素和各因素之间的复杂关系缺乏微观细致的分析;且由于未对传统译论进行现代转换,现代译论与古代译论之间"缺乏血肉联系而如飘零的浮萍",但完全复古又会中断现代译学理论传统,"人为地造成一种新的隔阂"。③ 正是这种宝贵的问题意识为"中国翻译学"构建的实践带来了辩证统一的方法论。他强调,现代译学缺少

① 张柏然. 发展中国的译学研究//张柏然,辛红娟. 译学卮言. 南京:南京大学出版社,2012:37.
② 张柏然. 发展中国的译学研究//张柏然,辛红娟. 译学卮言. 南京:南京大学出版社,2012:38.
③ 张柏然,张思洁. 翻译学的建设:传统的定位与选择. 南京大学学报(哲学·人文科学·社会科学),2001(4):93.

了古代译论"母体的营养与根底,缺乏一种底气和骨韵",需要"充分研究古代译论,把其中的包括其体系与各种术语的有用成分最大限度地分离出来",并将其与现代译学理论、西方翻译理论融合,"使其成为当代译学理论的血肉,形成当代译学理论的新形态"。①

张柏然对于构建"中国翻译学"的问题意识很大程度上来自其对于古今中外译学研究特质的全面把握和综合考量。这种宏阔的学术视野使其对相关问题有更敏锐的洞察力,同时也能够有更有效的解决思路。比如,当代翻译美学研究的问题。张柏然指出,中国传统译论,继承了古代哲学美学思想,展示出鲜明的美学特征。而当代翻译美学却似乎走入了进退两难的困境。"西化"或"汉化"都是翻译美学迷失自我的"文化失语",而拒绝这种双重"失语",发扬"民族主体性",应当成为翻译美学研究者的"理性自觉"。② 具体而言,这种"理性自觉"意味着既要摆脱"他者"话语的强势"脱色"处理,又要防止"自我"话语不自觉趋同的弱势心理,但也绝不能陷入自我封闭的"独语"境地,摒弃"他者"或"自我"中心主义的文化偏见是走向"文化平等"的前提。③ 实现这一点的关键是改造与创新传统话语,并逐步建立译论新话语。在当下全球对话的语境中,应从根本上"展示与西方译学发展不同的中国译学历史过程,进而在宏观上建立中国翻译学"④。中国翻译学人"肩负着让世界知道中国,同时也让中国了解世界的双重使命",应本着"多元共生、文化互补"的原则,使"中国的文化及其翻译理论走向世界、参与对话",为世界翻译理论的大系统做出"中国的贡献"。⑤

---

① 张柏然,张思洁. 翻译学的建设:传统的定位与选择. 南京大学学报(哲学·人文科学·社会科学),2001(4):93.
② 张柏然. 当代翻译美学的反思. 外语与外语教学,2001(8):1.
③ 参见:张柏然. 当代翻译美学的反思. 外语与外语教学,2001(8):1;张柏然. 全球化语境下的翻译理论研究. 中国翻译,2002(1):59.
④ 张柏然,辛红娟. 译学研究叩问录——对当下译论研究的新观察与新思考. 南京:南京大学出版社,2016:40.
⑤ 张柏然,辛红娟. 译学研究叩问录——对当下译论研究的新观察与新思考. 南京:南京大学出版社,2016:111.

第三,构建"中国翻译学"的理论自足。除了对于构建"中国翻译学"的价值自觉和问题自知以外,"建立中国翻译学的立足点何在?"或者说,"中国翻译学"作为世界"翻译学"的重要构成,其立足的依据是什么? 从"翻译学"学科建设的知识集成本质来说,"中国翻译学"的理论贡献是否能够自足? 这是构建"中国翻译学"实践的重中之重或立足之本。这方面,张柏然通过对中国特色翻译理论的阐释、对当下翻译元理论和文化向度研究的反思以及对传统译论的转化和超越,尝试实现中国翻译学的理论自足。2008 年是张柏然对建设中国特色翻译理论进行深入阐释的一年。他详细论述了中国特色翻译理论的人文性(民族性、特殊性)和科学性(普遍性、必然性)这一"最具挑战性和理论思辨性"的问题。他指出,中国特色翻译理论的"中国特色",需要我们"用中国人自己的目光"来理解和阐释翻译现象,要"从古代译论中吸取丰富的营养",使之成为新的"译论血肉",同时还要对中外各种学派抱以开放的态度。他特别指出,中国特色翻译理论建成的标志是我们可以用自己"独创"的"规范、术语与观念系统"来阐释本国翻译与外国翻译现象,在世界多元译论格局中有着我们的一定地位,使中外译论处于"真正的交往、对话"之中。

张柏然认为,要在全球化环境下建设中国译学理论的现代体系,首先要重释"一批具有世界意义的中国译学经典",深挖中华文化精神的"内核",亦即"形简神远"的思维方式特点。在充分破解中国思维方式的基础上,融合西方译论,创立一种包含丰富的中国智慧的"文化—生命翻译诗学"。张柏然先生指出,要建设中国译论,就要直面"浴火重生"。我们应该以本民族的文化和译论资源为依托,建设具有民族特色和"大国气象、大国风范"的现代译论。要完成这一工作,就必须做好"古代译论的现代转换"这一"关涉我国翻译理论建设前途和速度的重大问题"的工作,在注意古代译论思维方式"独特性"的同时,也要发掘古代译论所蕴含的"现代性"。其次,张柏然还明确指出,要处理好翻译理论"共性"和"个性"的关系。建立具有中国特色的翻译理论不是否认普遍翻译学的存在,而是去共同营造一个"多元、平等、对话的世界翻译理论格局",从而最终完成对"世界翻译学的构建"。这种从世界译学构建的长远目标着眼的"中国翻译学"理论自足建设思考,与狭隘的"民族沙文主义"学术立场大异其趣,再次体现了中国学者的宽阔胸襟与学术远见。

余论:构建"中国翻译学"的前瞻性与开创性

翻译实践是译论生发的源泉,所谓译论的普遍应用价值,归根结底是从地方性翻译实践中抽象阐发而来的。这也是本文开篇便强调的认知基础。实际上,这不仅是我们认识"中国翻译学"这一术语的出发点,更是翻译研究普遍遵循的深层实践理性。而"中国翻译学"的立意,本质上可以被看作对从实践到立论这一自主性译学知识生产逻辑的回归。

众所周知,改革开放以来,国内翻译研究格局发生了翻天覆地的变化,这在很大程度上是西方译学话语持续性植入的结果。在西方学科理性与翻译理论话语的影响下,国内的翻译研究在短时间内历经了从结构主义到功能主义再到文化学派与解构主义的范式更迭。这种跃进式的话语扩张现象同始于 20 世纪初的国内各学科话语的现代化转型趋势何其相似。长期以来,我国翻译研究其实也折射出中国学术文化现代化转型的共性特点,即"诱发型"①的激变。这一话语实践模式带来的益处是显而易见的,即可以将现成的外来翻译理论话语资源为己所用,指导本土翻译实践与研究。事实证明,改革开放以来的"不少成果是在借鉴其他国家优秀的理论成果基础之上取得的"②。而与此同时,译论的大量涌入也带来了实践与立论本末倒置的风险,甚至滋生出"理论速食主义"③,"以至于我们还没来得及消化一种理论,就立即被另外一种新的理论湮没"④。长此

---

① 罗荣渠. 从"西化"到现代化. 合肥:黄山书社,2008:1.

② 许钧. 改革开放以来中国翻译研究概论(1978—2018). 武汉:湖北教育出版社, 2018:90.

③ 许钧. 改革开放以来中国翻译研究概论(1978—2018). 武汉:湖北教育出版社, 2018:447.

④ 许钧. 改革开放以来中国翻译研究概论(1978—2018). 武汉:湖北教育出版社, 2018:447.

以往,我们对于外来理论的依赖性会与日俱增,这十分不利于本土原创译学话语能力与影响力的提升。客观而论,当前,"我们的翻译学并没有建立起自己的理论体系和话语体系"①,"挖掘翻译研究的理论性资源与理论创新的可能性"②仍是国内翻译学建设面临的要务。

由上可知,在"诱发型"的译学话语转型背景下,如何扭转本土自主性知识生产与话语实践式微的局面,是当前需要解决的根本问题。而这一译学话语困境,张柏然教授很早便敏锐地察觉到了,并及时提出了相关对策。这也正是"中国翻译学"构建理念的缘起。他曾明确指出,改革开放以来"大搬外国新术语的现象"③尤为活跃,"一个时期里,在翻译界,西化思想相当普遍,旧有的传统与文化思想被贬得一钱不值,西学为体的思想再度被炒热起来"④。中国译学史表明,千年的翻译实践传统孕育了丰富的译学话语资源与原创译学术语体系,直至 20 世纪 60 年代"化境"论问世,我们仍能看到传统译学话语的连续性演进与本土译学概念谱系的同质性延伸。相比于西方译论,这些"旧有的传统与文化思想"在问题意识、论证逻辑与言说方式等方面无疑具有差异性,或者说,具有地方性特色,但有一点却是相通的,即在本质上都是对特定时空内翻译实践相关问题的思考成果。这也正是它们可以作为构建"中国翻译学"之思想资源的根本原因。在构建"中国翻译学"的路线图中,传统译论的重要性之所以不断得以重申,其根本诉求就在于追溯自主性的立论精神,再思与重估其中蕴含的方法论价值。这对于当下译学话语体系的优化实践无疑仍具有重要的指导意义。

张柏然有关"中国翻译学"的前瞻性思考,是立足于世界译学与人文研究的宏阔格局,检视与反思中国译学生态中存在的话语失衡问题而取

① 许钧. 改革开放以来中国翻译研究概论(1978—2018). 武汉:湖北教育出版社,2018:90.
② 许钧. 改革开放以来中国翻译研究概论(1978—2018). 武汉:湖北教育出版社,2018:446.
③ 张柏然. 当代翻译美学的反思. 外语与外语教学,2001(8):1.
④ 张柏然. 当代翻译美学的反思. 外语与外语教学,2001(8):1.

得的思想成果,其中折射出深刻的学科话语"元批评"思维,而这一思想基因实则可追溯至 20 世纪初由中国学术文化现代化转型触发的学术话语批评传统。20 世纪 30 年代,张君劢①曾明确提出"独立民族必有独立学术"的主张,提倡中国传统学术和文化的"死后复活"。② 张柏然创造性地提出的中国译论之"浴火重生"③这一理念,不啻是对前人批评思想的承继,在译学领域更是成为开拓原创译学话语的重要思想指南。"浴火重生"这一表达具有浓厚的诗性色彩,其传达的却是一种理性的思想特质。在张柏然的"中国翻译学"版图中,传统的价值在于它的奠基意义,而不是支配作用。正如我们不能不顾远距离"语言对"之间翻译实践的特殊性而简单地全盘复制西方译论一样,面对传统译论与文化资源,也应有所扬弃与开拓延伸,在遵循自主立论逻辑的基础上,构建更具普遍应用价值的译学话语。张柏然对于翻译美学的系列阐发便切实践行着这一"浴火重生"理念,对于后续中国翻译学的话语构建实践具有方法论层面的启发意义。

实际上,在近年来的中国译学话语构建研究成果中,已经可以看到"中国翻译学"立论精神的延续。例如,有关译学文质论的研究历经了从"文质之争"的历史探颐到文质话语的整理与理论阐发这一逐步深入的过程;再如,一系列由中国学者自主提出的新型译论如"和合翻译学""文章翻译学""生态翻译学""大易翻译学"等,也都是基于传统译论或学术思想元素而立论的。无形之中,这些话语创新正在践行着从价值自觉、问题自知、理论自足到文化自信的实践道路,亦即张柏然构建"中国翻译学"的实践路径。一般而言,"学术的原创性有两个支点:一是全人类性和全球性,一是本民族性和地域性。……它们分别具有各自的意义,从本质上来说,它们是相通的"④。其中,"民族性"是原创的始源,也是原创价值能够产生"全球性"效应的根基。如果说,传统译学话语与文化资源彰显民族性原

---

① 张君劢. 民族复兴之学术基础. 北京:中国人民大学出版社,2006:247.
② 张君劢. 民族复兴之学术基础. 北京:中国人民大学出版社,2006:246.
③ 张柏然. 中国译论:直面"浴火重生". 中国外语,2008(4):1+85-86.
④ 杜里奇,陈望衡. 比较美学二辑. 武汉:武汉大学出版社,2016:164.

创特色,那么中国译论的"浴火重生"则以产出具有全球性普适价值的原创成果为目的,这也是张柏然构建"中国翻译学"的终极旨趣。在新时代,在国内学界同仁的携手努力下,这一构建"中国翻译学"的张氏路线图也将进一步延续发展,以期为世界译学之林贡献中国知识与中国话语。

(原载于《外语学刊》2021 年第 4 期)

中国译学的传承与创新*

——张柏然译学思想研究

柴仕伦　杨　柳

南京大学

摘　要:本文从著名译论家张柏然的中国译学研究成果出发,探讨其中国译学的传承与创新思想,分析其相关思想对中国译学建设的贡献,以期为当下译学建设带来启示。研究发现,张柏然就中国译学的传承与创新问题提出了系统而独特的理念和方法。在传承方面,张柏然作为中国译学的早期建设者,指出要立足本土语言文化展开翻译研究,并运用理论形态、特殊性与普遍性、后殖民主义等理论支持这一立场,更结合个人的阐释学思考和对我国"知识论"断裂现状的观察,提出了传统译论"范畴的视域融合"和"体系的整合建构"的继承方法论。在创新方面,张柏然指明了将中国传统译论、西方译学、新时代的翻译活动三种学术或实践资源转化为中国译学的创新路径。本文认为,张柏然的译学思想极具引领性、前瞻性、系统性,对中国译学建设贡献卓著:其理论成果引领了中国译学话语体系建设;准确研判了外译研究、翻译数字化、翻译服务实业化等几个研究趋势;其"中和"和"诗性"智慧所带来的学科认识的深度和广度也值得我们继承和发扬光大。

关键词:中国译学,传承,创新,张柏然译学思想

---

*　本文系国家社科基金重大项目"中国翻译理论发展史研究(20&ZD312)"之子课题——"外位观照:西方译论引介及中西比较与借鉴研究"的阶段性成果。在此真诚感谢国家社科规划办的资助与大力支持。

引　言

张柏然是我国著名翻译学家、资深翻译家、辞典学家、语言学家和教育家,南京大学著名教授、博士生导师,在我国学术界享有十分重要的地位。

张柏然是中国译学思想的早期提出者和中国译学建设的重要推动者。自 20 世纪下半叶以来,他对中国译学的建构、发展展开了系统性思考,提出并丰富了独特的中国译学传承与创新思想,为后人留下了宝贵的思想遗产。在传承方面,张柏然提出了中国译学的立足点,并提供了相应的理论支撑以及传承传统译论的具体方法;在创新方面,张柏然揭示了如何利用传统译论、西方译论以及中外最新翻译实践来开展译论的现代化创新。如今,在我国译学界,建设翻译的中国学派、构建学术命运共同体、推动中国译学走向世界已经成为普遍认同的理论课题。在这样的历史语境下重温张柏然的中国译学思想,回顾其学术成就,有助于审视我国翻译研究已经取得的成绩和存在的问题,进而推动当代翻译学研究的进一步发展。

一、"中国译学"思想的提出

尽管我国翻译历史悠久,但"建设翻译学"口号的正式提出却是在 20 世纪 50 年代,"中国译学"思想的提出则是在 20 世纪 80 年代。新中国成立以来,我国学者倡导建立翻译学,并逐渐以"中国译学"作为研究对象,站在学科的高度,就中国译学建设的根本立场、中国译学的创新发展以及中国译论的国际影响等学术问题展开了激烈的讨论。

第一,张柏然为中国译学学科意识的觉醒提供了最早的支持。

前期,中国"建设翻译学"的口号为"中国译学"思想的提出打下了基础。新中国成立初期和改革开放初期,对翻译的强烈需求和对西方译论的引介在我国催生了翻译学的学科意识。董秋斯、董宗杰明确提出要建立翻译学,论述了展开翻译研究的必要性和可能性,以及翻译学与其他学科的关系。① 随后,中国译学思想正式提出。桂乾元《为确立具有中国特色的翻译学而努力》一文引发了译学界关于我国的翻译学是否应有"中国特色"的思考。在文中,他首次提出了建立具有中国特色的翻译学的初步设想。② 刘宓庆在对翻译理论研究进行展望时,预测我国的翻译研究将结合本国的语言和文化现实,以"本位观照、外位参照"为原则开展,并分析了这一原则对翻译研究的意义。③ 张柏然等首次旗帜鲜明地提出了要立足本土语言和文化,"建立中国翻译学",也首次系统论证了建设中国译学的立足点、必要性和可能性。④ 建设中国译学的观点不仅昭示了中国学者建设翻译学学科的决心,更标志着中国译学学科意识的觉醒。

第二,对"自我"与"他者"的融合。

20 世纪末,随着我国翻译学的学科地位逐渐成为共识,面对我国学术传统和西方的巨大差异,学者们围绕赋予我国译论本土特色的必要性问题展开了广泛的讨论。张柏然综合学界的诸多观点,论述了建设中国译论、立足中国本土文化的必要性,同时释解了讨论中的一些误识。⑤ 实质上,学界的此次讨论在运用不同的框架对中西译论进行比较和评价、消除误解和促进共识之后,有效厘清了我国译学建设中"自我"与"他者"的关系,⑥为中国译学的建设如何处理本土文化与西方文化、传统译论与国际当代译论的关系开拓了思路。

第三,中国译学学术创新方法的提出。

① 董秋斯. 论翻译理论的建设. 翻译通报,1951(4):3-6;董宗杰. 发展翻译学,建立专业队伍. 中国翻译,1984(8):37-38.
② 桂乾元. 为确立具有中国特色的翻译学而努力——从国外翻译学谈起. 中国翻译,1986(3):12-15.
③ 刘宓庆. 翻译理论研究展望. 中国翻译,1996(6):2-7.
④ 张柏然,姜秋霞. 对建立中国翻译学的一些思考. 中国翻译,1997(2):8;张柏然. 中国译论要有中国味——代序//张柏然,许钧. 译学论集. 南京:译林出版社,1997:1-2.
⑤ 张柏然. 建立中国特色翻译理论. 常州工学院学报(社科版),2008(3):79-83.
⑥ 许钧. 改革开放以来中国翻译研究概论(1978—2018). 武汉:湖北教育出版社,2018:10.

　　张柏然早期的贡献主要在于学科创新的宏观思路,即以中国传统译论、西方译学、新时代翻译现象作为中国译学三位一体的创新驱动力,提出要构建"既蕴含了中国丰厚文化内涵,又融合了西方研究方法优点而且体现了时代精神和风貌的新型翻译理论"①。在后续研究中,他不断发展传统译论的现代化转换和批判性地借鉴西方译学的系统方法论,也结合时代翻译新潮阐释了创新着力点。② 在张柏然同时代及之后,还有一批学者反思中国译学创新的实际,或沿着相近的思路,或另辟蹊径,摸索译学创新之道。在传统译论的现代化方面,杨自俭提倡用古今中外打通比较的方法,以现代译学的概念、命题和系统为参照,整理、解释、继承和发展传统译论。③ 廖七一揭示了中国传统译论研究中多因袭而少创新、缺乏系统整合的问题,呼吁加强批判意识和理论建树意识。④ 在西方译论的借鉴方面,谭载喜强调了中西译论互鉴的重要性,并示范了横向共时比较、纵向历时比较和主题比较结合的中西译论比较方法。⑤ 杨柳梳理了 20 世纪下半叶以来西方翻译理论在中国的接受史,指出了中国译论在借鉴西方译论方面的成就和问题。我国学者对西方翻译理论从全盘接受,过渡到对西方译论的实践检验、质疑批判,寻找其与中国传统译论的接轨点,实现了研究范式的转型,使得我国译学界空前繁荣。但接受过程也存在着不少问题,如流于片面的介绍和理解、望文生义、整体性研究缺乏、理论错位、创新程度不够等。⑥ 在译论的与时俱进方面,王宁、谢天振和孙艺风倡导,中国译学应当顺应全球化时代和翻译职业化时代,将新时期的翻译实

---

① 张柏然,张思洁. 翻译学的建设:传统的定位与选择. 南京大学学报(哲学·人文科学·社会科学),2001(4):87.

② 张柏然,辛红娟. 译学研究叩问录——对当下译论研究的新观察与新思考. 南京:南京大学出版社,2016.

③ 杨自俭. 中国传统译论的现代化转换问题//王宏印. 中国传统译论经典诠释——从道安到傅雷. 武汉:湖北教育出版社,2003:1-7.

④ 廖七一. 翻译研究的趋势与中国译学的现代化. 中国外语,2006(2):7.

⑤ 谭载喜. 翻译学必须重视中西译论比较研究. 中国翻译,1998(2):3-5

⑥ 杨柳. 20 世纪西方翻译理论在中国的接受史. 上海:上海外语教育出版社,2009:127-131.

践转化为理论创新资源,①在拓宽研究边界的同时也要突出学科本体核心。② 在科研方法方面,王克非分享了双语语料库的研制经验,以期扭转中国译学语料库技术的落后局面。③ 黄忠廉敦促学界避免套用的"嫁接式创新",转向"演绎式创新"和"归纳式创新"。④ 许钧针对同仁们的理论和方法焦虑提供了以思想资源为基础,平衡问题、方法和材料三者的解决方案。⑤ 在应用翻译研究领域,黄忠廉、李亚舒提议,未来应更加重视基于应用翻译本身的理论探索,以突破当下将译学基本理论或其他学科理论运用于翻译实践的主流研究。⑥ 在人才培养方面,王东风指出,应用型人才培养模式使外语人才缺乏全面系统的理论知识结构,不利于跨学科理论创新。⑦ 总之,以张柏然为代表的译界学者们从创新资源、科研方法、人才培养等不同视角切入,探索译学创新的宏观策略和具体可行的操作方法,共同推进了中国译学的发展进程。

随着中国译学的建构日益成熟,在学术"走出去"的需求背景下,中国译学的国际化成为最新的研究热点。近年来,学者们开始关注中国翻译学的国际影响力问题,运用定性和定量的方法,总结中国译学"走出去"的成绩、不足和可行路径。杨平呼吁开展翻译跨学科研究,在国际译学界与同行平等交流。⑧ 黄忠廉认为,国际译坛中的中国声音离不开汉外互译研究的充分观察、描写和解释。⑨ 杨柳意识到中国译论话语权的问题,运用

---

① 王宁. 全球化时代的翻译及翻译研究:定义、功能及未来走向. 外语教学,2016(3):88-93;谢天振. 新时代语境期待中国翻译研究的新突破. 中国翻译,2012(1):13-15.

② 孙艺风. 翻译学的何去何从. 中国翻译,2010(2):5-10.

③ 王克非. 新型双语对应语料库的设计与构建. 中国翻译,2004(6):75-77.

④ 黄忠廉. 中国译学:问题何在?. 外国语(上海外国语大学学报),2014(4):9-11.

⑤ 许钧. 当下翻译研究的困惑与思考. 东北师大学报(哲学社会科学版),2019(3):2-5.

⑥ 黄忠廉,李亚舒. 应用翻译学理论的五大来源. 山东外语教学,2013(2):97-100.

⑦ 王东风. 发展中的中国翻译学科:问题与对策. 中国翻译,2020(3):5-14.

⑧ 杨平. 对当前中国翻译研究的思考. 中国翻译,2003(1),5-7.

⑨ 黄忠廉. 翻译研究的"三个充分"——翻译研究方法论思考. 外语研究,2006(5):58-64.

布迪厄的文化生产场理论,分析了翻译文化生产场中资本的占有与译学话语权的关系,指出了中国译学在世界文化生产场获得文化资本的三大途径,即颠覆话语"禁忌"、掌握"命名权"和实现话语的"普泛化"。① 在近5年,学界出现了大量对中国译学界在国际舞台发文的定量统计和定性分析。学者们指出,我国翻译研究者当前在国际权威翻译期刊上发文总量较为可观,②但是翻译学科共同体不平衡,研究方法重定性缺定量,专著出版和论文集收录数量少,较为依赖国外译论,③因此,必须积极融入国际热点讨论、在学术内核和研究外延中开拓新的概念命题。④ 可以说,中国译学国际化的相关研究是中国译学的中国话语、中国译学创新研究的延续,除了理论本身的特征之外,学者们还开始总结学术成果的传播现状,分析传播过程,提出理论国际化的建议。这些研究,都在某种程度上受益于张柏然教授的启示。

二、传承中国译学的理据和方法

张柏然最具代表性的译学观点是其中国译学的传承思想。他明确提出,中国译学应立足于本土文化,并从理论形态、普遍性与特殊性的关系和译学文化格局三个视角论述了这一立足点的合理性。就方法而言,张柏然指出了继承传统译论资源的两个阶段,即范畴的视域融合和体系的整合建构。

1. 中国译学的立足点及其合理性

首先,建立中国译学就要为其正名。张柏然指出,中国译学的立足点

① 杨柳. 文化资本与翻译的话语权力. 中国翻译,2003(2):10-12.
② 侯羽,杨金丹. 中国译学研究成果"走出去"现状分析——基于华人学者在 11 个国际权威翻译期刊上发表英文文章的情况(2005—2013). 解放军外国语学院学报,2016(1):27.
③ 张汨. 中国翻译研究国际化 30 年:回顾与展望. 西安外国语大学学报,2019(4):89-90.
④ 方梦之. 翻译大国需有自创的译学话语体系. 中国外语,2017(5):93-100.

在于本土文化。这是因为中西译论具有平等的关系,中国译学研究并不偏废普遍性研究,对特殊性的关注反而会推动普遍性研究,中国译学还有助于解构西方理论话语的霸权,维护本民族文化身份。

那么,何谓立足本土文化?张柏然指出,"建立中国翻译学,我们要立足于中华民族的语言、文化、思维方式,从本民族的语言与文化现实出发"①。本民族文化特征应体现在中国译学的研究客体和话语来源两方面,中国译学既应传承本土独具文化特色的翻译现实,也应连接中国传统译论。② 随后,他从以下三方面论述了这一立足点的合理性。

第一,中西译论形态的平等关系。

张柏然指出,立足于传统译论的合理性在于中西翻译理论形态是平等的。如果抛却由"前理解"造成的理论偏见,就不难发现中国古代的翻译思想同样包含理论体系,同时也具有西方译学所不具备的超越性,可以为中国翻译理论建设提供基础。

要认识到这种平等关系,须意识到当代社会较难以与理论传统实现连接。张柏然回溯中国百年来知识论的"断裂",指出这一历史断层导致传统译论难以与当代译论兼容,当代人有时会倾向于以西方理论形态为参照系来衡量理论的优劣,对于"异质"的理论形态不能"积极地体会和接受"。③ 这样一来,中国传统译论在当代被视作古老东方的"翻译寓言",成了理论"他者",在很长时间内只有被转化为现代的、西学化的逻辑分析型范畴和体系才能被理解。因此,当代学者宜努力跳出西方理论的知识质态和话语模式的参照系,清除因"前理解"而导致的怀疑和误解,参透译论背后两种文化系统中的理论形态差异,将中西译论置于平等的层面进行比较,以对话和互补的眼光分析两者的优劣。

传统译论的话语模式属于理论"潜体系"。我国传统译论资源十分丰富,虽然以"案本求信""信、达、雅""神似""化境"等译论为代表,但绝不局

---

① 张柏然,姜秋霞. 对建立中国翻译学的一些思考. 中国翻译,1997(2):8.
② 张柏然. 建立中国特色翻译理论. 常州工学院学报(社科版),2008(3):79-80.
③ 张柏然,辛红娟. 译学研究叩问录——对当下译论研究的新观察与新思考. 南京:南京大学出版社,2016:65.

限于此,我国汉族和少数民族丰富的翻译思想文献值得当代研究者全面整理,要言不烦背后未被言说的"潜体系"值得深入挖掘。从个人理论与理论传统的关系来看,中国传统译论呈现出"渐进式"发展样态。后人往往不以著书立说为目的,而是在继承前人的基础上,对理论传统进行补充、丰富和创新。中国传统译论范畴体系具有很强的历史稳定性,却并非停滞不前。相较而言,西方译论家具有十分强烈的个人理论体系的建构意识,学者们往往以解构、颠覆以往的理论范式为学术目标,将范式的切换视为译学的重大进步。但是,中国传统的翻译研究者不颠覆前人的理论并不代表其没有理论创新。因此,当代研究者应系统梳理不同时期的翻译和美学理论,析出后人对前人的补充发展之处。此外,从学术文本的体量来看,传统译论虽然缺乏个人理论专著,却也不乏理论体系。中国传统的译论家并不以建构理论体系为专务,因此对于译论背后的哲学—美学背景,以及理论范畴的具体含义不作展开,相关表述常散见于序跋之中,长短不拘。相比之下,西方译论家追求建构个人宏大的理论体系,因此在阐释时洋洋洒洒,下笔不能自休。然而,缺乏长篇的专著并不代表中国传统译论没有体系,当代学者们需要付出更多努力整合分散的译论资源,深究理论家们要言背后的哲学—美学理论背景,阐释其观点的含义,挖掘潜在其中的理论体系。①

　　建立在感悟哲学之上的传统译论有着超越西方的独到之处。中西方译论的悬殊差异是不同的哲学传统的结果。由于最高层次哲学思维方法的不同,中西方知识形态呈现出了历史差异——前者重感悟,重伦理;后者重分析,重客观。在张柏然看来,中国传统译学理论长期浸淫于中国古典哲学—美学,中国传统译论"注重内容涵盖面和阐释范围之宽广使其多功能化,在认识审美、美感的本质时,显中探幽、力求观照现象背后隐藏着的幽冥寂灭、超言绝象的本体存在"②。在传统译论的理解下,翻译现象应

① 张柏然,辛红娟. 译学研究叩问录——对当下译论研究的新观察与新思考. 南京:南京大学出版社,2016:67-68.

② 张柏然,辛红娟. 译学研究叩问录——对当下译论研究的新观察与新思考. 南京:南京大学出版社,2016:67.

该是"一个充满内在生命、浑然不分的整体,它是不能利用抽象的理性去分析、说明和理解的,它蕴含的美是'块然而生''无言独化'的,只能体会,不能言传,'道不可言,言而非也'"①。这种翻译认识论为传统译学家事事无碍地体验、感悟、再现翻译中生命的律动提供了可能,也是中国传统译论超越西方的独到之处。

第二,特殊性与普遍性的辩证统一。

立足于中国特殊翻译现象的合理性在于特殊性和普遍性是辩证统一的,对本土翻译现象特殊性的强调并不意味着对普遍性的偏废。中国译学在关注中国翻译现象的基础上,同样放眼其他民族的翻译现象,从特殊性研究出发,推动世界翻译普遍性的研究。

首先,中国译学并不排斥放眼其他文化中的翻译现象。张柏然强调,虽然建立中国特色的翻译理论强调汉语语言文化的特性,但这并不意味着放弃对共性的追求。② 中国译学只是以本民族的语言文化传统为立足点,研究者们在确保关注本民族的翻译现实的基础上,同样也将他国翻译现象纳入研究范畴。

其次,中国译学对特殊性的关注可真正促进普遍性研究。张柏然赞赏一些国家对翻译理论的普适性的追求,同时也指出,普遍性与特殊性是辩证统一的,不存在忽视特殊性的普遍性研究。发掘我国翻译现象的特殊性不仅不是对普遍性的偏废,反而会促进普遍性研究的发展。当今盛行的西方译论往往是基于其他民族的翻译现象得出的结论,可能并不能充分解释中国具有特色的翻译现象。③ 因此,中国学者们宜补充国际译学界所缺乏的特殊性研究。在翻译客体方面,学者们更应从汉语的语言传统出发,将其与外国语言进行对比,进而选择、变异、创造适切的翻译理论。在翻译主体研究上,在考察译者的意识、思维和情感时要以不同时期的民族文化背景为参照,充分研究和对比来自不同文化传统背景的译者

① 张柏然,张思洁. 中国传统译论的美学辨. 现代外语,1997(2):27.
② 张柏然,张思洁. 翻译学的建设:传统的定位与选择. 南京大学学报(哲学·人文科学·社会科学),2001(4):89.
③ 张柏然. 中国译论:直面"浴火重生". 中国外语,2008(4):1.

的差异,探究译者在翻译过程中的认识特性和共性,确立适合中国译者的翻译理论。在翻译接受者研究上,中国的译学也要考察中国传统文化对中国读者的审美期待与接受取向所造成的影响。总之,在既往的国际译学舞台上,中国特殊的翻译现象常常是被忽视的,只有在充分研究特殊性的基础上,才能实现真正的共性研究,因此亟须建立中国翻译学。

第三,多元对话的文化格局。

从后殖民主义视角来看,译论立足本土理论与实践的合理性还在于其可以颠覆文化霸权,维护本民族译学的文化身份,建构多元平等对话的国际译学环境。

张柏然指出,当下译学界仍存在着西方霸权的现象。"五四"以来,中国文学研究界的古代文论传统有所丢失,西方文化在一定程度上占有主导地位。在中国译学界,对等理论、功能理论、改写理论等先后占据中心地位,如果中国当代的翻译学界没有自己独特的声音,就不能为国际翻译研究做出独特的贡献。张柏然指出,我国现代译学理论"缺少了母体的营养与根底,缺乏一种底气和骨韵",现代译论与传统译论之间"似乎缺乏血肉联系而如飘零的浮萍"。① 因此,我们需要避免偏见,公正地评价那些因为历史原因而一度被忽视的理论传统,同时联系中国独特的翻译实践,将译论写在中国大地上,让中国译学保持民族气度。

建立中国译学有利于实现平等对话的国际译学生态。有学者提醒我国的翻译研究者不可落入狭隘的民族主义,不能过度强调民族特色而自我设限,而应学习西方译学对理论普适性的追求。张教授十分认可这一观点。他认为,狭隘的民族中心主义固然是要避免的,中国译学的学术追求是要促进平等对话的国际译学环境的实现。② 鉴于某些西方译论并不能真正为中国翻译现象"代言",彰显译学的本民族特色有利于维护我国译学的文化身份,揭示当今国际译学忽视的问题,推出创新理论成果,进

---

① 张柏然,张思洁. 翻译学的建设:传统的定位与选择. 南京大学学报(哲学·人文科学·社会科学),2001(4):93.

② 张柏然. 全球化语境下的翻译理论研究. 中国翻译,2002(1):58.

而达到多元共生,促进多元的新型学术权力关系,实现良好的国际译学生态。

2. 方法:视界融合与整合建构

如上文所说,建立中国特色译学的一个重要途径就是继承古代译论传统,在此基础上推动当代译学的发展。然而,这种继承实属不易,张柏然对此提出了范畴的视界融合和体系的整合建构的方法。

第一,研习传统哲学范畴对实现视域融合十分必要。

在视界融合阶段,为了消除因前理解而导致的对传统译论范畴的隔阂,研究者需要对中国传统哲学范畴有较为深入的了解;研究者如果不对传统哲学范畴有所了解,就无从把握范畴的丰富含义以及不同范畴之间的关系。传统译论范畴大都由传统哲学范畴转化而来,由于传统理论多具有"潜体系"特征,传统译论家多在先贤思想的基础上做补充,追求理论的简约精悍,因此,当代译论家如不对传统译论的哲学背景有所了解,就难以体会理解其译论范畴的内涵。[①] 统观传统译论的众多范畴,均可从先秦儒家、道家、魏晋玄学、佛学的思想学说中找到起源。如传统译论中具有代表性的"因循本旨""案本而传"遵循的是道家的美学主张,"神似论"脱胎于我国文艺美学中对"形"和"神"的讨论,"化境论"则与佛家思想以及我国诗论中的"重悟见性"传统一脉相承。[②] 如果我们根据张教授的思想,在研究中国传统译论哲学范畴的基础上同时与西方哲学范畴进行对比分析,那么我们对传统译论哲学背景的认识可能会有所加深,会避免一些因为"前结构"而导致的"以西代中"的误读,在比较译学领域也可能会有新发现。

第二,术语的辨析也不容忽视。

对哲学范畴及其体系的研究不能代替译论范畴体系的研究,这是因为传统译论家在将哲学范畴引入翻译批评时,赋予了范畴对翻译现象的

---

① 张柏然,辛红娟. 译学研究叩问录——对当下译论研究的新观察与新思考. 南京:南京大学出版社,2016:68.

② 张柏然,张思洁. 中国传统译论的美学辨. 现代外语,1997(2):27-29.

解释力,概念的内涵和外延自然有变。除了要区分不同领域中术语含义的演变,还要注意术语在不同时期、不同学派中的含义差异。传统译论具有学派性,当代研究者应注意含义的区别。① 不难发现,张柏然指明的一词多义的现象在传统译论中十分普遍。以"形""神"为例,在哲学著作《管子》中,人的生命是"神""形"统一体;在艺术领域中,"形"多指创作对象的外表形体,"神"则多指对象的内在精神;在翻译理论中,"形"则多指语言形式,"神"则多指文本的整体风格和表现的内在精神。再例如,同样是"文",在道安的"五失本"一说中的"非文不合"和彦琮的"八备"说中"不昧此文"中的含义就不甚相同。我们发现,西方译论进入中国之后,也出现了很多术语上的混乱,这影响了我们对西方译论的理解与接受。② 因此,我们在建立中国译学的理论术语体系时,也应当以严谨的态度和理性的分析展开概念辨析,更要推广术语的明晰化、规范化界定,避免因望文生义或偏见式误读而使传统译论蒙受不白之屈,在学界引发不必要的争论。

第三,学者们还应出入各家各派,整合建构译论体系。

在实现范畴的视界融合后,研究者们须运用理论框架对个别传统译论家、译论学派,乃至所有的理论进行整合,使法度义理更为井然。此时,学者们需要与传统译论保持距离,剔除矛盾和简陋之处,进而提炼逻辑起点或元范畴,如"道";分析生成模式,如"气一人一文"或"物一心一文";将传统译论归入不同的理论专题,如起源论、文体论、价值论、主体论、译品论、风格论、批评论等。③ 张柏然提炼的元范畴和译论的生成模式精炼独到,理论专题中的起源论,即翻译活动起源的相关理论,以及价值论,即对翻译现象的价值探索等,具有创新性,值得借鉴。

---

① 张柏然,辛红娟. 译学研究叩问录——对当下译论研究的新观察与新思考. 南京:南京大学出版社,2016:68-69.
② 杨柳. 20 世纪西方翻译理论在中国的接受史. 上海:上海外语教育出版社,2009:129.
③ 张柏然,辛红娟. 译学研究叩问录——对当下译论研究的新观察与新思考. 南京:南京大学出版社,2016:69-70.

三、中国译学创新的三条路径

如果说传承是立足点，那么，创新就是中国译学的落脚点。继承传统文化只是中国译学建构的一部分，中国译学是面向未来的现代化学科，其目标是能够为中国乃至世界学术以及翻译实践带来启发，这就要求中国译学必须实现理论创新。张柏然指出了三条途径，即传统译论的现代化转换、借鉴西方翻译学派的精华和顺应时代翻译新潮。

1. 传统译论的现代化转换

中国译学研究者可在继承传统译论的基础上，对其进行现代化转换，使其顺应当今社会的时代特征和现代性的要求。现代化转换包含"创造性阐释"和"活化"两个环节，传统译论的"诗性智慧"是一个可行的阐释方向。

第一，必要环节是创造性的阐释和活化。

创造性阐释和活化是现代化转换的必经之路。通过创造性阐释，译者可以实现译论文本意义的"再阐释"和"永远敞开"。活化，则是将创造性阐释过程中导出的新思路、新概念、新命题用于解决具体的理论课题和实践。两者紧密相关，缺一不可。

其中，第一个环节是要实现文本意义的"第三次生长"和"再生"。在创造性阐释环节，当代翻译研究者可以说出传统译论家的不尽之意，并为未来的阐释搭起桥梁。① 在上方提及的视域融合和整合建构中，传统译论文本已经实现了意义的两次生长——研究者分析了原作者通过原文本试图表达的意思，也分析了同一文本在不同时期、不同译论家对该文本的阐释。在"再阐释"环节，研究者们可以结合不同译学传统、不同文化传统，以及当代译学体系中的相似概念和观念进行比较、归纳、阐发，发掘"意义剩余"或"深部结构"；为了实现意义的"永远敞开"，研究者们对文本的意

---

① 张柏然，辛红娟. 译学研究叩问录——对当下译论研究的新观察与新思考. 南京：南京大学出版社，2016：142-143.

义进行拆解和重构,挖掘译论文本在当下和未来可以说出的意义深度,为文本拓展出一片开放性的意义空间。

活化,是中国译学创新的最后一环。在视域融合、体系整合和创造性阐释后,研究者需要运用理论范畴和体系进行思维,指陈、诠释、解决当代译论系统中的理论课题,或当代翻译相关实践中的具体问题,如翻译服务、翻译批评、翻译教学等领域的问题。张柏然对马建忠翻译思想的阐释就是活化的典型案例。[①] 马建忠提出的"善译"范畴在翻译选材、翻译标准、术语翻译语境中的意义,脱胎于中国治学传统中的"求善""求诚""正名"等范畴,形成了一个理论体系。这一体系可以运用于当代的翻译哲学、翻译伦理学、翻译批评研究中。此外,马建忠对"翻译书院"的建设构想,在办学目的、招生教学、师资配备、编辑出版、管理办法等方面的相关话语也可以用以指陈和阐释当代翻译人才培养以及翻译实业化等应用研究课题,并指导相关的实践。可见,当代翻译研究者完全可以利用传统译论实现理论研究和应用研究的突破。

第二,发掘"诗性智慧",寻找突破口。

张柏然还指出了进行创造性阐释和活化的主要突破口——挖掘传统翻译美学的"诗性智慧"。在存在论的层面上,中国传统译论体现出独特的超越性——其知识形态使其更易通向翻译本真的存在。[②] 这一超越性为我国在传统译论的基础上区别于西方,从而为世界译学做出独特贡献提供了基础。

何谓传统译论的"诗性智慧"?张柏然教授指出:"中国传统翻译美学诗性智慧的内在精神与价值指向,在于维护人的自然感性和生命力量,保持和肯定人的最本真的存在状态,以实现审美的生存境界。"[③]具有诗性智

---

① 张柏然,辛红娟. 译学研究叩问录——对当下译论研究的新观察与新思考. 南京:南京大学出版社,2016:94.
② 张柏然,辛红娟. 中国传统翻译批评的超越性特征刍议//张柏然,辛红娟. 译学卮言. 南京:南京大学出版社,2012:122.
③ 张柏然,辛红娟. 译学研究叩问录——对当下译论研究的新观察与新思考. 南京:南京大学出版社,2016:44.

慧的翻译研究不将审美活动作为一种对客体的认识手段,而是将审美活动视为具有自身意义的生命活动。中国传统翻译理论大部分来自翻译家的实践和欣赏经验,他们以审美感悟的方式把握翻译的本质规律,用"直觉得到的概念"来构成理论体系。因此,中国传统译论的概念、范畴和命题往往呈现出比喻性特征,不若西方译论由理性分析得出的结论更为确定、清晰、单纯。它虽不作界说,却并不混沌,它提出的感悟是综合了诸多要素的丰富总体。诸如"志""神""意境"等范畴都是多种意义的综合,具有多维的理论向度和丰富的联想空间。人们结合翻译感悟理解、运用这些术语的过程并非机械的挪用,而是活跃着主体的生命律动。

第三,借助诗性智慧,创立"文化—生命翻译诗学"。

张柏然认为,从存在哲学的视角来看,西方传统理性形而上学长期以来强调意识,而遗忘了"存在",这导致西方理论难以理解世界的意义,从而通达本真的存在。西方译论也是如此。翻译研究的本体研究"越来越多地成为精致、美丽的形式符码,翻译美学的完整性和意义深度被不断分解和切割"[①]。由于当代中国学界乃至中国文化的西化,中国文化的知识质态发生了巨大转变,那种以审美为目的,强调人的自然感性和生命力量的翻译理论形态消失,转变为以审美为手段,重视人对客观对象的理性分析的理论形态。所以,翻译理论与翻译本真的意义渐行渐远,中国当代译论与西方传统理性翻译理论陷入了一样的困境。因此,有必要利用中国传统译论的优势实现现代化创新,"建立一种具有东方神采的'感悟翻译哲学';在西方译论走向形式科学的同时,促使中国译论走向生命科学,创立一种包含着丰富的中国智慧的'文化—生命翻译诗学'"[②]。

2. 对西方翻译学派的借鉴

除了传统译论的现代转换,在译学创新的过程中,对西方译学的优秀

---

① 张柏然,辛红娟. 译学研究叩问录——对当下译论研究的新观察与新思考. 南京:南京大学出版社,2016:44.

② 张柏然. 发展中国的译学研究//张柏然,辛红娟. 译学厄言. 南京:南京大学出版社,2012:38.

经验和成果的借鉴必不可少。张柏然认为,当代西方译论的创新关键在其学派建构,这值得本国译学界学习。就具体的学术观点而言,中国译学可对西方流派的理论成果进行"变异",借他山之石推出创新成果。

第一,需要面对如何学习西方译学的学派建构方式。

西方译学的学派建设是其推陈出新的重要动力。相比之下,中国译学界的学派建设同西方差距悬殊。因此,"对于 21 世纪中国译学的发展和创新来说,当务之急就是进行翻译学派的本土建构"①。

不难发现,学派建构为西方的译论创新提供了四个有利条件。西方当代译学史就是学派传承与交锋的历史。语文学派、语言学派、女性主义学派、后殖民主义学派、解构主义学派的酝酿、形成和发展,造就了西方译学界学说纷纭的景象,这些学派为理论体系的推出创造了良好的条件。第一,紧密的学术关系。学派的建构可以加强流派间理论的批判、借鉴、启发,这种紧密的关系可以孵化新学说、新理论、新方法。第二,资源优化配置。学派的形成发展有利于学术资源的高效分配,加速形成局部优势,推动学科进步。第三,成熟的学术队伍。学派可以加速学术队伍的建立和学术成果的积累,学派的雄厚积累又可以造就大师,进而进一步带动学派的发展。第四,良好的学术风气。学派内部的文化气息和团体规范有利于陶冶学者的学术品格,塑造其学术行为。② 将学派建构视作西方当代学术创新的催化剂毫不为过,中国译学亟须建立译学学派。

中国译学需要清除阻碍学派建设的内因和外因。中国自古代以来就有因师承关系和相似学术观点而形成的学派,但是当代译学界却较少有学派的踪影,而且学派内部以及不同学派之间的联系有待增强。这可以从学界的内部和外部来找原因,对症下药。从学界内部来看,合作精神和团队意识不足以及急功近利的问题仍然存在;从学界外部来看,科研评定的"道""技"不平衡等也不利于学派的建设,这些观点在张柏然、辛红娟的

① 张柏然,辛红娟. 中国需要创建自己的翻译学派. 中国外语,2005(5):69.
② 张柏然,辛红娟. 中国需要创建自己的翻译学派. 中国外语,2005(5):72.

《中国需要创建自己的翻译学派》中有深入的剖析。① 西方翻译学史表明，理论大厦的建立是数代学者长期而艰苦的劳动成果。讲清楚一个翻译问题需要团队长期的集体攻关，以及不同学派之间的大量切磋。现代西方翻译学的对等论、功能论、多元系统论、改写论等译学理论体系的建立往往受益于各自学派的长期积累。中国译学不妨汲取西方的经验和教训，追赶西方，以达到平等对话的目标。

第二，需要认真思考如何吸收和修正各学派的译论。

除了学习西方译学的学派建构之外，还可以以批判性借鉴的眼光对西方的译论流派进行"变异"。所谓变异，就是吸收西方学派的思想，同时对其进行修正，将其转化为中国译论的创新成分。张柏然具体分析了对西方译学中的语言学派、文化学派和后殖民主义学派的理论进行变异的方式。

对语言学派，可吸收其系统科学性，同时平衡其对语言和应用性的强调。以雅各布逊、奈达、卡特福德、纽马克等人的理论为代表的语言学范式借助语言学理论，细致剖析了翻译涉及的语言的普遍结构，详细制定了对等转换的规则；以理性分析代替了语文学派直观感受式的认识方式，翻译研究由此走上了系统化、科学化的道路。但语言学派的研究对于翻译定义和翻译策略的论述具有典型的规定性，偏向指导翻译实践的应用研究。② 该学派还强调源语文本的中心性和语言的规律性，呈现出"逻各斯中心"的特征。③ 因此，当下学者们可以在译者的主观能动性以及翻译活动的社会制约性等方面对这一学派予以补充，以平衡其对语言系统和应用性的强调。

对文化学派，可减少其与媒介学的研究重合，并补充翻译本体研究。语言学派的局限性在文化学派的研究中得到了一定程度的修正，但文化

---

① 张柏然，辛红娟. 中国需要创建自己的翻译学派. 中国外语，2005(5):73.

② 张柏然，辛红娟. 西方现代翻译学学派的理论偏向. 中南大学学报(社会科学版)，2005(4):506.

③ 张柏然，辛红娟. 译学研究叩问录——对当下译论研究的新观察与新思考. 南京：南京大学出版社，2016:149.

学派理论也存在着不同学科研究内容重合,以及回避翻译本体研究的问题。张柏然认为,翻译学在 20 世纪 70 年代以后转向研究翻译现象和文化的关系。以埃文-佐哈尔为代表的多元系统学派和以勒菲弗尔、巴斯奈特为代表的"翻译操纵学派"积极探索源语文化如何通过翻译对译入语文化施加影响,也分析译入语文化因素对译者的翻译实践的影响。然而,翻译的文化学派研究与比较文学的媒介学分支在研究对象、研究方法上存在一定的重合;此外,这一学派回避了翻译的本体研究,学者们可以在翻译如何存在的问题上对其进行补充。①

对后殖民主义学派,应吸收解构策略,探索新的意指方式。后殖民主义学派对殖民话语乃至理论话语的解构值得中国译学吸收,中国译学还需回应该学派对新的指陈和理解方式的呼唤。世纪之交,在现代性与后现代性成为学术热点的背景下,后殖民主义翻译学派诞生并逐渐成了翻译研究的"显学"。90 年代后期,罗宾逊、巴斯奈特、坎泼斯等人开始关注翻译在殖民化过程中播散的权力机制,以及随之而来的一系列抵抗的历史、挪用的历史、间隙的空间、分裂的空间等。后殖民主义学派可以帮助中国译学深入解释翻译背后的话语霸权,其后现代性的研究策略也可以为我国翻译研究带来启示。② 与此同时,在研究策略方面,与大多数"后学"相似,后殖民主义翻译学派也对话语采取了解构的研究策略,然而,这是否意味着也要对一切理论话语进行解构?"如果仍然以形而上学的方式或视角去理解解构主义与后现代主义,只能将理论撕为碎片,其结果就是不绝如缕地宣称任何理论不再可能的、理论碎片化的'解构'与'后现代'论调。"③这要求翻译研究者们加强元理论向度的研究,寻找新的意指方式与理解方式,回应这一学派提出的理论问题。

---

① 张柏然,辛红娟. 西方现代翻译学学派的理论偏向. 中南大学学报(社会科学版),2005(4):506.
② 张柏然,秦文华. 后殖民之后:翻译研究再思——后殖民主义理论对翻译研究的启示. 南京大学学报(哲学·人文科学·社会科学),2004(1):117.
③ 张柏然,辛红娟. 当下翻译理论研究的两个向度. 中国外语,2009(5):94.

3. 翻译时代新潮的顺应

建构中国特色翻译理论,还"要与当代的中外翻译实践结合,用以阐释我国与外国的新的翻译现象"①。对于当下译学而言,我国外译的最新文化战略和国内外数字化翻译实践等都是创新的重要资源。张柏然对此提出了具有前沿意识的观点。

第一,要加强"译出"翻译研究。

当代中国译学家应一览全球最新文化景观,站在新时期文化输入和输出的战略高度来审视翻译前沿。就当下全球文化交流的格局而言,中国译学应加强"译出翻译"研究。具体而论,如下两点需要格外关注。

一方面,中国的最新文化传播战略为译学创新提供了动力。在全球化的今天,促进文化平等交流,实现多元文化共存已经成为共识,然而,由于悬殊的文化差异和历史上国力的不足,中国文化对外传播效果仍不理想。"中国文化'走出去'""讲好中国故事"战略有条不紊地实施,要求翻译研究者加强"译出翻译"研究,揭示翻译与文化交流的规律;同时适当加强应用性研究,指导翻译对外传播实践。

另一方面,研究者们可以总结译作经典化的经验和教训。张柏然结合自己的翻译经历和对我国翻译实践活动的洞见,总结了译作的译介和经典化的规律,并开拓了未来可研究的领域。他首先结合个案分析了影响译作接受的外部因素,总结了译作经典化的成功经验。作为毛姆作品的译者,他描绘了毛姆作品在国内的接受图谱,分析了文学经典化的文化影响因素及其对中国文学作品对外传播与接受的启示,并指出,作品的传播和接受会受不同时期诗学、意识形态和读者期待的影响。②除了外部因素之外,张柏然还结合个案讨论了翻译内部因素,即译者的翻译动机、翻译观念、语言关系、翻译能力等对中国文学作品和文化典籍的译介与海外接受的影响,总结了海外译介传播中亟待解决的问题,为传播实践提供了

---

① 张柏然. 建立中国特色翻译理论. 常州工学院学报(社科版),2008(3):80.

② 张柏然,辛红娟. 译学研究叩问录——对当下译论研究的新观察与新思考. 南京:
南京大学出版社,2016:192-193.

理论指导。在研究葛浩文的翻译实践和思想时,张柏然指出,中国文学"走出去"有三大问题亟待解决。第一是探索新型中国文学英译模式,除了外语译入母语之外,还可以打造一支中西方学者合作的优秀汉译外队伍。第二是有针对性地进行中国文学英译选材,适当选择西方读者感兴趣的文学素材进行翻译,注意与世界的沟通和对接,而不过分消弭本土语言文化的固有特征。第三,理性处理"译入"和"译出"的矛盾。在中国文学英译尚无优势的情况下,宜先采取适当的翻译策略,让中国文学译本融入西方主流文化,逐渐让读者了解中国主要的思维方式和文化特征。在此基础上,方能谈论如何利用中国的文学和文化优势,影响西方的发展。①

第二,要拓展数字化时代的翻译研究。

除了文化格局之外,还应关注翻译与科技、经济的最新互动。进入 21世纪,数字化技术实现了信息海量的生产、存储、传播,以排山倒海之势席卷全球,颠覆了以往文化、经济、政治的运行方式。翻译实践也受到了数字化技术的巨大冲击,新的翻译实践给翻译学提出了巨大挑战,也为中国译学创新带来了前所未有的机遇。

数字化加速了翻译内容、工具、形态和职业范畴的转型。张柏然认为,首先,数字化使翻译内容日趋多元化。网站、软件、影视、网络游戏等形式的翻译需求迅速增强,新时代的翻译内容远远超越了传统的线性书面文本,呈现的是包含书面文字、图片、音效、音乐、多维影像等多种符号的超文本。在翻译工具方面,技术驱动型翻译模式已经成为翻译主流,很大程度上代替了以往传统的纸笔工具。在翻译形态方面,传统的翻译家书斋式的翻译模式失去了主导地位,用户生成内容(UGC)、碎片化翻译、SaaS 软件即服务翻译模式、计算机辅助翻译+机器翻译+译后编辑模式、众包模式等翻译形态相继出现。翻译职业也出现了翻译技术支持、语言资产管理等新型工种。②数字化的冲击使得翻译活动的复杂性更为凸显,

---

① 张柏然,辛红娟. 译学研究叩问录——对当下译论研究的新观察与新思考. 南京:南京大学出版社,2016:209.

② 张柏然,辛红娟. 译学研究叩问录——对当下译论研究的新观察与新思考. 南京:南京大学出版社,2016:249.

传统译论已经难以解释新的翻译现象,数字化翻译实践也在呼唤新的理论指导。

以上数字化翻译实践为理论创新带来了四个着力点。第一是新型翻译关系研究。张柏然指出,新时期,传统的作者—译者—读者的单线互动关系发生了巨大变化。翻译和技术的交互关系、翻译内容的互动关系、作者译者受众的双向互动关系、网络翻译社区以及它们与其他社区的关系等正在渗入甚至改变人们对翻译的传统认知。第二是符际翻译研究。数字化科技革命推动人类社会由以语言为表征的"印刷文化"时代进入了以视像为表征的"电子文化"时代。"符际翻译研究势必会打破传统居于主流地位的语内翻译和跨语际实践研究,获得更多关注和更大发展空间。"①传统的以语言文本为中心的翻译理论需要扩容和转型,翻译的客体需要重新被定义。第三是翻译的时空概念变化研究。网络文化将翻译创新和批评的权利由传统的文化精英移交给普通大众,传统翻译的时空概念被打破,理论也需要随之进行相应的创新。第四是新时代读者审美视域的"虚拟性"研究。网络世界革新了传统的审美方式,人们的审美视野发生了巨大改变——审美客体从虚构性转变为虚拟性。传统的翻译文本具有典型的虚构性。如今,受众们从运用想象能力和理性思维对文本进行理解、批判和感受,更迭到更多地运用身体对译作进行直观的体验和感受,因此,学界在虚拟性这一维度上有着大量的创新机遇。

四、张柏然译学思想对中国译学建设的贡献

张柏然为我国的译学建设做出了卓著的贡献,其中国译学传承与创新思想具有引领性、前瞻性、系统性,成功推动了中国译学的建立和发展,也可以为当下的中国翻译研究带来启示。

---

① 张柏然,辛红娟. 译学研究叩问录——对当下译论研究的新观察与新思考. 南京:南京大学出版社,2016:251.

1. 引领性

张柏然的中国译学的立足点思想引领了中国译学的确立,他的传统译论的继承和创新思想指导了中国译学的话语体系建设。如今,学者们已经取得了相当丰硕的成果。未来,我们不妨回顾和反思张柏然教授的相关思想,探索本土译学话语创新以及学派建设方面的巨大空间。

张柏然最早提出建设中国译学,并提供了严谨的理据和细致的方法论。其一,张柏然首次旗帜鲜明地提出要"建设中国翻译学"。这一观点承袭了前人的"在中国建立翻译学",以及"我国的翻译学要有中国特色"的观点,却也有不同,它标志着中国译学学科意识的完全觉醒。其二,张柏然对中国译学立足本土的坚守是独一无二的。二十年间,他笔耕不辍,让翻译学界更多地认识到立足本土建设译学的必要性。其三,张柏然的传统译论的传承和现代化转换方法既包括详尽的阐释四环节(范畴的视域融合、体系的整合建构、创造性阐释、活化)和明确的阐释切入点,也包括学派外部条件的改善方式,极具可操作性。以上三点表明了张柏然在中国译学话语体系建设中的引领作用。

当下,中国译学界已经有了立足本土的充分的学术自觉。译论家们以传承中国文化、创新传统译论为己任,积累了丰硕的成果。在传统译论的阐释和整合方面,许多学者对中国传统译论进行了实际的整理。王宏印的《中国传统译论经典诠释——从道安到傅雷》、黄忠廉的《变译理论》、方梦之的《中国译学大辞典》等都是重要的学术成果,为传统译论的现代化转换打造了基础。在传统译论的现代化转换方面,已有一批以各种翻译学为命题的译学理论改造并利用了一些传统译论资源,创建了独特的当代翻译理论体系。

未来,我们不妨反思和发展传统译论的传承和创新方法。尽管成就瞩目,但张柏然的设想非常宏阔,原创话语体系走出国门、建设翻译学派绝非一日之功。尽管我国在国际期刊中的发文量属于前列,出版的翻译理论专著数以百计,但是也有不少学者指出,我国的译论话语体系的原创性仍有待增强,译论术语总体上较为西化等问题仍然存在。① 在国际舞台上,如方梦之所言,我国大量翻译理论还未得以一展风采。② 因此,张柏然提出的传统译论的传承和创新的方法论,以及学派建构的内因和外因分析或许还有待反思、完善和推广。

2. 前瞻性

此外,张柏然敏锐地洞察到了文化战略、科技、经济趋势和翻译创新的关系,精确地研判了翻译学的走向。他对翻译研究前沿的框架设想可以对今日的翻译热点研究有所启发。

张柏然预见了数字化与翻译、翻译实业化等领域的创新热点。他提出的数字化与翻译、翻译实业化的个别研究着力点,都有同时代或后来的学者在研究。如上文所说,张柏然站在全球文化战略的高度,预言讲述中国故事的国际交流大潮即将到来,观察到了以排山倒海之势席卷翻译研究界的数字化浪潮,并提出了译作经典化研究、数字化翻译研究的四个着力点等翻译创新思路。此外,关于一些其他前沿话题,如翻译产业化,张柏然不乏精辟见解。他还将部分翻译研究归为实业化的翻译服务的五个主要成分之一,在这个范畴内,学术团队和文化实业家团队不分彼此,共同制定翻译实业化"高屋建瓴的理性定位和相应的发展方略"③。

在翻译学与文化战略、经济、科技的交叉领域,中国译学已经取得了一定的成果。外译研究的热度只升不降,这符合张柏然教授的预测。此外,越来越多的学者将目光投向数字化翻译和翻译实业化,一些同时期或后续的研究呼应或延续了张柏然的热点研究构想。胡开宝等关注新型翻译关系,包括语料库在译者培养中的运用、技术化时代的翻译伦理关系、

① 方梦之. 翻译大国需有自创的译学话语体系. 中国外语,2017(5):93-95;蓝红军,许钧. 改革开放以来我国译学话语体系建设. 中国外语,2018(6):7;马会娟. 走出"西方中心主义":基于中国经验的翻译理论研究. 上海大学学报(社会科学版),2019(2):104.

② 方梦之. 翻译大国需有自创的译学话语体系. 中国外语,2017(5):98.

③ 张柏然,辛红娟. 译学研究叩问录——对当下译论研究的新观察与新思考. 南京:南京大学出版社,2016:255.

动漫字幕组的工作机制等,①在数字研究方面已有前沿性研究和大型学术研究平台建立。孙会军等关注中国小说到电影的语际和符际翻译效果,并分析其影响因素,②或探究译本的漫画图像如何在参考读者图像接收、理解、接受规律的基础上发挥信息传达的作用。③ 这些研究都在某种程度上实现了张柏然的数字化译学构想,探索了从技术驱动型翻译模式、众包翻译模式、作者—译者—受众的新型关系,到符际翻译等理论课题,均是具有前沿创新意识和开拓性的探索。

张柏然关于创新热点的构想值得深入探索和补充。总体而言,和中国经典外译相比,中国译学在翻译与数字化、实业化方面的创新成果较少。有学者指出,在国际翻译研究平台上,中国学者对后者的关注有待增强。④ 我们或许可以继续探索,从张柏然提出的研究着力点出发,推出创新成果,并探索新的研究方向。例如,在新型翻译关系研究中,用户生成内容、碎片化翻译、译后编辑、软件即服务等话题似乎有探索的空间。再如,张柏然构想中的翻译的时空转变、审美视域"虚拟性"、翻译实业化方略等研究领域或许也有一定创新潜力。如今,翻译活动无处不在,小到表情包,大到文学作品的翻译,都有网民大众的参与,译作通过跨媒介传播、大众传播、远程数字化不断获得"来世";以网络视频、3D 电影、AR 和体感游戏等形式为媒介的翻译客体则具有典型的虚拟性;各大翻译服务网站的重要业务日渐包括产品本地化、产品全球营销、语言验证、翻译资产管理、全球培训与线上学习、技术运营等,绝对不限于传统的口笔译。以上新实践都需要理论上的定位、规范、指导。与此同时,除了实践资源之外,

---

① 胡开宝,朱一凡,李晓倩. 语料库翻译学. 上海:上海交通大学出版社,2018;李晗佶,陈海庆. 技术化时代的翻译伦理研究:挑战与拓展. 东北大学学报(社会科学版),2020(1):112-119;马春花,方亭. 网络时代的盗火者:日本动漫字幕组传播模式分析. 传媒,2016(4):61-63.

② 蒋梦莹,孙会军. 符际翻译与后翻译研究视角下的中国当代文学对外传播——从《妻妾成群》到《大红灯笼高高挂》. 外语教学,2018(5):90-94.

③ 黄广哲,朱琳. 以蔡志忠典籍漫画《孔子说》在美国的译介谈符际翻译. 上海翻译,2018(1):84-89 + 95.

④ 方梦之. 翻译大国需有自创的译学话语体系. 中国外语,2017(5):98.

译学研究范式的技术革新也值得探索。我国数字人文视域下的翻译研究时至今日仍有巨大的创新潜力。① 张柏然指出的相关方向为当下学界的创新提供了思路,值得深究和拓展。

3. 系统性

张柏然的中国译学思想的系统性是独特的,这种特性闪现着中国智慧。在论述中国传统译论的美学特色时,他指出了中国传统理论典型的"中和"思想特质以及浓厚的"诗性"特征。他也利用这种智慧拓展了中国译学认识的广度和深度,这种中国智慧和系统性的学科构想不仅对当下的中国译学研究具有指导作用,对人文学科的建设也有借鉴价值。

中和思想对学术命运共同体的整体建构有启发意义。"中和思想"强调译学建设中不同文化之间,以及传统与现代之间的和谐平衡,这不仅可以指导学科的整体建设,还可以指导国际学术命运共同体的建构。"中和之美"的哲学基础是中庸思想,这种思想的内核是"和",强调"执其两端而用其中",注重平衡、协调、融和的审美特征。② 这种思想有利于学科建设的整体观察和衡量。在我国是否要建设有中国特色的译学的讨论中,张柏然从全球化和国际翻译研究的整体现状出发,察觉文化的缺位、边缘、断裂,进而寻求手段以实现新的平衡。他在指出中国译论的超越性的同时,也指出当代中国译论应当学习西方译论的精确性和系统性,实现理论互鉴。在古今关系的论述中,张柏然强调传统译论的传承,同时关注翻译研究前沿。这种"中和思想"对于中国译学、中国人文学科乃至国际学术命运共同体的建设都有一定的借鉴意义。学者们对于相关领域的知识应有宏观的把握,思索如何充分利用不同文化、学科、学派、立场的观点和方法,促进人类对客观世界和自身的认识,实现学术共同体乃至人类命运共同体的平衡、协调和融合。

诗性智慧有助于学科研究深度的拓展。译学研究不仅要求"新",求"全",也要求"深"。正如许钧所言:"把研究引向深入,这对提高译学的研

---

① 胡开宝. 数字人文视域下翻译研究的进展与前景. 中国翻译,2018(6):24-26.
② 张柏然,张思洁. 中国传统译论的美学辨. 现代外语,1997(2):27.

究质量,巩固译学的理论基础,确立译学在学术界的地位,是极为关键的一步。"①张柏然借助中国文化的诗性智慧,透视纷繁复杂的翻译现象和认识现状,洞察了翻译的根本问题,即翻译如何存在,以及当代翻译研究对这一问题的忽视。中国传统翻译美学将审美活动视作人类的根本性生命活动,并非将其视作认识客体的工具,因此保持和肯定了从事翻译活动的人的本真的存在状态,呈现出独特的诗性智慧。借用这种智慧,张柏然发现了当代翻译美学的本体论的缺失:运用假设不断拆解翻译场中的在场者,即直观可见的译者、译品和读者,却忽视了对翻译作为一种活动的整体性把握。② 对于翻译学等诸多人文学科的研究者来说,在对表面客体研究的专门化、精细化过程中,可以深刻进行本体论反思,思考理论是否忽视了"存在"的方式。

结　语

张柏然作为中国译学研究的前辈,躬身垂范,为翻译学的各项建设付出了艰辛的努力,在中国译学的传承与创新领域为后人留下了宝贵的理念和方法遗产。在传承方面,张柏然早在 20 世纪就指出要立足本土文化展开翻译研究,并运用理论形态、特殊性与普遍性、后殖民主义等理论给这一立场以支持,更结合个人的阐释学思考和对中国学界现状的洞察,指出了范畴的视域融合和体系的整合建构的传统译论继承方法。传承是立足点,创新则是落脚点。在创新方面,张柏然指出了当代中国译学创新的三大资源——传统译论、西方译学、新时代的翻译活动,并分别提供了将这些资源转化为理论创新路径的方法:以挖掘诗性智慧为突破口,通过创造性阐释和活化两环节实现传统译论的现代化转换;学习当代西方译学的学派建构,并对不同流派的具体理论成果进行变异;关注最新文化战略的制定和实施,总结外译经验和教训,从数字化与翻译研究的四个着力点

---

① 许钧. 切实加强译学研究和翻译学科建设. 中国翻译,2001(1):5.
② 张柏然. 翻译本体论的断想. 外语与外语教学,1998(4):47.

出发,开展新时期的翻译实践研究。

结合中国译学建设实际来看,张柏然的中国译学传承与创新思想极具引领性、前瞻性、系统性,对中国译学建设贡献卓著:其理论成果成功引领了中国译学的建立和发展,也可以为当下的中国翻译研究带来启发。他的思想引领了中国译学话语体系建设,准确研判了翻译研究的未来趋势,其"中和"和"诗性"智慧所带来的学科认识的深度和广度也值得我们继承。张柏然的理论构想宏阔深远,难以一蹴而就。当下的中国翻译学在本土话语体系建设、学术热点研究等方面成就瞩目。未来,我们有充足的机会深入探索,建设译学研究体系,推动中国译学的传承创新,努力实现多元对话的国际译学生态。相信随着中国译学思想的持续发展,我们定能在 21 世纪建构起"外之既不后于世界之思潮,内之仍弗失固有之血脉",同时又富于当代气息的中国译论话语体系。

(本文主体部分已在《宁波大学学报(人文科学版)》2021 年第 3 期"学人与学派研究·张柏然研究专题"发表)

融贯中西，古今参互，顶天立地

——张柏然"有中国味"的译学思想

高圣兵　陆孙男　伍　青　奚　洋

东南大学外国语学院

摘　要：1997 年，张柏然教授提出建立"有中国味"的译论，以应对中国译论"失语症"的困局。中国特色译论体系的建立，有赖于融贯中西、古今参互与顶天立地三大策略。横向对比中西译论，剔除中西二元对立的极端主义，做到中西译论平等对话，以取长补短；纵向参照中国传统译论，书写中国译论的"自我"身份，做好传统译论的现代转换，以能动创新。只有上有理论高度，下有实践根基，中国特色翻译理论才能继往开来、顶天立地，在全球化浪潮中谋得和而不同的发言权。

关键词：张柏然译学思想，平等对话，古今参互，顶天立地，能动创新

　　构建具有中国特色的学术话语体系，是当今学界共同关注的话题和努力的方向。"中国翻译事业的繁荣和社会对翻译人才不断增长的需求，构成了翻译学科发展的重要推动力。外语学界一批具有宽阔学术视野和强烈学科意识的翻译学者以学术探索为基础，以队伍建设为中心，发扬改革创新的精神，不断推动翻译学的学科建设。中国的翻译学科建设经历了一个从'何为翻译学''有否翻译学'，到'如何建设翻译学'的发展过程，有过疑惑，有过争鸣，但疑惑促进了艰苦的探索，争鸣导向了积极的

建设。"①

随着经济全球化的不断加深,资本在全球范围内加速流动。以翻译为媒介的文化传播,促使文化资源被重新洗牌。20 世纪西方世界独占话语主权、一方坐庄的局面难以为继。基于此,21 世纪中国翻译学应该站在对 20 世纪乃至有史以来中国及世界各国翻译学传统进行文化批判的基石上,对现实的翻译问题进行文化的分析。②

以史为鉴,可以知兴替。回顾 20 世纪的中国翻译学发展史可以发现,"西风压倒东风"的"拿来主义"虽已无立足之地,但也为现代译论体系的建设遗留了译学"失语"的历史问题。20 世纪中后期,众多翻译理论学者侧重运用西方的理论来研究中国的材料,几乎造成中国翻译学的"失语";③古代译论被当作封建文化,除了少数人进行资料整理外,古代译论的甄别研究工作实质上处于停滞状态。④ 当前中国翻译理论界,最严峻的问题就是要迅速改变长期处于文化表达、沟通和解读的"失语"状态。⑤

"站在世纪门槛处的中国学者逐渐褪去 90 年代初对于西方译论的普遍狂热,多了些冷静的思考,越来越多的学者有了明确的中西比较译学意识,注重从西方译学获得启示,展开对中国译学研究的理论思考,群策群力创建中国翻译学。"⑥我国的翻译理论在不断地反思与自我批评,调整自己的内涵,使自己不断适应现代性的需求,特别是近年来,显示出蓄势、转折、求变、创新的特点。⑦ 20 世纪 90 年代是我们在引入西方理论的同时,

---

① 许钧. 坚守与求索:张柏然教授的译学思考与人才培养. 中国翻译,2018(3):71.

② 张柏然. 字林微言:翻译学、词典学序跋暨学术演讲集. 南京:南京大学出版社,2017:102.

③ 张柏然. 字林微言:翻译学、词典学序跋暨学术演讲集. 南京:南京大学出版社,2017:194.

④ 张柏然,张思洁. 翻译学的建设:传统的定位与选择. 南京大学学报(哲学·人文科学·社会科学),2001(4):88.

⑤ 王秉钦,王颉. 20 世纪中国翻译思想史. 2 版. 天津:南开大学出版社,2009:358.

⑥ 许钧. 坚守与求索:张柏然教授的译学思考与人才培养. 中国翻译,2018(3):66.

⑦ 张柏然. 字林微言:翻译学、词典学序跋暨学术演讲集. 南京:南京大学出版社,2017:168.

我国传统的翻译理论和美学思想重新受到重视且将要广为弘扬的时代。①
正是在此背景下,张柏然提出了建立"有中国味"的译论体系的主张。

对于如何建设中国特色译论体系,张柏然给出了他的真知灼见。他
认为:"我国译论建设应该'坚持本来,吸收外来,面向未来',亦即以本民
族的文化和译论资源为依托,古今参互,中西融通,打造具有中国特色、中
国风范、中国气派的翻译学话语体系。"②古今参互,以历史为土壤,撷英取
精;中西融通,以"他者"为参照,扬长避短;顶天立地,以当下为视点,着眼
未来。本文就这三个方面简要梳理张柏然教授的"有中国味"的译学
思想。

一、融贯中西,东西相济

1. 融贯中西的起点:构建本我

全球化背景下,各国、各民族文化通过世界性的交流,打破了原本闭
关自守的狭隘界限走向开放和多元,形成了一种"世界文化"的新格局。③
但是,"经济全球化不等于文化上的同一化",要"防止中华民族'自我'话
语对非中华民族'他者'话语的不自觉趋同",④必须时刻保持清醒的民族
本我立场,警惕人云亦云的随波逐流。如何在中西融通中书写中华民族
自我身份,构建本我立场? 途径有三。

首先,需要以文化为基石构建本我立场。翻译理论不仅描述有关翻
译的种种知识,反映翻译理论观念,而且也传达既是民族的又是人类共有

① 张柏然. 字林微言:翻译学、词典学序跋暨学术演讲集. 南京:南京大学出版社,
2017:98.
② 张柏然. 字林微言:翻译学、词典学序跋暨学术演讲集. 南京:南京大学出版社,
2017:134.
③ 张柏然. 字林微言:翻译学、词典学序跋暨学术演讲集. 南京:南京大学出版社,
2017:103.
④ 张柏然. 当代翻译美学的反思. 外语与外语教学,2001(8):1.

的文化价值与精神的观念。① 因此,译学研究必然要和文化研究紧密联系在一起,中国译学构建也需要从文化出发。21 世纪的翻译史迈入"文化时代",在进行译学构建的过程中,各国都应当在文化批判的基石上,"对现实的翻译问题进行文化的分析,探求与新文化发展相符合的翻译学道路"②。文化可以超越以往的概念研究和实验研究的旧路径,依靠文化背景进行文化分析,有助于把握住"翻译学的文化性格",以回答"翻译学是什么"这一翻译学的根本问题。③

其次,中国学者应当树立文化自信心,把握中国译学理论建设的自主性。在经济全球化的背景下,文化多样性受到重视,同时也受到挑战。后殖民主义思想进入学术界,提醒学者们警惕强势文化对非强势文化的"脱色"作用。一方面,中国学者应该有敏锐的文化自觉性,认识到文化惯性使得译学模型具有天生的缺陷。用一种文化圈内产生的译学模型衡量另一文化中的翻译现象时,很容易产生错位歪曲的现象。④ 另一方面,中国学者应该保有适度的文化自信心,认识到我们的文明过程和文化材料是我们的优势所在,也是中国翻译理论创新的根据所在。⑤

再者,要将"中国特色"内化为动力。译学发展需要中国声音,中国智慧可以丰富世界译学体系。翻译本就是跨越不同文化的人类活动,世界译学体系中不应该缺少中国的实践,也不应该在理论层面上缺少中国智慧的参与。中国是一个具有五千年文明史的国家,翻译的历史就有两千年之久。中国不仅有自己的历史和文化根基,还有独特的翻译经验。季

---

① 张柏然. 字林微言:翻译学、词典学序跋暨学术演讲集. 南京:南京大学出版社,2017:232.
② 张柏然. 字林微言:翻译学、词典学序跋暨学术演讲集. 南京:南京大学出版社,2017:102.
③ 张柏然. 字林微言:翻译学、词典学序跋暨学术演讲集. 南京:南京大学出版社,2017:106.
④ 张柏然. 字林微言:翻译学、词典学序跋暨学术演讲集. 南京:南京大学出版社,2017:195.
⑤ 张柏然. 字林微言:翻译学、词典学序跋暨学术演讲集. 南京:南京大学出版社,2017:138.

羡林曾指出,21世纪将发生的西方文化将逐步让位于东方文化的转移。因而,多一些东方的综合的思维模式将推进时代的翻译研究发展。① 中国传统思维具有整体性、体悟性、主客不分性等特征,而中国独有的"心思维"的工作机制则表现为溯源式的认知理想、体悟式的认知进路与情感式的认知方式。② 在此基础上,未来有可能"创立一种包含着丰富的中国智慧的'文化—生命翻译诗学'"③。

2. 融贯中西的路径:和而不同

"中国译论走向成熟的标志之一,就是中西融通正在推进。"④中西文化之间的差异是必然存在的,既是不可避免的,也是不可消除的。文化的差异并不是让我们用二元对立的眼光看待中西方译学,"陷入民族性和世界性二元对立的理论误区"⑤。无论是从历史发展的角度,还是从现实需求的角度,我们都可以发现中西译论虽然不尽相同,但是中西文化精神中具有相同的人文追求。中西融合需要去中心化,反二元对立,找出中西译论的相似点,在此基础上促成多元对话,实现差异性和普遍性的平衡。

中西译论融通的前提是平等。"分歧不在于中国传统译学是否应走向世界,并展开与世界的对话,而在于中国翻译学应以一种什么样的形态去与世界对话,是古典的价值和话语形态,还是现代的价值和话语形态?"⑥对话意味着以平等的态度进行沟通交流,既不是应声附和,也不是自说自话。中西译论发展的形态不同,影响力不同,两者平等的基础是

① 王秉钦,王颉. 20世纪中国翻译思想史. 2版. 天津:南开大学出版社,2009:325.
② 吴志杰,张柏然. 论"心思维"在翻译中的工作机制//张柏然,许钧. 译学新论. 上海:上海外语教育出版社,2008:103.
③ 张柏然. 字林微言:翻译学、词典学序跋暨学术演讲集. 南京:南京大学出版社,2017:105.
④ 张柏然. 字林微言:翻译学、词典学序跋暨学术演讲集. 南京:南京大学出版社,2017:135.
⑤ 张柏然. 字林微言:翻译学、词典学序跋暨学术演讲集. 南京:南京大学出版社,2017:103.
⑥ 张柏然. 字林微言:翻译学、词典学序跋暨学术演讲集. 南京:南京大学出版社,2017:192.

"现代问题意识"①。这也为中西融通提供了源源不断的思维动力。平等还建立在译学的"变化"本质中。"译学概念的意义沿着基本的言谈范围不断萌芽、生长、扬弃和发展,在不同的时间点和空间范围里,意义的内涵和外延不同,稳定不变是相对的,变动是绝对的。"②我们应该秉持多元化的主张,以开放宽容的态度,进行世界性的交流,形成"世界文化"的新格局。

在中西融通中,学者们面对的一个哲学问题便是差异性和普遍性的关系问题。翻译活动作为普遍的社会文化现象,具有普遍性。但是,各国间的文化差异是无法回避的,也是不可能消除的。面对差异性,张柏然认为各国应当寻求共同的话题,不同的声音。"有共同的话题,才能引起对话,有不同的声音,才能引导对话的深入。共同的话题,指的是共同的智慧水平上和人类共同关注点上的对话,而不同的声音指的是立足于不同的文化资源,发挥不同的独创性。"③翻译系统应该处理好差异性和普遍性的问题,呈现出多元性与整体性、开放性与自主性、动态性与稳定性的辩证统一特性。④

和而不同的实现手段是指借助中西译学比较,实现中国译论的创新。西方译论有其片面性,其实践经验中缺少中国翻译实践,有参照价值,但也会存在"水土不服"的情况。⑤ 而西方译学和国外的美学等理论对中国翻译学发展具有深刻的影响,不能剥离隔绝。我国现代翻译理论形成的艰难之处就在于其构建须面对身后的传统文化和凌厉的异域文化进行抉

---

① 张柏然. 字林微言:翻译学、词典学序跋暨学术演讲集. 南京:南京大学出版社,
   2017:137.
② 张柏然. 字林微言:翻译学、词典学序跋暨学术演讲集. 南京:南京大学出版社,
   2017:193.
③ 张柏然. 字林微言:翻译学、词典学序跋暨学术演讲集. 南京:南京大学出版社,
   2017:104.
④ 贾正传,张柏然. 辩证系统视野中的翻译本质和特性. 外语研究,2007(4):90.
⑤ 陶李春,张柏然. 中国术语翻译研究探微——张柏然教授访谈录. 外语研究,2016
   (2):84.

择。① 在比较研究中,学者们需要在关注西方最新理论成果的同时,谨防亦步亦趋地跟着西方走。② 张柏然还指出,一些学者闭门造车,企图凭空创造纯而又纯的中国理论。这样脱离世界译学发展,凭空进行的创造,既不具有中国性,也不具有世界性。因此,"要从中西译学比较入手,借助于'他者'的参照,由外在比较达于内在超越,促动中国译学实现其古典形态的现代转换,从而在中西对话中重建关于译学的价值理解,重建一种具有更大圆周的话语和意义系统,以面对世界性交流共生状态下的共同翻译理论命题"③。中国学者需要具有中国式的人文情怀、文化姿态和叙事方式,体验和思辨出具有中国特色的文化专利权和原理、原则,然后对东西方的原理、原则进行互参,互相贯通,相同的东西通之,不相同的东西比较之,在参证比较中得出更深层次的结论。④

3. 融贯中西的终点:互补共生

中西融通的目的在于克服片面发展的缺陷。"不能因为要突出中国特色,就可以轻视或勾销普遍性价值。也不能因为要引进西方观念,就只承认西方才具有普遍性价值;中国的学问有其自身的特点,不能以西学为标准。"⑤从理论角度而言,中西融通代表的是一种全新的对话机制,与过去那种西方出理论、非西方出材料式的学术研究不同,是不同理论之间的对话与互补。⑥ "'中西融通'即融通中有创新,融通的目的是为了实现创新。"⑦

---

① 张柏然,许钧. 面向 21 世纪的译学研究. 北京:商务印书馆,2002:19.
② 张柏然,秦文华. 后殖民之后:翻译研究再思. 南京大学学报(哲学·人文科学·社会科学),2004(1):114.
③ 张柏然. 字林微言:翻译学、词典学序跋暨学术演讲集. 南京:南京大学出版社,2017:193.
④ 张柏然. 字林微言:翻译学、词典学序跋暨学术演讲集. 南京:南京大学出版社,2017:140.
⑤ 张柏然. 字林微言:翻译学、词典学序跋暨学术演讲集. 南京:南京大学出版社,2017:136.
⑥ 张柏然. 字林微言:翻译学、词典学序跋暨学术演讲集. 南京:南京大学出版社,2017:196.
⑦ 张柏然. 中国译论:直面"浴火重生". 中国外语,2008(4):85.

出于中西译论互补的目的,张柏然基于中西译论的比较视角,潜心于翻译理论学术前沿研究。1997 年张柏然、许钧遴选汇编出版了《译学论集》,2002 年又合力收辑出版了《面向 21 世纪的译学研究》文集,2008 年又合作汇编了《译学新论》。2016 年,张柏然、辛红娟的《译学研究叩问录——对当下译学研究的新观察与新思考》,秉持中国传统译学理论,借鉴西方译论话语,从翻译理论的元理论关注切入,在翻译学领域的一问一答之间,迸发出绚丽多姿的翻译新思考。

张柏然也意识到,这样的融合转换需要长期的努力,不是一蹴而就的。"幻想中国翻译学从 19 世纪直接跳入 21 世纪,是对现代学科制度成果的全盘否定,是不现实的;而追求一种不受任何国外影响的纯而又纯的中国声音,则是对现代学科制度的撕裂,也是不切实际的。"①因而,结合中国翻译学发展现状,张柏然指出,西方的译论尤其是普通翻译学的理论框架要引介,而中国特色翻译学的构建中,要注重翻译研究的系统性和理论性。② 他相信,通过中西融合,可以打造具有中国特色、中国风范、中国气派的翻译学学术话语体系,构筑连接"中国梦"与"世界梦"的"通天塔"。③

二、古今参互,承前启后

1. 传统译论的历时解读:立足本位

本土的翻译现象和翻译经验,是产生原创性译学原理的最深厚、最值得珍惜的文化资源。④ 因此,中国传统译论是现代译论批判继承与发展的土壤,通过这种"承前式"的考量和"启后式"的摸索,才能保证中国译论体

---

① 张柏然. 字林微言:翻译学、词典学序跋暨学术演讲集. 南京:南京大学出版社,
  2017:193-194.
② 张柏然,许钧. 面向 21 世纪的译学研究. 北京:商务印书馆,2002:27.
③ 张柏然. 字林微言:翻译学、词典学序跋暨学术演讲集. 南京:南京大学出版社,
  2017:132-133.
④ 张柏然. 字林微言:翻译学、词典学序跋暨学术演讲集. 南京:南京大学出版社,
  2017:139.

系的一脉相承和血肉联系。

在区分传统译论和现代译论前,我们有必要对翻译学本体进行界定。翻译学在本质上不是一类以价值中立、文化无涉为前提,以事实发现和知识积累为目的,以严密的逻辑体系为依托的科学活动,而是一类以价值建构和意义阐释为目的的价值科学和文化科学。① 这一定义暗含了翻译学的两大属性,即翻译学的"科学特性"与"文化性格"。此两者有机结合,前者是从外在的、表层的、规范的方面来体现,而后者则从内在的、深层的、精神的方面来说明。②

王秉钦和王颉将中国译论划分为传统翻译思想和现代翻译思想。③中国传统翻译思想,从古代支谦的《法句经序》(224 年)开始,经历形成(19 世纪末 20 世纪初西学翻译时期)、转折("五四"新文学翻译时期)、发展(20 世纪 40 年代)、鼎盛(20 世纪 50 年代至 60 年代中期)四个阶段,最后完成中国传统翻译思想整个发展时期。④ 20 世纪 80 年代初,中国进入改革开放时期,本土译论发展承上启下,进入现代翻译思想发展时期。陈福康从译学史的角度对翻译理论进行划界,将中国的译学理论划分为古代、近代、现代和当代四个阶段,其中古代译论主要包括六朝至宋的佛经翻译,以及明清之际的科技、宗教翻译两个高潮中的有关译论;近代译论起于鸦片战争后,止于五四运动前;现代译论起于五四运动,止于新中国成立;当代译论为新中国成立后的译论。⑤ 王秉钦的二分法和陈福康的四分法,最显性的分歧在于,五四运动时期的译论是否属于现代范畴。张柏然主张,建立新世纪翻译学可以借用、依赖的理论资源主要有三种:西方美学与翻译批评传统;中国古代的翻译批评和翻译学传统;"五四"以后形成

① 张柏然. 字林微言:翻译学、词典学序跋暨学术演讲集. 南京:南京大学出版社,2017:101.
② 张柏然. 字林微言:翻译学、词典学序跋暨学术演讲集. 南京:南京大学出版社,2017:102.
③ 王秉钦,王颉. 20 世纪中国翻译思想史. 2 版. 天津:南开大学出版社,2009:18.
④ 王秉钦,王颉. 20 世纪中国翻译思想史. 2 版. 天津:南开大学出版社,2009:291.
⑤ 陈福康. 中国译学理论史稿. 上海:上海外语教育出版社,1992:5.

的中国现代翻译学传统。① 这里可以看出,张柏然对中国本土译论的传统定位与陈福康的四分法颇为相近。若采取过程哲学的视角,我们可以发现,张柏然提出的"古今参互"论断实则主要遵循了三点一线的历史发展进程,即"古代(古)—现代(五四运动开始)—当代(今)"的译论进程。虽然张柏然未提及处于世纪之交的近代西学翻译时期,但我们对中国传统翻译思想进行历时解读时,仍有必要将其纳入中国传统翻译思想的范畴。

厘定了中国传统翻译学的历史分期后,便可对中国翻译学的民族特色管窥一二。受马克思主义矛盾普遍性和特殊性辩证关系启发,我们可以一探普遍翻译学和中国特色翻译学之间的辩证关系。

一方面,作为普遍翻译学的一个地域分支,中国特色翻译学具有该学科的两大学科特征,即上文所提及的翻译学的"科学特性"与"文化性格"。对翻译的内在规律做抽象的、形式化的描写使翻译研究具有自然科学的属性;同时,因为翻译是涵盖面极广的社会现象,对翻译的社会性、实践性和主体性的研究又使翻译研究具有人文科学的属性。"我们只有联系文化来研究译学,才能对译学的意义和作用有深入的了解。"②

另一方面,中国特色翻译学是中国本土翻译实践经验的总结,必然会带有"中国文化本色"的标签。譬如,脱胎于古代佛经翻译实践的"文质"思想,形成于西学翻译时期的"信""达""雅"三字经,新中国"神化说"③等无不是当时翻译实践的高度概括,体现了形而上意味的学理性。在中国译论发展过程中,尽管前人留给我们的只是散金碎玉式的论述,我们仍然能从后生的译论中找到前论的蛛丝马迹,发掘出中国译学的整体性和继承性。佛经翻译时期的"文""质"之争经历了魏晋时的此消彼长,走向隋唐的"圆满调和"。20世纪40年代,朱光潜对严复"信、达、雅"思想进行了哲学的探讨,提出"信"是第一位的,"信"里包含"达"和"雅",而非"信、达、

① 张柏然. 字林微言:翻译学、词典学序跋暨学术演讲集. 南京:南京大学出版社,2017:191.
② 张柏然. 字林微言:翻译学、词典学序跋暨学术演讲集. 南京:南京大学出版社,2017:105.
③ 朱志瑜. 中国传统翻译思想:"神化说"(前期). 中国翻译,2001(2):3.

雅"并列或对等。这些译论的共生交融体现出,它们都"扎根于汉语语言和包括文、艺、哲、美等在内的文化事实的基础之上"①。译论家对本土翻译现象和翻译经验进行"现象统观",然后在哲学—美学认识范式下,创造出偏向于"整体性、体悟性"②的中国译论。在我国传统译论中,历史定式和文化整体形态的发展促使译学与哲学尤其是与美学联姻。③ 中国译学理论思维是感悟性强于思辨性,生命体验力强于逻辑分析力,据此,张柏然提出了建设"感悟翻译哲学"/"文化—生命翻译诗学"的构想。④ 支谦、道安正是因循道家"朴素无为"的美学主张,并且把它运用于佛教经文的翻译之中;傅雷的"神似"理论则脱胎于我国的艺术形神论;钱锺书以一"化"字概括翻译的最高标准,与我国传统诗论、与佛家的"重悟见性"是一脉相承的。⑤

　　中国译界建构中国译学的呼声延绵不绝,大有日益高涨之势。1951年翻译家董秋斯第一个提出建立中国翻译学,1987年全国译协在青岛举行的"第一次全国翻译理论研讨会"力求开创翻译工作新局面,1997年张柏然和许钧在《译学论集》序言中首次提出"中国译论要有中国味"。张柏然明确提出建立"中国翻译学"的主张,呼吁翻译界在西方翻译理论引进高潮中,结合当代学理开展中国翻译理论冷思考,对一些具有世界意义的中国译学经典进行现代性的"还原释读",超越非此即彼的东西文化冲突模式,凝练出翻译研究的中国经验与中国智慧。⑥ 2001年,再度于青岛举行的"全国译学学科建设专题讨论会"集中探讨了翻译学作为一门独立的

————————

① 　张柏然. 建立中国特色翻译理论. 常州工学院学报(社科版),2008(3):81.

② 　吴志杰,张柏然. 论"心思维"在翻译中的工作机制//张柏然,许钧. 译学新论. 上海:上海外语教育出版社,2008:103.

③ 　张柏然. 字林微言:翻译学、词典学序跋暨学术演讲集. 南京:南京大学出版社,2017:103.

④ 　张柏然. 字林微言:翻译学、词典学序跋暨学术演讲集. 南京:南京大学出版社,2017:105;张柏然. 建立中国特色翻译理论. 常州工学院学报(社科版),2008(3):81.

⑤ 　张柏然,张思洁. 中国传统译论的美学辨. 现代外语,1997(2):25-27.

⑥ 　许钧. 坚守与求索:张柏然教授的译学思考与人才培养. 中国翻译,2018(3):65.

学科在中国应当如何发展的问题。建立独树一帜的中国翻译学体系,构建具有民族特色和大国气象的中国现代译论,应当立足中国本土译学思想本位,从历史中走来,在岁月中沉淀,在当下张扬,在未来传承。

中国当代学者面临自身传统文化变革的重大机遇,身负中国文化重新书写以及中国学术重新建构的重任;[①]"中国译论要有中国味"应该成为译界学人清醒的使命感,为我国独具特色的翻译理论及其体系的诞生付出应有的努力。[②]

2. 传统译论的现代转换:提高站位

如果说我们对中国传统译学思想的定位,采取的是正向演绎的历时解读方法,对传统译论在当代社会文化语境的应用,则应遵循反向推导的路径。简言之,对传统译论资源的态度,"是一种立足于现代理论沉思的选择"[③],是将具有现代意义的古代译论因素提炼出来,使之从古代译论形态转化成现代译论形态的有机组成部分。这个工作就叫作"中国古代译论的现代转换"[④]。张柏然的这一主张,可划分为以下两"点"阐发:1)当下为"视点";2)创新为"着力点"。

为什么要把"视点"定焦于当代,创建现在与过去的视域融合? 首先,古今参互不是复古。[⑤] 现代文化语境相较于古代文化语境,必然大相径庭。20世纪50年代之后,翻译研究方法多处开花,语言学理论、文化理论、艺术理论等纷至沓来,为翻译学研究注入了新鲜血液。20世纪70年代文化转向之后,后殖民主义、后现代主义等"后学"异军突起,文化人类

---

① 张柏然,秦文华. 后殖民之后:翻译研究再思. 南京大学学报(哲学・人文科学・社会科学),2004(1):115.
② 张柏然. 字林微言:翻译学、词典学序跋暨学术演讲集. 南京:南京大学出版社,2017:98.
③ 张柏然. 字林微言:翻译学、词典学序跋暨学术演讲集. 南京:南京大学出版社,2017:136.
④ 张柏然. 字林微言:翻译学、词典学序跋暨学术演讲集. 南京:南京大学出版社,2017:137.
⑤ 张柏然. 字林微言:翻译学、词典学序跋暨学术演讲集. 南京:南京大学出版社,2017:136.

学在翻译学研究中越来越举足轻重。21世纪,随着数据化时代的到来,翻译手段日新月异,电子翻译、机器翻译等悄然兴起。译者群体也不再局限于早期的职业译者和文人译者,网络翻译爱好者自由组队,大大革新了玄奘所设译场的垂直领导、集体翻译方式。翻译研究方法也不断拓展,以语料库翻译学为代表的实验性研究,彰显了当代翻译研究的科学化倾向,翻译研究领域的数据化已成为一大"亮点"。在这样的文化时代背景下,完全挪用中国古代译论思想,直接"嫁接"到现代译论,显然是不合适的。其次,"现代译论的思维方式是认识论的,而古代译论是存在论的"①。传统译论的体验式、随想式、感悟式的特征,是其短板所在。比如,传统译论在充分享受其美学优势的同时,也显露了自身的缺陷:一是"就美学体系而言,各种译论之间仍存在着间断性和非系统性";二是"(传统译论)虽然抽象地反映了美和翻译艺术,却没有对其中的具体因素和复杂关系做多边探求和立体研讨";三是"我国的翻译理论在思维模式上更倾向于从主观的而非客观的、感性的而非理性的、体验的而非分析的角度来品评翻译和译品"。②

那么,究竟要如何进行传统译论的"现代转换"?答案是创新,以创新为"着力点"和重要手段,提高传统译论的时代站位。走进21世纪的翻译研究要达至"大成",关键在于建立一种渊深宏通、胸襟开放,又新锐高效的学术创新体制。③创新意识和创新能力是译论现代化的重要因素。④在对中国译学经典"还原释读"的基础上,才能做到古代译论的"现代转换"。继承是创新的前提,要发展中国当代新译论,必然要批判继承传统译论。具体要做到:1)"对概念清理与界定";2)"对古代范畴内涵和外延

① 张柏然. 字林微言:翻译学、词典学序跋暨学术演讲集. 南京:南京大学出版社,2017:134.

② 张柏然,张思洁. 翻译学的建设:传统的定位与选择. 南京大学学报(哲学·人文科学·社会科学),2001(4):90.

③ 张柏然. 字林微言:翻译学、词典学序跋暨学术演讲集. 南京:南京大学出版社,2017:101.

④ 陶李春,张柏然. 对当前翻译研究的观察与思考——张柏然教授访谈录. 中国翻译,2017(2):67.

进行理性梳理",①"在整体上了解古代译论的根本精神和总体特征"②。在梳理传统译论的基础上,还要做到:1)在交叉学科之间寻求切入点,发掘新思想;2)在对比中寻找突破口,总结翻译规律;3)在理论的制高点上俯瞰,开展批判性思维。③ 这启示我们要学会"借他山之石,琢己身之玉":借助"他者"学科、语言与文化,依靠整体批判思维,促进"自我"翻译新思想的形构。

回望 20 世纪翻译思想史,我们似乎可以从中找到相近的思想遗珍。鲁迅认为,翻译应该根据中国翻译史上"唐译佛经,元译上谕"的历史经验,采取"取其精华,去其糟粕"的原则,即"一面尽量地输入,一面尽量地消化、吸收,可用的传下去了,渣滓就听他剩落在过去里"④。这样看来,张柏然"以民族化为基点完成现代化转型"⑤的观点,本身就是对传统翻译思想的一种继承与创新。

张柏然对建立中国当代新译学体系的尝试,集中反映于其著书立言、群言揽萃的编写工作中。21 世纪初,张柏然与许钧担纲主编,编写"译学新论丛书",并由上海译文出版社 2005 年首发,其后的 2006 年、2008 年和2009 年又陆续出版译界学人新作,该系列共包含 33 本学术著作,选题涵盖翻译史研究、翻译家思想专题研究、译作专题研究、语料库翻译学研究、词典释义研究和翻译美学研究等。2012 年,张柏然出版了《译学卮言》,该书收录了他从教 40 余年的学术文章,字字珠玑。

张柏然一揽译学新论芳华的努力,促进了 21 世纪译学研究的古今参互、返本开新。"撷英取精,以创造性转化和创新性发展,使传统译论成为

---

① 张柏然. 字林微言:翻译学、词典学序跋暨学术演讲集. 南京:南京大学出版社,2017:137.
② 张柏然,张思洁. 翻译学的建设:传统的定位与选择. 南京大学学报(哲学·人文科学·社会科学),2001(4):91.
③ 张柏然. 字林微言:翻译学、词典学序跋暨学术演讲集. 南京:南京大学出版社,2017:213-216.
④ 引自 2002 年张柏然在香港中文大学时,香港《文汇报》记者采访刊文.
⑤ 陶李春,张柏然. 对当前翻译研究的观察与思考——张柏然教授访谈录. 中国翻译,2017(2):67.

当代翻译理论的重要组成元素,促进中国翻译理论的健康发展。"①

三、顶天立地,上下求索

1. 理论顶天,以汉语、文化为"体"

外语科研的"顶天",就是要瞄准国际语言研究的前沿,结合中国的需要和汉语的实际,拿出原创性、能够立足于世界语言学之林的成果来。这方面最可能取得突破的是两个领域:一个是立足于汉语的普遍语言学研究,这可以成为对世界语言学研究的重要补充和完善;另一个是结合汉语的翻译学理论研究。② 这说明,要建立顶天而立的中国译论,必然要立足于汉语言思维特征和文化现实。

国内翻译理论研究应立足于本民族的语言文化现实与思维方式,建立起一套以自身语言特点为基础和具有本国文化精神的理论体系。中国翻译学的建立需要从本民族的语言与文化现实出发,从汉—外、外—汉语言文化对比研究的实际情况出发,描写翻译实践过程,展开翻译理论研究。此外,引介西方翻译理论来丰富和发展我国译学是无可厚非的,但这并不意味着能够机械地照搬和套用西方翻译理论模式。③ 我们不仅应辩证吸取西方译论对翻译共性的相关描述,还应立足于本国的语言特点和文化精神,从而构建具有本国特点的译学理论。无论是严复的"信、达、雅"还是争论已久的"形似、神似"之说,都蕴含了中国自成一体的丰富译学思想,体现了华夏民族的整体思维方式,以及根植于本民族文化中的审美思想。脱离汉语语言、文化母体的翻译思考,只能沦为无源之水、无本之木。

此外,张柏然还主张以中国文化的整体性去整合西方片面精确的译

---

① 陶李春,张柏然. 中国术语翻译研究探微——张柏然教授访谈录. 外语研究,2016 (2):86.

② 张柏然. 字林微言:翻译学、词典学序跋暨学术演讲集. 南京:南京大学出版社,2017:204.

③ 张柏然,姜秋霞. 对建立中国翻译学的一些思考. 中国翻译,1997(3):8.

论,从而实现更高文化层次上的综合。① 传统文化在新文化运动中成了批判对象。古代译论成为"古"和"旧"的代表,含蓄晦涩的文言文抒写受到译界批评。当时,古代译论的式微多半是由于古代佛经翻译的理论总结,是一种感悟式、直觉式、评点式和模糊体验性的译论,加之由于缺乏一个理性、清晰的理论框架,故而难以顺利实现现代转换,遑论解释五四运动中的"科学"和"民主"等新文化现象,也无法完成对大众进行启蒙教化的时代任务。因此,立足于新的文化现实,以白话文为译语特征的"直译""意译""三似"等理论成为该时期的翻译理论主流。

2. 实践立地,译、学为"用"

外语科研的立地,是眼睛向下,做一些切切实实的工作。这方面最重要的也是两个领域,一个是中国的外语教学,另一个则是翻译。②

理论来源于实践。如果翻译理论一味追求艰深,与翻译实践脱节,也就不能千锤百炼成翻译真"经"。"中国翻译学界普遍存在着翻译理论与文学审美经验脱节的现象,许多理论并不能真正反映翻译实践或审美经验。"③因此,译学家们在提炼中国翻译理论时,要立足于中国本土翻译现象和本国翻译经验,这是"产生原创型译学原理的最珍贵资源"④。

理论服务于实践,"用"为"体"之归宿。翻译理论要"接地气",就要应用于汉—外翻译实践和翻译教学现实。理论成为思想中的现实,现实成为理论最真实的根基和最切实的生长点,两者之间更多地显示出一种相生相成的关系,有些时候,则更是共同处于晦暗不明的含混状态。就中国的翻译理论来说,这样的历史性变动将赋予翻译理论一种现实性品格,同时,翻译理论的元理论向度与文化理论向度的充分展开,将分别从深度和广度上深刻地改变中国当代翻译理论的内在质地和基本构成。这些正是中国当下的翻译理论所迫切需要的,但必须置于新历史关联中的翻译理

① 张柏然,辛红娟. 中国需要创建自己的翻译学派. 中国外语,2005(5):73.
② 张柏然. 字林微言:翻译学、词典学序跋暨学术演讲集. 南京:南京大学出版社,2017:204.
③ 张柏然,辛红娟. 翻译理论研究的新课题. 中国外语,2008(3):81.
④ 张柏然,许钧. 典籍翻译:立足本土 融合中西. 中国社会科学报,2017-05-26(06).

论本体论自觉前提之下。① 翻译理论应用于翻译教学,是译论立地的另一个重要方面。张教授非常关注翻译教学的发展,对翻译理论应用于翻译教学寄予了殷殷期盼。2012 年,张柏然担任总主编,组织编写了"大学翻译学研究型系列教材"和"大学本科翻译研究型系列读本"这两套系列教材,各包含 10 本教材(由南京大学出版社出版)。前者系研究生用书,包括《中国翻译理论研究导引》(张思洁,2012)、《当代西方翻译理论研究导引》(韩江洪,2012)、《当代西方文论与翻译研究导引》(祝朝伟,2012)等 10 本教材;后者为本科生学习用书,包括《翻译概论读本》(于德英,2013)、《文化翻译读本》(辛红娟,2012)、《商务英语翻译读本》(严晓江,2012)等 10 本教材。这两套翻译教材是中西方翻译理论研究的思想结晶,体现了翻译理论研究为教学所用的实用目的。

以汉语语言、文化为体,以翻译、教学为用,才能创生出体用相生的中国译论体系。只有这样,中国译论才能既登堂入室,顶天而立,又能接实践之地气,通学人之心气。

四、结 语

在中国现代人文思潮演进过程中,中西、古今、体用这三组范畴自始至终都起着"关键词"的作用。② 张柏然的翻译思想主要围绕这三对矛盾,对中国的现当代译论建设提出了宝贵建议。

以中国译论本我身份书写为起点,在中西译论对话中,与西方译论横向对比、取长补短,才能在全球化语境中谋得和而不同的话语权,让中国译学屹立于世界译学之林。这种东西译论相济的互荣共生局面,将促进新世纪世界译学新一轮的大发展、大繁荣。

做好传统译论的现代转换,对中国传统翻译思想大浪淘沙,沉浮渣

① 张柏然,辛红娟. 当下翻译理论研究的两个向度. 中国外语,2009(5):96-97.
② 张柏然. 字林微言:翻译学、词典学序跋暨学术演讲集. 南京:南京大学出版社,2017:205.

滓,方得翻译真"金(经)"。从现代视角,纵向萃取古代译论中有现代意义的成分,古为今用,加以创新,方得始终。

要使译论不落于窠臼,不流于表面,不近似玄学,还要体察译学的实际功用。只有立足于汉语语言与文化现实,才能凝聚译论的学理内核;同时,要做到译论"接地气",还得将其化用到翻译实践和教学中去。只有这样,中国当代译论体系才能顶天立地,开创自己的一片天地。

从张柏然"古今沟通""中西融通"翻译思想说开去

孙会军

上海外国语大学英语学院

摘　要:在我国翻译研究界,张柏然教授是较早在翻译理论建设方面做出深入思考的著名学者。他提出,翻译研究界应该认真而冷静地分析中国传统译论的可继承处、须扬弃处,用现代学理,发掘淘炼,进而为突破尽在古典领域翻滚的旧路,为我国独具特色的翻译理论及其体系的诞生付出我们所应该付出的努力。"古今沟通"和"中西融通"是张柏然翻译思想的核心内容。本文尝试结合刘勰的《文心雕龙》和张佩瑶的《中国翻译话语》在国际学界的阐发和接受,论述本人对张柏然教授翻译思想的学习感悟。

关键词:张柏然,古今沟通,中西融通,中国译学理论话语,《文心雕龙》,《中国翻译话语》

一

习近平总书记 2016 年 5 月 17 日在哲学社会科学工作座谈会上的讲话中提出:我们要坚持不忘本来、吸收外来、面向未来。习总书记的讲话,对于当前我们的翻译理论建设非常具有指导意义。就翻译研究而言,面向未来是我们的发展目标和努力方向:中国的翻译研究学者应该在理论建设方面积极探索,思考如何在国际翻译研究领域拿出中国学者的解决方案,为世界翻译学的发展做出我们的贡献。要面对未来,我们既要吸收外来,更不能忘记本来,只有这样,才能够海纳百川、高瞻远瞩、有所创新。张柏然教授是我国较早在翻译理论建设方面积极思考的学者,他把"古今沟通"和"中西融通"的概念纳入自己对翻译建设的思考之中。

二

改革开放以来,我们的翻译理论建设首先是从吸收外来开始的。1999 年,王东风在《中国翻译》上发表《中国译学研究:世纪末的思考》,对1978 年以来我国翻译研究界学习西方翻译理论的感悟进行总结,认为经过二十多年对西方翻译理论的学习,我们终于认识到了自己的不足,经过二十多年对西方翻译理论的吸收和研究,我们终于可以挥挥手,告别只把"信、达、雅"当成翻译的金科玉律的时代:"一百年前,严复的《天演论·译例言》翻开了 20 世纪中国译学研究的第一页;一百年后,我们在纪念《天演论·译例言》发表一百周年的庆贺声中即将合上这一百年的译学研究史,这标志着《译例言》在中国译学界长达一百年的影响的结束。"①

长期以来,人们虽然言必称"信、达、雅",但是对于严复的《天演论·译例言》的了解和理解都流于表面,"信、达、雅"只是作为一种翻译标准而起作用。其实严复的《天演论·译例言》有着非常丰富的内涵。不再只把"信、达、雅"当成一种翻译标准,开始关注到严复《天演论·译例言》可以进行理论挖掘的空间,标志着中国译学界的翻译研究迈入了新的里程。

翻译研究具有跨学科的特点,语言学理论、文学理论是翻译研究最重要的理论来源。"翻译首先是一种语言活动。因此,要想对这一语言活动进行客观的分析,就离不开分析语言的科学——语言学。中西翻译研究的差距首先就发生在这一层面上。……研究文学翻译,自然要有坚实的文学理论基础。客观地说,中国翻译理论工作者并不是不了解文学理论。但必须指出的是,我们所熟悉的文学理论大多借鉴于苏联的文学理论体系,对现当代蓬勃发展的西方文学理论,以及与此相关的哲学、诗学和文

---

① 王东风. 中国译学研究:世纪末的思考. 中国翻译,1999(1):7.

化研究还不是很了解。……有相当一部分中国翻译理论工作者的文学理论和文化研究功底,尤其是文学、语言学、文化研究所必需的哲学功底,还不是很扎实。从文学理论的角度对翻译所进行的研究也同样存在着广度和深度上的欠缺,系统而深入的文学翻译研究和文化翻译研究还不是很多见,经验主义的直觉判断还不时见诸理论文章之中。"①

改革开放以来,我们对西方语言学理论、文学理论的研究和引进一直没有停止过,我们对西方的理论话语也有了较为系统、深入的把握,逐步减少了与西方的距离与隔阂。而且我们学习借鉴的理论来源还得到了很大的拓展,认知学、神经学、数字科学等理论都被借鉴过来。但是在很大程度上,很多学者只是在用我们的实践验证西方的理论。如何改良西方的理论、如何对西方的理论有所发展,仍然是我们需要面对的问题。

这一问题在翻译研究理论方面也是非常突出的。如袁筱一所指出的那样:"这些年,我国在翻译的理论探索方面做了不少工作,但走得不是很远,主要是以介绍西方翻译理论流派和译学方法为主。西方翻译理论的布拉格学派介绍完了,伦敦学派介绍完了,交际理论学派介绍完了,文化转向介绍完了,后殖民理论观照下的翻译理论研究介绍完了,那现在再做些什么呢?"②

早在 20 世纪 90 年代初,张柏然教授就注意到了这样的问题,他开始撰文"呼吁要求对中国文化资源进行挖掘,利用其中的相关内容建构中国自己的翻译理论体系,而万万不能'抛却自家无尽藏,沿门托钵效贫儿'"③。在张教授看来,作为文明古国的中国,五千年的文化积淀仍然不太为世界所认知,"养在深闺人未识",必须"扭转这种在'孤芳自赏'中'大门不出、二门不迈'的闭塞无益的局面"④。如何做到呢? 张柏然教授指

① 王东风. 中国译学研究:世纪末的思考. 中国翻译,1999(1):7-8.
② 袁筱一. 翻译事件是需要构建的. 外国语(上海外国语大学学报),2014,37(3):45.
③ 刘华文. 代序//张柏然. 字林微言:翻译学、词典学序跋暨学术演讲集. 南京:南京大学出版社,2017:代序 3.
④ 张柏然. 字林微言:翻译学、词典学序跋暨学术演讲集. 南京:南京大学出版社,2017:71.

出，要"认真而冷静地分析中国传统译论的可继承处、须扬弃处，用现代学理，发掘淘炼，进而为突破尽在古典领域翻滚的旧路，为我国独具特色的翻译理论及其体系的诞生付出我们所应该付出的努力"①。"只有把握住了我们自己的传统，才可能在对话中充满底气，使弘扬落在实处，为创造打下基础。"②在张柏然教授看来，中国翻译研究界从 80 年代就开始突破封闭式的过去，借着改革开放的东风，大量引进了西方现代译论和美学思想。他在 20 世纪 90 年代的时候就倡议，在输入西方的同时，我们要挖掘和整理我国传统的翻译理论和美学思想，认为 90 年代应该是"我国传统的翻译理论和美学思想重新受到重视且将要广为弘扬的时代"③。

三

王元化的《读文心雕龙》对于我们采用现代学理阐发传统中国文论提供了经典的范例，对于淘炼、阐发中国传统翻译思想具有示范意义。

王元化在书中首先指出了《文心雕龙》的价值所在，并阐述了研究《文心雕龙》的重要意义："像《文心雕龙》这部体大虑周的巨制，在同时期中世纪的文艺理论专著中还找不到可以与之并肩的对手，可是国外除了少数汉学家之外，它的真正价值迄今仍被漠视。这原因除了中外文字隔阂，恐怕也由于还没有把它的理论意蕴充分揭示出来。"④王元化还指出："我国古代文论具有自成系统的民族特色，忽视这种特殊性，用今天现有的文艺理论去任意比附，就会造成生搬硬套的后果。在阐发刘勰的创作论时，首先需要以实事求是的态度揭示它的原有意蕴，弄清它的本来面目，并从前

---

① 张柏然. 字林微言：翻译学、词典学序跋暨学术演讲集. 南京：南京大学出版社，2017：98-99.

② 张柏然. 字林微言：翻译学、词典学序跋暨学术演讲集. 南京：南京大学出版社，2017：98.

③ 张柏然. 字林微言：翻译学、词典学序跋暨学术演讲集. 南京：南京大学出版社，2017：98.

④ 王元化. 读文心雕龙. 上海：上海书店出版社，2019：74.

人或同时代人的理论中去追源溯流,探其渊源,明其脉络。……但是,另一方面,如果把刘勰的创作论仅仅拘囿在我国传统文化的范围内,而不以今天更发展了的文艺理论对它进行剖析,从中探讨中外相通,带有最根本、最普遍意义的艺术规律和艺术方法(如:自然美与艺术美关系、审美主客关系、形式与内容关系、整体与部分关系、艺术的创作过程、艺术的构思和想象、艺术风格、形象性、典型性等),那么不仅会削弱研究的现实意义,而且也不可能把《文心雕龙》创作论的内容真正揭示出来。……除了把《文心雕龙》创作论去和我国传统文论进行比较和考辨外,还需要把它去和后来更发展了的文艺理论进行比较和考辨。这种比较和考辨不可避免地也包括了外国文艺理论在内。"[1]

美国斯坦福大学在 2001 年出版了一本《文心雕龙》的研究论集,里面收集了多篇论文,其中这部论集的主编——美国伊利诺伊大学蔡宗奇教授的一篇论文引用鲁迅的话,将刘勰的《文心雕龙》与希腊亚里士多德的《诗学》相比附,从而凸显《文心雕龙》在中国文学理论中的重要地位。另外,美国耶鲁大学孙康宜教授的论文则挖掘了《文心雕龙》中体现出来的刘勰对于现今学界热衷讨论的"经典化"问题的思想。在刘勰之前的很多学者用道德原则来评判或是提高一部文学作品的价值,而刘勰与他们有所不同的地方在于,他将文学美学用于儒家经典,使文学成为评判所有经典的主要标准,凸显了文学美学的本体意义。

王元化和海外学者对于《文心雕龙》在现代学理上的阐发,跟张柏然教授在翻译理论建设方法的思考非常契合,对于我们挖掘、整理、阐发中国传统译论非常具有启发意义。

四

张佩瑶在挖掘整理中国的翻译理论话语方面做出了重要贡献。她在2006 年出版了 *An Anthology of Chinese Discourse on Translation*(《中国

---

① 王元化. 读文心雕龙. 上海:上海书店出版社,2019:71-72.

翻译理论话语》)的上卷,下卷也在其去世 4 年之后的 2017 年出版。在林林总总的中国翻译理论著述方面,这部作品在海外翻译研究领域引起了众多学者的关注,很多在国际翻译研究领域占据领军地位的知名学者都给予这部专著高度评价。美国马萨诸塞大学的玛丽亚·铁木志科(Maria Tymoczko)教授指出:"这部选集汇集了 20 世纪以前的中国翻译话语,把翻译研究推向了一个国际化的新阶段,开启了中西翻译思维和跨文化交流方面的对话。张佩瑶不仅记录了中国的翻译理论,还记录了中国的翻译历史和翻译实践,同时将这些传统的材料与当代的翻译研究框架联系起来,为超越西方主导地位的翻译研究树立了典范。张佩瑶的'厚译'使对中国文化传统了解甚少的读者也能接触到与翻译相关的中国文化概念和技术术语,传达出中国翻译思考的自主性。这本书不仅仅是一本'通读本'或参考书,它在中国和西方之间的对话、过去和现在的对话方面都将给人们以启发,让人们获得关于翻译的新见解。这种影响在未来几十年都会持续存在。"①所谓"厚译",是指张佩瑶在著作中增加了很多注释,在注释中对中国的翻译理论话语进行了解释和阐发,方便了海外读者的理解。注释其实是一种中西交流对话的重要形式。

　　印度著名的后殖民批评家哈里什·特里维德(Harish Trivedi)也对这部作品给予高度评价,认为这部东方学者的著作将极大地扩展和丰富翻译研究,并将在很大程度上改变我们对翻译是什么和翻译如何进行的理解,这是非常有启发性的研究。②

　　改革开放以来,我们有很多创立翻译理论的尝试,这样的努力一直在进行。谢天振的译介学、刘宓庆的"文体与翻译"理论、黄忠廉的"变译理论"、胡庚申的"生态翻译学"、周领顺的"译者行为"研究、姜秋霞的"格式

---

① Cheung, Martha P. Y. *An Anthology of Chinese Discourse on Translation*, Vol. 1: *From Earliest Times to the Buddhist Project*. London and New York: Routledge, 2014: iii.

② Cheung, Martha P. Y. *An Anthology of Chinese Discourse on Translation*, Vol. 1: *From Earliest Times to the Buddhist Project*. London and New York: Routledge, 2014: iii.

塔"翻译研究、胡开宝的"语料库批评译学"已经为研究者所熟知,都是在中国语境下进行翻译理论建构的探索,不同程度上借鉴融合了西方和本土的理论资源。语料库批评译学是胡开宝教授近几年来的新探索。语料库批评译学指以语料库的应用为基础,在分析大量翻译语料的基础上,依据批评话语和描写性译学等相关理论,揭示政治、性别意识和民族意识等社会意识形态、个人意识形态对翻译的影响,以及翻译对意识形态反作用的研究。语料库批评译学研究领域主要涵盖四个方面:基于语料库的性别意识形态与翻译研究、基于语料库的民族意识形态与翻译研究、基于语料库的政治意识形态与翻译研究和基于语料库的译者个人意识形态与翻译研究。[①]

除此之外,还有一些翻译研究主要是在挖掘整理传统翻译理论的基础之上融合西方的理论视角展开的。刘华文教授在《汉诗英译的主体审美论》中,以中国经典文论思想为主导,用中西比较文学的视角建构了"翻译诗学";提议将中国经典注经学和西方阐释学有机结合起来建构"译释学"。吴志杰教授撰写了《和合翻译学》一书,借用中国传统文化的和合思想对翻译问题做出了独特而新颖的理论阐释与建构,并尝试创立"和合翻译学"的话语体系:和合翻译本体观、和合翻译伦理观、和合翻译认识观、和合翻译审美观、和合翻译文化观、和合翻译学理论模型。陈东成教授的《大易翻译学》援易入译,以易弘译,为翻译研究提供了一条新的途径;以《周易》文本和文化、翻译理论和实践为主要研究对象,将易学和译学融为一体,创立了新的翻译研究话语体系。

五

近几年,在中国人文社会科学领域,"构建中国学派"已成热点话题,如《人民日报》在 2017 年 9 月 24 日发表总标题为《构建中国学派恰逢其时》的组合型文章;《中国新闻周刊》在 2017 年第 46 期发表专栏评论,明

---

① 胡开宝. 语料库与跨文化研究(第一辑). 北京:高等教育出版社 2017:11.

确提出"吹响中国学派总号角"的口号。在这样的新时代历史大势下,一批学者致力于梳理、挖掘中国传统人文思想,同时紧跟时代,创造性地发展翻译理论,构建具有中国特色、中国风格、中国气派的理论话语体系。有学者明确提出:"在当前'坚定文化自信'的主旋律下,组织翻译学人,从中国的传统文化典籍中发掘学术增长点,并以此作为立足点,结合所处时代背景构建具有鲜明中国特色、中国风格、中国气派的翻译理论,造就一批该领域研究的前沿学者,为中国译学增添学理闪光点,助其在国际译学界以独立自强的姿态发出更多更强的声音,将为人类翻译事业的发展做出重大贡献。"①他们还提出:"中国学者们不应该放弃流淌在自己民族文化血液中的思维天赋,一味追求与西方理论思维的契合,不断将本该花开并蒂、平等互补的译学格局推向西方译论的一家独大。"②

"中国特色、中国风格、中国气派"的提出,是强调我们中国人不能满足于人云亦云,做传声筒、应声虫,我们要从我们的哲学、美学等理论视角出发,拿出我们中国人的具有创新性的解决方案,为打造具有普遍意义的世界翻译学做出我们的贡献。中国译学研究学者,如果一味跟在西方的屁股后面跑,就摆脱不了在国际翻译界的"失语"状态,最多也只是应声虫。但是,关起门来闭门造车,自搞一套,自娱自乐,产生的理论话语体系不能说没有意义,却也远远不能满足当前中国在国际上的现实发展需要,因为一种话语要能够得到更好的传播、接受并产生影响,首先需要为国际理论界所理解、认同。张柏然教授指出,我们要"穿越时空隧道,与古人对话,在这同时,也与文化的他者对话;与他者的对话,让我们认识自己"③。有学者简单地把张柏然教授划入"特色派",其实这是对张教授的误解,在张柏然教授的翻译思想中,中国学者提出的翻译思想肯定会反映出中国特色,但是中国特色并不是最终的目的。张柏然教授在谈到中国的翻译话语时指出:"我国译论建设应该'坚持本来,吸收外来,面向未来',亦即

---

① 杨振源、陈东城等微信分享。
② 杨振源、陈东城等微信分享。
③ 张柏然. 字林微言:翻译学、词典学序跋暨学术演讲集. 南京:南京大学出版社, 2017:133.

以本民族的文化和译论资源为依托,古今沟通,中西融通,打造具有中国特色、中国风格、中国气派的翻译学话语体系。因此,古今沟通与中西融通,便成了一个关涉我国翻译理论建设前途和速度的重大问题。"①

我们的翻译理论话语体系的建设,既要向内看,解决好中译外、外译中的具体翻译实践问题,具体来讲,就是要讲好中国故事,传播好中国声音;又要向外看,了解和学习世界上先进的翻译理论研究成果,知己知彼,这是对外交流的前提和条件;同时要向前看,积极探索翻译研究中具有普遍意义的问题,拿出我们的中国方案。要做到这样,继承和弘扬中华优秀传统文化精华应该是当前摆在我们面前的一条道路。

要打造中国译学理论话语体系,古今沟通、中西融通是关键。理论话语体系既反映知识体系,也反映价值体系,承载着思想价值观念,是软实力的重要体现。随着中国在国际舞台上参与程度的不断深入,我们有必要梳理自己的哲学、史学和文学方面的理论话语,建立古今沟通、中西融通的中国理论话语体系,与西方学者平等地进行交流与对话,针对具体的问题拿出中国的解决方案。

总而言之,张柏然最核心的翻译思想,一是"古今沟通",二是"中西融通",两者缺一不可。"古今沟通"和"中西融通"是建立中国理论话语的前提和条件。只有这样,我们才有可能完成我们的历史使命:大力推进国际传播能力建设,加强话语体系建设,着力打造融通中外的新概念、新范畴、新表述,讲好中国故事,传播好中国声音,增强在国际上的话语权。

---

① 张柏然,辛红娟. 译学研究叩问录——对当下译论研究的新观察与新思考. 南京:南京大学出版社,2016:前言 1.

第二编

张柏然中西翻译学思想释读

中西译学思想的"互文性"融合

——对张柏然教授译学观的一点认识

姜秋霞

兰州城市学院

摘　要:中西译学理论是在文化的相互参照和相互融合中发展的,即"互文性"融合。中西译学思想的互文,是文化思想在互动、互通中相互影响、相互作用,通过互补与协同,衍生新的思想、新的理论,使译学系统在丰富中建构与发展。张柏然教授的译学观便是"互文性"融合的一种代表,在翻译学理论、语言文化、艺术审美等各个方面体现了中西文化思想的相互联系、相互参照、相互渗透。他的译学观是具有协同性、互补性的综合文化思想,是中国翻译学思想与西方翻译学理论在协同中构建翻译学体系的方法论基础。

关键词:张柏然,译学思想,互文性

中西译学理论是在文化的相互参照中、认识方法的互动认知中、思想体系的相互融合中发展的,是一种相互联系、相互参照、相互衍生、相互渗透、相互包容的关系,即"互文性"协同与融合。

张柏然教授的译学观便是中西文化思想"互文性"融合的一种代表。

张柏然教授的译学思想,蕴含丰富的中西文化互文性理论思想。他主张学界应当以中国传统译论的现代阐发为基础,汲取西方译论的营养,"既要立足本位,也要参照外位,既要注重共性,也不能忽视特性,构建以

本国语言文化现实为依据,并能与国际学术界对话的中国翻译学"①。他所提出的"中国翻译学",蕴含着中西译学思想的互文性融合。第一,其主张建立在中西译论相互联系、相互参照的基础上,既吸收西方译论,也传承中国传统译论;第二,"中国翻译学"是中西文化思想的融合性渗透,即中西文化思想、语言、艺术等各个方面的相互影响、相互作用,并在系统互动中协同发展。

一、译学理论互文观

张柏然教授提出构建"中国翻译学",一直主张中西译学的互动与联系。他指出:"发展中西译学对话的一个重要目的,就是要从中西译学比较入手,借助于'他者'的参照,由外在比较达于内在超越,促动中国译学实现其古典形态的现代转换,从而在中西对话中重建关于译学的价值理解,重建一种具有更大圆周的话语和意义系统,以面对世界性交流共生状态下的共同翻译理论命题。"②自 20 世纪 80 年代以来,大量西方翻译、学术著作引入国门。面对众多的西方翻译理论,国内译学研究在接受的同时缺乏足够的审慎与评判。在此时代背景下,张柏然教授发文,呼吁"发展中国的译学研究",倡导在多样性的世界文化中发展我们的中华文化,建构中国的译学理论体系,让中国译学走向世界。③ 2002 年春,张柏然教授应香港中文大学之邀赴港,在"词典与翻译"的主题演讲中第一次在境外正式发声,明确提出建立"有中国特色的翻译理论",倡导对一批具有世界意义的中国译学经典进行现代性"还原释读",从而在本色的意义上展示与西方译学发展不同的中国译学历史过程,汲取西方翻译学的智慧,参照现实文化变迁的需要,建立有中国特色的译学理论和翻译批评、翻译评价体系,使中国翻译学在国际对话中发出自己的声音,为世界译学和文化

---

① 张柏然,姜秋霞. 对建立中国翻译学的一些思考. 中国翻译,1997(2):16.
② 张柏然. 字林微言:翻译学、词典学序跋暨学术演讲集. 南京:南京大学出版社,2017:193.
③ 张柏然. 发展中国的译学研究. 光明日报,2001-12-25(B03).

的发展做出贡献。①

　　中国翻译学,中国特色的译论,是对中国传统译论和西方译论的超越,是中国传统译论与西方译论的互文性融合。只有把我国译论典籍与20世纪以来西方译论进行联系与比较,探索中西译论的异同,洞察世界译论发展之走向,密切注意研究和解决世界译论多元发展中所共同关心的翻译问题,在参与世界译论建构的过程中,挖掘我们的译论资源,发扬我们的译论特点,增强创新意识,才能在21世纪建构出"外之既不后于世界之思潮,内之仍弗失固有之血脉",既有中国特色,又有世界意义,富于当代气息的译论话语和理论体系。②

　　张柏然教授倡导的中国特色的译学观,既重视对中国传统译论的现代转换,也强调对西方翻译理论的借鉴与吸收,是中西译论的相互联系与结合。张柏然教授认为,中国特色翻译学的"特色"并非故步自封地执着于传统和本土,而是需要在与西方翻译理论或翻译学的比较参照中得到凸显,既具民族文化特点,而又不隔绝于世界潮流,具有世界意义,富于当代气息。他指出了重建中国译论的三条重要道路:第一,以现代观念去整理中国的译论遗产,探究中国译论的现代价值与意义。第二,以创造性思维对西方译论流派进行变异,在世界译论流派史上刻上中国的名字。第三,以中国文化的整体性,去整合西方片面精确的译论,使之在更高的文化层次上得以整合与优化。③

　　张柏然教授的译学观充分体现了中国传统译论与西方译论的相互联系、相互渗透,体现出译学体系构建的互文性方法。

① 张柏然,辛红娟. 译学研究叩问录——对当下译论研究的新观察与新思考. 南京:南京大学出版社,2016:40-42.
② 张柏然,辛红娟. 译学研究叩问录——对当下译论研究的新观察与新思考. 南京:南京大学出版社,2016:60-61.
③ 张柏然,辛红娟. 译学研究叩问录——对当下译论研究的新观察与新思考. 南京:南京大学出版社,2016:128.

二、文化思想互文观

张柏然教授提出的中国翻译学、中西译论的互动与结合,是建立在中西文化思想相互参照、相互融合的基础上的。中西译论的互文,蕴含着中国文化的人文情怀、文化姿态和叙事方式、体验和思辨,与西方思维方式的互动、协同及系统运用。

在他看来,中国译学理论,一方面要传承我们自己的经验和智慧,要具有我们中国式的人文思想、文化姿态和叙事方式;另一方面对东西方的原理、原则进行互相参照,互相贯通,相同的东西通之,不相同的东西比较之,在参证比较中得出更加深层次的结论。[①] 他认为,我们要"穿越时空隧道,与古人对话,在这同时,也与文化的他者对话;与他者的对话,让我们认识自己"[②]。这些"对话",即为文化思想的互文。换言之,翻译学的建构就是在文化思想的互动与融合中发展。

在与许钧教授合作编撰的《面向 21 世纪的译学研究》中,张柏然教授倡导"中国现代翻译学应该站在现代文化的立场上,寻找曾经孕育了她几千年历史的文化之根,重建传统,同时吸取西方翻译学的智慧,参照现实文化变迁的需要,创建一种具有新的文化精神的翻译学"[③]。他认为,中国传统思维具有整体性、体悟性、主客不分性等特征,而中国独有的"心思维"的工作机制则表现为溯源式的认知理想、体悟式的认知进路与情感式的认知方式。[④] 译学界需要解决的重要任务之一就是如何发展既切合民族特点,又能与国际接轨,易为外界理解与接受的一整套术语,以期建立

---

① 张柏然. 字林微言:翻译学、词典学序跋暨学术演讲集. 南京:南京大学出版社,2017:140.

② 张柏然. 字林微言:翻译学、词典学序跋暨学术演讲集. 南京:南京大学出版社,2017:133.

③ 张柏然,许钧. 面向 21 世纪的译学研究. 北京:商务印书馆,2002:编者絮语 6.

④ 吴志杰,张柏然. 论"心思维"在翻译中的工作机制//张柏然,许钧. 译学新论. 上海:上海外语教育出版社,2008:103.

一种具有东方神采的"感悟翻译哲学",破解中国思维方式的秘密,融合中国翻译文化的基本特征,促使中国译论走向生命科学,创立一种包含着丰富的中国智慧的"文化—生命翻译诗学"。这种感悟式、直觉式、评点式和模糊体验性的译论,与西方分析性、结构性译学研究的互文,是建构现代译学体系的综合文化思想基础。

张柏然教授的译论主张,是要将中国传统的感悟式思维与西方的理性分析相结合,将东方哲学方法与西方哲学思维相结合。他的这种主张蕴含着深厚的中西文化精神,是中国传统文化思想与西方文化思想的互文性体现。

三、"互文性"语言观

张柏然译学思想的"互文观"不仅体现在中国译学理论的宏观建构层面,也体现在中观与微观层面。就汉—外、外—汉翻译而言,他主张中国的译学理论应从汉语的语言特点出发,从汉—外、外—汉语言文化对比研究的实际情况出发,通过与外国语言的对比描述确定相应的理论依据。汉语与西方语言的形态表现方式差别很大,汉语以"意合"为主、英语以"形合"为主这一差异决定了汉语与西方语言间的转换很大程度上体现为语义功能的对应,而非符号系统的形式对等。因此,在翻译中要注重不同语言形态的相互转换,译学理论应关注语言之间的相互对比、相互联系与相互参照。

汉语是意合语言,注重字里行间的意义;英语是形合语言,注重结构组合的关系。鉴于不同语言之间的差异,他主张建立起一套以自身语言特点为基础和具有本国文化精神的理论体系,根据不同语言的特征及其转换方式,描写翻译实践过程,展开翻译理论研究。他认为:"汉语中的省略,不论其广度还是深度都远甚于英语,这使得汉语语句间关系界限模糊且趋于隐含。在理解汉语话语时,汉语民族完全凭借自己对话语内部语义关系和情境上下文的敏感性。这种敏感性是潜意识的、神美思维的。"①
汉民族的"综合性"整体认知模式与英语民族的"分析性"思维模式形成强
烈对比,这一反差体现在译者的认识上则会有对文本客体的审美整体性
与逻辑性的反应。②

张柏然教授译学思想中的语言转换观,充分揭示了汉英翻译中"形与
意"的互文,也揭示了语言意义在隐性层面与显性层面的互文。汉民族的
"综合性"整体认知模式与英语民族的"分析性"思维模式的互动、互文性
作用,是实现汉—外、外—汉语言转换的有效性方法。

四、"互文性"美学观

"互文性"美学观是根植于张柏然教授译学思想中的一个重要组成部
分。他认为,20 世纪 90 年代是我们在输入西方的同时,我国传统的翻译
理论和美学思想重新受到重视且将要广为弘扬的时代。③ 在大量引进西
方现代译论和美学思想的同时,我们必须重新重视且广为弘扬我国传统
的翻译理论和美学思想,"只有把握住了我们自己的传统,才可能在对话
中充满底气,使弘扬落在实处,为创造打下基础"④。但传统译论在充分享
受其美学优势的同时,也显露了自身的缺陷:一是"就美学体系而言,各种
译论之间仍存在着间断性和非系统性";二是"(传统译论)虽然抽象地反
映了美和翻译艺术,却没有对其中的具体因素和复杂关系作多边探求和
立体研讨";三是"我国的翻译理论在思维模式上更倾向于从主观的而非
客观的、感性的而非理性的、体验的而非分析的角度来品评翻译和译

---

① 张思洁,张柏然. 意合与形合. 外语与外语教学,1998(7):54.

② 张柏然,姜秋霞. 对建立中国翻译学的一些思考. 中国翻译,1997(2):8-9.

③ 张柏然. 字林微言:翻译学、词典学序跋暨学术演讲集. 南京:南京大学出版社,
2017:98.

④ 张柏然. 字林微言:翻译学、词典学序跋暨学术演讲集. 南京:南京大学出版社,
2017:98.

品"。① 中国传统译论话语的方式不太符合今日占统治地位的西方学术话语方式,所以渐渐失去了话语权,但这并不意味着我们需要完全摒弃两千多年来的翻译理论传统。事实上,"案本—求信—神似—化境"的传统译论脉络能够给我们提供的思考和研究的可能性是不容忽视的。"传统译论要在当今译学建设中发挥作用,关键在于做好现代转换,⋯⋯把其中那些具有普遍意义且与当代译学理论在内涵方面有着共通之处的概念及有着普遍规律性的成分清理出来,赋予其新的思想、意义,使其与当代译学理论融合,成为具有当代意义的译学理论的血肉。"②

他的这些论点,充分体现了他的互文性美学观,或美学文化观,即将中国传统译论中的美学思想与西方译论中的艺术方式相结合,实现译学理论的整体性建构。

他主张在中西美学共同作用下,创造出偏向于"整体性、体悟性"③的中国译论。一方面,"西方现代译论尤其是语言学派的译论过于重视字词句,但往往不在整个作品的语境中重视它们。其实,对字词句的理解应在作品的整个语境中进行"④。语境是恰切理解文本的依据。另一方面,"中国传统译论的思维模式在于从特定的价值定向去考察美和艺术,因而并不是对美和艺术的属性作事实判断,而是对美和艺术的价值作判断;不是对美和艺术的构成因素或实体的认识,而是对美和艺术的意义、功能或作用的评价"⑤。因此,中国传统审美诗学与西方"模仿"艺术的互动、体悟式审美与分析性审美的结合、中西翻译美学的互补与协同,能够有效实现语内之境与境外之象的整体性建构。译学研究者就要在语句分析的同时,从感性的、鉴赏的角度品评译作,体悟翻译活动的目的、价值观念、文化立

① 张柏然,张思洁. 翻译学的建设:传统的定位与选择. 南京大学学报(哲学·人文科学·社会科学),2001(4):90.

② 张柏然,辛红娟. 译学研究叩问录——对当下译论研究的新观察与新思考. 南京:南京大学出版社,2016:37.

③ 吴志杰,张柏然. 论"心思维"在翻译中的工作机制//张柏然,许钧. 译学新论. 上海:上海外语教育出版社,2008:103.

④ 张柏然. 中国译论:直面"浴火重生". 中国外语,2008(4):1.

⑤ 张柏然,张思洁. 中国传统译论的美学辨. 现代外语,1997(2):28-29.

场、审美旨趣等。

中国传统审美范式所体现的心物交融的认识形态以及灵性体悟的思维方式、意象与意境是构成这种审美范式的核心要素。中国传统诗学的"诗言志""境之象""形神兼备"等要素与语言分析的互文,是感性与理性的互文,是心悟与理解共同作用、感知与认知的互文。中西美学思想、审美方式的互动融合作用,能够有效实现形与神的互文。

五、结束语

张柏然译学观体现了中西文化的互文思想,不仅渗透于译学理论的体系构建中,也体现在其语言转换、艺术审美等具体层面上。他的译学观是具有协同性、互补性的综合文化思想体系。中西译学思想的"互文性"融合,包含中西译论的相互影响、相互作用,更体现了文化思想的相互渗透、共同发展,是中国翻译学思想与西方翻译学理论在协同中构建翻译学体系的方法论基础。

论张柏然的西方译论观

韩江洪　　胡晓昕

合肥工业大学外国语学院

摘　要:张柏然对西方翻译理论加以系统研究,采用辩证唯物主义态度,在批评中吸收,使之融入我国译论之中,从而调和中西翻译理论,把中国特色翻译学建设推向前进。张柏然深刻批判了西方译论的语言学派和文化学派的理论偏向,主张中国译学应借鉴吸收西方译论的共性描述、智慧和发展思路。张柏然的西方译论观具有"坚守本心,求真务实;兼收并蓄,辩证批判;不卑不亢,开拓创新"的特点。本文阐述了张柏然西方译论观的渊源及其对当下中国译学建设的启示意义。

关键词:张柏然,西方译论观,翻译学

一、引　言

西方翻译理论源远流长,其源头可追溯到古罗马时期,但是系统性的翻译理论往往是从西塞罗(Cicero)开始算起,他将翻译划分为创造性和非创造性。与中国翻译理论相比较而言,西方翻译理论发展貌似较为系统、完善,可以给我国翻译理论提供借鉴。近百余年来,我国各个时期译论的产生和演变无不受到当时某种西方翻译理论的影响。① 尤其是,改革开放

---

① 张柏然,辛红娟. 译学研究叩问录——对当下译论研究的新观察与新思考. 南京:南京大学出版社,2016:35.

以来,国内翻译界兴起一股引进和接受西方翻译理论的学习浪潮,大量西方译学观念及其话语体系涌入我国。一方面,新的翻译理论给我国翻译研究提供了不同的视角和思路,有助于构建中国翻译理论体系;另一方面,有些学者中国主体意识淡薄,一味地推崇西方翻译理论,不考虑中西方思维方式的差异,甚至有些研究学者将西方翻译理论奉为"神旨",直接挪用西方翻译理论来阐释中国本土作品,于是,各种西方翻译术语及翻译理论未加筛选便粉墨登场。直到 20 世纪 90 年代后,这种情况才有所改变,我国有些学者逐渐意识到西方翻译理论在中国的"水土不服",开始端正态度。

我国著名的翻译家、翻译理论家和双语辞书编纂家张柏然教授在面对西方译学理论时,不跟风,不盲从,坚守本心。张柏然一直潜心研究中国翻译理论,主张"中国译论要有中国味",他在 1997 年明确提出建立"中国翻译学"的主张,在译学界产生了很大影响,促进了中国译学的发展。他认为,要想建设"中国翻译学",就不能忽视西方翻译理论。不同于其他学者直接套用西方翻译理论,他在对西方翻译理论进行深入研究后,主张结合中国翻译具体实际,吸收借鉴西方翻译理论中的有益因子,推动构建中国翻译学。他对西方译学理论的真知灼见值得探讨,但是,迄今为止,学界对张柏然的西方译论观的研究并不多见。因此,本文主要基于张柏然的著述,梳理其西方译论观,探讨其西方译论观特点,追溯其渊源,并阐明其西方译论观的当下意义。

二、张柏然西方译论观的特点

1. 坚守本心,求真务实

张柏然的翻译理论研究始终围绕一个基本问题,那就是如何建立"中国翻译学"。在张柏然所发表的论文中,关于中国译论的论文有 20 篇左右,年度跨越从 1997 年到 2017 年。这二十年时间里张柏然一直致力于研究中国翻译理论建设,而为了更好地研究,西方译论自然成为他关注的一大主体。他指出:"引介西方翻译理论无可厚非,也必不可少,借鉴外来译学理论能丰富和发展我国的译学。"①这就是张柏然研究西方译论的本心,借他山之石来攻玉。张柏然的这句话也道出了他心目中的西方译论与中国翻译学之间的关系,两者之间的关系是"石""玉"关系,孰轻孰重一目了然。西方翻译理论固然重要,但与中国翻译学相比,它还是次要的,是处于第二位的;西方翻译理论应该服务于建设中国翻译学之需要。鉴于半个多世纪以来西方译论对中国翻译研究已经造成了深刻的影响,张柏然提出要突破西方译论的藩篱。"中国翻译理论研究必须挣脱西方译学话语体系的藩篱,使中国传统翻译理论得以创造性转化和创新性发展,从而具有当代的价值和意义。"②

张柏然对于西方译论与中国翻译学关系的认识是基于他对西方译论本质属性的认知。他曾指出:"翻译理论不同于自然科学理论,至少在相当长一段时间内,还不可能形成一种真正具有世界性意义的译论。"③西方翻译理论固然有其优点和长处,但它不是具有世界性意义的译论,它是基于西方翻译语言特征总结出来的,有其自身的缺点和不足,并不完全适用于研究中国的翻译现象或事件。西方翻译理论的缺点和不足也为建立中国翻译学提供了重要依据。自亚里士多德以来,西方译论始终遵循严密的形式逻辑法则,将感性经验上升为抽象的思辨程序,从概念、判断、推理的途径对翻译艺术展开条分缕析,获得条理化的理论成果,但往往会在触及美、翻译艺术的本质特征和审美经验的深化之时束手无策,主观上由译品出发而结果却与译品的美感经验相去甚远,使鲜活的感性直觉消融在辩证的程序中。近代以降,西方翻译理论的各种新流派:结构主义、接受美学、现象学、符号学、心理分析以及文化批评等的翻译研究,由于愈来愈走入孤立化、片面化、局部化的平面式分析而不能自拔,在翻译尤其是文学翻译的艺术核心问题上陷入僵滞,至今已多少表现为一些理论上的分

① 张柏然,姜秋霞. 对建立中国翻译学的一些思考. 中国翻译,1997(2):8.
② 张柏然,辛红娟. 译学研究叩问录——对当下译论研究的新观察与新思考. 南京:南京大学出版社,2016:42.
③ 张柏然,辛红娟. 译学研究叩问录——对当下译论研究的新观察与新思考. 南京:南京大学出版社,2016:60.

歧、混乱。①

张柏然主张,学习、研究、应用西方翻译理论应求真务实。对于学习和研究西方译论,张柏然反对浅尝辄止,他曾经语重心长地向翻译研究界热衷于西方译论的青年学子发出倡议:"为何不可以选择一个研究范围和对象作为自己的研究任务和依托,追寻其中基本的问题长期坚持下去,而不是不断地跟风,或紧跟西方结构主义和解构主义的思潮,或者一些新出现的理论流派便忙于或满足于简单介绍和一味肯定的评论,作些片面观察便仓促地跳向结论。"②对于应用西方翻译理论,他指出,我们不能机械地照搬和套用西方翻译理论模式;我们应该借用西方译论的合适的理论成果和研究方法来解决我国翻译领域的真问题,当然许多时候,所谓的合适的理论成果和研究方法是不存在的;我们也应该借用其理论成果和研究方法进行批判性继承式的理论创造,实现真正的学术创新,目前这种模式的翻译理论研究尚付阙如。

2. 兼收并蓄,辩证批判

兼收并蓄,就是保存不同内容、不同性质的东西,这是一种开阔的襟怀和气度,俯仰天地,海纳百川。张柏然面对迥异于中国翻译理论的西方翻译理论,一直以谦逊的态度、开阔的心胸、发展的眼光来看待,不狭隘、不片面、不偏激,积极接纳西方翻译理论的风格特色,汲取其中的有益因子,构建、完善"中国翻译学"。中国译论要向西方译论学习借鉴什么? 张柏然 1997 年发表论文《对建立中国翻译学的一些思考》,他在文中指出:"我们不能机械地照搬和套用西方翻译理论模式,应该一方面吸取这些理论对翻译共性的描述,同时要根据本国的语言特点,透视语言中所反映的文化精神,构建具有本国特点的译学理论。"③张柏然心目中的中国翻译学包括两部分内容:一是对各种语言都适用的关于翻译共性的理论,二是具

---

① 张柏然,辛红娟. 译学研究叩问录——对当下译论研究的新观察与新思考. 南京:南京大学出版社,2016:54,55.

② 张柏然. 顶天立地搞科研　领异标新写春秋——翻译理论研究方法论纵横谈//秦晓晴. 外语教育 Vol.7. 武汉:华中科技大学出版社,2008:4.

③ 张柏然,姜秋霞. 对建立中国翻译学的一些思考. 中国翻译,1997(2):8.

有汉语特点的译学理论。中国翻译学要借鉴西方译论里面关于翻译共性的理论,即具有普遍适用性的纯理论,或普遍翻译学。张柏然很重视共性理论,用他的话来说,就是我们提倡"中国特色",从来也没有说不要研究翻译的共性,其实"特色"的提法恰恰说明"共性"还是主要的。

张柏然在"向西方译论借鉴什么"这个问题上的认识经历了一个发展过程。20世纪90年代末,他认为要借鉴西方译论中的关于翻译共性的理论,后来认为借鉴智慧比借鉴内容更为重要,因此呼吁人们要吸取西方翻译学的智慧。张柏然在2002年发表的论文里面说:"中国现代翻译学应该站在现代文化的立场上,寻找曾经孕育了她几千年历史的文化之根,重建传统,同时吸取西方翻译学的智慧,参照现实文化变迁的需要,创建一种具有新的文化精神的翻译学,唯如此,才是世界性的翻译学。"①

西方翻译学的智慧是什么呢?我们可从张柏然另一段话中找到答案。他2001年发表于《光明日报》的文章中有这样的表述:"对比西方译学理论思维,中国译学理论思维是感悟性强于思辨性,生命体验力强于逻辑分析力。因此,在中西文化对话中,中国译学理论要把握住自己的身份标志,有必要利用自身智慧优势,建立一种具有东方神采的'感悟翻译哲学'。"②从中可以看出,中国译学理论自身的智慧优势在于感悟性和生命体验力,西方翻译学的智慧优势在于思辨性和逻辑分析力。

张柏然改变提法,从建议"吸取这些理论对翻译共性的描述",到提出"吸取西方翻译学的智慧",原因可能有两个方面。第一方面原因是,他1997年在《中国翻译》上发表的论文《对建立中国翻译学的一些思考》引发了一些争议。香港学者朱纯深等发表论文,否定建立中国翻译学的必要性,否定强调特色的必要性。他们批特色派,说"特色派"是狭隘的民族主义,其理论是应用翻译学,不是纯理论。朱纯深认为:"不能将语言文化间的不同之处看作互动的障碍,或者是对所声称的中国翻译独一无二的特

---

① 张柏然. 全球化语境下的翻译理论研究. 中国翻译,2002(1):59.
② 张柏然. 发展中国的译学研究. 光明日报,2001-12-25(B03).

色的支持。"①香港学者倾向于强调翻译的共性研究。张柏然对香港学者们的观点不能认同。在他看来,我们急需建设"导源于中国学术传统和语言文化土壤"的中国特色翻译学,而中国特色翻译学并不排斥具有普遍适用性的纯理论。但西方译学的纯理论是建基于欧美语言特色之上的,是不是真正意义上的纯理论还值得怀疑。"现在所谓的'普遍翻译理论'实际上并不'普遍',那只是在以英语为代表的印欧语言研究的基础上建立起来的,它的'普遍性'实在是应该受到怀疑的。"②如果继续提"吸取这些理论对翻译共性的描述",他担心会引起误导,人们有可能会把西方翻译理论这样的所谓的普遍翻译理论全部视为对翻译共性的描述而接受下来。第二方面原因是,提倡吸取西方翻译学的智慧、思辨性和逻辑分析力,相当于建议人们学习西方翻译学的思辨和逻辑分析,倡导研究方法和研究能力的改进,授人以鱼不如授人以渔,就规避了人们把西方的普遍翻译学全盘接受的风险。

张柏然对"向西方译论借鉴什么"这个问题的认识后来又有所发展。他在 2016 年出版的《译学研究叩问录》前言中指出:"西方理论的发展有两条基本思路,一条思路就是对继承原有的体系和学术逻辑进行演绎,接着说,或颠倒着说;另外一条思路,就是直接面对一些经典的文本,进行现代的阐释和重读。"③在他看来,这两条发展思路无疑也是值得中国学者借鉴的。他早在 2005 年发表的论文《中国需要创建自己的翻译学派》,就借鉴了西方理论的发展思路,为重建中国翻译理论指出了几条道路:"第一,以现代观念去整理中国的译论遗产,以探究中国译论的现代价值与意义。第二,以创造性思维对西方的译论流派进行变异,从而在西方的译论流派史上刻上中国的名字。第三,以中国文化的整体性,去整合西方片面精确的译论,使之在更高的文化层次上得以综合。"④很明显,他的这一设想是

---

① 朱纯深. 走出误区 踏进世界——中国译学:反思与前瞻. 中国翻译,2000(1):2.
② 张柏然. 建立中国特色翻译理论. 常州工学院学报(社科版),2008(3):81.
③ 张柏然,辛红娟. 译学研究叩问录——对当下译论研究的新观察与新思考. 南京:
  南京大学出版社,2016:前言 4.
④ 张柏然,辛红娟. 中国需要创建自己的翻译学派. 中国外语,2005(5):73.

参考借鉴了西方理论的发展思路,第一条道路符合西方理论发展的第二条思路,第二条道路合乎第一条思路。

综上所述,张柏然提倡的要向西方翻译理论借鉴的内容包括三个方面:西方译论对共性的描述、西方翻译学的智慧、西方翻译学的发展思路。西方译论对共性的描述是指真正意义上的对翻译共性的描述,是西方译论内容的一部分;西方翻译学的智慧是指思辨性和逻辑分析力,是西方翻译学自身所蕴含的方法;西方翻译学的发展思路是西方学者为发展翻译学而走的路径。这三个方面分别属于西方翻译学内容、内部方法、外部方法三种不同的层次,它们相互包容,而非相互排斥。很明显,这种借鉴具有兼收并蓄的特点,但兼收并蓄绝不意味着全盘肯定,在张柏然看来,对待西方翻译理论既要兼收并蓄,又要做到辩证批判。

在借鉴西方译论的时候,应当带着批判的眼光。早在 2005 年,张柏然就明确指出:"不应当仅仅从事简单的理论搬运和移植,而应当带着批判的眼光,借鉴西方翻译学已取得的成果,以推动中国翻译学学科的建设与发展。"①在 21 世纪初,我国撰文批判西方翻译理论的学者数量是不多的,张柏然却是为数不多的批评者之一。他带着批判的眼光去审视西方翻译理论,抓住对中国翻译研究界影响最大的两个西方翻译学学派进行开刀,一个是语言学派,另一个是文化学派。张柏然认为,西方现代翻译两大学派(语言学派和文化学派)各有其理论偏向:语言学翻译研究使翻译具有一定的科学性,但过强的功利性容易造成对翻译现象的误释和翻译理论学科的消解;而文化翻译研究由于与其他学科的紧密联系,使得翻译研究作为一门学科的学科边界变得模糊,从而使其失去了成为一门独立学科的可能性。

从 20 世纪中叶开始,西方的翻译理论研究从普通语言学或结构语言学那里获得灵感,取得了长足进展。张柏然在其 2005 年发表的论文《西方现代翻译学学派的理论偏向》中,把西方的语言学派对翻译的研究分为

---

① 张柏然,辛红娟. 西方现代翻译学学派的理论偏向. 中南大学学报(社会科学版),2005(4):506.

两类:一类是结构主义语言学家关于翻译的论述。他引用雅各布逊(Roman Jakobson)、弗斯(J. R. Firth)以及韩礼德(M. A. Halliday)的观点,总结出这一类语言学研究的倾向:"我们发现,结构语言学家在讨论翻译问题时,往往将翻译研究纳入语言学理论研究的框架,以结构主义语言学的理论与方法来描述翻译现象。"[①]张柏然认为,这种倾向只是借助翻译研究来解决语言学问题,将翻译研究当作辅助工具,否定了翻译学科的存在意义,不利于构建翻译学学科。另一类是以现代语言学理论为指导的翻译学家的研究,他们"均以结构主义语言学理论的某种语言模式作为其理论基础"[②]。张柏然提到了奈达(E. A. Nida)基于乔姆斯基转换生成语法的核心句模式所做的翻译研究,以及卡特福德(J. C. Catford)基于韩礼德系统语法理论所做的翻译研究,分别详细阐释了奈达和卡特福德的翻译主张,特别指出了其中的局限性。他以点带面,指出这类语言学翻译研究关注"等值"或"等效"的实用性目标,其研究范式具有封闭性、静止性和自足性。在综合语言学翻译研究两大类别的特征的基础上,张柏然发现,虽然语言学翻译研究给翻译学增添了一定的科学性、客观性,但依然带有"经验色彩",并且由于其理论偏向,语言学翻译研究不利于翻译学科的建构。张柏然敏锐地看到,交际理论、社会符号学的引入使得翻译研究的语言学派理论偏向在一定程度上得到了修正,但他坚持认为,语言学翻译研究的偏向始终存在。这种理论的偏向若任其发展下去,必然会导致对翻译现象的误释,以及对翻译理论学科的消解。

继《西方现代翻译学学派的理论偏向》这篇文章发表三年之后,张柏然又专门就翻译的语言学研究发表了论文《试析翻译的语言学研究》。与《西方现代翻译学学派的理论偏向》相比,该文章省去了对翻译文化学派的分析,主要论述了西方译论的语言学派的研究偏向。两篇文章一脉相承,基本观点没有发生太大的改变,均是剖析西方译论的语言学派几个主

---

① 张柏然,辛红娟. 西方现代翻译学学派的理论偏向. 中南大学学报(社会科学版),2005(4):502.

② 张柏然,辛红娟. 西方现代翻译学学派的理论偏向. 中南大学学报(社会科学版),2005(4):502.

要代表人物的理论,但是第二篇对于西方译论的语言学派研究局限性的分析比第一篇更为透彻深刻。该论文指出:"语言学范式的翻译研究太拘泥于原文的信息层,不甚注意作品的美学功能,忽视文艺作品的艺术再现,忽视文本主题结构以及文本的话语和语篇结构,忽视更大范围的文化与这些因素对译文的生成和接受所产生的影响;没有考虑语用维度、语用意义和文本的社会与文化语境,对这些方面的理论描述比较薄弱。"[①]这些观点是第一篇论文所没有的。

对于西方译论的文化学派,张柏然也将其细分为两大学派。一类是多元系统论,它将翻译视作既成事实,侧重对比较文学的研究;另一类是翻译研究学派,它"关注特定时代的翻译活动的模式和翻译对译入语国的语言、文体、文学类型等的影响"[②]。张柏然认为,多元系统论把翻译结果作为研究对象,其实质就是研究外国文学的接受和翻译文学对一国文学、文化的影响,属于文学史中的比较文学的范畴。翻译研究学派主要探索源语和译语两个体系中的作者、文本和文学标准之间的关系,其研究要么触及翻译的政治经济基础,要么突破传统观点,认为翻译的单位不是词、短语、句子或语篇而是文化,把翻译视作为了满足文化的需要和一定文化里不同群体的需要而进行的文化内部与文化之间的交流。

在对西方译论的文化学派研究的观点和方法做全面考察之后,张柏然发现:"由于翻译的文化研究与其他学科的紧密联系,使得翻译研究作为一门学科的学科边界变得模糊,从而使其失去了成为一门独立学科的可能性。这是因为,任何一门学科都有自己特定的研究领域和统摄范围,都有在学科群体中所占的位置或坐标点,都有相对而又比较确定的学术界线。正是这门学科所属的研究领域和适用范围,正是这门学科所处的位置和所划定的界线,规定着这门学科的对象、性质、任务和方法。因此,

---

① 张柏然. 试析翻译的语言学研究. 外语与外语教学,2008(6):60.
② 张柏然,辛红娟. 西方现代翻译学学派的理论偏向. 中南大学学报(社会科学版),2005(4):505.

研究边界的确定是该研究领域成为独立学科的前提。"①从翻译研究的学科建构出发,张柏然认为,翻译的文化研究在翻译研究目标下无限扩大翻译研究对象的外延,使其学术边界模糊,从而使翻译研究的学科建构失去可能,"它们至多算得上翻译研究的外围研究"②。也就是说,翻译的文化研究回避了翻译的本体研究。关于翻译的本体研究,张柏然曾有过深入的思考和专门研究③,此处不再赘述。

张柏然对西方译论的批判是辩证的,他没有全盘否定西方现代翻译学派的价值和贡献。我们"并不想否定语言学翻译学派和文化翻译学派的学术研究的价值和意义,它们的存在自有其存在的原因和理论追求,而且西方翻译学的繁荣也证实了它们在学科发展上所起到的积极作用"④。在他看来,"翻译的语言学研究范式给人们带来了理性思维,破除了原来文学研究范式的神秘性和主观直觉的研究方式,从主观性走向客观性使翻译研究取得了很大进展"⑤。而翻译的文化研究范式则"给翻译带来新的启示"⑥。

21 世纪初,张柏然率先对西方翻译理论进行了全面的审视和批判,指出了其理论偏向、缺陷或不足。他的批判不啻一副清醒剂,让国人能理性地认识西方翻译理论,在借鉴西方翻译理论时尽量少一些盲目性、少一些出偏的可能性。

3. 不卑不亢,开拓创新

20 世纪 80 年代以来,我国外语界大量介绍和吸收外国的译学理论。

---

① 张柏然,辛红娟. 西方现代翻译学学派的理论偏向. 中南大学学报(社会科学版),2005(4):505-506.

② 张柏然,辛红娟. 西方现代翻译学学派的理论偏向. 中南大学学报(社会科学版),2005(4):506.

③ 张柏然. 翻译本体论断想. 外语与外语教学,1998(4):46-48.

④ 张柏然,辛红娟. 西方现代翻译学学派的理论偏向. 中南大学学报(社会科学版),2005(4):506.

⑤ 张柏然. 试析翻译的语言学研究. 外语与外语教学,2008(6):60.

⑥ 张柏然,辛红娟. 西方现代翻译学学派的理论偏向. 中南大学学报(社会科学版),2005(4):505.

八九十年代引进的主要是语言学派的翻译理论;随着西方发生的翻译研究的文化转向,西方的文化学派的翻译理论也在 90 年代开始传入我国。在 20 世纪末,中国翻译研究界呈现译论向着西方一边倒的态势,"西方中心论"甚嚣尘上。西方译学理论君临中国翻译研究界的状况一直延续至今,2020 年《外语教学》第 4 期的一篇文章里面甚至还有这样的表述:"后人在回顾时,'或因无法兼及,或因见仁见智,有时就不免把前人的丰富思考变得简单化了',从而使'我们的理论继承有变成灰色的危险'。这一提醒在言必称奈达的当下不能不引起我们的重视。"①所引文字的作者认为,中国当下"言必称奈达"。我们认为,中国当下情况未必有该作者说的那么严重,但西方译学的中心地位基本没有什么改变。翻看每年高校提交的翻译学研究生论文,所用的理论工具绝大多数不还是舶来品吗?

张柏然的态度与之截然不同,他的态度可谓不卑不亢。他早在 1997 年就撰文告诫人们不要"一味追逐他人的理论模式"。他尖锐地指出:"新时期以来,中国的译论基本上是'惟西是趋''惟新是趣',谁若是最早看取了西方最新潮的译论,谁似乎就掌握了话语霸权。如果说西方 20 世纪的译论是'各领风骚十几年',那么,中国引进的西方译论在时间的压缩下,却只能'各领风骚一二年'。这样新来新去,却把引进者逼到了一个尴尬的境地:自己抛弃了自己的文化本根,已经变成了西方话语霸权的一波一浪的传声筒。"②基于此,张柏然发出震耳发聩的质问:"欧美人用他们的笔,写他们自己的经验,我们的笔难道只满足于'耕人家的田,荒了自家的地'吗?"③

张柏然为何能对西方译论不卑不亢? 他的底气何在? 他的底气在于他对中国文化的高度自信。他指出,"纵观一千多年来的中国翻译理论,我们有着自成体系的译学思想,无论是'信、达、雅'还是'形似、神似'之

① 袁丽梅,阮雨俊. 我国翻译批评研究:回顾与反思外语教学. 外语教学,2020(4):93.
② 张柏然,辛红娟. 中国需要创建自己的翻译学派. 中国外语,2005(5):73.
③ 张柏然,辛红娟. 译学研究叩问录——对当下译论研究的新观察与新思考. 南京:南京大学出版社,2016:前言 6.

说,都体现了华夏民族的整体思维方式,以及植根于本民族文化中的审美思想,这是中国译学理论发展的基石"①。张柏然的"我们有着自成体系的译学思想"之说言而有据,罗新璋 1983 年在《中国翻译》发表了一篇中国译学继往开来的标志性论文,其标题就是《我国自成体系的翻译理论》。这一观点已在中国学界很大程度上达成共识。王向远曾撰文指出:"通过译学文献的细致研读与发掘,会发现中国古代译学既有自己特有的范畴,也形成了自己特有的理论体系。"②

在反对一味追逐西方译学模式的同时,张柏然提倡中国从事翻译研究的学者要"与国际学术界平等对话"。如何与国际学术界平等对话?他认为,必须"有一套建立在自身语言特点基础上,立足于本国文化精神的理论体系"③。这里他强调的是中国民族文化的独特价值,弘扬的是民族独创风格。"如果我们失去了自己的文化传统和文化身份,在全球化的语境下就可能出现众声喧哗独无我的尴尬且悲哀的局面。"④这么一套建立在自身语言特点基础上的立足于本国文化精神的理论体系就是他所谓的中国特色的翻译学。

平等对话的目的是为了实现中西融通。张柏然认为:"中西译论全面融通之时,就是中国译论成熟之时。"⑤张柏然跳出中西译论孰优孰劣的循环往复,开拓创新,另辟新径。在他看来,"中西融通"并不是"中西比较"。如今,中西比较已然成为一门显学。但是中西译论比较和中西译论融通并不完全重叠。前者主要强调一种方法,从"比较"着手,确定中西翻译理论的异同之处,以此作为中西对话的基础,当然,这是有利于中西融通的。不过,中西融通却是以理论创新为目的,主要是基于中西翻译理论中的共

---

① 张柏然,姜秋霞. 对建立中国翻译学的一些思考. 中国翻译,1997(2):8.
② 王向远. 中国古代译学五对范畴、四种条式及其系谱构造. 安徽大学学报(哲社版),2016(3):67.
③ 张柏然,姜秋霞. 对建立中国翻译学的一些思考. 中国翻译,1997(2):8.
④ 张柏然. 全球化语境下的翻译理论研究. 中国翻译,2002(1):59.
⑤ 张柏然,辛红娟. 译学研究叩问录——对当下译论研究的新观察与新思考. 南京:南京大学出版社,2016:前言 2.

同和互补之处,加以融通,提出新的理论。张柏然对"中西融通"这一主张的提出,体现了在面对西方译论时与时俱进、开拓创新的特色。

三、张柏然西方译论观的渊源

张柏然的西方译论观对于当下译学界有着重要意义,追根溯源也有利于更好地去理解和学习其内容。本文认为,张柏然的西方译论观主要深受两个方面的影响,一方面是马克思主义哲学的指导,另一方面就是其先师陈嘉先生的言传身教。

张柏然的翻译思想扎根于辩证唯物主义,这与他中共党员的身份密不可分。张柏然入党时间长,受党教育多年,接触马列主义的时间也很长远,他曾旗帜鲜明地倡导搞翻译理论研究,要坚持辩证唯物主义。"我们的翻译理论研究,应该坚持辩证唯物论和历史唯物论的思想路线,纳入中华文明史的过程,从而建立现代中国的翻译学学理体系。"①20 世纪末,译学界一直在争论中国能不能建立翻译学? 翻译学能不能作为一门学科单独建立? 有的人认为,翻译是两种不同语言之间的相互转换,其间无规律可循,甚至有人认为翻译完全是人的主观能动性的产物,不受客观规律的制约,所以算不上科学。但张柏然运用马克思主义哲学思想批驳了这种观点,指出"任何事物都有规律可循,都有理论可依"②。

在研究西方译论的整体过程中,张柏然始终坚持辩证批判的态度,从中可以看出马克思主义哲学的辩证唯物主义观点闪耀的光辉。21 世纪初,中国译学界在经过对西方译论大举引入的狂热之后,进入冷静期,开始反思西方译论的局限性,并对照搬西方译论的行为提出了质疑。但冷静期的不少学者似乎又走向两个极端,一个是因噎废食,对西方译论抱以敌视甚至排斥的态度;一个是还想继续挪用西方译论来维持中国译学的发展。但张柏然充分发挥主观能动性,积极主动学习西方翻译理论,继续

① 张柏然. 中国译论:直面"浴火重生". 中国外语,2008(4):86.
② 张柏然,姜秋霞. 对建立中国翻译学的一些思考. 中国翻译,1997(2):8.

坚持兼收并蓄,用开阔的胸怀接纳它,没有选择安于现状,因循守旧,毫无作为,而是不断打开视野,与时俱进,开拓创新,提出"中西融通与古代译论的现代转换工作,便成了一个关涉我国翻译理论建设前途和速度的重大问题"①。他的这一做法体现了辩证唯物主义的物质观。辩证唯物主义就是要坚持世界的物质性,物质决定意识。在这一原理指导下做事情就要实事求是,从实际出发。此外,辩证唯物主义要求的一切从实际出发,实事求是,体现在两个方面。一方面,坚持实事求是。要充分发挥主观能动性,不断解放思想,与时俱进。在译学界陷入迷茫、译学发展应该走向何方之际,张柏然坚持"敢为天下先",倡导建立"中国特色翻译学",坚持"古今中外"对话。另一方面,一切从实际出发。充分发挥主观能动性的前提是尊重客观规律,积极主动学习西方译论的同时又要坚守严谨的学术态度,既要反对夸大意识主观能动性的唯意志主义,反对不遵从实际的主观主义,又要杜绝教条主义。张柏然的西方译论观之"求真务实,深入研究"的特点就是体现了这一方法论。对于西方译论的研究不是听信他人,也不是脱离实际,张柏然实事求是,充分发挥主观能动性,以求真务实的精神去探索西方译论的内涵和实质,在深入研究的过程中检验和发展理论。张柏然曾经写道:"任何事物的运动都有其内在的规律与特点,翻译亦然。揭示翻译过程中的运作规律与特点,并运用科学的方法加以描述便是翻译学的主要任务。"②西方翻译理论自然也是有其固有的发展规律的,所以必须认真研读,揭示规律,遵循规律,然后才能加以利用。辩证法的革命批判精神也贯穿在张柏然的西方译论观中。辩证法认为一切事物都是在不断运动发展的,只能从暂时性方面去考察理解,所以辩证法不会崇拜任何东西。除此之外,辩证法的发展、联系、矛盾观点都可以在张柏然的西方译论观中找到对应之处。所以,马克思主义哲学可以说在很大程度上塑造了张柏然的西方译论观。

张柏然的西方译论观也深受陈嘉老师的影响。他早年毕业于南京大

---

① 张柏然. 中国译论:直面"浴火重生". 中国外语,2008(4):1.

② 张柏然,姜秋霞. 对建立中国翻译学的一些思考. 中国翻译,1997(2):7.

学,在大学期间,师从著名的翻译家、教育家和英美文学专家陈嘉先生,1976 年开始协助陈嘉先生编纂《英语常用短语词典》。陈嘉先生的很多治学观念都给张柏然留下了不可磨灭的记忆。张柏然的《译学卮言》论文集最后一篇文章名为《点滴忆念陈嘉老师》,该文章是张柏然在南京大学外国语学院举行的"陈嘉先生百年诞辰纪念会"上的发言。张柏然提到:"陈嘉老师可以说是我国外语界最早运用马克思主义立场、观点和方法来研究英美文学并取得卓越成就的学者之一。"①这一点也在张柏然研究西方译论的过程中延续。他将辩证法作为科学的方法放置到研究中,辩证地看待西方翻译理论的优点和不足,对西方译学某些学派的理论偏向予以辩证批判。张柏然也较为推崇陈嘉先生勇于探索,敢于创新,不畏艰难的精神。在 20 世纪 90 年代,面对中国翻译研究发展举步维艰、许多学者感到前途迷茫时,张柏然迎难而上,仔细研读西方译论和中国传统翻译理论,综合思考西方翻译学的发展历程和中国翻译研究发展现状,积极探索可行性,创造性提出建立"中国特色的翻译学"的主张。

四、张柏然西方译论观对于中国翻译学建设的启示意义

虽然近几十年我国译学界在不断发展进步,不断创新,逐渐拥有自己的译学话语体系,但与西方译论仍然存在着不可忽视的差距,我国译学在世界舞台上还是存在着"失语"问题。如何让中国译学跻身于世界前列,一直是当代译学研究面临的重大问题。张柏然的西方译论观对于我们思考这类问题有着重要的启示作用。

第一,要警惕当下"共性描述泛滥化"的倾向。中国改革开放四十余年来,学习借鉴西方译论出现的最大失误就是"共性描述泛滥化"的倾向。我国部分学者对西方译学盲目崇拜,未能充分重视译学的宏观研究,表现出严重的"自我缺失"(self-inadequacy),陷入"西方译论中心主义"的怪圈。他们把所能见到的所有西方译论全部当作共性描述了,不加辨别区

---

① 张柏然. 译学卮言. 南京:南京大学出版社,2012:218.

分。明显的表现就是照搬照抄、生搬硬套,照搬译论的某种理论模式用于指导翻译实践或解释翻译现象和行为。只要是西方的,越新越好,拿来即用,根本不考虑其适用性如何。重温张柏然西方译论观,有助于我们走出"西方译论中心论"的怪圈。张柏然主张向西方借鉴真正意义上的共性描述,或真正意义上的纯理论。张柏然在 2001 年发表的论文里面,告诫人们要警惕和批判"西方中心论":"全球化不等于西方化,与国际接轨不等于向西方看齐。学习西方没错,但学习西方文化不等于放弃本土立场。作为中国美学研究的有机组成部分,从大方向上致力于建设中国特色理论体系的翻译美学研究,在不拒绝汲取西方长处的同时,也务必对'西方中心论'抱有高度警惕和持以批判态度。"①

第二,对于西方译论,我们要有批判意识。"共性描述泛滥化"的深层次原因是批判意识的缺失。20 世纪的最后二十年是引进西方译论最勤、最热闹的二十年,我国翻译研究界对于西方译论是缺少批判意识的。21 世纪第一个十年这个问题依然存在。正如廖七一 2006 年在分析中国译学发展面临的问题时所指出的:"就近几年的发展而言,首先是批判意识的缺失。无论是对于中国传统译论还是西方最新的研究成果,我们往往满足于诠释与跟踪,因袭多而创新少,证实多而证伪少;守护多而诘问和质疑少。"②时至今日,我国译学界批判意识缺失的状况仍然没有多大改观。外语界近四十年来的确出现过不少研究西方翻译理论的论著,但唱赞歌、阐述其意义的作品较多,指摘缺点和不足的论著偏少。重温张柏然的西方译论观,我们可以从中汲取批判的力量。张柏然批判西方翻译理论的论文数量不可谓多,仅有两篇,但每篇都很有分量。近四十年来,西方翻译理论影响中国最劲的两个学派是语言学派和文化学派。张柏然抓住这两个学派的本质进行批判,指出了这两个学派在理论上存在的偏颇或偏见,给从事翻译理论研究的青年学者做出了榜样。重温张柏然的批判文章,就不会深陷西方译论之中而不能自拔,不会盲目地跟风,也不会

---

① 张柏然. 当代翻译美学的反思. 外语与外语教学,2001(8):1.
② 廖七一. 翻译研究的趋势与中国译学的现代化. 中国外语,2006(2):7.

唯西方马首是瞻。

第三,要重视翻译本体研究。近年来,受西方文化学派译论影响,我国翻译研究界学人进行了大量的文化翻译研究,文化翻译研究大有甚嚣尘上之势。张柏然对西方的文化学派译论的偏向的批判提醒我们,要注重翻译本体研究。翻译的文化研究不是不重要,但在当下更要注重翻译的本体研究。一味地忽视翻译本体研究,会消弭翻译学科与其他学科之间的界限,不利于翻译学科作为独立学科的建立。许钧 2018 年在《坚守与求索:张柏然教授的译学思考与人才培养》一文中也阐述了张柏然关于西方文化学派译论偏向的观点给予中国译学建设的启示:"翻译研究学者应当保持清醒的独立学科意识,对 20 世纪末期以来的文化翻译研究范式保持警惕,……我们必须面对现实,认真思考,着力于廓清翻译研究的本体,将目光拉回到翻译活动本身,让理论探索围绕翻译活动展开。"①

第四,要进一步学习借鉴西方译论的发展思路,以多种路径重建中国译论。张柏然 2005 年基于西方理论的两条发展思路,颇具前瞻性地提出了重建中国译论的三条道路:"以现代观念去整理中国的译论遗产","以创造性思维对西方的译论流派进行变异","以中国文化的整体性,去整合西方片面精确的译论"。② 张柏然给我们的中国翻译学重建提供了方法论的指导,只可惜十多年来在翻译研究界应者寥寥,整理中国译论遗产的工作仅有少数人在做,而变异西方译论流派和整合西方片面精确译论的工作几乎无人问津。响应的人少、做的人少不代表这三条道路不重要或不可行,这背后可能有道路本身太具超前性、研究者暂时不具备条件等因素,假以时日,相信走这些道路的人会多起来的。复旦大学何刚强教授于 2019 年 5 月在中国第三届"理论翻译学及翻译学方法论"研讨会上发言,强调了以现代观念整理中国译论遗产的重要性,呼吁"要在新时期实现翻译基础理论的突破,除了要适当借鉴国外译论成果,主要还是应从中国自己的文字文化、诗学、文论等传统经典中去系统地'觅宝',而这一点正是

---

① 许钧. 坚守与求索:张柏然教授的译学思考与人才培养. 中国翻译,2018(3):71.
② 张柏然,辛红娟. 中国需要创建自己的翻译学派. 中国外语,2005(5):73.

长期以来国内翻译界所忽视的;忽略、漠视中国自己的人文学科宝藏,翻译基础理论就不可能有真正的突破"①。

五、结　语

当今世界是一个开放包容的大舞台,各种文化不断碰撞、交流,打破了以往封闭自我发展的状态。身处这样一个大发展大创新的时代,如何正确处理"他者"文化就至关重要,这不仅与自身文化发展息息相关,也与世界文明的发展密不可分。与发展较为系统的西方翻译理论相比,中国翻译理论尚有很多需要修改、完备的地方。他山之石,可以攻玉。正确面对西方翻译理论可以帮助发展中国翻译理论。张柏然的西方译论观给我们树立了很好的榜样。首先,张柏然本着建立中国翻译学的初心,深入研究西方译论,认真研读相关理论,这给那些妄想一蹴而就的学者很好的警示作用。张柏然秉持"求真务实"的信念,对西方译论有着整体把握后,坚持兼收并蓄吸收他者优秀成果,同时保持清醒,对西方译论的偏向予以辩证批判。另外,面对颇具强势的西方译论,张柏然始终保持"不卑不亢"的态度,提倡平等对话,在中西融通的过程中积极创新。

我国社会进入新时代以来,建设中国特色的翻译学已形成广泛的共识。蓝红军、许钧指出:"进入新时代以后,我们的译学话语体系建设的目标不再是进入西方现代话语体系,也不仅是'具有中国特色'或'新',而是在创新的基础上'融通中外'和'产生国际影响力',这要求我们新创的话语(及其体系)要具有充分的学理性、原创的思想性和良好的传播性。"②中国特色的翻译学已成为我国译学话语体系建设的目标之一。建设中国特色的翻译学的必要性已不言而喻,外语界已基本上不再讨论要不要建设中国特色的翻译学的问题,人们关注的主要是中国特色的翻译学应如何

---

① 转引自:徐多毅,陈俊宏. 走出西方中心主义,构建中国翻译学派. 外语与翻译,2020(2):93.

② 蓝红军,许钧. 改革开放以来我国译学话语体系建设. 中国外语,2018(6):4.

建设的问题。习近平总书记 2017 年 10 月 18 日做的《在中国共产党第十九次全国代表大会上的报告》指出，发展社会主义先进文化要"不忘本来、吸收外来、面向未来"。"不忘本来、吸收外来、面向未来"这个方针同样适用于指导中国特色的翻译学的建设。建设中国特色的翻译学也要吸收外来，借鉴西方译论。中国译学建设的迫切需求赋予了探究张柏然西方译论观越来越多的现实意义，学界需要对张柏然的西方译论观的内涵和价值做进一步深入挖掘。

张柏然比较译学观纵论

吴志杰　　卢华国

南京信息工程大学文学院

摘　要：针对传统译论在翻译研究中因西方译论冲击而被边缘化的情况，张柏然提出了创建中国特色的翻译学的主张，在研究中表现出明显的中西比较意识。本文从译学建构的哲学基础、翻译实践中的双语转换及语言特点、翻译理论的表述方式以及翻译学发展过程中的学派创立四个方面初步探讨了张柏然先生的比较译学观，以期为理解张柏然译学思想提供一个新视角，为我国译论的建设尽绵薄之力。

关键词：张柏然，比较译学观，哲学基础，语言特点，译论表述，学派创立

　　20 世纪 70 年代末，改革开放，国门打开，求新求变思潮涌动。一批学者将目光投向国外，在西方翻译研究中发现了一片新天地。国外各家各派翻译理论研究成果被陆续引入，给我国的翻译研究注入了新活力。译界不少同仁对这些新理论和新视角进行了介绍、阐发和应用，相关成果不可谓不丰硕。受此影响，译界一时"言必称希腊"，众多翻译理论学者侧重运用西方的理论来研究中国的材料，几乎造成中国翻译学的"失语"。张柏然先生对译学这种情况表达了担忧，指出："如果我们失去了自己的文化传统和文化身份，在全球化的语境下就可能出现众声喧哗独无我的尴尬且悲哀的局面。"①他因而提出了建立中国翻译学的主张。张柏然先生

---

① 　张柏然. 全球化语境下的翻译理论研究. 中国翻译，2002(1)：59.

特别重视比较方法在中国传统翻译学建构过程中的重要作用,他指出:"在过去相当长一个时期内,无论是西方还是东方,在翻译问题研究中都缺乏自觉的'比较'意识。这是由于,多少年来我们已经习惯在一种文化圈内,用一种译学模型去考察翻译现象,逐渐形成一种文化惯性。"①他认为"比较是寻求事物异同的思维过程,没有比较就没有鉴别",强调"在对比中寻找突破口,总结翻译规律"。② 在张柏然先生的译学研究中,比较思想可以说贯穿始终。我们认为张柏然先生的比较译学观主要体现在译学建构的哲学基础、翻译实践中的双语转换及语言特点、翻译理论的表述方式以及翻译学发展过程中的学派创立四个方面。现结合相关文献,对这四个方面做初步梳理和阐发。

一、哲学基础

张柏然先生强调中国翻译学的建立不应该脱离中华民族的思维方式,在《对建立中国翻译学的一些思考》一文中指出,"纵观一千多年来的中国翻译理论,我们有着自成体系的译学思想,无论是'信、达、雅'还是'形似、神似'之说,都体现了华夏民族的整体思维方式,以及植根于本民族文化中的审美思想,这是中国译学理论发展的基石"③。探讨传统译论的哲学基础就成为建立有中国特色的翻译理论的一项重要内容。

张柏然先生认为,"在我国的传统译论中,几乎所有的译论命题都有其哲学—美学渊源。历史定势和文化整体形态的发展促使译学与哲学尤其是与美学联姻"④,因而特别重视美学思想在译论发展中的重要作用。他在《中国传统译论的美学辨》中,系统考察了传统译论与哲学—美学的渊源关系。他指出,支谦的"因循本旨,不加文饰"和道安的"案本而传"是

---

① 张柏然,辛红娟. 翻译理论研究的新课题. 中国外语,2008(3):80.
② 张柏然. 顶天立地搞科研 领异标新写春秋——翻译理论研究方法论纵横谈// 秦晓晴. 外语教育 Vol.7. 武汉:华中科技大学出版社,2008:5.
③ 张柏然,姜秋霞. 对建立中国翻译学的一些思考. 中国翻译,1997(2):8.
④ 张柏然,张思洁. 中国传统译论的美学辨. 现代外语,1997(2):25.

以道家的哲学—美学思想为其立论基石的；傅雷的"神似"理论则脱胎于我国的艺术形神论；钱锺书的化境与佛家的"重悟见性"一脉相承。张柏然先生还高度概括了我国传统译论的美学特色：以中和为美，讲求和谐；尚化实为虚，讲求含蓄；重感性体悟，讲求综合。① 从总体上看，"对比西方译学理论思维，中国译学理论思维是感悟性强于思辨性，生命体验力强于逻辑分析力"②。在全球性跨文化对话中，前述美学特色就成为中国翻译理论建构需要把握住的身份标志。借用张柏然先生的话，就是"利用自身智慧优势，建立一种具有东方神采的'感悟翻译哲学'。进而以感悟翻译哲学来破解中国思维方式的核心秘密，融合中国翻译文化的基本特征，在西方译论走向形式科学的同时，促使中国译论走向生命科学，创立一种包含着丰富的中国智慧的'文化—生命翻译诗学'"③。

　　张柏然先生虽然倡导创建有中国特色的翻译理论，但是也提醒人们注意传统译论因其哲学基础和美学思想而存在的不足："就美学体系而言，各种译论之间仍存在着间断性和非系统性"；"（传统译论）虽然抽象地反映了美和翻译艺术，却没有对其中的具体因素和复杂关系作多边探求和立体研讨"。④ 脱胎于西方美学的西方翻译理论表现出与中国传统理论明显不同的理性思维特点，能够为解决后者存在的不足提供借鉴。因此，张柏然先生虽然主张"现代翻译理论赖以构筑的核心理论应以民族语言文化为立足点，挖掘、发扬中国传统译论的长处"，但是也指出应该"运用西方科学、系统的研究方法对传统译论进行改造和升华，从而生成既蕴含了中国丰厚文化内涵，又融合了西方研究方法优点而且体现了时代精神和风貌的新型翻译理论"。⑤

---

① 张柏然，张思洁. 中国传统译论的美学辨. 现代外语，1997(2)：25-29.
② 张柏然. 发展中国的译学研究. 光明日报，2001-12-25(B03).
③ 张柏然. 发展中国的译学研究. 光明日报，2001-12-25(B03).
④ 张柏然，张思洁. 中国传统译论的美学辨. 现代外语，1997(2)：29.
⑤ 张柏然，张思洁. 翻译学的建设：传统的定位与选择. 南京大学学报（哲学·人文科学·社会科学），2001(4)：87.

二、语言特点

张柏然先生重视民族语言特点在译学建构中的重要作用。他指出："就翻译的基础要素——语言而言,语言具有民族特点,因而各个语言的形式和结构有很大的不同。在两种语言的转换过程中,对两种语言进行对比是必不可少的。"①因此,他特别指出,"中国的译学理论更应从汉语的语言特点出发,通过与外国语言的对比描述确定相应的理论依据","从本民族的语言与文化现实出发,从汉—外、外—汉语言文化对比研究的实际情况出发,描写翻译实践过程,展开翻译理论研究"。② 可以看出,民族语言特点是张柏然比较译学观的又一个重要维度。

张柏然先生认为,虽然"引介西方翻译理论无可厚非,也必不可少,借鉴外来译学理论能丰富和发展我国的译学,但没有'放之四海而皆准'的翻译理论体系",这是因为"西方的译学理论是建立在西方语言特点基础上的,我们不能机械地照搬和套用西方翻译理论模式,应该一方面吸取这些理论对翻译共性的描述,同时要根据本国的语言特点,透视语言中所反映的文化精神,构建具有本国特点的译学理论"。③ 许多分析表明,等值论可以说是西方翻译理论引入中国后遭遇水土不服的一个典型例子。孙致礼指出,该理论是对西方语言之间翻译实践的总结,西方语言又都是拼音文字,并且多有历史渊源,所以不难做到"对等""等值"或"等效"。④ 但是,要想在象形文字的汉语与拼音文字的西语之间实现"等值"翻译,可就不那么容易了。吴义诚认为,等值论以显性为特征,与显性的西方语言是切合的,与模糊的汉语迥异。⑤ 他以英语、法语和汉语为例,说明在特点相同的西方语言之间做到翻译等值甚至等效并不困难,在特点不同的汉语与

---

① 张柏然,姜秋霞. 对建立中国翻译学的一些思考. 中国翻译,1997(2):8.
② 张柏然,姜秋霞. 对建立中国翻译学的一些思考. 中国翻译,1997(2):8.
③ 张柏然,姜秋霞. 对建立中国翻译学的一些思考. 中国翻译,1997(2):8.
④ 孙致礼. 关于我国翻译理论建设的几点思考. 中国翻译,1997(2):11.
⑤ 吴义诚. 中西翻译理论的比较. 外国语(上海外国语大学学报),1998(3):48.

西方语言之间实现翻译等值是不切实际的。

张柏然先生身体力行,从对比角度入手,对民族语言特征进行了深入研究。张思洁、张柏然①有感于现有研究对造成英汉两种语言表层表达法差异的深层原因论述不足甚至有所忽略,基于中西两种思维模式之间的差异揭示了导致英汉两种语言表达法之间差异的深层根源:中西第一哲学(即本体论和道论)之间的差异是导致汉语"综合性"思维和英语"分析性"思维之间差异的根源;中西方"人论"观(即"人贵于物"和"物我两分")的差别是导致汉语倾向于多用"人称"主语而英语倾向于"非人称"主语的内因;以各自的哲学为基础的中西方美学审美观的差异是汉语注重意合而英语注重形合之间差异的根源。语言界和翻译界普遍认同形合与意合是英汉语言之间最重要的区别特征。张思洁、张柏然对此展开专论研究。他们首先从定义上了厘清了形合和意合这一对概念,然后分别从语言类型学、哲学理念和审美价值观念等方面探讨了造成形合和意合差异的表层原因和深层原因。② 张思洁、张柏然进一步研究了形合和意合背后的哲学思维,指出:"中国传统哲学的整体观、汉民族的综合思维和模糊思维是汉语意合趋向的能动的理性根源;形合特征则是西方民族依照原子观哲学观念和形式逻辑思维法则对其语言的发展走向做出的自然选择。"③

研究民族语言之间的差异旨在指导具体的翻译实践,建立起体现汉外转换规律、体现中国特色的翻译理论。但是有人恰恰因为英汉语之间的差异而否认建立翻译学的可能性,认为在翻译这一语言符号系统的转换活动中,由于各种不同语言符号系统之间找不到共同的规律,两语之间的转换无法实现对等,因而无转换规律可循,翻译只是将源语思想转化为译语思想的思想转换过程,这一过程中起主导作用的是人的创造性思维

---

① 张思洁,张柏然. 试从中西思维模式的差异论英汉两种语言的特点. 解放军外语学院学报,1996(5):8-12.
② 张思洁,张柏然. 意合与形合. 外语与外语教学,1998(7):54.
③ 张思洁,张柏然. 形合与意合的哲学思维反思. 中国翻译,2001(4):13.

及主体调节机制,因而翻译不受客观规律支配,便不能成为科学。① 张柏然、姜秋霞在《对建立中国翻译学的一些思考》②一文中对这一看法进行了批判,指出这种论点否定了人类思维的共性,否定了语言的共性,也就否定了人类思想的交流。只看到同中之异,而未见异中有同,过于突出和强调事物存在的个体特性,忽略事物的共性及普遍规律,这无疑是主观片面的。他们指出,由于汉语缺乏语法功能的形态表现手段,以意念为句子的连贯纽带,以"神"驭"形",在双语转换中,要注重在整体上把握语言内在意念发展,译学理论要相应地突出和强调对语言事实从宏观到微观的描写,从整体到局部的把握与分析。他们特别肯定了刘宓庆③提出的重描写、重语义和重功能的译学理论模式,认为这一模式是以汉语结构特征为基础,通过与西欧语言的对比确立的。

三、译论表述

译学建构的哲学基础不同,翻译实践涉及的语言转换不同,中西译论在理论形态上也存在明显的差异。张柏然先生认为,这些差异既体现了传统译论的特色,又暴露出传统译论的缺陷。通过比较中西译论,发现传统译论的优势和不足,借鉴西方翻译理论的方法,可为在现代语境中发扬光大传统译论带来启发。翻译理论自然构成了张柏然比较译学观的重要内容。

与中西语言之间的差异一样,中西翻译理论之间的差异归根结底源自不同的哲学基础。如前所述,张柏然先生从美学思想入手考察了中西翻译理论之间的差异。他指出:"我国的翻译理论在思维模式上更倾向于从主观的而非客观的、感性的而非理性的、体验的而非分析的角度来品评

① 劳陇. 丢掉幻想 联系实践——揭破"翻译(科)学"的迷梦. 中国翻译,1996(2):39-42.
② 张柏然,姜秋霞. 对建立中国翻译学的一些思考. 中国翻译,1997(2):7-9 + 16.
③ 刘宓庆. 论中国翻译理论基本模式. 中国翻译,1989(1):12-16.

翻译和译品。"①相比之下,"西方美学则是以'物我两分'为其始发点,辅之以逻辑辩证思维,与西欧民族的认识与审美方式相比,汉民族具有较少的认知性、思辨性和逻辑性"②。他认为,中国传统译论是"一种感悟式的、直觉式的、评点式的、模糊体验性的译论","缺乏理性的、清晰的理论框架"。③ 就理论表述而言,传统译论往往用词洗练、语义浓缩,显得简洁、含蓄和模糊。"信""达"和"雅"就充分体现了这一点。由于汉语作为一种象形、表意文字,语义浓缩而用词洗练,因此这三个字的内涵和外延都极其丰富。"信"可以指"忠实""诚实""信用""信奉","达"可以指"流畅""通达""到达","雅"则可以指"文雅""典雅""雅观""不俗",而严复对其所指又未加严格界定,留下了巨大的阐释空间,可做多种不同的解释和阐释。④ 比较而言,西方译论则往往分门别类,以清晰、明确为表述特点。吴义诚⑤ 以"等值"为例展示了中西译论之间的差异。他指出,为了明确翻译研究中的"等值"概念,卡特福德根据韩礼德系统语法中的层次、等级和范畴等概念做了详尽的论述。而奈达区分了"形式对等"与"动态对等"(或"功能对等")。克里斯托又将前者分为六个层次:1) 语音等值;2) 音位等值;3) 形态等值;4) 词汇等值;5) 句法等值;6) 语义等值。这种分类的精细程度与我国传统译论的模糊和含蓄形成了鲜明的对比,也产生了较多用来描述翻译理论的译学术语。

　　中西译论之间的差异既体现了我国传统译论的特色,又暴露了其不足。恰如辜正坤所言,我国译论"由于汉语言文字自身在表意上的综合立体性和形象简洁性,所以在宏观理论的阐述上往往长于高度的理论概括,常能高屋建瓴、一语中的、直逼真理。但是缺点也就正好在产生优点的地

① 张柏然,张思洁. 翻译学的建设:传统的定位与选择. 南京大学学报(哲学·人文科学·社会科学),2001(4):90.

② 张柏然,姜秋霞. 对建立中国翻译学的一些思考. 中国翻译,1997(2):9.

③ 张柏然,张思洁. 翻译学的建设:传统的定位与选择. 南京大学学报(哲学·人文科学·社会科学),2001(4):88.

④ 谭载喜. 翻译学. 武汉:湖北教育出版社,2000:18.

⑤ 吴义诚. 中西翻译理论的比较. 外国语(上海外国语大学学报),1998(3):3-5.

方显示出来。中国理论(尤其是古代理论)往往弱于条分缕析的量化陈述,流于模糊、抽象的定性概括,在具体论证上显得草率"①。鉴于此,张柏然先生指出:"传统译论要在当今译学建设中发挥作用,关键在于做好现代转换,使古代译论的一部分探讨面向现代。现代转换并非是古代译论现代化,而是将古代译论作为资源,把其中那些具有普遍意义且与当代译学理论在内涵方面有着共通之处的概念及有着普遍规律性的成分清理出来,赋予其新的思想、意义,使其与当代译学理论融合,成为具有当代意义的译学理论的血肉。"②在《中国需要创建自己的翻译学派》中,他针对如何重建中国译论,指出了如下几条道路:"第一,以现代观念去整理中国的译论遗产,以探究中国译论的现代价值与意义。第二,以创造性思维对西方的译论流派进行变异,从而在西方的译论流派史上刻上中国的名字。第三,以中国文化的整体性,去整合西方片面精确的译论,使之在更高的文化层次上得以综合。"③

张柏然先生还十分重视中国特色译论建设中存在的术语问题。他指出:"古代大多数译论,自有一套范式用语。由于这些术语多半属于审美的心理体验,因此各种术语具有审美的朦胧、模糊、含混的特征而无明确界定,可以意会,但难以言传;同时对于同一个概念,各家有各家的阐述与用法,并不统一,而且这些概念,文、哲、美、伦理、宗教不分,并非译论所专用,译论术语多半借自哲学、美学、伦理等诸领域。自然、模糊、体验式的审美评价,虽有其优越性,但总体而言,它们似乎难以适于阐述当代现代性启蒙下发生的新译学现象。"④为了解决这一问题,他提出了如下主张:1)对传统译论中的概念进行清理和界定,因为"如果不首先对这些有现代

① 辜正坤. 当代翻译学建构理路略论——《文学翻译学》序. 中国翻译,2001(1):10-11.
② 张柏然,辛红娟. 译学研究叩问录——对当下译论研究的新观察与新思考. 南京:南京大学出版社,2016:37.
③ 张柏然,辛红娟. 中国需要创建自己的翻译学派. 中国外语,2005(5):73.
④ 张柏然,张思洁. 翻译学的建设:传统的定位与选择. 南京大学学报(哲学·人文科学·社会科学),2001(4):92.

意义的范畴概念进行清理和界定,也就是说,不用现代的逻辑范畴的一般要求将古代范畴转换成现代译论可以接受的范畴,是无法利用它们达到现代目的的"。2)还必须对古代范畴的内涵和外延进行理性的梳理,而这"必须建立在对它所概括的对象本质属性和基本特征的全面揭示与真实的把握上"。①

四、学派创立

世纪之交,我国译界开始了一场关于中国翻译学派的讨论。谢天振②号召"建立中国译学研究的文艺学派"。刘宓庆③也曾"宣布中国功能主义翻译流派的诞生及其积极作用",并对其基本主张与理论原则进行了概述。冯全功④调研后发现,学界在肯定学派创立对翻译学科发展和翻译人才培养的巨大促进作用的同时,基本上否定了有中国翻译研究学派的存在。张柏然先生同样关心中国翻译学派的创立,他考察了西方翻译理论学派的传承和更替,并以此为基础对中国译学现状进行了反思,提出了创立中国翻译学派的具体举措。因此,学派创立是张柏然比较译学观的又一体现。

张柏然和辛红娟在《中国需要创建自己的翻译学派》⑤中指出,学派在建立译学和培养人才过程中发挥了重要作用,认为"对于 21 世纪中国译学的发展和创新来说,当务之急就是进行翻译学派的本土建构"。他们在考察了西方翻译学的发展历程后指出,"从某种意义上来说,一部西方翻译学史就是一部学派的传承与更替、聚合与交锋的历史",而"西方翻译学

---

① 张柏然. 中国译论:直面"浴火重生". 中国外语,2008(4):85.
② 谢天振. 建立中国译学研究的文艺学派. 外国语(上海外国语大学学报),1995(4):24-30+80.
③ 刘宓庆. 流派初论——迎接中国译坛流派纷呈的时代. 中国外语,2006(6):75.
④ 冯全功. 翻译研究学派的特征与作用分析——以生态翻译学为例. 上海翻译,2019(3):38-43+94.
⑤ 张柏然,辛红娟. 中国需要创建自己的翻译学派. 中国外语,2005(5):69-73+79.

中的大师级人物和创新理论的产生,与不同学派的酝酿、形成和发展有着深厚的关联"。张柏然先生对照西方译学的发展,指出我国翻译学研究没有形成自己的学派,主要是由外部因素和学术界自身存在的问题造成的。外部因素具体如下:国家对包括翻译学在内的人文社会科学的教育和研究的投入依然不足;长期形成的对翻译轻视、忽视乃至歧视的倾向,导致对翻译及其工作者的地位和作用的评价不够公正,严重影响和制约了翻译学的繁荣和发展;现行的学术制度也容易导致学术单位或学术领域内的争名夺利,难以凝聚学派形成所需要的一批意气相投、志趣相近、关注问题具有较大相关度的学者群体。我国译学学派的缺失还与学术界自身的欠缺有关:不少翻译学人传承了传统的孤军奋战的作业方式,缺乏一定的合作精神;学术界内部日益蔓延的急功近利与浮躁不实的学风,妨碍了学者追求共同的理论指导、一致的思想倾向、相似的研究旨趣、接近的研究风格。

张柏然和辛红娟[①]分析指出,我国翻译学学派长期缺位,给翻译学理论的发展造成了诸多方面的局限性:学派缺位使我国翻译学界缺乏理性批判精神和深入细致的学理分析精神;使得我国翻译学家的知名度的形成过于依赖个人奋斗,难以积聚团队的力量,发挥影响,更奢谈出大师级的人物;使我国翻译学理论的发展长期处在一种自发的、分散的、脉络难以梳理的状况;使我国翻译学研究缺乏学派间的互动,从而影响了学术的创新和发展。他们还指出了学派创建的必要举措:首先,要增强创新意识,要学会运用时代眼光来观察,发现解决问题的方法。其次,中国译论要说自己的话。再次,需要有一个宽松的学术环境,和翻译学研究者宁静致远、淡泊名利的学术品格。此外,学术界自身应当尽快进行制度革新,社会也应该建立宽松的学术人才流动机制,使得国内学术观点基本相同的人才可以跨区域自由流动,比较方便地聚集到相应地区,以形成学术聚合效应。

张柏然先生不仅提出了创立中国翻译学派的设想,而且非常重视培

---

① 张柏然,辛红娟. 中国需要创建自己的翻译学派. 中国外语,2005(5):69-73 + 79.

养译学人才。他在博士生培养过程中践行"渊深宏通、胸襟开放,又新锐高效的学术创新体制"的学术理念,在上海译文出版社的支持下,与许钧教授一道策划主编了一套"译学新论丛书",从 2005 年到 2009 年共推出翻译学博士生论丛 33 部,这些著作的研究者已基本成为当前翻译研究领域的中坚力量。① 丛书的推出为我国翻译学派的创立和翻译人才的培养提供了一个重要的平台。

五、结　语

在西方译论的冲击下,我国传统译论在翻译研究中近乎"失语"。张柏然先生对此感到忧虑,呼吁创建有中国特色的翻译理论。他认为,比较译学已成为翻译理论在当代跨文化语境中的基本存在方式和发展方式。在翻译研究和著述中,他身体力行,表现出鲜明的比较意识。他重视中西译论在哲学基础上的不同,这有助于认识传统译论的优势和不足;强调考察中外语言之间的差异和我国汉外翻译实践的特殊性,这是体现中国特色的基础;针对中国传统译论在表述方式上的不足,他主张借鉴西方译论的系统性和条理性,对传统译论进行现代转换;他还考察了学派在西方翻译理论发展中发挥的重要作用,为改善我国译学发展的生态、培养一支本土译学队伍、创建中国的翻译学派提出了对策和建议。张柏然先生的译学比较观是他留给译界同仁的一笔宝贵财富,激励着后人在中国特色译论的建设道路上继续探索和前进。

---

① 许钧. 坚守与求索:张柏然教授的译学思考与人才培养. 中国翻译,2018,39(3): 65-73 + 79.

语言·阐释

——张柏然辩证圆览的翻译美学思想探究

于德英

鲁东大学外国语学院

摘　要：针对当下西方译学研究相对割裂和学科边界模糊的问题，本文采用历史化的阐释路径，参照中西译学传统和趋势，重释翻译理论家和词典编纂家张柏然的语言观，在此基础上阐发其翻译美学思想。张柏然的语言观呈现语言的工具性和"人化"性、语言和文化历史的辩证圆览特征。基于这一辩证圆览的语言观，其翻译美学思想具有两大特点：一是翻译学科思想具有科学性和人文性的辩证统一；二是翻译观具有整体性和动态性特征。

关键词：张柏然，语言观，翻译美学思想，辩证圆览

引　言

西方的翻译研究在历经 20 世纪中叶的语言学转向、80 年代的文化转向、90 年代的跨学科及实证转向①后，在 21 世纪迎来了社会学转向②、生

---

① Snell-Hornby，M. *The Turns of Translation Studies：New Paradigms or Shifting Viewpoints？*. Amsterdam & Philadelphia：John Benjamins，2006.

② Angelelli，C. V. *The Sociological Turn in Translation and Interpreting Studies*. Amsterdam & Philadelphia：John Benjamins，2014.

态学转向①等,进入"后翻译研究(Post-Translation Studies)"②时代。翻译研究的诸多转向一方面说明该学科的复杂性;另一方面也意味着其研究焦点的不断转移,从一个中心走向另一个中心;而后翻译研究时期在突出学科开放性的同时,消泯了翻译学和其他学科的边界。然而,在这些繁芜的标签背后,翻译学因缺乏能够阐发变化、扩展和跨学科演进逻辑的历史研究而大打折扣。如何历史化(historicize)现代译学知识,厘清译学研究的历史演进逻辑,从而拆解不同转向之间的阻隔之墙,具有十分重要的译学研究意义。③ 中国的译学研究,在引介西方理论资源和本土理论创生时,往往出现褒西贬中这一问题,具体表现为"套用西方译学观念及其话语体系来剪裁中国传统翻译经典,离散其整体性精神蕴涵"④,导致"翻译美学的完整性和意义深度被不断分解和割裂"⑤。

要厘清译学发展的脉络和翻译知识谱系,避免译学研究从一个中心走向另一个中心的分解割裂状态以及当下学科边界模糊的问题,需要采用历史化的阐发范式,参照中西译学传统和趋向,重释有影响力的中国学者的翻译思想,从而反思中国译学理论话语的建构。翻译理论家和词典编纂家张柏然学贯中西,其翻译思想具有打通古今中西的学术旨趣,体现了浓厚的辩证思维,超越了当下中西译学研究彼此分割的藩篱。"在宏观层面上,翻译学是对翻译客体——源语与译语、翻译主体——译者,以及接受者——读者三者本质特征的认识与研究。"⑥语言观在很大程度上决

---

① Cronin,M. *Eco-Translation:Translation and Ecology in the Age of the Anthropocene*. London & New York:Routledge,2017.

② Gentzler,E. *Post-Translation and Rewriting in the Age of Post-Translation Studies*. London & New York:Routledge,2017.

③ D'hulst,L. & Y. Gambier. General introduction. In L. D'hulst & Y. Gambier. *A History of Modern Translation Knowledge:Sources,Concepts,Effects*. Amsterdam & Philadelphia:John Benjamins,2018:1-14.

④ 张柏然,辛红娟. 译学研究叩问录——对当下译论研究的新观察与新思考. 南京:南京大学出版社,2016:58.

⑤ 张柏然,辛红娟. 译学研究叩问录——对当下译论研究的新观察与新思考. 南京:南京大学出版社,2016:44.

⑥ 张柏然,姜秋霞. 对建立中国翻译学的一些思考. 中国翻译,1997(2):8.

定了翻译观。本文拟从翻译客体——语言出发,考察张柏然的语言观,在此基础上阐发其翻译美学思想。

一、语言的工具性和"人化"性的辩证圆览

语言观是研究翻译观的根本所在,有什么样的语言观就有什么样的翻译观。在传统上,语言是思想的载体,具有表达思想的工具性特征。张柏然的语言观凸显了语言的"人化"性:"翻译是语言的艺术。作为思维的载体和交际的工具,语言不是简单的机械,不是冷漠无情的单纯器具,而是充满了人情心绪、人世体验、人生阅历、人伦享受、人品精华、人性积淀的'思想精灵',是蕴含着生机、灵气、活力、智慧的'生命编码'。甚至可以说,一个人的言语就是他生命的一部分,是生命的知觉,生命的信号,生命的外化。"[1]这表明:语言不是对言说者思维和表达的机械复制,而是充满言说者前理解的"思想精灵",包含着无限的"生命编码";从言语可窥言说者的生命,语言是言说者生命之所在。语言的生命化即语言的"人化",语言是言说者不可或缺的生命组成部分,是言说者生命的外化。因此,语言超越了表达的工具性,具有"人化"性的特质。

张柏然融通工具性和"人化"性的语言观具有辩证圆览的特征,在一定程度上避免了过于强调语言工具性的偏颇。论及语言的工具性,不免要追问:语言是否能够表达思想,即言能否尽意? 言不尽意,立象以尽意,是解答这一问题的哲学美学路径。言语的生命化、以象沟通言和意,体现了中国天人合一的哲学思想。《易·系辞》云:"近取诸身,远取诸物……以通神明之德,以类万物之情。"言语的生命化,正是"近取诸身"这一哲学思维影响的结果;而"立象尽意",恰是"远取诸物"这一比喻思维的写照。张柏然在对比中西谈艺论文时指出:"中国主情,论文常以人作比喻;西方主智,论文常以物作比喻。以人作比喻,具有集体表象的互渗性,朦胧的

---

[1]　张柏然,姜秋霞. 对建立中国翻译学的一些思考. 中国翻译,1997(2):9.

综合性;以物作比喻,具有清晰的分析性、抽象性。"①中国文论话语的"人化"言说方式,进一步印证了语言的"人化"观这一客观存在的事实。

然而,长久以来,这一事实在翻译界受到忽视。片面突出语言的工具性、剥离语言和言说者富有生命力的"人化"性,使得译学研究坠入语言文本中心的窠臼,忽视了翻译过程中参与者的主体性以及复杂的社会文化因素。西方翻译研究的语言学派认为,译者通过分析(analysis)、转换(transfer)、重组(restructuring)和检验(testing)的翻译步骤②,或在译入语中替换源语的文本材料③,可在译文中再现/复制原文信息,从而实现对等。这一看似科学化的翻译程式以对等为旨归,预设了源语文本恒定不变的意义,其结果是强化了语言的表达工具性,简化了翻译过程中的复杂因素,贬抑了翻译和译者的地位。可以说,语言的工具论进一步导致了翻译的工具论。

张柏然、辛红娟批判了语言学派的理论偏向,认为结构主义语言学家对翻译的研究是基于语言学自身研究的需要,将翻译视为语言研究的工具。这种基于功利性目的对翻译现象进行的分析,给翻译研究带来了极大的局限性,从根本上否定了翻译研究的学科地位。而卡特福德和奈达等以语言学理论为指导的翻译学家的研究则是基于又一工具性,即为实现译文"等值"或"等效"的实用性目标的观照,同样具有理论偏向。④ 以对等为目标的翻译理论,可归属于客观主义的研究范式,其哲学基础是作为观察者的人和世界是二分的,因此科学家的任务是观察世界、研究世界中

---

① 张柏然,辛红娟. 译学研究叩问录——对当下译论研究的新观察与新思考. 南京:南京大学出版社,2016:131.

② Nida, E. A. & C. R. Taber. *The Theory and Practice of Translation*. Leiden: Brill, 1969.

③ Catford, J. C. *A Linguistic Theory of Translation*. Oxford: Oxford University Press, 1965:20.

④ 张柏然,辛红娟. 西方现代翻译学学派的理论偏向. 中南大学学报(社会科学版),2005(4):501-506.

物体的特性和物体之间的关联性。① 张柏然从中西哲学美学的角度,对比了中西译学形态,揭示了中国传统翻译批评所包蕴的整体性思想:"大体而言,西方在'观察者'立场上对翻译艺术作对象化的静态分析和理性主义考察,很大程度上摒弃了想象的自主性,系统化论争使人得到的却是割裂、片面的思想,而中国传统翻译批评的最大启示性和超越意义正在于它是从'参与者'立场主动投入审美体验,以最根本、最源初、最直接的方式体现翻译艺术与人最为亲近的关系,从而在言简意赅的片断表述中揭示翻译作品的整体性。"②

可见,由于西方传统哲学的两离性特征,即"有一个可感的世界以及另一个与之分离存在的不可感的世界,后者是哲学的精神,即本体论所表达的那些纯粹原理所栖身的地方"③,经验世界与本体论所赖以栖身的先验世界的分离导致人与世界的关系是主客二分的、静态分割的观察者和被观察关系。在此哲学基础上形成了语言和翻译的工具论:语言作为表达客观现实的工具,指向客观现实背后的同一性;翻译同样需要按照一定的程序,在语言对比规律的基础上,对等地再现原文的语义信息,忽视了人的想象自主性、主体性,忽视了语言、文本、人和世界的复杂交织性。由于中国哲学的一体化特征,即"中国哲学并不把世界描述为分离的两个,哲学的精神——道也不游离于我们唯一的现实世界之外"④,人与世界的关系是天人合一、物我两忘的体验和感悟。语言连接着人和世界,它与世界融为一体,又蕴含着言说者的思绪情怀和生命智慧,兼具表达、反映的工具性和"人化"性。

---

① Halverson, S. Translation. In Y. Gambier & L. van Doorslaer. *Handbook of Translation Studies*. Amsterdam & Philadelphia: John Benjamins, 2010: 379.
② 张柏然,辛红娟. 译学研究叩问录——对当下译论研究的新观察与新思考. 南京:南京大学出版社,2016:56.
③ 俞宣孟. 本体论研究. 上海:上海人民出版社,2005:83.
④ 俞宣孟. 本体论研究. 上海:上海人民出版社,2005:83.

二、语言和文化历史的辩证圆览

张柏然的语言观一方面体现了语言工具性和"人化"性的辩证统一，另一方面体现了语言和文化历史的辩证统一。他认为，语言和文化历史是难以分割的统一体："语言从诞生的那一天起，就不是纯工具性和纯符号性的意义仓库，而是和意义血肉难分的统一体。一切文化和思想等等的存在，本身就是所谓语言性的。……语言是存在的家园，就意味着语言与人的存在休戚与共的性质。因此，我们不能想象，与任何一种语言体系有关的思想和意义，不经过血肉粘连似的撕裂，而可以随意和它的符号体系脱离，毫发无损地进入另一符号体系之中。"①

由此可见，语言是第一性的，一切文化、思想须臾离不开语言；没有语言，无以谈思想文化。同样，语言是人类栖息的家园，离开语言，人也就失去了赖以存在的家园。此外，语言与文化历史语境融为一体，剥离文化历史语境必然意味着意义的变异，从而为翻译在跨文化旅行中的变异正名。语言与文化一体化的一个重要原因是语言的存储功能。张柏然认为，语言除交际功能（communicative function）外，还具有存储功能（cumulative function）。前者与表达工具论相关，后者与文化因素密不可分。所谓语言的存储功能，是指"语言把世代积淀下来的民族文化固定为符号而储存在语言单位（包括词、成语、谚语、俗语等）里。……民族语言与民族文化有着千丝万缕的联系，任何一种民族语言的形成和发展都离不开民族的社会历史和文化"②。语言的存储功能，表明了语言是文化历史的积淀，展示了语言文化一体化的动态性和本土性。在人类文明发展的过程中，语言衍化为一个民族的文化象征，翻译意味着跨文化之旅，本土与异域、自我与他者紧密地联系起来。

① 张柏然，辛红娟. 译学研究叩问录——对当下译论研究的新观察与新思考. 南京：南京大学出版社，2016：280-281.
② 张柏然. 字林微言：翻译学、词典学序跋暨学术演讲集. 南京：南京大学出版社，2017：17.

正是由于语言的文化历史观,张柏然从文化战略的角度,高度重视翻译这一跨文化话语实践:"我们应该站在文化战略的高度来看待翻译……翻译是中国发展国力之所需,是中华文化复兴、中华民族复兴之所系。如果没有翻译,中华文明与西方文明的全方位对话将是一句空话,'中国梦'也将遥不可及。必须让翻译在文化制高点上占有一席之地,高屋建瓴地一览全球文化之景观,才能谈得上对本土文化输出及对外域文化输入的全局考量。"①这表明,由于语言的文化历史属性,翻译作为跨语言、跨文化的话语实践,必然成为两种语言文化传统碰撞、交织、对话的场所,在本土与异域、自我和他者的观照中认识、反思、反哺自身的语言文化,促进民族文化的复兴和国力的发展。离开语言谈文化历史,文化历史传统如无根之木;而只强调语言、忽视文化历史传统,则容易一叶障目,难以从全球文化景观的全视角洞察语言、翻译的本质属性和根本作用。

基于辩证圆览的语言文化历史观,张柏然在论及术语翻译时,充分认识到跨文化翻译中语言的历史性和复杂性:中西方的术语、概念、范畴的翻译"绝非是纯技术性的、中性的简单语言换位,甚至也不是形式化的所谓话语转型问题",而是必须"对这一翻译过程的历史起点和条件、传统和意识形态掌控、意义的衰减和增添、语义的血统起源和混杂组合关系、相互间的译学知识、本土化过程中的语言策略等等,有更加深入系统的把握"②。可见,翻译绝不是单纯的语言转换,而是关涉历史、文化、意识形态、本土化等复杂的问题,必然引发意义的衰减、增添和语义的杂合。这是因为,"在任何一个或者一组术语的后面,不同程度地融含着的,常常是格外复杂的语义内容,它本身往往就充满文化的张力和意义的历史对话性"③,亦即语言符号背后包蕴着历史性、文化性,语言本身是高度历史语

---

① 张柏然,辛红娟. 译学研究叩问录——对当下译论研究的新观察与新思考. 南京:南京大学出版社,2016:76-77.

② 张柏然,辛红娟. 译学研究叩问录——对当下译论研究的新观察与新思考. 南京:南京大学出版社,2016:280.

③ 张柏然,辛红娟. 译学研究叩问录——对当下译论研究的新观察与新思考. 南京:南京大学出版社,2016:281.

境化的。

就译学研究而言,无论过于关注文本内因素还是过于凸显文化因素,都会人为地割裂语言和文化历史的辩证统一。前者的工具化倾向从一定程度上贬抑了翻译和译者的地位,后者的文化泛化倾向则消解了翻译与其他学科的边界。除了批判语言学派的工具化倾向外,张柏然还指出了文化研究学派的理论偏颇——"在翻译研究目标下无限扩大翻译研究对象的外延,使其学术边界模糊,从而使翻译研究的学科建构失去可能","回避了翻译的本体研究"。① 而他所秉持的语言和文化历史一体化的辩证观,否定了语言和翻译的透明性、真空化,肯定了翻译之失的必然性(即失本成译),昭示了翻译过程的历史性、人文性和语境化,从而为翻译过程提供了无限阐释的对话空间。

三、辩证圆览的翻译美学思想

张柏然的语言观既体现了语言工具性与"人化"性的辩证统一,又体现了语言和文化历史的一体化。从这一辩证圆览的语言观出发,可以发现张柏然翻译美学思想的两大特点:一是翻译学科思想兼具科学性和人文性的辩证统一;二是翻译观具有整体性和动态性。

1. 翻译学科学性与人文性的辩证圆览

与其辩证圆览的语言观相对应,张柏然认为翻译学兼具科学性和人文性,翻译学的目的是"价值建构"和"意义阐释":"翻译学在本质上不是一类以价值中立、文化无涉为前提,以事实发现和知识积累为目的,以严密的逻辑体系为依托的科学活动,而是一类以价值建构和意义阐释为目的的价值科学或文化科学。这既是事实性的(实然),也是表达性的(应然)。同时,翻译学的'科学特性'与'文化性格'在一般意义上并非相悖,

---

① 张柏然,辛红娟. 西方现代翻译学学派的理论偏向. 中南大学学报(社会科学版),2005(4):506.

而是有机结合的。"①

上述界定表明,翻译学的"科学特性"和"文化性格"有机结合,而非彼此相悖。"科学特性"从外在的、表层的、规范的方面说明翻译活动的特点,"文化性格"从内在的、深层的、精神的方面说明翻译活动的特点。②"科学特性"和"文化性格"的有机统一,契合了张柏然语言工具性和"人化"性、语言和文化历史的辩证统一。科学性和人文性的有机统一,避免了翻译研究的两个极端:一是片面地强调翻译研究的模式化、标准化,把翻译研究简单化,制造"人""文"分离,使"文"外在于"人",导致背离翻译研究的人文性;二是用翻译研究的人文性来否定翻译研究的科学化,导致翻译研究中的随意性、重复性和低效劳动。③

张柏然认为,唯有从"文化"概念出发,方能把握翻译学的本质特征:"从文化哲学、文化语言学、民俗学等学科角度入手,把翻译学看成是一种在特定的社会文化背景下进行的特殊活动方式,利用大量相关材料,把它的研究对象、运用的概念、提出的命题、包藏的隐喻、理论的演进等等,统统纳入或还原到一定的文化背景下加以整体地分析与理解、揭示它们与文化之间的内在关系及由此而具有的文化特征,把握住'翻译学的文化性格',以回答'翻译学是什么'这一翻译学的根本问题。"④

可以看出,从文化这一宏大视野切入翻译学,突出翻译学的社会文化背景,通过揭示翻译学相关主题对象与文化的关系,将文化性格和科学特性有机统一起来,能够从根本上把握翻译学的规律和本质。翻译学固然需要探索全人类共同的学科规律,然而翻译学并非是一个抽象的存在,而是以语言、文化和民族传统为立足点和发展基石。"本土的翻译现象和翻

---

① 张柏然. 字林微言:翻译学、词典学序跋暨学术演讲集. 南京:南京大学出版社,2017:101.

② 张柏然. 字林微言:翻译学、词典学序跋暨学术演讲集. 南京:南京大学出版社,2017:101-102.

③ 张柏然,辛红娟. 译学研究叩问录——对当下译论研究的新观察与新思考. 南京:南京大学出版社,2016:23-24.

④ 张柏然. 字林微言:翻译学、词典学序跋暨学术演讲集. 南京:南京大学出版社,2017:106.

译经验,是产生原创性译学原理的最深厚、最值得珍惜的文化资源。"①这一文化性格与科学特性的融合,必然会走向翻译观和翻译研究的本土化和多元化。

对本土翻译、文化资源的重视,也是西方当代译学的重要发展趋向。21世纪翻译界定的趋向之一是多元化和复数化(plurality of translation)。② 受维特根斯坦模糊哲学的影响,铁木志科认为,翻译是一个"群集性概念(cluster concept)",具有包容开放性和文化本土特殊性。这种文化本土特殊性是指:翻译必须从本土的标准加以识别、分析,而非依据本土之外的观察者或另一个(主流)文化的文化标准;翻译界定的过程必须适应其所产生的文化和语言特殊性。③ 张柏然所倡导的文化性格与科学特性的一体化不仅符合当代译学发展的趋向,而且能够在全球化语境下解构西方霸权主义者推行的文化殖民,彰显民族文化身份,发展我们的中华文化,从而促进文化多元的发展。④

2. 翻译作为跨文化旅行中的阐释与对话:整体性和动态性

翻译学"科学特性"和"文化性格"的有机结合,意味着翻译学的研究对象——翻译,不只是纯粹语言层面的机械转换,而是和文化、民族、历史语境紧密相关。翻译作为跨文化的话语实践,"价值建构"和"意义阐释"彼此交融。两者是翻译的根本任务,亦是翻译学的目的。张柏然多次使用"旅行"这一动态化隐喻来揭示翻译活动的参与者、语言、文本、文化等多维要素在翻译过程中的阐释和对话:"翻译作为一项文化交流活动,试图跨越不同话语传统,使各民族的思想与文化得以沟通和交流。……在穿越语言之障的旅行中,文本并不像物质从一处到另一处的迁移那样不

---

① 张柏然. 译学厄言. 南京:南京大学出版社,2012:104.

② Halverson, S. Translation. In Y. Gambier & L. van Doorslaer. *Handbook of Translation Studies*. Amsterdam & Philadelphia: John Benjamins, 2010: 283.

③ Tymoczko, M. *Enlarging Translation*, *Empowering Translators*. Manchester: St. Jerome Publishing, 2007.

④ 张柏然. 字林微言:翻译学、词典学序跋暨学术演讲集. 南京:南京大学出版社, 2017:106-107.

会发生形态的变化,文本在他者境遇中必然会有些因越界而生的损失或收获,经翻译而来的文本只是原文本在异域的一种变形或'再生'。"①

如此一来,翻译作为文本跨越时空的"旅行"和"越界",关涉两种语言、文化和思想传统的对话。由于语言不再是透明的表达和反映工具,而是和言说者的生命情怀、文化传承融为一体,因此文本的跨语言、跨文化旅行必然导致"损失或收获",译文是原文在异域的变形或"再生"。文本的"损失或收获"意味着意义阐释的新生性和文化价值的重构性。恰如勒菲弗尔和巴斯奈特所言:翻译,如同其他的改写,从来不是纯真无辜的。翻译总是在特定的语境中产生,文本产生于一个历史传统,并进入到它转换移植的另一个历史传统。② 因此,翻译话语不可能是价值中立的,而是在意义阐释的新生中建构新的价值。

在跨文化的翻译旅行中,张柏然既关注文本的越界,又高度重视译者主体的越界,"从原文到译文和译文在目的语的接受这一综合过程,既包括客观文本越界,又包括译者主体的主观心灵越界,而这些越界必定会造成译文对原文的偏离"③,从而使完全对等成为乌托邦。因此,在他看来,翻译作为跨文化话语实践,无论是文本还是译者,都穿梭在两个文化语境中:文本和译者的双重旅行不仅是指文本和译者的再语境化,而且意味着译者和文本的多重阐释、对话和构形。他进而指出,译者作为旅行者,必然在阐释和对话中使文本获得新生的意义,拓展源语所隐含的阐释空间,获得意义的增值和美的增益。④ 这样,"在两种语言间穿梭、在两种语言中

① 张柏然,辛红娟. 译学研究叩问录——对当下译论研究的新观察与新思考. 南京:南京大学出版社,2016:153.

② Lefevere, A. & S. Bassnett. Introduction. In S. Bassnett & A. Lefevere. *Translation*, *History and Culture*. London & New York: Pinter Publishers, 1990: 1-13.

③ 张柏然,辛红娟. 译学研究叩问录——对当下译论研究的新观察与新思考. 南京:南京大学出版社,2016:154.

④ 张柏然,辛红娟. 译学研究叩问录——对当下译论研究的新观察与新思考. 南京:南京大学出版社,2016:179.

旅行",要求译者"对语言差异、文化差异有高度的敏感与自觉",①通过彰显译者主体性,实现不同语言、文本、历史传统的跨时空阐释和对话。

就阐释主体性而言,张柏然在论及中国"述而不作"的阐释传统时认为,阐释者对经典的"元义"不可能是简单意义上的再现,而是包含了阅读主体的理解。阅读主体总是带着自己的经验结构和指向性去"注、疏",不可避免地掺进了主体的选择和判断。在主体阐释的过程中,"元义"本身呈现了流动的存在,提示了基本的言谈范围,但在不同时空状态下,其意义的规定性并不相同。②可见,以再现"元义"为旨归的"述而不作",其实已是"述而有作","述"中融入了阐释者的前理解。张柏然对"述而不作"中的主体阐释性对于其翻译旅行观的理解大有裨益。"翻译是理解与阐释的过程,是两种不同话语、两种不同文化之间的对话。"③无论是译者作为读者和文本展开对话,还是读者对译文的解读,都不可避免地融入了阅读者的经验结构,从而在阐释中产生了新的意义。

翻译作为跨语言、跨文化的阐释和对话之旅,具有意义阐释的生发性和价值建构的多维性特质。其一,源语文本本身就是作者在源语文化语境中的价值建构,折射了其人生观、世界观和社会价值。其二,译者作为读者,带着自己的历史视域进入文本,与文本展开跨越时空的对话,这种阅读本身就是一种价值建构和意义增生。张柏然指出:"作为读者的译者,不仅要重视作为阅读的文本解读,更要重视贯穿在文本之间的权力之网和社会、经济、文化、政治、阶级、宗教、性别等话语。"④受上述文本内外因素的影响,译者对源语文本的解读和阐释,形成了既非纯然源语文化又非纯然译入语文化的价值构建。其三,译者在译入语文化语境中重新书

---

① 张柏然,辛红娟. 译学研究叩问录——对当下译论研究的新观察与新思考. 南京:南京大学出版社,2016:344.
② 张柏然. 字林微言:翻译学、词典学序跋暨学术演讲集. 南京:南京大学出版社, 2017:192-193.
③ 张柏然,辛红娟. 译学研究叩问录——对当下译论研究的新观察与新思考. 南京:南京大学出版社,2016:86.
④ 张柏然,辛红娟. 译学研究叩问录——对当下译论研究的新观察与新思考. 南京:南京大学出版社,2016:110.

写译文,翻译成就了两种语言文化的跨时空相遇,得以在译入语文化中再次建构新的价值。其四,译文读者带着自己的历史视域和人生体悟,进入融合源语文化、译者视域和译入语文化的译文,在阅读中构建新的价值观念。重译则进一步实现往复循环的多重价值建构和意义阐释。因此,在跨语言旅行中,两种语言、文本、文化、权力借由作者的写作、译者的阐释和书写、读者的解读,在纵向的历时维度和横向的共时维度中,得以动态化地多重建构价值,实现意义再生,翻译各要素在翻译活动中实现相互依存共生。

四、结 语

当今学术界受后现代主义反思性研究实践(reflexive research practice)的影响,批判中立的语言观和学术价值观,强调语言和分析范畴的建构性、知识生产的暂时性与相对性和文化实践的社会语境性。[①] 以历史化的研究范式,参照中西译学传统和趋向,阐发张柏然的语言观和翻译美学思想,可以反思本土译学话语的建构,裨益翻译知识生产的中西对话。

张柏然的语言观呈现辩证圆览的特性:一是语言的工具性和"人化"性的辩证圆览,即语言不仅是表达思想和反映现实的工具,而是言说者生命的外化;二是语言和文化历史的辩证圆览,即语言和文化历史是难以分割的整体。这种辩证圆览的语言观,不再视语言为单纯的表达工具,而是和言说者(作者/译者)的生命智慧、文化、历史融为一体,可以避免语言学派将翻译工具化和文化学派过于关注文本外因素的理论偏向。基于这一辩证圆览的语言观,张柏然的翻译美学思想具有两大特点:一是其翻译学科思想兼具科学性和人文性的辩证统一,将科学特性和文化性格融为一

---

① Angelelli, C. V. & B. J. Baer. Exploring translation and interpreting. In C. V. Angelelli & B. J. Baer. *Researching Translation and Interpreting*. London & New York: Routledge, 2016: 5-6.

体;二是翻译观具有整体性和动态性,将翻译活动的参与者(作者/译者/读者)、文本(作品/译品)和世界(社会文化语境)等多维要素融为一体,在跨文化翻译话语实践中通过阐释和对话实现意义再生和价值建构。张柏然辩证圆览的语言观和翻译美学思想,对于当下相对割裂、学科边界模糊的译学研究困境富有启发意义。

(原载于《解放军外国语学院学报》2021 年第 6 期)

厘清中西译学源流，构建中国译论体系

——张柏然比较译学观探析

李　婵　　胡开宝

宁波大学外国语学院　上海外国语大学语料库研究院

摘　要：张柏然的翻译研究多从理论产生的根源入手，始终贯彻比较方法，以西方翻译理论为参照，探析中国译论的民族特点。他的比较译学研究主要围绕追溯中西译论根源、梳理译论现代发展，以及打造中国特色译学理论三个方面展开，旨在通过辩证地吸收西方译学研究成果，实现中国翻译理论现代化，为构建普遍翻译学做出贡献。

关键词：张柏然，比较译学，翻译理论

　　"比较法在译学研究中必不可缺。"①随着世界文化交流日益频繁，社会开放程度越来越高，翻译研究者再也无法埋首于单一文化语境。无论情愿与否，都必须走向世界，与其他国家和民族的译学体系展开对话。这是历史的发展趋势，也是对当今翻译学研究者的必然要求。然而，在过去相当长的一段时间里，中西方翻译研究者仍缺乏自觉的"比较意识"。人们往往直接套用一种文化传统体系内生成的美学价值标准去衡量另一体系中的翻译现象，从而导致了一系列的错位、误读和歪曲。②

　　综观张柏然的研究成果，比较法贯穿始终。他的研究总是从外观内，

---

① 刘宓庆. 中西翻译思想比较研究. 中国对外翻译出版公司，2005：xi.
② 张柏然，辛红娟. 翻译理论研究的新课题. 中国外语，2008（3）：80.

将中西两条线并行,以西方文化传统为比照,探析中国传统文论和译论的区别性特征。张柏然没有止步于理论探讨,而是通过梳理中西文化传统的哲学、美学和思维方式根源,尝试解释中西翻译理论体系形成的历史原因和民族特点。他坚持从时间向度观察中西译论的连续性。通过采取历时的观察维度,整理中西译学从传统到现代、后现代的发展脉络,辩证地看待中西译学理论的优势与不足。在全面分析和比对中西传统与现代译论的基础上,呼吁中西融通,打造具有中国特色的译学理论。

一、立足传统,追溯中西译学发展根源

各国社会文化、思想哲学的不同,不仅会形成对翻译的不同要求,也会深刻影响翻译理论体系的形成和演变。[①] 张柏然在翻译研究中尤其关注追溯中国传统翻译活动和译论的哲学、美学和思维根源。[②] 在他看来,中国传统译论中的命题几乎都可以从这几个方面寻得解释。与西方社会文化传统影响下的西方翻译理论相比较,有助于挖掘中国传统翻译理论的独特所在。

西方第一哲学为"本体论"。在此基础上发展出的哲学传统的最大特点是,采用逻辑推论方法,从最高、最普遍的范畴"是",逐步推导出更加具体、丰富的范畴,而不是从对经验事实的描述和概括出发。此外,受亚里士多德"三段论"式逻辑的影响,西方哲学十分注重逻辑的外在表述形式。此外,西方的"人论"在崇尚个人自由的同时,在哲学层面则强调秉持"物我两分"的理念。这些特点使得西方社会重思辨性理性,追求采用概念归类、逻辑推导和推演等方法,习惯以外察的方式探究事物的本体,厘清客观事实和真理。整体上看,西方人更加注重个体思维,展现出分析型的思维方式。西方哲学注重逻辑推演的传统同时还塑造了重理性实证的美学特征。而在艺术领域,西方绘画理论又以模仿论占上风,讲求艺术接近客

---

① 谭载喜. 中西翻译传统的社会文化烙印. 中国翻译,2000(2):14.

② 参见:张思洁,张柏然. 形合与意合的哲学思维反思. 中国翻译,2001(4):87-94.

观事实,注重和强调客观性。①

浸淫于上述文化特质,西方翻译评论家与研究者更倾向"从客观的、理性的、思辨的、分析的角度来品评翻译"②。与中国译论相比,西方译论多采用逻辑性的研究方法,对翻译及其相关概念和范畴进行系统的分类与定义,形成内在的可导性和逻辑性。西方翻译批评语言呈现出结构化、系统化的语言特征;在追求概念和范畴精准清晰的同时,也在一定程度上忽视了翻译艺术在本质和美学层面上的主观性,缺乏对翻译艺术的整体把握。

中国传统哲学以"道论"作为第一哲学,其核心概念"道"直接由具体实物凝练抽象而来。中国哲学中关于"人论"的表现是认为"人贵于物",在美学上则反映为"天人合一",注重直觉和体悟,强调意识而忽视逻辑。中国古代思想家认为,人无法对充满内在生命、浑然一体而又沉默不语的美做绝对的结论,只能借助直觉体认事物的过程。③ 从思维方式来看,汉民族的思维模式具有综合性和模糊性特征。④《庄子》《周易》和《易传》等中国早期典籍都反映出中国哲学重形象思维和表达、轻抽象逻辑语言的倾向。中国传统艺术表现出摆脱形而上问题的思维方式,并在魏晋时代的玄学风气中逐渐成形。自此,人物品藻风气形成了人化的美学评价——评论家将审美对象视作富有生机的人物精神,以艺术观照人的胸襟和宇宙的深境。这种思维特质不仅影响了汉语,也在以汉语写就的中国文论和译论中留下印迹。

中国哲学、美学和思维模式,共同塑造出区别于西方译论的中国译论整体构架。

---

① 参见:张思洁,张柏然. 试从中西思维模式的差异论英汉两种语言的特点. 解放军外语学院学报,1996(5):8-12.

② 张柏然,张思洁. 中国传统译论的美学辨. 现代外语,1997(2):29.

③ 张柏然,辛红娟. 译学研究叩问录——对当下译论研究的新观察与新思考. 南京:南京大学出版社,2016:47.

④ 张柏然,张思洁. 翻译学的建设:传统的定位与选择. 南京大学学报(哲学·人文科学·社会科学),2001(4):13-18.

　　中国的翻译思想多是翻译家发表的论述,表现为人们对"翻译实践和欣赏经验的总结"①。中国古代翻译实践者采用审美的方式,将直觉体验转换为理论性表达,因而蕴含着中国古典美学的特点。我国传统译论的美学特色可归纳为:以中和为美,讲求和谐;尚化虚为实,讲求含蓄;重感性体悟,讲求综合。② 中国传统美学在翻译价值功能方面的范畴多出自儒家,创作论、审美方面的范畴多出自道家,本体论、发展论方面的范畴则与《周易》关系最密切。此外,《吕氏春秋》《淮南子》《论衡》、禅宗和玄学都在不同程度上为传统译论范畴的产生和发展提供了资源。③ 具体来说,支谦的"因循本旨,不加文饰"和道安的"案本而传"是将道家"朴素无为"的美学主张应用于佛教经文翻译中,傅雷的"神似理论"则反映了以神为"君"为美的美学思想,钱锺书的"化境"更是与佛家的"重悟见性"一脉相承。张柏然认为,中国传统翻译研究理论更倾向于关注灵感、悟性、禀赋和天资等,但缺乏系统性和稳定性。④

　　受中国传统诗学精神与文化的熏染而不断发展完善起来的整体的直觉型智慧,还滋生了中国美学的诗性智慧,并对中国传统译论产生了深远的影响:"一是批评理论形态的生命化和人格化,二是批评的想象性类概念决定了其审美范畴的经验归纳性质,三是批评言说方式具有诗意性和审美性。"⑤中国艺术思想重在言志,鲜少就翻译活动的美学属性做事实判断,而是选择做价值判断;讲求意境,因而缺乏理性、思辨的评论语言,更多采用意象、类比的手法,旨在谈论对翻译活动的个人体悟。无论是鸠摩罗什、马建忠、严复、鲁迅、傅雷、钱锺书,还是王宗炎,诸多传统和现代翻译理论家和批评家均偏好使用诗意化的批评语言。

---

① 张柏然,辛红娟. 译学研究叩问录——对当下译论研究的新观察与新思考. 南京:南京大学出版社,2016:45-46.
② 张柏然,张思洁. 中国传统译论的美学辨. 现代外语,1997(2):26-30.
③ 张柏然,辛红娟. 译学研究叩问录——对当下译论研究的新观察与新思考. 南京:南京大学出版社,2016:48.
④ 张柏然,张思洁. 中国传统译论的美学辨. 现代外语,1997(2):26-30.
⑤ 张柏然,辛红娟. 译学研究叩问录——对当下译论研究的新观察与新思考. 南京:南京大学出版社,2016:43.

然而,上述特征也在一定程度上阻碍了中国传统译学的现代发展。张柏然认为,中国传统译论之间虽然相互联系,渐次提高,因而构成一个整体,但也存在间断性和非系统性;虽然抽象地反映美和翻译艺术,却没有多边探求和立体研讨翻译活动中的具体因素和复杂关系;倾向基于主观、感性和体验的角度品评翻译活动和译作,但缺乏客观性、理性和分析性。① 中国译论多类比和感悟的论述方式,往往使得概念和范畴缺乏精准性,难以凝练其普适性价值。散落于各种文论中吉光片羽的翻译评论,更是难成结构化的理论体系。另外,传统翻译批评语言的诗意性和美学特质对批评家和读者均有较高要求。一方面,翻译批评家需要有敏锐的洞察力,选取恰当的意象,以诗性语言重现作品意境;另一方面,读者需具备足够的"悟性",才能洞察潜藏在类比语言中的美感。这种对于读者感悟能力的预设容易导致理论的"精英化",不易产生广泛的社会影响。②

二、回顾历史,反观中西译学现代发展

除了探寻中西译学的历史根源,张柏然还系统地梳理了 20 世纪以来中西翻译研究的发展趋势,厘清了中国翻译研究者对西方翻译理论的态度变化。他分析了西方译论之于中国翻译理论现代化的影响,以期找出深化中国当代翻译理论的路径与方法。

西方翻译理论话语以"直译"为开端,采取源语取向,以忠实于原文为目的。③ 这些翻译理论包括语文学派德莱顿的"三分法"、泰特勒的"三原则",以及诠释学派施莱尔马赫的"不偏不倚的意象观"和斯坦纳的"诠释论"。而当现代翻译学研究者,比如结构主义语言学家在讨论翻译问题时,也带有浓厚的目的性,他们将翻译研究纳入结构语言学研究体系,视

---

① 张柏然,辛红娟. 译学研究叩问录——对当下译论研究的新观察与新思考. 南京:南京大学出版社,2016:32.
② 张柏然,辛红娟. 译学研究叩问录——对当下译论研究的新观察与新思考. 南京:南京大学出版社,2016:53.
③ 杨柳,张柏然. 现代性视域下的林语堂翻译研究. 外语与外语教学,2004(10):42.

其为语言学研究的补充,旨在通过描写和分析翻译现象,弄清某些语言学课题。结构主义语言学指导下的翻译研究,往往过度重视语言规则蕴含的共时的逻辑性,却忽视了历时因素,以及翻译中除语言以外的其他要素和翻译主体的作用。①

进入 20 世纪,西方哲学研究转向现实,并突破表象,寻找现实产生的根源,亦即现实背后的现实。张柏然、辛红娟认为,这种哲学的文化研究转向,滋生了翻译研究的多元系统学派和"翻译研究"学派。西方译学研究者们关注翻译现象背后的文化因素,以及翻译活动对文化的反作用。②翻译研究领域的重要课题——翻译规范研究,也从以往采取传统语言学或篇章语言学角度对句子和语篇层面的定性讨论,逐渐转变为超语篇水平的描述性研究。③

20 世纪 50 年代以来,西方现代语言学家和翻译研究者开始对语言分析、语篇分析感兴趣,围绕翻译语言有了更加系统的整体性思考。④ 以转换生成语法、系统功能语法等现代语言学理论为指导的翻译学研究,更多是从语言结构分析出发,包括根据语言层次、话语使用单位间的关系,以及话语的功能类别,对翻译单位进行划分,以指导翻译实践。这两类现代语言学理论指导下的翻译研究虽有助于对翻译语言结构的科学和客观描写,但带有浓厚的目的性和经验色彩,舍弃了对翻译基础理论的关注,使翻译失去了作为一门独立学科的可能性。⑤ 与此同时,由于太过拘泥于语言形式,这些理论在描写翻译作品时往往对作品的美学价值、艺术再现,

---

① 秦文华,张柏然. 翻译研究的辩证批判. 外国语(上海外国语大学学报),2004(6): 61.
② 张柏然,辛红娟. 中国需要创建自己的翻译学派. 中国外语,2005(5):69-73 + 79.
③ 韩江洪,张柏然. 国外翻译规范研究述评. 解放军外国语学院学报,2004(2):53-56.
④ 张柏然,辛红娟. 译学研究叩问录——对当下译论研究的新观察与新思考. 南京: 南京大学出版社,2016:147.
⑤ 张柏然,辛红娟. 西方现代翻译学学派的理论偏向. 中南大学学报(社会科学版), 2005(4):505.

以及文本以外的社会文化因素不甚关注。①

19 世纪后半叶发展起来的后殖民主义理论,也为翻译研究带来了新视角。后殖民主义研究者主张利用解构主义、女性主义、后现代主义的方法,消解中心和权威,以揭露帝国主义对第三世界的文化霸权为目的,将研究从对纯文本的关注转向更加广阔的文化视域。② 后殖民主义介入翻译研究,有助于揭示翻译背后更深层次的话语霸权。

西方译学研究近几十年呈现出的跨学科态势,融合了语言学、文学及文化理论的最新进展和研究方法,为翻译研究带来了新的挑战和机遇。③然而,也正因对翻译本体以外的文学和文化体系投入过多关注,翻译研究与文学研究、文化研究等相关学科的学术界限日益模糊,翻译学科的外延不断扩大,论者对翻译本身的内涵难以鲜明把握。直至翻译研究发展到解构学派,翻译的同一性被彻底消解,译者的地位突显出来。④ 和中国翻译理论家相比,西方翻译批评家个人建构理论体系的意识非常强。后来者总是试图解构和颠覆前面的理论学说,因而对自身理论思想的阐述更加详细、充分。西方哲学传统由本体论转向认识论,也导致人们越来越关注形而下的问题,逐渐忽略了形而上的探讨。这种发展趋势在译学研究中表现为整体沉陷于形而下的层次,譬如对译者、译作和读者等话题的关注,却忽视了对翻译本体论的思考,纵向上看明显缺乏层次上的立体感。⑤此外,西方翻译理论建设一直强调科学性,难免造成术语的堆叠和分析的烦琐,忽略了研究本身的人文性,缺乏对翻译现象的整体把握。⑥

---

① 张柏然,辛红娟. 译学研究叩问录——对当下译论研究的新观察与新思考. 南京:南京大学出版社,2016:147-148.
② 张柏然,秦文华. 后殖民之后:翻译研究再思——后殖民主义理论对翻译研究的启示. 南京大学学报(哲学·人文科学·社会科学),2004(1):111-117.
③ 张柏然,辛红娟. 译学研究叩问录——对当下译论研究的新观察与新思考. 南京:南京大学出版社,2016:121-122.
④ 杨柳,张柏然. 现代性视域下的林语堂翻译研究. 外语与外语教学,2004(10):42.
⑤ 张柏然. 翻译本体论的断想. 外语与外语教学,1998(4):46.
⑥ 张柏然,辛红娟. 译学研究叩问录——对当下译论研究的新观察与新思考. 南京:南京大学出版社,2016:54-56.

中国翻译的现代性可以追溯到晚清。[①] 从最早的佛经翻译家支谦、道安、僧睿等，到近现代的徐光启、严复和林纾，都是从自身的翻译实践总结与归纳翻译思想。正因如此，他们围绕翻译的论述多散见于文论集、译序、报刊杂文之中，相对缺乏系统性。直至 19 世纪末 20 世纪初，传统译论遗产已难解释日新月异的社会文化环境中不断变革的翻译活动，也无法指导时兴的翻译活动、满足社会现实需求。针对现代性转型所带来的"科学""民主"等新文化现象，多为佛经翻译经验总结的古代译论难以有效解释，更毋论担负教化民众的任务。梁启超的"译书三义"和严复的"译事三难信达雅"都是建立在新翻译活动基础上的经验总结，是在特定时代背景下积极响应救亡图存和启迪民蒙的产物。"五四"以后，人们重新认识到翻译的重要性。中国的有识之士开始通过引介西方翻译理论与经验，指导新时期的翻译活动，解释日新月异的翻译现象。人们结合包括马克思主义在内的外国文化观念和审美方式，以理性的审美判断和辩证的逻辑方法，取代了顿悟式、印象式的点评方式，对中国翻译理论的框架建构带来了深远影响。[②]

以有无"学科意识"作为标准，可将"文革"十年视作分水岭——之前为中国传统翻译思想发展时期，之后为中国现代翻译思想发展时期。[③] 传统译论深受中国哲学、美学和思维方式的影响，且具有很强的历史稳定性，呈渐进发展样态。后来者多是在充分继承前人的基础上稍做丰富和创新。其发展过程中少有质的改变，而是逐步丰富和完善。[④] 中国翻译思想在现代的迅猛发展，与西方译学理论的影响脱不开关系。20 世纪以来，国内学术界对西方美学与翻译学理论传统的关注重点从古代美学和翻译

---

① 杨柳,张柏然. 现代性视域下的林语堂翻译研究. 外语与外语教学,2004(10):42.
② 张柏然,辛红娟. 译学研究叩问录——对当下译论研究的新观察与新思考. 南京: 南京大学出版社,2016:133-134.
③ 王秉钦. 20 世纪中国翻译思想史. 天津:南开大学出版社,2004:259.
④ 张柏然,辛红娟. 译学研究叩问录——对当下译论研究的新观察与新思考. 南京: 南京大学出版社,2016:67.

理论转移到当代,尤其是 20 世纪后半期的理论研究。① 20 世纪 70 年代后期开始,封闭多年的中国人又开始大量译介外国文化,引进外国翻译理论,推动了中国现当代翻译思想的发展。董秋斯、劳陇、谭载喜、杨自俭等学者分别就建设中国的翻译理论发表看法,并在中国译坛掀起一场翻译理论研究的大讨论。② 随着西方后现代主义、结构主义、后殖民主义等文艺批评方法进入翻译研究领域,中国的翻译研究逐渐走向多元共生、学科互涉的发展道路,在广度和深度上都实现了前所未有的拓展。

然而,也是在西方哲学和翻译研究传统的影响下,中国翻译研究逐渐忽视了抽象与综合的倾向,一味分化求细,沾染上烦琐哲学的味道,同时淡化了人文性。③ 在发展中国现代翻译理论的过程中,研究者总是对传统翻译理论持抵触、拘谨的态度:人们认为,古典译论只具有参考价值,无法形成具有逻辑性的理论体系,不能用以指导当今的译学活动。重新挖掘古代译论不过是为当代译论徒增一分民族色彩而已。中国的翻译理论建设未能全力甄别传统译论中那些具有普遍适用性、超越时代性的价值,没有深挖古代译论里永恒的民族性色彩。这种做法既不符合历史唯物主义的精神,也不符合唯物辩证法的精神,难免陷于"民族主义"的窠臼。④

三、融通中西,打造中国特色译学理论

比较译学研究是建设当代中国译学理论的前提,中国特色翻译学理论的建设离不开比较译学的方法。近年来,国内诸多学者通过并置和比较中西译学理论,对两者的优缺点有了更加清醒的认识。这些研究成果启示我们,要在引介西方译论,尤其是普通翻译学理论框架的同时,理性

① 张柏然,辛红娟. 译学研究叩问录——对当下译论研究的新观察与新思考. 南京:南京大学出版社,2016:105.

② 孙会军,张柏然. 全球化背景下对普遍性和差异性的诉求——中国当代译学研究走向. 中国翻译,2002(2):4.

③ 张柏然,姜秋霞. 对建立中国翻译学的一些思考. 中国翻译,1997(2):9.

④ 张思洁,张柏然. 形合与意合的哲学思维反思. 中国翻译,2001(4):87-94.

继承古代传统精华;各学派之间既要批评互动,也要协同合作。① 开展中西译学比较研究,是要在了解中国和西方译学理论的源流、发展历程和现有成就的基础上,展开平等对谈,相互促进,最终打造具有中国特色的翻译理论体系,为建设具有普遍性意义的翻译理论体系做贡献。张柏然在从事翻译研究之初,就提出了建立"中国翻译学"的主张。② 他呼吁"发展中国的译学研究",倡导在多样性的世界文化中汲取中华文化精神,让中国译学走向世界。而建立中国翻译学,必须立足于中华民族的语言、文化和思维方式,从本民族的语言与文化现实出发,从汉外语言对比研究的实际情况出发,描写翻译实践过程,展开翻译理论研究。

张柏然认为,建设新世纪中国翻译学理论的资源主要有三种:西方美学与翻译批评传统、中国古代的翻译批评和翻译学传统,以及"五四"以后形成的中国现代翻译学传统。③ 要利用好这三种资源、中国译论要说自己的话,就要做到用现代观念整理中国译论遗产,以创造性思维对西方译论进行变异,以中国文化的整体性去整合西方片面精确的译论。④ 传统译论的现代转换,是以西方的逻辑化和系统化的哲学思维方法和概念范畴来反思传统译论资源;对西方译论的创造性变异和整合,则是以整体式、感悟式的中国哲学传统来反观西方理论。张柏然建议,建设中国翻译学理论,应该从以下三个方面着手:基于传统文化材料、本土翻译现象和翻译经验;挖掘传统译论中的普适性概念;参照东西方的原理和原则,"相同的东西通之,不相同的东西比较之,在参证比较中得出更深层次的结论"⑤。

首先,传统的文化材料是建设中国特色翻译学理论的基础。中华民族的文化和译论资源是建设具有民族特色和大国气象、大国风范的现代

---

① 张柏然,辛红娟. 译学研究叩问录——对当下译论研究的新观察与新思考. 南京:南京大学出版社,2016:33-34.

② 张柏然,姜秋霞. 对建立中国翻译学的一些思考. 中国翻译,1997(2):7-9 + 16.

③ 张思洁,张柏然. 形合与意合的哲学思维反思. 中国翻译,2001(4):87-93.

④ 张柏然,辛红娟. 中国需要创建自己的翻译学派. 中国外语,2005b(5):69-73 + 79.

⑤ 张柏然. 中国译论:直面"浴火重生". 中国外语,2008(4):86.

中国译论的依托,①因为"本土的翻译现象和翻译经验,是产生原创性译学原理的最深厚、最值得珍惜的文化资源"②。张柏然尤其强调,在整合中国传统译论时,不能紧盯着少数几个译论家,而应重视所有在理论上有建树的译论家,然后按照一定的原则和方法对传统翻译概念范畴进行梳理整合。③ 实际上,中国传统译论并不缺乏科学性。相反,在中国文化传统的影响下,中国译论中"天人合一"的思维方式更加注重自然与人的协调统一、科学理性与人文关怀的结合。④

需要注意的是,中国传统译论产生于特定的历史文化背景之下,不适合直接用以解释现代的翻译活动和译作。不仅如此,传统译论是中国哲学、美学、语言文字和思维模式影响下的产物,也无法生搬硬套地解释他国的翻译现象。鉴于此,张柏然认为,研究者该做的不是简单的资料挖掘和整理,而是在此基础上,对中国传统中丰富庞杂的翻译现象展开"现象统观",即进行系统的搜集、整理、拷问和理论把握。⑤ 同时,应该对中国传统译论中的关键范畴与概念进行定义,找到它在中国传统译论中的具体所指和含义,并结合"文本"产生的特殊社会时代背景进行解释,再进一步梳理历史上其他时期学者对同一概念的利用和延伸,找到"文本"在中国文论中的发展脉络。⑥

在建设当代中国翻译研究理论时,我们也不能遗忘中国现代翻译理论的发展成果。张柏然认为,现代中国翻译理论也是以西方翻译理论和当时的中国国情为基础发展起来的,符合时代的发展潮流,不应被全盘否

---

① 张柏然. 中国译论:直面"浴火重生". 中国外语,2008(4):1.
② 张柏然. 中国译论:直面"浴火重生". 中国外语,2008(4):86.
③ 张柏然,辛红娟. 译学研究叩问录——对当下译论研究的新观察与新思考. 南京:南京大学出版社,2016:69.
④ 张柏然,辛红娟. 译学研究叩问录——对当下译论研究的新观察与新思考. 南京:南京大学出版社,2016:87.
⑤ 张柏然,辛红娟. 译学研究叩问录——对当下译论研究的新观察与新思考. 南京:南京大学出版社,2016:40.
⑥ 张柏然,辛红娟. 译学研究叩问录——对当下译论研究的新观察与新思考. 南京:南京大学出版社,2016:142-143.

定。一方面,现代译学理论已经做了许多引入西方译论的工作,总体呈现出科学化、人文化的趋势,大体上也适应了我国当代译学的发展趋势。另一方面,由于特殊的历史文化背景,现代译论本身就与传统译论存在人为造成的脱节,一旦完全放弃现代译论,则又为中国传统和当代译论制造了新隔阂。鉴于此,当代译学理论只能以现代译学理论为基点。①

其次,我们还要从传统译论中挖掘出那些普适性概念。开展中西学术对话的一个重要目的,是从中西译学的外在比较,实现中国译学古典形态向现代转换的内在超越,重建具有普遍意义和价值的译学话语体系。② 研究者在对中国传统译论进行现代性转换时,应从概念和范畴入手,对我国传统文化和译论中具有普遍意义和价值的地方进行提炼。然后,与西方翻译学理论中的相应现象和理论进行整合,尝试找到其他文化中表达相似范畴与概念的"文本",比较它们的异同。通过这种分析和比较,析出中国经典"文本"中具有普遍性价值的成分,完成古今和中西对话。通过外在比照,实现内在超越,完成传统译论的现代性转换,最终实现世界性多元译论的普遍交流与共生存在的状态,达到重建中国译论话语之目标。③

中国古代译论的现代转换需要从范畴研究提升至体系研究:通过清理与界定传统译论中的概念,梳理古代范畴的内涵和外延,实现对我国传统翻译理论体系的整体把握。④ 参照西方翻译现象和译学理论,通过厘清中国传统译论中那些范畴的形成和演变历史,考辨其理论的内涵和指述功能,有助于对传统译论专题,包括文质论、意象论、形神论、韵味说等形成系统而深入的了解和把握。通过用现代观念整理中国译论遗产,以理

① 张柏然,辛红娟. 译学研究叩问录——对当下译论研究的新观察与新思考. 南京:南京大学出版社,2016:36-39.

② 张柏然,辛红娟. 译学研究叩问录——对当下译论研究的新观察与新思考. 南京:南京大学出版社,2016:106-107.

③ 张柏然,辛红娟. 译学研究叩问录——对当下译论研究的新观察与新思考. 南京:南京大学出版社,2016:142-143.

④ 张柏然,辛红娟. 译学研究叩问录——对当下译论研究的新观察与新思考. 南京:南京大学出版社,2016:65.

性的理论性分析激活古代译论中具有生命力的部分,使之获得现代阐述,转换为当代译学理论的有机组成部分。① 只有把我国译论典籍研究透,确切了解人类全部发展过程中创造的译论,联系 20 世纪以来翻译和译论发生的变化,探索中西译论的异同,洞察世界译论的发展走向,密切注意研究和解决世界译论多元发展中共同关心的翻译问题,在参与世界译论创造的过程中,挖掘我们的译论资源,发扬我们的译论特点,增强创新意识,才能在 21 世纪建构出既有中国特色,又有世界意义,富于当代气息的译论话语和理论体系。②

对于如何在传统文论基础上构建中国特色翻译理论,张柏然提出,可以尝试以"道"为历史原点与逻辑起点(元范畴),根据"天一地一人"这一系统结构框架,依循"气一人一文"或"物一心一文"的生成模式,由源到流,由体到用,由实到虚,由孤立到统一,围绕作为文化或精神现象的翻译艺术所涉及的各个认知方面具体展开,以范畴为基本单元,形成(翻译)起源论、文体论、认知论、通变论、主体论、译品论、风格论、批评论等八个层面或理论专题。③

最后,对西方译学理论的理性批判和辩证汲取是建设中国当代译学理论的重要基础。西方译学理论产生于西方社会文化语境,自然有其自身的局限,无法全盘套用于解释中国的翻译现象。此外,20 世纪 80 年代以来,由于引入了大量西方现代翻译研究的术语和概念,国内翻译研究领域虽然得到了拓展,却因不断分化、一味求细,不仅逐渐背离了人文性,也有违科学化的初衷,忽视了协调抽象与综合的研究倾向。

面对西方美学与翻译批评传统,近三十年来,中国学者的态度经历了

① 张柏然,辛红娟. 译学研究叩问录——对当下译论研究的新观察与新思考. 南京:南京大学出版社,2016:37.

② 张柏然,辛红娟. 译学研究叩问录——对当下译论研究的新观察与新思考. 南京:南京大学出版社,2016:60-61.

③ 张柏然,辛红娟. 译学研究叩问录——对当下译论研究的新观察与新思考. 南京:南京大学出版社,2016:69-70.

由颇为宽容到细加审视的过程。① 中国现代翻译学研究者大量引进西方
翻译研究成果,一边受益于西方翻译学研究的长处,一边对其局限性和适
用性进行反思。张柏然在研究中细数西方译学理论自结构主义语言学到
现代和后现代文化研究的发展路径,认为西方译学理论经历了从系统化、
逻辑化的表达,到关注文本外社会文化因素的过程。虽研究内涵和外延
不断丰富,但前期注重翻译理论在语言应用层面的价值,后期出现学科边
界的模糊化,两种倾向都使得翻译学作为一门独立学科发展的境况不容
乐观。他提出,国内学者在关注西方最新翻译理论发展动态的同时,应谨
防亦步亦趋。②

张柏然强烈反对以西方译论为本位,明确批判了对西方译论的盲目
推崇,主张从中国传统翻译文本和活动中挖掘民族性和世界性成分,并借
西方传统之长来审视中国传统译论,弥补中国译论之短。他认为,在与西
方翻译研究的学术交流过程中,要走出边缘,言说自己,同时还要努力摆
脱二元对立,实现真正的对话。③ 在张柏然看来,倡导中国翻译理论研究
坚持"特色派"的学者应该多一些创新性和理性思维,少一点保守和悟性
思维,更注重翻译研究的系统性和理论性;崇尚引进西方翻译理论的"西
学派"则应该在从事理性和急于求变的纯理论研究的同时,正视对中国翻
译传统和翻译理论的挖掘。④ 中国传统译论擅长在审美化、诗化的批评过
程中呈现启发性、暗示性及触及问题的深刻性。⑤ 在论述方法上,传统译
论采用"类比联想—象征描述"为主体的批评方式,有别于西方译论的逻
辑化批评方式,有助于深化对翻译艺术的美学审视。受中国传统文化的

---

① 张柏然,辛红娟. 译学研究叩问录——对当下译论研究的新观察与新思考. 南京:
  南京大学出版社,2016:25.
② 张柏然,辛红娟. 翻译理论研究的新课题. 中国外语,2008(3):82.
③ 张柏然,秦文华. 后殖民之后:翻译研究再思——后殖民主义理论对翻译研究的
  启示. 南京大学学报(哲学·人文科学·社会科学),2004(1):111-117.
④ 张柏然,辛红娟. 译学研究叩问录——对当下译论研究的新观察与新思考. 南京:
  南京大学出版社,2016:33-34.
⑤ 张柏然,辛红娟. 译学研究叩问录——对当下译论研究的新观察与新思考. 南京:
  南京大学出版社,2016:58.

影响,中国传统译论往往是人们将自身翻译经验活动感悟以比喻性、经验性的方式表达出来。这种译论生成方式赋予理论意义的丰富性和向度的多维性,使理论体现出中国特色美感和活力,展示出超越逻辑和知识的灵性。上述理论特征有助于弥补追求理性和逻辑的西方译论对"存在"的过度关注,以及对翻译本体的直觉把握和整体理解的缺乏。

中西译论平等对话的前提是"有一套建立在自身语言特点基础上,立足于本国文化精神的理论体系"①,并从双方"共同关心的基本思想和知识框架"出发,围绕包括原作/译作、译出语/译入语思维文化体系、译者/读者等话题展开对话,实现翻译理论价值的多样化。张柏然还强调,近年来的比较译学研究,多是讨论价值判断和理论普遍性等方面。然而他认为,比较译学研究更为现实的路径,是建立一种对谈原则和研究的方法学基础,多做具体的、局部的相互阐释工作。②

张柏然在翻译研究中经常旁征博引,融通古今中外的文学理论与翻译理论。这样做不仅能增进对相关概念与范畴的理解,更有助于在真正意义上获得深层次的结论。例如,谈及翻译的元理论建设,在他看来,受近代西方哲学本体论研究让位于认识论这一趋势的影响,研究者对翻译本体论这一形而上命题的热情逐渐淡化,取而代之的是(作)译者、(作)译品和读者研究三足鼎立的研究趋势。③ 然而,西方后现代思潮的发展趋势,似乎又回归到中国古典哲学理论的观点。到了 20 世纪,西方思维方式从认识论转向存在论。海德格尔、萨特等哲学家都朝存在论方向发展。这种关于"存在"的讨论,与中国传统哲学中"道"的概念相契合。西方现代哲学和中国传统哲学在"存在"讨论上的汇合,可以很好地说明翻译元理论的重要性。

① 张柏然,姜秋霞. 对建立中国翻译学的一些思考. 中国翻译,1997(2):8.
② 张柏然,辛红娟. 译学研究叩问录——对当下译论研究的新观察与新思考. 南京:南京大学出版社,2016:139.
③ 张柏然. 翻译本体论的断想. 外语与外语教学,1998(4):3-5.

四、结　语

　　张柏然的翻译研究从一开始就是从理论产生的根源入手,到哲学、美学和思维方式里去把握中外译论的社会文化背景。他的翻译理论构建始终贯彻比较的理念,借外在的方法考察内在的本质。他坚持,建设中国译学理论要走到中国传统译论中去,从中国特色的翻译实践和活动出发,同时辩证地吸收西方译学研究成果,努力实现中国翻译理论的现代化,建立具有东方神采的"感悟翻译哲学"①,最终提炼出真正有贡献于普遍翻译学理论的中国译学理论价值。

　　（本文主体部分已在《宁波大学学报（人文科学版）》2021 年第 3 期"学人与学派研究·张柏然研究专题"发表）

---

① 　张柏然,辛红娟. 译学研究叩问录——对当下译论研究的新观察与新思考. 南京:南京大学出版社,2016:41.

翻译偏向与翻译批评

——张柏然翻译思想的元理论向度

赵 奂

四川外国语大学翻译学院/英语学院

摘 要:翻译的元理论演进经历了传统的语言学范式、现代的文化范式以及后现代的解构主义范式。张柏然教授认为,这一理论演进过程的各阶段衍生了四种偏向。以历时的视角来审视,翻译的元理论在传统的语言学范式中出现了"功利性"偏向,在现代的文化范式中出现了"泛化"偏向,在后现代的解构主义范式中则出现了"无理论"偏向;以共时的视角来审视,翻译的元理论在宏观的理论旅行层面出现了单一输入的偏向。张柏然教授的翻译思想对此四种偏向进行了批评,正是批评本身构筑了其翻译思想的元理论向度的边界。

关键词:张柏然,翻译思想,元理论向度,偏向,批评

张柏然教授指出,翻译理论的元理论向度关乎翻译研究本体自觉,其特点一为以一般公共概念作为研究对象,二为从老问题中反思并重新整合自身,故"元理论"研究就是"翻译理论对于自身的审度与省思"①。在翻译元理论从传统到现代,再到后现代的范式推移演进过程中,张柏然教授所言之元理论的哲学基础虽然未变,但由于社会文化与翻译研究现状复杂多变,元理论的发展在历时及共时层面均表现出路径性的偏向:一是历时层面的"功利性""泛化性"和"无理论"偏向,二在共时层面的单一输入

---

① 张柏然,辛红娟. 当下翻译理论研究的两个向度. 中国外语,2009(5):93.

性偏向。张柏然教授元理论的界定从本质上基于对上述四种偏向的批评,可以说,正是批判本身构筑了元理论研究的边界,并回答了翻译研究中"未来的形而上何以可能"这一康德式的问题。

一、对传统范式"功利性"偏向的批评

1972 年,霍姆斯(James Holmes)指出,"描写翻译研究(DTS)"和"理论研究"是翻译"纯"研究的两个主要方面。[①] 霍姆斯所言之理论"纯"研究类同于张柏然翻译思想的元理论。翻译的元理论演进经历了传统的语言学范式、现代的文化范式以及后现代的解构主义范式。在传统的范式中,出现了语言学与翻译研究互为工具的研究类别的"功利性"偏向。

结构主义哲学带来了翻译的语言学转向。翻译的语言学研究范式亦称翻译的科学范式,强调基于语词层级的转换机制,着眼翻译的内部研究。该范式的语言哲学渊源为索绪尔(Ferdinand de Saussure)语言学思想以及语言分析哲学。1926 年,在布拉格语言学会(the Prague Linguistic Circle)召开的第一次会议上,英语语言和文学教授马泰休斯(Vilém Mathesius)宣布该学会成立。[②] 这标志着继索绪尔之后最有影响力的布拉格语言学派的诞生。作为该学会的主要领导人,马泰修斯强调语言的共时和静态比较,以解释语言体系及其发展过程中的结构性规律。在这一学派的影响下,雅各布逊(Roman Jacobson)、弗斯(John Rupert Firth)、韩礼德(M. A. K. Halliday)、奈达(Eugene Nida)、卡特福德(John C. Catford)、穆南(George Mounin)等知名学者纷纷从语言学视角出发,分析翻译在语词和句法层面的转换问题和实现模式,导致"等值"成为 20 世纪 60 至 70 年代翻译研究的热词。

---

① Holmes, J. S. The name and nature of translation studies. In L. Venuti (ed.). *The Translation Studies Reader*. London & New York: Routledge, 2004: 172-185.

② Dušková, L., A. Klégr, P. Šaldová, M. Malá, and J. Čermák. Editor's and translators' foreword. In L. Dušková (ed.). *Dictionary of the Prague School of Linguistics*. Amsterdam & Philadelphia: John Benjamins, 1984: 26.

　　从元理论的角度来看,这一时期翻译研究的语言学范式出现了两种研究类别:第一类是语言学家"以结构主义语言学的理论与方法来描述翻译现象",第二类语言学家认为,"翻译是特定形式的言语行为",因此他们用语言学的基本概念、范畴和方法对翻译性质、过程和方法进行分析和描述。① 第一类学者以英国语言学家弗斯和韩礼德等为代表,他们特别强调选择的概念。例如他们认为,在一个语言库(语言系统)中,作家或说话人可以从中开展选择,这些选择是非随机的、结构化的,反映了语言产品必须服务于社会文化功能的思想精髓。② 在《语言分析与翻译》一文中,弗斯详尽地阐述了结合翻译进行语言分析的观点,肯定了翻译理论自身在语言学中的地位,并认为可以把翻译作为语言分析的一种形式来阐明语义。③ 可见,结构语言学家在讨论翻译问题时,往往将翻译研究纳入语言学的理论框架,以结构主义语言学的理论与方法来描述翻译现象,其研究翻译的根本目的是为了便利语言研究。在他们看来,翻译的存在就是对语言理论和语言哲学的补充与支持,是用来证真或证伪的;语言分析与翻译两相结合则可为语言学家和社会语言学家提供更为丰富的实例,因为具有社会功能的语言既是交际的手段,也是识别社会群体的一种方式。第二类学者以卡特福德为代表。这类研究者以现代语言学理论为指导,认为翻译是特定形式的言语行为。卡特福德认为,由于翻译与语言有关,对翻译过程的分析和描述必须充分利用为描述语言而建立的理论范畴。换言之,它必须借鉴一种语言理论,一种普遍的语言理论。④ 从这一意义上说,翻译研究不再服务于语言学的目的,而是基于结构主义语言学理论

---

① 张柏然,辛红娟. 西方现代翻译学学派的理论偏向. 中南大学学报(社会科学版), 2005(4):502.

② Shreve,G. M. Text linguistics,translating,and interpreting. In K. Malmkjær (ed.). *The Routledge Handbook of Translation Studies and Linguistics*. London & New York:Routledge Taylor & Francis Group,2018:167.

③ 张柏然,辛红娟. 西方现代翻译学学派的理论偏向. 中南大学学报(社会科学版), 2005(4):501.

④ Catford,J. C. *A Linguistic Theory of Translation:An Essay in Applied Linguistics*. London:Oxford University Press,1965:vii.

开展对意义的追索。在这种思想引导下,翻译学家致力于源语与译语的成分分析、结构对比和等值的实现。

结构主义语言学流派"将语言视为自足封闭的静态系统并致力于对系统内部语言符号构成或组合规律的探究"①,这种注重内在属性的研究方式排除了文本层级以及文本以外的因素干扰,追求语言意义的确定性。在这样的哲学背景中,翻译学者们自然认同语际转换的可能性和必然性,强调对等、转换和二元对立的科学主义。也是在这一哲学视阈中,机器翻译成为可能。然而,正是前述这两类研究促生了两种偏向的发生:第一类语言学范式的偏向体现出张柏然等学者所言之"前设性"②,这类研究对语言层面的翻译现象展开研究,其最终目的仍然是服务于理论假设,翻译研究中的个例则是语言学理论的补证。譬如,某些实证性的研究为了验证其预设的结论,往往会选择翻译实例进行印证。这样的研究方法将翻译研究工具化,必然影响结论的普适性。第二类偏向出现在以结构主义语言学为方法的翻译研究中,研究者采用语言学工具进行机械的双语静态分析,导致"对等"成为实用性目标,所得结论也表现出极大的局限性。

无论是将翻译研究视作结构主义理论自身研究的手段和途径,抑或是在结构主义语言学观照下开展原文本、译文本在语词与句法层级的机械比对,这两种方式均具有"功利性"倾向,其研究结论均会出现偏误。随着翻译的语言学范式研究的逐渐深入,语言学范式内部的矛盾开始暴露,微观操作与宏观导向之间的偏移不断加剧,语言学范式系统理论无法全面解释不等值现象的问题也日益凸显。另外,语言学翻译理论均着眼于文本内部,排除了译者在原作者、作品及读者之间的桥梁作用,忽略了历史语境与读者期待视阈影响翻译过程的重要性,导致其与接受时空、译者审美心理、意识形态等问题的脱节与偏颇。对于这种"功利性"偏向,张柏

---

① 魏向清. 在结构与解构之间——重新审视中国传统译论的理论建构价值//张柏然,刘华文,张思洁. 中国译学:传承与创新——2008中国翻译理论研究高层论坛文集. 上海:上海外语教育出版社,2008:49.

② 张柏然,辛红娟. 西方现代翻译学学派的理论偏向. 中南大学学报(社会科学版),2005(4):502.

然教授曾一针见血地指出:"一对一对的对应关系少而又少,不是很多,更多的是多义的。……在文学翻译和社科翻译里面,对于一个词的理解放在不同的上下文是不同的,no context,no text。放在一定的上下文,翻译是不一样的。……这个标准化,如果在工程技术领域,是存在着,但是在社会科学,尤其在文学艺术领域就不可能。"①斯奈尔-霍恩比也曾讲过:"语言之间对称的幻觉,在模糊的词义之外几乎不会存在,它扭曲了翻译的基本问题。"②可见,张柏然教授与霍恩比均对以原文本的语词句段为唯一参照而摈弃译入语因素的翻译研究方式提出了批评,反映出他们"去功利"研究的思想主张。

人的认识是由现象到本质的过程。一方面,认识事物的本质离不开现象,因为事物的本质存在于现象之中,事物现象和本质的同一性为认识提供了科学的可能性;另一方面,离散的现象与本质决定了认识过程的曲折性和复杂性。因而,人对事物本质的认识必然经历由片面到全面、由机械到复杂的不断深入的过程,正是此渐进的过程实现了人的认识从感性到理性的飞跃。张柏然教授所指出的传统范式的两种偏向,是对翻译研究理论范式的向内审省和向外突破,有助于翻译研究沿着正确的轨道发展演进。

二、对现代范式"泛化"偏向的批评

当意义在语词层级无法达成对称时,文本外的文化现象便进入了研究者的视野。与此同时,结构主义研究者们由探究朴素的语言形成和语言成分的区分,进而发展至分析各种语体、追索语言功能,故又被称为功能主义或功能语法学派。随着语言哲学的不断演进,在赖斯(Katharina Reiss)、诺德(Christiane Nord)、弗米尔(Hans Vermeer)、韦努蒂

---

① 陶李春,张柏然. 中国术语翻译研究探微——张柏然教授访谈录. 外语研究, 2016,156(2):83.

② Snell-Hornby, M. *Translation Studies*: *An Integrated Approach*. Amsterdam & Philadelphia: John Benjamins, 1988:22.

(Lawrence Venuti)等翻译功能派先锋学者的推动下,传统的语言学范式开始尝试新的突破。与此同时,俄国形式主义范式内部不断膨胀聚变,埃文-佐哈尔(Even-Zohar)在索绪尔的系统观以及"雅各布逊-蒂尼亚诺夫"系统功能思想的基础上,消解了文学外部要素与内部要素的二元对立,建立了多元系统理论。巴斯奈特(Susan Bassnett)、赫曼斯(Theo Hermans)和勒菲弗尔(André Lefevere)则引领学界探索翻译与诗学、意识形态、赞助人等外部因素的关系,形成颇有影响的改写理论与操控理论。图里(Gideon Toury)于 20 世纪 70 年代至 90 年代较为全面地发展了霍姆斯的理论蓝图,将翻译作为目的语系统中的文化现象,进而引入"假定的翻译"概念和"规范"理论,将翻译学带入以译文研究为重点的描述性研究。"20 世纪 70 年代,翻译研究突破了语言学研究的藩篱,转向研究翻译现象与文化的关系。"①此时的翻译研究视野更为广阔,文本内视阈向文本外拓展,传统语言学范式所探讨的"标准""等值""规则"等概念也为现代的"主体性""描写""操控""存异"等现代性理念所取代。

新的现代文化范式重视翻译产品对接受文化的影响以及历史语境中制约译者翻译选择的各种文化因素。翻译结果的达成源自译者的自我意识与对世界共在间动态关系的理解在译文内容和形式上的体现,通过分析翻译结果,可发现影响译语文化的主体的多样性。由于此类研究常涉及翻译结果对译语文化的影响,张柏然教授告诫我们,这种影响存在"泛化"倾向,研究者需分清楚产生影响的主体,从以下三个方面明辨影响的具体形式:首先是原作品自身携带的动能带来的关于文学思潮、哲学思潮、文学体裁的变化,其次是译者行为对译入语文化、语言的影响,再次是翻译造成的译入语语言形态和文体的变化。② 第一种影响本质上来自源语作品,即源语作品直接作用于精通外语的译者,而译者则向自己所在的接受语语境传达了此种影响;第二种影响源自译者对原文的文化"误读"

---

① 张柏然,辛红娟. 西方现代翻译学学派的理论偏向. 中南大学学报(社会科学版),2005(4):503.

② 张柏然,辛红娟. 西方现代翻译学学派的理论偏向. 中南大学学报(社会科学版),2005(4):504-505.

和刻意的删、改、增,而译文亦产生对译语文化的影响。在张柏然看来,前两种影响并非由翻译造成,只有第三种影响与翻译本体研究密切相关,因而只有第三种归属于翻译研究的范畴。

事实上,翻译研究文化范式的部分领域的确出现了"泛化"的趋势,比如译者身份和译文影响研究。图里曾指出,译者身份(translatorship)的首要特点就是其社会性,翻译行为及其产品均应以适恰的方式体现被赋予的职能。[①] 蒙娜·贝克(Mona Baker)可谓该路径的先行者。在她的研究中,埃及政治运动的译者本身可以是制片人、作家、艺术家、记者、文学家或社科学者,他们通过口笔译行动为政治运动译入外来思想,为国际社会传递国内信息。[②] 也正因为如此,在关涉多重身份与社会间关系的案例讨论中,有学者批评蒙娜·贝克的研究过于泛化,"未能明确而始终如一地致力于翻译研究"[③]。笔者以为,之所以这样,是因为贝克的研究对"译者身份"的界说边际模糊,没有明确说明对社会产生影响的因素究竟是译者的翻译行为还是译者的非翻译行为(如宣传、辩争、出版等)。根据张柏然的界定,译者的非翻译行为应划归为翻译的外围研究。[④]

张柏然教授对边界泛化的批评指出了现代翻译文化研究范式存在的流弊,其目的在于防止研究对象的泛化,同时对译者的非翻译行为研究、译品的中介属性等进行范围界定,为研究范式的拥趸者设定规矩,澄明内外之别,无疑有着正本清源的作用。

---

① Toury, G. The name and role of norms in translation. In L. Venuti (ed.). *The Translation Studies Reader*. London & New York: Routledge, 2004: 198.

② Baker, M. *Translating Dissent: Voices from and with the Egyptian Revolution*. London: Routledge, 2016.

③ Wolf, M. Book Review of Mona Baker (ed.). 2016. *Translating Dissent: Voices from and with the Egyptian Revolution*. *Target*, 2017, 29(3): 508.

④ 张柏然,辛红娟. 西方现代翻译学学派的理论偏向. 中南大学学报(社会科学版), 2005(4): 506.

三、对后现代范式中"无理论"偏向的批评

20 世纪 50 年代后期,美国哲学家奎因(Willard Van Orman Quine)发现,不确定性能影响语言。他提出了一个著名的与翻译相关的思维实验:当土著居民指着一只奔跑的兔子说"Gavagail"时,丛林语言学家写下了"gavagail = rabbit"这一描述程式。奎因认为,这种程式存在着除"gavagail 就是 rabbit"以外的多种解读,如"小心兔子!""看,这就是兔子!"等。实际上,不同种类的命题都有一定程度的不确定性,就翻译而言,信息的不确定性永远存在。我们知道,20 世纪六七十年代处于鼎盛的语言学范式为目的论和现代描写范式的两股洪流所突破。在后现代范式中,翻译研究从狭窄的一一对应的语义世界解放出来,从单一的语言本体研究或描述性研究进入更加多元开放的局面。在这种范式中,文本是不稳定的,意义是不确定的,现代范式中的"客观性""稳定性"和"系统性"为"怀疑""碎片化"和"不确定性"所取代,翻译研究的元理论研究迈入了后现代范式。

当各种后现代文化学派相继登场时,结构主义与解构主义翻译研究范式逐渐疏离,范式拥趸者甚至出现对立和冲突,范式突破的必要性与紧迫性被加倍凸显。这一范式危机成为横亘在翻译理论研究进一步发展之路上的障碍。两种迥异的范式之间的不可调和性本质上源于范式间不可通约的属性。对此,张柏然教授指出,不要倡导两者的简单调和,而要强调两者的哲学精神共核仍是意义,或其所言之"意指方式"。在解构主义成为主流研究范式的三十多年时间里,原文本与译文本的因果关系渐被消解,原文本不再是决定译文样态的单一因素。后现代主义的翻译理论对规范性意义体系、单向决定主义以及传统二元对立逐一展开批评和颠覆。在此种情况下,出现了"以形而上学的方式或视角理解解构主义与后现代主义"的偏向,此举之结果是对"解构"与"后现代"的简单化、碎片化和虚无化诠释,同时造成"翻译理论的元理论向度常被当作不合时宜的动

向加以忽视"①,反理论思潮随之生成。应该如何诠释解构主义与后现代，批评这一思潮，成为张柏然翻译思想元理论向度切划的第三个边界。

首先，尽管解构主义和后现代批驳理性权能、消解单一因果，但并不意味着翻译行为的随意性和翻译策略的随机性。解构主义和后现代思潮绝非反理论，而是展示了意义的开放性。在张柏然的元理论向度中，后现代范式突出人、语言和存在的三位一体，遵循语言与世界的同构，其语言哲学基础建立在以海德格尔（Martin Heidegger）、伽达默尔（Hans-Georg Gadamer）以及德里达（Jacques Derrida）为代表人物的学派所倡导的本体论语言观、阐释学语言观以及解构主义语言观之上。张柏然认为，解构主义、后现代主义所要求的并不只是对于理性权能与理论思维的批判、限定、贬斥，更重要的是"对新的意指方式与理解方式的诉求"②。这样，就需要以一种新的方式、从一个新的角度解析理论本身的性质与意义以及它与现实的关系，尤其需要理解解构主义、后现代主义理论本身的表意方法与意指形式。在张柏然翻译思想所体现出来的同构观的观照下，译者与世界所处的关系决定了译者所选择的语言策略，因为关系是动态的，意指方式是多样的，且成离散状。奎因也曾有过相类似的表达：原文可引发诸多相异的译文，所有译文均是合法的，它们处于看似合理却松散的等价关系中。③ 如此，后现代的思维路径赋予了翻译研究者基于人的主体意识与客观世界之间动态互涉关系的解释权，译文的种类就有了无限多的可能性。

其次，"反理论"思潮认为，在一个不确定的世界中，翻译失去了达成的工具，这是一种虚无化和碎片化的论调。事实上，安东尼·皮姆（Anthony Pym）等翻译理论家仍然认为，在后现代范式的背景下，思维启发、共识对话、解释学、社会建构主义、博弈论和非线性逻辑仍给予翻译以可能性。④ 张柏然在反对碎片化和虚无化的同时，还强调翻译理论自身的"本体化"

---

① 张柏然，辛红娟. 当下翻译理论研究的两个向度. 中国外语，2009(5)：94.

② 张柏然，辛红娟. 当下翻译理论研究的两个向度. 中国外语，2009(5)：93.

③ Quine，W. V. O. *Word and Object*. Cambridge：MIT Press，1960：27.

④ Pym，A. *Exploring Translation Theories*. London & New York：Routledge，2014：86.

和"寓言化"。① 在他看来,走向"本体化"和"寓言化"的翻译理论不再单纯地对翻译现实负责,也就是说,"本体化"的翻译理论具有自身的"存在";"寓言化"的翻译理论会打破形而上的单向度、必然性的意义联系,实现理论与现实之间的双向甚至多向的意义勾连,钩探当前现实背后的本质,让后现代的翻译理论以一种全新的方式诠释翻译和译者,并作用于世界。

四、对译学理论单向流向的批评

最后,张柏然教授还从元理论的角度,对理论范式更迭过程中"理论单向旅行的现象"进行了批评。国内的当代译学研究从 20 世纪 80 年代开始,以短短数十年的时间仿拟并历经西方译界的范式演进。"中国译论基本上是'唯西是趋''惟新是趋',谁若是最早看取了西方最新潮的译论,谁似乎就是掌握话语霸权",如此一来,引入的西方译论只能"各领风骚一二年",而引进者仅起到"传声筒"的作用。② 理论旅行本是正常的交流与借鉴,其本质应为互涉而非单向流进或流出。张柏然教授批评单向输入的理论流向,积极倡导对中国诗性哲学传统的元理论回归,重视自己的文化本根,主张建立有中国特色的翻译理论体系。他指出,主要有三种途径实现体系建设:以现代观念整理中国译论遗产,探究其现代价值;以创造性思维在西方译论流派史上打下中国的烙印;以中国文化的整体性,整合西方片面精确的译论,使之在更高的文化层次上得以综合。③ 可以说,张柏然的理论流向批评观,亦是中国特色翻译理论体系的建构观。

第一种途径源于现代哲学观念和中国译学资源。在张柏然看来,中国深厚的哲学思想为中国特色理论体系提供了丰赡的资源。在中外译学历经结构主义、文化研究和解构主义范式大发展之后相继陷入沉寂的当下,研究者更有必要重新审视中国传统译学的研究成果,深入探究其内在

① 张柏然,辛红娟. 当下翻译理论研究的两个向度. 中国外语,2009(5):94.
② 张柏然,辛红娟. 中国需要创建自己的翻译学派. 中国外语,2005(5):73.
③ 张柏然,辛红娟. 中国需要创建自己的翻译学派. 中国外语,2005(5):73.

的哲学与文化渊源,从而正确看待中国传统译论的理论构建价值。用现代哲学话语归整中国不同历史时期出现的传统译论,譬如"文质说、信达雅说、信顺说、翻译创作论、翻译美学论、翻译艺术论、意境论、神似说、化境说、整体(全局)论"可视为现代体用哲学的体现;①梁启超在《论译书》中提出的"择当译之本,定公译之例,养能译之才"的"三义说"②,茅盾提出的翻译不可失却之"神气句调"③,以及鲁迅在《"题未定"草》中谈及"归化"或"洋气"之选时提出的"凡是翻译,必须兼顾着两面,一当然力求其易解,一则保存着原作的丰姿"④,则可从道德哲学、伦理学和社会学层面进行界说。无论是体用哲学、道德哲学、伦理学抑或是社会学,皆可用之于以现代的观念重新整合中国的传统和现代译论之中。

第二种途径在于中国翻译研究者的理论自觉。《潘文国学术研究文集》开展对翻译过程、翻译批评和译文质量的检验,是从文章学的角度对传统译学的新阐释。谢天振《译介学》让中国以语言学为基础的传统翻译研究转向比较文化与比较文学的研究,为翻译学开辟了新路径。王宁《比较文学、世界文学与翻译研究》体现了作者理论性、前沿性、国际性和跨学科性的著述风格,反映了对前沿理论课题的探索。这样的中国学者很多,不能一一枚举,他们用创造性的思维在现代译论中书写下自己的名字。

第三种途径是用中国儒、释、道哲学相关论说让译论在更高的文化层次上得到整合。譬如道家的"信言不美,美言不信",庄子的"寓言""重言""卮言""格物致知",儒家的"美善相乐"与"文质统一",佛家的"重实、重信"等均为元理论的"惴惴不安"提供了哲学基础。⑤ 张柏然教授曾经有过这样的论说:"现代译论的思维方式是认识论的,而古代译论是存在论的,

---

①　参见:魏向清. 在结构与解构之间——重新审视中国传统译论的理论建构价值//张柏然,刘华文,张思洁. 中国译学:传承与创新——2008中国翻译理论研究高层论坛文集. 上海:上海外语教育出版社,2008:51;王秉钦. 20世纪中国翻译思想史. 天津:南开大学出版社,2004:1.

②　梁启超. 论学校七(变法通议三之七):译书. 时务报,1897(27):3.

③　李红英. 茅盾的文学翻译思想. 社会科学论坛,2008(22):127.

④　鲁迅. "题未定"草. 文学(上海1933),1935(1):10.

⑤　张柏然,辛红娟. 当下翻译理论研究的两个向度. 中国外语,2009(5):95.

这种存在论思维方式过去被看不起。20 世纪,西方思维方式出现转换,由认识论转向存在论。海德格尔、萨特等都朝存在论方向发展。而我国古代译论本身就是存在论的。西方现代译论尤其是语言学派的译论过于重视字词句,但往往不在整个作品的语境中重视它们。其实,对字词句的理解应在作品的整个语境中进行。中国古代译论特别重视这一点,它常常蕴含着很现代性的话题。"①张柏然的此番论说,是对传统思维模式的现代价值的挖掘,是在综合性层面将中国文化与西方译论进行互通和整合。

总而言之,中西方不同翻译传统应从各自的翻译理论中提炼出具有普遍价值的译论,并在平等对话的基础上寻求普遍性。中国翻译研究者应在全球化的背景下,立足民族语言、文化和思维传统,持共在意识参与国际对话。

五、结　语

亚里士多德曾说,古往今来人们对哲理的探索,皆源起于对自然万物的惊异;他们先是惊异于种种迷惑的现象,逐渐积累一点一滴的解释,对诸如日月星辰的运行以及宇宙之创生等重大问题做出说明。② 张柏然教授翻译思想中的元理论沉思是否定表面认知、探究内在本质的活动,是探求理性、客观性和普遍性的审省。元理论向度的边界由批评构筑,张柏然翻译思想的元理论批评跨越传统、现代与后现代三个阶段,明示并切割了范式演进中的种种偏向,让元理论在探讨关于翻译自身问题的同时建构了清晰的边界,其终极旨归为通过纯粹理性批评追寻翻译的现象和本质、必然和自由、有限和无限等问题的答案。

（原载于《解放军外国语学院学报》2021 年第 6 期）

---

① 张柏然. 中国译论：直面"浴火重生". 中国外语,2008(4):1.
② Aristotle. *Metaphysics*. D. R. William（trans.）. Beijing：Central Compilation and Translation Press,2012：6.

第三编

张柏然翻译思想的当代启示

圆融与超越

——张柏然翻译思想美学特质剖析

辛红娟

宁波大学外国语学院

摘　要：中国古典哲学—美学思想体系中"天、地、人"三才相互沟通、相互渗透，圆融流动，本末相兼，整体观照，有机统一，充满系统辩证色彩。这些特点在张柏然中国特色翻译思想构建中得到了充分体现。本文全面梳理张柏然教授的翻译著述，探析其翻译思想中体现出的整体意识、对话意识、辩证意识与创新意识。张柏然教授倡导的"古今沟通，中西融通"中国译学建设路径，有助于推动翻译学理论的古今、中西对话，建构起具有大国担当的新时代中国特色翻译学理论框架，由对话而致体相圆融、由比较而达内在超越。

关键词：张柏然翻译思想，整体意识，对话意识，辩证意识，创新意识

引　言

　　张柏然教授生前是南京大学外国语学院博士生导师，中国翻译协会资深翻译家，因率先提出建设"具有中国特色的翻译学"的系统主张，被国内学界尊为"传统派"翻译研究的代表性人物。学界盛赞他重视译论的中国特色却不放弃对普遍性的追求。① 自 20 世纪 70 年代末涉足双语词典

---

① 　王秉钦. 中国翻译思想史. 天津：南开大学出版社，2004：301.

编纂与英美文学译介领域后,在随后的中国翻译研究热潮中,张柏然教授始终致力于对中国传统翻译思想进行反思和阐发,结合国际范围内对现代性和后现代性的讨论,关注中国翻译学"合法性"的焦虑,探索中国翻译学"主体性"建立的合适路径。本文拟全面梳理张柏然教授关于翻译与语言转换的学术写作,聚焦其翻译理论内核,描画张柏然中国特色翻译学思想彰显出的整体意识、对话意识、辩证意识与创新意识。虽则学科意义上的哲学、美学是近代的事情,然中国古代诗乐舞一体、文史哲不分,因此在探讨张柏然翻译思想的理论渊薮时,本文时常用"美学"这一表述替换性指涉"哲学—美学"概念,不仅因为张柏然教授在学理构建中曾多次交替使用这两个概念术语,也不仅因为其临终病榻前仍念念不忘将毕生的翻译思考凝练成一部关于中国翻译美学思想的著述,更因为从学科定义角度而言,美学作为"哲学的皇冠",致力于探索美的本质、审美意识同审美对象的关系等。而这些正是张柏然教授毕生追索的翻译"应然"与"实然"的本体性问题。

一、张柏然翻译思想概要

作为中西文化对话的载体与表现形式,翻译成为近代中国引进西方现代文化与文明观念的便捷途径,将西方学术上的各种新成果带入中国。经过西学洗礼,中国学界对世界历史发展、政治、经济、社会、自然界万事万物的看法都有了巨大改变。改革开放之后,随着西方科学技术的涌入,层出不穷的西方译学观念蜂拥而至,被不少研究者奉为圭臬,拿来分析、研究中国的翻译现象,这些翻译学新概念、新术语在为我国翻译理论研究提供新视角、带来新启示、开阔新思路的同时,也导致了西方思维方式的兴起,造成中国翻译学的"失语"与身份危机。正是在这样的学术语境下,张柏然教授倡导建立"具有中国特色的翻译学",呼吁学界"进行多角度、多学科的研究,结合中国传统的宏观描写理论与西方的微观分析理论,以中国语言、文化为基石,用科学的方法加人文观照对双语转换过程中的各个机制进行描述,找出客观规律与普遍性,确立语言翻译的科学依据和依归"①。这一主张至今仍具有直击人心的力量，洋溢着卓越的思想前瞻性。

张柏然教授始终坚持向内用力，致力于从中国传统智慧中寻找新时期翻译学科的学术生长点。他联合境内外一批有远见卓识的学者，在《光明日报》、香港《文汇报》和国际翻译学理论杂志 *META* 上发文，倡导在多样性的世界文化中发展中国翻译学研究，清晰描绘出中国翻译学的建构路径——"对一些具有世界意义的中国译学经典进行现代性的'还原释读'，从其文化精神的内核中，迸发出具有中国现代特色的译学理论"，同时，"对极其丰富复杂的中国翻译现象进行系统的搜集、整理、考订和理论把握，即'现象统观'"。② 他明确指出，翻译的本土经验，尤其是民族审美经验应该受到重视，这是翻译学"主体性"的立身之本。面对深厚的传统文化和凌厉的异域文化，中国翻译学应该以汉民族语言文化为立足点，挖掘、发扬中国传统译论的长处，运用西方科学、系统的研究方法对传统译论进行改造和升华，生成既蕴含中国丰厚文化内涵、融合西方研究方法优点，又能体现时代精神和风貌的新型翻译理论。

在张柏然教授及其翻译学同仁的学术框架中，中国翻译学的"中国特色"不仅在于用中国人自己的目光与观点来阐释中外翻译现象（尤其是文学翻译现象），还能够连接被忽视甚至中断了的古代翻译理论传统，从古代译论中吸收丰富的营养，摄取具有生命力的观念，激活那些并未死去的东西，使之成为新译论的血肉。在张柏然教授看来，学术界于 21 世纪重新谋划中国翻译学的原创性时，必须在吸收中外古今译论的基础之上，创建起一套具有我们自己的理论创新的规范、术语与观念系统，才能恰如其分地阐释本国、外国的翻译现象。须知，中国的学术"只有栽在我们民族历程的'土壤'中，才能生长出解决我们自己问题的学术。……中国学术走向世界，不是消解中国特色，恰恰相反，中国学术只有保持中国特色，创造性地实现中国传统文化的现代转型，才越能面向世界。民族性与世界

---

① 张柏然，姜秋霞. 对建立中国翻译学的一些思考. 中国翻译,1997(2):16.
② 张柏然. 发展中国的译学研究. 光明日报,2001-12-25(B03).

性是密切地联系在一起的,二者不可分割"①。

张柏然教授力主的"中国特色"的翻译学并不含有排他性,仅表示有关的理论和方法扎根于汉语语言和包括文、艺、哲、美等在内的文化事实之上。强调不同民族文化的独特价值,弘扬民族文化的独创风格,不但不会阻碍民族文化走向世界,恰恰能够有益于解构当今西方某些发达国家的霸权主义者试图借"全球化"推行文化殖民主义的策略,有益于真正实现多元共存互补的文化全球化目标。我们所寻求的是与西方对话,而不是对抗。我们要寻求共同的话题,不同的声音。有共同的话题,才能引起对话,有不同的声音,才能引导对话的深入。② 表征中国翻译学的理论逻辑内涵的"中国特色"翻译学理论,是中国学术走向世界的前提,构建中国翻译学"既要立足本位,也要参照外位,既要注重共性,也不能忽视特性"③。世界翻译学欲达至灿然大观,势必也期待植根于汉语泥土、生发于汉语事实的翻译学流派的加入,呼唤源于中国学术传统和语言文化土壤的翻译学思想。只有切实做到学科系统内的"古今沟通"与"中西融通",构建出"渊深宏通、胸襟开放,又新锐高效的学术创新体制",中国翻译研究才能够达至"大成",④才能够跻身世界翻译学之林。张柏然教授论证指出,"古今沟通"并非简单的复古,而是要深入中国古代译论宝库,悬置前人见解,读出真切体验,将古人散金碎玉式的论述用现代理性眼光连缀起来,给古代译论建构一个现代理论语境,加以适当阐释并建构出蕴含古今文化性格的中国翻译学理论。"中西融通"意味着将中国传统译论擅长的综合感悟与西方译论擅长的逻辑推理相结合,"从中西译学比较入手,借助于'他者'的参照,由外在比较达于内在超越,促动中国译学实现其古典形态的现代转换,从而在中西对话中重建关于译学的价值理解,重建一种具

---

① 林北平. 中国特色:当代中国社会科学建构的根基——论中国学术走向世界的前提. 理论视野,2013(4):20.
② 张柏然. 全球化语境下的翻译理论研究. 中国翻译,2002(1):59.
③ 张柏然,姜秋霞. 对建立中国翻译学的一些思考. 中国翻译,1997(2):16.
④ 张柏然. 发展中国的译学研究. 光明日报,2001-12-25(B03).

有更大圆周的话语和意义系统,以面对世界性交流共生状态下的共同翻译理论命题"①。

二、张柏然翻译思想之理论渊薮

西方字母系统下的思维方式是趋于精细分析和演绎的逻辑发展,与汉语象形表意文字相联系的思维方式则是感悟式的圆融观照。叶维廉在对传统诗文论进行全面衡量的基础上指出,中国的传统理论,除了泛言文学的道德性及文学的社会功能等外在论外,均是以美学上的考虑为中心的,中国传统的美感视境一开始就是超脱分析性、演绎性的。② 对此,张思洁、张柏然认为,中西方"第一哲学"间的差异是导致汉语"综合性"思维和英语"分析性"思维之差异的根源,华夏民族倾向于注重整体思维,表现为综合性思维方式,强调整体程式,而西方人则倾向于注重个体思维,表现为分析性的思维方式,强调结构程式。这种思维方式的差异,体现在语言和理论话语上则显现为,汉语在表述上力求全面、周到,以突出整体性综合框架,而西方话语系统不求整体框架完整,但求结构逻辑上的严谨。③

从思想来源看,那些具有美学意义的中国早期经典著述已使得美感体验超脱出有限的分析性、演绎性,走向直觉观照的无限性。《庄子·外物》:"筌者所以在鱼,得鱼而忘筌;蹄者所以在兔,得兔而忘蹄;言者所以在意,得意而忘言。"《易传·系辞上》:"子曰:'书不尽言,言不尽意。'然则圣人之意,其不可见乎? 子曰:'圣人立象以尽意,……'"王弼《周易略例·明象》注道:"夫象者,出意者也;言者,明象者也。……言生于象,故可寻言以观象;象生于意,故可寻象以观意。"这些表述不仅从认识论上,也从方法论上机智地断定借助形象性的思维和表达比抽象的逻辑语言更为优越,内容也更为丰富、宽广。他们已经深深懂得,充满内在生命、浑然

---

① 张柏然,辛红娟. 翻译理论研究的新课题. 中国外语,2008(3):80.
② 叶维廉. 中国诗学. 增订版. 北京:人民文学出版社,2006:3-8.
③ 张思洁,张柏然. 试从中西思维模式的差异论英汉两种语言的特点. 解放军外语学院学报,1996(5):8-9.

一体而又沉默不语的美,只能在直觉的体认中接近,而不能以刻意的理性分析来肢解。因此,古代美学倾向于体味事物的过程,而不去做绝对的结论,"道不可言,言而非也"(《庄子·知北游》)。

在中国传统艺术理论成型期的魏晋时代,这种摆脱了形而上问题困扰的思维方式随着玄学风气的弥漫获得了普遍的回响。借助于这一时期人物品藻风气所形成的人化美学评价,人们把艺术作品审美人格化,宛如对生机盎然的人物精神的品第,在一呼一吸中悦泽风神,在艺术的丰富中,观照人的超脱胸襟和宇宙深境。我们于是就看到一批中国传统艺术批评的奠基之作:钟嵘的《诗品》、谢赫的《古画品录》、庾肩吾的《书品论》等。这些艺术论作由于民族文化心理结构的长期一致性和流贯而深远、广泛地影响着后世,从晚唐诗人司空图的《二十四诗品》到清代黄钺的《二十四画品》等,绵延不绝。

受道家老庄、魏晋玄学和佛学以及唐代佛教禅宗等的影响,中国古典美学强调无限与有限统一,但偏重于无限。"肯定艺术美创造的一般法则在于虚实相生、形神兼备、情景交融、言意统一、'象'与'象外'统一,亦即无限与有限融于一体的同时,进一步表露出尚虚、重神、主情、尚'言外之意',讲究'超以象外,得其环中'这一偏重于追求无限的美学取向。"①与此同时,中国古典美学还体现出肯定认知与直觉统一,但偏重于直觉这一特征。"中国思想史上,儒家兼重认知与比类直觉、道家推重意会直觉以及禅宗标举顿悟直觉这一思维传统,深刻影响了中国古典美学的发展方向。"②在"天人合一"观念的影响下,中国先哲认定,人的生命世界与天地自然具有同构关系,因此,在审美和艺术实践中着力体悟、把握以至于表现这种同构关系就成为中国美学孜孜以求的最高境界。

自哲学意识萌动时起,中国人就始终把人看作世界和宇宙不可分割的一部分。传统思想体系中,"天、地、人"三才相互沟通,相互渗透,圆融

---

① 韩林德. 境生象外:华夏审美与艺术特征考察. 北京:生活·读书·新知三联书店,1996:96.
② 韩林德. 境生象外:华夏审美与艺术特征考察. 北京:生活·读书·新知三联书店,1996:99-100.

流动,本末相兼,整体观照,有机统一,充满了系统辩证的色彩。这些特点在传统译论范畴中也得到了充分的体现。大体而言,关于翻译价值功能方面的范畴多出自儒家,创作论、审美论方面的范畴多出自道家,本体论、发展论方面的范畴则与《周易》的关系最为密切,另外《吕氏春秋》《淮南子》《论衡》、禅宗以及如上所述的玄学均不同程度地为传统译论范畴的产生和发展提供了资源。张柏然、张思洁在《中国传统译论的美学辨》一文中,将支谦的"因循本旨,不加文饰"、道安的"案本而传"、严复的"信、达、雅"、傅雷的"神似"论、钱锺书的"化境"说等传统译论放置于古典美学境域进行分析,并指出:"在我国的传统译论中,几乎所有的译论命题都有其哲学—美学渊源。"①该文指出,支谦、道安遵循道家"朴素无为"的美学主张,将之运用到佛教经文的翻译中;严复的"信、达、雅"论彰显儒家的"中和之美";傅雷的"神似"论脱胎于哲学领域的形神论;钱锺书的"化境"说与传统诗论、佛家的"顿悟见性"一脉相承。传统译论中包蕴着的美学思想,与我国的诗、文、书、画论中的哲学—美学思想吻合,体现出中华民族贵信、贵和、贵含蓄的美学特点。②

　　基于对滋养我国传统译论的丰厚古典美学土壤的分析,和对中西语言思维差异及其传统根源的深刻体认,张柏然教授等指出,中国传统译论的思维模式在于从特定的价值取向出发,考察美和翻译艺术。其实质不是对美和翻译艺术的属性进行事实判断,而是对美和翻译艺术的价值做判断;不是对美和翻译艺术的构成因素或实体的认识,而是对美和翻译艺术的意义、功能或作用的评价。这种思维模式特质构成了中国传统译论美学的中心或者主体工程,是东方译论的根本特色之所在。在这种思维模式和美学批评价值取向的作用下,中国传统译论倾向于从主观、感性、体验、欣赏的角度来品评翻译和译品,因此与西方美学倾向于从客观、理性、思辨和分析的角度品评翻译和译品的传统形成鲜明的对照。③

———————————

① 张柏然,张思洁. 中国传统译论的美学辨. 现代外语,1997(2):25.
② 张柏然,张思洁. 中国传统译论的美学辨. 现代外语,1997(2):25-27.
③ 张柏然,张思洁. 中国传统译论的美学辨. 现代外语,1997(2):28-29.

三、张柏然翻译思想之美学特质

在学界关于翻译命题、翻译视角、翻译思潮的"杂语喧哗"中,张柏然教授全面梳理了中外翻译学研究成果,透彻分析了东西方思维差异,并旗帜鲜明地提出:"在中西文化对话中,中国译学理论要把握住自己的身份标志,有必要利用自身智慧优势,建立一种具有东方神采的'感悟翻译哲学'。进而以感悟翻译哲学来破解中国思维方式的核心秘密,融合中国翻译文化的基本特征,在西方译论走向形式科学的同时,促使中国译论走向生命科学,创立一种包含着丰富的中国智慧的'文化—生命翻译诗学'。"①这一掷地有声的翻译主张中,无论是对"身份标志""东方神采"的标举,对"感悟翻译哲学"的倚重,还是对"生命科学""文化—生命翻译诗学"的倡导,无不体现出深厚的中国古典美学意蕴。

1. 张柏然翻译思想的整体意识

与西方人的审美趣味不同的是,中国古人在审美方面很少将注意力放在个体、局部和细节上,在中国古人眼里,天、地、人是一个生气勃勃的有机整体,而艺术的使命则是反映、展现、参悟这个整体,反映这一整体的艺术或话语体系就是美的,反之就是不美的。"匪和弗美"(葛洪《抱朴子·勖学》))说的就是对生命之流所弥漫的灿然仁心与畅然生机的注重。中国古典美学中的"整体意识"对于矫正当今时代过度发展分析性思维而导致的"片断性思维",对于克服现代人生活中无所不在的"分裂",无疑是大有裨益的,为我们当代人提供了一种看待世界的新视角。② 从这个意义上来看,中华传统中的"整体意识"无疑能够为理性面对世纪之交涌入中国的西方分析性翻译学理论提供理论支撑。

在中国审美概念范畴中,道家之"道"与儒家之"和"是两个最能够体

---

① 张柏然. 发展中国的译学研究. 光明日报,2001-12-25(B03).
② 樊美筠. 中国传统美学的当代阐释. 北京:北京大学出版社,2006:51.

现中国古典美学整体意识的美学话语,前者强调宇宙万物的整体性,后者则要解决整体性如何实现的问题、如何在万物错综复杂的关系中保持和发展其整体性的问题。事实上,在孔子之前,"和"就已经是一个美学范畴了。西周末年的史伯提出"和实生物"的观点。他说:"夫和实生物,同则不继。以他平他谓之和,故能丰长而物归之;若以同裨同,尽乃弃矣。……声一无听,物一无文,味一无果,物一不讲。"(《国语·郑语》)该段论述堪称早期中国思想史上有关整体与部分关系的最具代表性的论述,发中国古典美学多元论之先声,聚焦美的多样性及其实现方式。按照这一观点,只有将不同的事物按照一定的秩序结合在一起形成"和",才能"丰长而物归之",才能产生具有全新功能属性的新事物。① "以他平他",异类相从,才能创生出无限生机来。

"以和为美"的审美品格是中华文化得以生生不息的法则,要保持整体的和谐,一个重要的方面就是拒斥二元对立,保持对"多"的趣味和对多元理论话语的理性吸纳。基于中国古典美学"以和为美"的理念,在中国特色翻译学的构建过程中,张柏然教授从不拒斥西方翻译学理论,在有效规避西方翻译学理论偏向的同时,积极吸纳其中科学、进步的因素,克服中国传统译论的先天性不足,完成中国传统译论的现代转换,使之成为西方翻译学的有效补充,为打造生机勃发的国际翻译学"整体景观"提供中国视角。构成国际翻译学整体景观的"中、西翻译批评是以两种不同的方式和态度对翻译尤其是文学翻译的不同层面所做出的不同描述,它们虽然互相排斥,但又互相补充,共同构成了对翻译艺术的完整理解"②。在中国翻译学创建的过程中,欲要保持中国学派的主体性,"必须重视我们自己的经验和智慧,要养成我们中国式的人文情怀、文化姿态和叙事方式,直接进入中华文明的历史发展的过程,体验和思辨出具有自己文化专利权的原理、原则。然后对东西方的原理、原则进行互相参照,互相贯通,相

① 韩林德. 境生象外:华夏审美与艺术特征考察. 北京:生活·读书·新知三联书店,1996:183-184.
② 张柏然,辛红娟. 中国传统翻译批判的超越性特征刍议. 外语与翻译,2012(1):5.

同的东西通之,不相同的东西比较之,在参证比较中得出更加深层次的结论"①。

2. 张柏然翻译思想的对话意识

周宪在《美学是什么》的"开篇絮语"中强调了美学的对话特质:"美学不是颐指气使的专断知识,也不是专家权威的自语独白,从柏拉图的'对话录',到《论语》的语录对话体,这些洋溢着美学精神的文本都是对话性的。诚然,对话并不只是体现在面对面的交流形式,它更是一种内在的精神和观念。"②张柏然教授穿越在西方翻译理论和中国传统译论两大翻译资源之间,通过对话的方式,构建起融合西方科学精神与中国传统人文特质的翻译学思想。他深知,在这个多元对话的时代,不同观点的切磋与接近,相对真理的获得,都得依靠交往与对话,"中国翻译学只有自信地建立了具有内在生命力的理论主体,才能有效地参与跨文化的翻译学对话"③。

翻译理论不仅是描述有关翻译的种种知识,也传达着既是民族的,又是人类共有的文化价值与精神的观念。中西译学阐释思路不同,两相汇合的意义在于在对谈和争论中建立相互取长补短的话语模式,对话可以让不同译学共存于共通的话语框架,相互认同各自的阐释权,合力构筑能协调双方对谈原则的方法学基础。从现代性语境来看,社会科学工作者必须在做普遍主义批评的基础上认真对待文化和政治世界观的多元性问题,"放弃对'他者'的客观认识,进入与'他者'的对话之中,一方面证明自我(包括自我文化)的恰切性、适用性和有效性,另一方面承认多元存在和多种文化的持续的现实性,并在它们之间建立起沟通和交往的关系"④。

翻译活动是人类跨文化传播与交流的活动,世界上各文化群体对其的认识与界定应当遵循交流理性,确保交流活动的参与者处于公认规范的话语背景中,彼此获得认同,形成"共识性真理"(consensus theory of

---

① 张柏然. 中国译论:直面"浴火重生". 中国外语,2008(4):86.

② 周宪. 美学是什么. 北京:北京大学出版社,2002:开篇絮语1.

③ 张柏然,辛红娟. 翻译理论研究的新课题. 中国外语,2008(3):81.

④ 曹卫东. 交往理性与诗学话语. 天津:天津社会科学院出版社,2001:148.

truth)。共识性真理强调"共识",但也蕴含着对个性差异的承认,唯有差异方可促成对话,以消除分歧,达成共识。作为人类优化生存的文化手段,交往主体的对话中既有他性的激活,也有我性的坚守。鉴于中西译论在发展形态上的历史落差,张柏然教授认为,当前的中国翻译理论研究在深化"中西对话"的同时,更应注重"古今对话",以形成"四方会谈"的格局。① "古今沟通"与"中西融通"翻译学建设路径立体描画出翻译学理论穿行在传统与现代、本土与异域多重话语间的生动图景。"它立足现代,但不拒绝传统,而是通过对传统资源的整理、研究和重新认识,接续被人为割裂的传统。……它坚守本土,同时倾听域外的声音,为人类在新的生存背景下确立自身的位置,构筑全球化的认识框架。"②中国当代翻译学应当通过对传统的重新阐释,把现代感受注入传统,重建传统译论的现代意义;通过与西方翻译学理论的对话,将中西比较译学纳入一个更大的参照系中进行考察,激荡出国际翻译学的"共识性真理"。

"融合本土文化和域外文化,而又不乱固有的文化秩序,是良性互动的跨文化对话中一个至关重要的问题,在两种文化的叠合处,对话最易于理解;在这两种文化的交界处,对话最具有互相激活的意义;而在两种文化的矛盾处,对话是悬搁差异、寻求理解的途径,所谓'和而不同',在这个层面最具理论价值和实践意义。"③张柏然教授高度认同这一"人与人的对话"秩序,他对传统与现代、本土与异域的翻译学理论资源的对话,有着精确的筹划。在他看来,发扬本土文化的优势,并不意味着低层次的自我维护和自我满足,而是积极为世界翻译学的发展提供中国智慧和中国方案;强调西方翻译理论对中国传统译论的激活作用,旨在通过对话调整本土翻译理论资源,缩短中国翻译理论研究与西方翻译学发展的时空差距,为中国翻译学科建设注入非我性的优化资源。

① 张柏然,辛红娟. 译学研究叩问录——对当下译论研究的新观察与新思考. 南京:南京大学出版社,2016:134.
② 谭学纯. 人与人的对话. 合肥:安徽教育出版社,2002:96.
③ 谭学纯. 人与人的对话. 合肥:安徽教育出版社,2002:128.

3. 张柏然翻译思想的辩证意识

在构建中国特色翻译学的历程中,张柏然教授始终秉持科学辩证观,从哲学思辨的角度对中国翻译学和纯翻译学的辩证关系,对本位与外位、特性与共性的辩证关系进行了客观的阐述。全面分析全球化背景下翻译学理论对普遍性和差异性的诉求后,他与孙会军联合发文指出:"具有中国特色的翻译理论与具有普遍适用性的纯翻译理论是一个问题的两个方面。在中国翻译学和纯翻译学这一对矛盾中,前者是特殊性(或曰差异性),后者是普遍性,二者既对立又统一,不可偏向某一方而忽视另一方。重视译论的中国特色,并不意味着放弃对普遍性的追求;同样,对纯理论的偏重也不应该以对特殊性的牺牲为代价。"①2008 年,张柏然教授再次明确指出,共性存在于个性之中,只有深入研究具体的翻译个性,才能挖掘出翻译普遍的共性。②

虽被冠以"特色学派",张柏然教授对于翻译的认知,却从未偏执于一端,他在多篇著述中强调,中国翻译学"主体性"的建立不能通过对西方翻译学的形式化拒绝来达到,只有深入西方翻译学的核心,充分了解"他者",才能清楚确立"自我",既不能奉"西学"为圭臬,也不能以"中学"排斥"西学",要既突出翻译理论的中国特色,又不刻意抹杀翻译活动的普遍性特征。王秉钦在梳理、剖析中国 20 世纪翻译思想史时指出:"纯翻译理论既包括西方译论,又包括非西方国家在翻译活动和翻译研究实践中高度概括和总结出来的纯理论。这是翻译学的辩证法。"③曲卫国针对当下外语学术圈的"中国特色论"提出警示:"走向世界的中国学术不应该是被人欣赏、把玩的古董,而是能被大家接受、运用的科学理论或方法。这些方法和理论不仅能解释和解决中国问题,更能成为世界科学方法的一部分。"④

---

① 孙会军,张柏然. 全球化背景下对普遍性和差异性的诉求——中国当代译学研究走向. 中国翻译,2002(2):5.
② 张柏然. 建立中国特色翻译理论. 常州工学院学报(社科版),2008(3):82.
③ 王秉钦. 中国翻译思想史. 天津:南开大学出版社,2004:302.
④ 曲卫国. 中国特色学术能走向世界吗?. 当代外语研究,2020(4):25.

张柏然教授毕生穿越在中西文字、文学、文化之中,基于 20 世纪以来中国翻译学的发展,呼吁学界积极开展理论上的对话与沟通。他辩证地指出,在中国翻译学"合法性"焦虑中,"中国翻译学'主体性'的建立,一方面需要破除西方翻译学话语的钳制,另一方面我们也必须清醒地认识到,近代以来很多来自西方的新术语、新方法、新思想已经构成了中国新文化不可分割的内在组成部分。因此,解决问题的办法不能通过对西方翻译学的形式化拒绝来达到"①。通过分析当今译论与传统译论和西方译论之间的张力、传统译论的价值、当代译学理论的困境、纯翻译理论的指导作用,张柏然教授认为,现代翻译理论体系的核心理论应以民族语言文化为立足点,挖掘、发扬中国传统译论的长处;同时运用西方科学、系统的研究方法对传统译论进行改造与提升,从而构成既蕴含中国丰厚文化内涵,又融合西方研究方法优长,而且能体现时代精神风貌的新型翻译理论。

4. 张柏然翻译思想的创新意识

中国审美文化的灿烂传统根植于古代贤哲思想深处的创新意识,从《易经》中的"天行健,君子当自强不息"到屈原的"自铸伟辞",从魏晋美学的"以高奇见贵"到明清之际美学家徐渭的"师心纵横,不傍门户"、李渔的"意取尖新",无不贯穿着这种创新意识。创新是中国古典美学的一个重要审美评判标准。所谓创新意识,是一种尊崇"能自驰骋,不落蹊径"的开放性的超越意识,是对封闭的泥古意识的拒绝。它鼓励人们用"别眼"看事物,倡导别一种思路、别一种写法、别一种风格,使人们发现别一种存在、别一种境界、别一种意蕴。创新以客观世界的丰富性和发展的无限性为依据,而多元论的主张与视角则是创新的实现形式。中国古典美学标举的创新意识绝非少数个体的思想试验,也非刻意的"标新立异",往往折射着时代意识,是时代精神的先导和精华,能够产生深刻而广泛的影响。②

---

① 张柏然,辛红娟. 翻译理论研究的新课题. 中国外语,2008(3):81.
② 樊美筠. 中国传统美学的当代阐释. 北京:北京大学出版社,2006:230-248.

张柏然教授曾从翻译学科参与国家文化软实力建构的角度指出,软实力取决于一个国家的文化内涵,更要依靠这个国家的文化创新能力。文化在现实的层面上是一个包容万象、容纳百家的广阔领域;在学术理念上则是一个纷繁复杂、相互交叉的多元命题。文化传统只是无形的符号,必须经过现实的途径,进行创新、转化,才能成为软实力。历史学家钱穆在《国史大纲》中指出:"所谓对其本国已往历史略有所知者,尤必附随一种对其本国已往历史之温情与敬意。"①借此,张柏然教授分析说:"我们对自己的传统翻译理论不仅需要这种温情与敬意,更需要认真梳理总结,撷英取精,加以创造性转化和创新性发展,使传统译论成为当代翻译理论的重要组成元素,促进中国翻译理论的健康发展。"②经过近百年西学洗礼的中国翻译理论研究,只有挣脱西方译学话语体系的藩篱,经过创造性转化和创新性发展,以一种创新的当代姿态,保持历史的"话语链接",既有历史承接又在创造性表述中显示现代性力量,才能与具有当代形态的西方译学展开平等对话,为繁荣世界文化和翻译理论的大系统做出中国的贡献。

我们知道,"百家争鸣"是战国时代崇尚的探索与创新,中国哲学—美学史上几乎所有的进步思想家都为创新或鼓或呼过。整个一部中国思想史都说明,思想之演进与丰盈,无不在于理论之变化和创新。可以说,创新意识是中国传统美学中多元论的逻辑起点与归宿。创新势必意味着要以开放的心胸面对新生之理、新异之理,要否定因循守旧、否定固守一家之言。张柏然教授分析指出,中国译学的创新性发展要拒绝理论上的"泥古"做法,绝不能披上复古外衣,打起尊古、原道、宗经、征圣的旗号,把自己的发明藏匿于古人思想的注解中,"借古人酒杯,浇现代人心中块垒"的做法无助于彰显传统译学的创见性。张柏然教授发现,一部西方翻译学史就是一部学派的传承与更替、聚合与交锋的历史,翻译学中创新理论的

---

① 钱穆. 国史大纲. 北京:商务印书馆,2009:7.

② 张柏然,辛红娟. 译学研究叩问录——对当下译论研究的新观察与新思考. 南京:南京大学出版社,2016:42.

产生,与不同学派的酝酿、产生和发展有着密切的关联。在他看来,真正有价值的学术创新,不是自我标榜或孤芳自赏,而是学术链条的传承与绵延、历史积淀中的新旧更替乃至学派之间的思想冲突与激荡。为此,张柏然教授呼吁国内翻译学有识之士携手创建中国翻译学派,打造一支成熟而又有可持续发展潜力的学术队伍,充分发挥学派的聚合效应,促动中国翻译学思想的百家争鸣,孵化和孕育新学说、新理论和新方法。而促成中国翻译学派创建的首要举措就在于增强创新意识,学会运用时代眼光来观察、发现解决问题的方法。① 学派是科学创新的台阶和催化剂,建成多元共生的中国翻译学派,以现代观念创新中国传统译论遗产,以创造性思维对西方的译论流派进行变异,在世界译论流派史上印刻中国的名字,以中国文化的整体性去整合西方片面精确的译论,使之在更高的文化层次上得以综合,这不仅是具有整体性思维的中国翻译学者面对西方译论的一种自觉的姿态,也是中国翻译思想参与国际译学对话和理论构建的题中应有之义。

四、结　语

张柏然教授始终站在"古今沟通、中西融通"的高度对我国翻译理论研究道路上的诸多现象和问题进行全面审视,倡导译论建设"坚持本来,吸收外来,面向未来"。"坚持本来"是根本,表明我们对本土传统译论拥有充分自信,不能让中国译学理论沦为西方译论的试验场;"吸收外来"体现博大开放的精神,意在通过中西译论比较,借鉴西方译论话语,寻找中国译学问题可能的解决路径;"面向未来"则是一种责任,反映出张柏然教授毕生推动我国译学理论研究正向发展的使命感。世界性与民族性是事物的一体两面,表面对立,实则统一,有鲜明的民族性,才有真正的世界性。没有各个民族深入挖掘、慷慨奉献本民族的优质元素,就无法打造出内涵丰富、形式多样、色彩斑斓的世界性。张柏然教授在中国特色翻译学

---

① 张柏然,辛红娟. 中国需要创建自己的翻译学派. 中国外语,2005(5):72.

的理论构建过程中体现出的整体意识、对话意识、辩证意识和创新意识，彰显了中国古典美学"和而不同"学术理想对圆融与超越的内在追求，为推动中国翻译学以独特的标识、平等地参与国际翻译学对话做出了典范性探索。

（本文主体部分已在《中国翻译》2022 年第 3 期发表）

张柏然中国特色翻译思想的诗学启示

严晓江

南通大学外国语学院

摘　要: 张柏然中国特色翻译思想体现了民族性和世界性的互动关系,对彰显典籍翻译研究的诗性特质和民族风格具有指导意义。借鉴中国传统诗学的"志情""象境""形神""隐秀"等核心要素,有助于深入了解中国传统译论与中国古代文论以及中国传统文化的渊源关系,同时也为建设具有中国特色的翻译学提供了参照。志情交织,境生象外,尚形重神,隐秀相生,这四个方面是考察典籍翻译活动和进行翻译批评的诗学依据,折射出典籍翻译研究的诗性思维、感悟哲学、人文情怀和思想深度。

关键词: 典籍翻译,中国传统诗学,民族性,世界性

　　早在 1997 年,资深翻译家张柏然先生就提出建立"具有中国特色的翻译学"的观点。该观点涉及哲学、美学、诗学等层面,在翻译界引起了很大反响。所谓"中国特色",就是要立足于本民族的文化和文论资源,用中国人自己的视角、方式与思想阐释汉外互译现象,进行翻译理论研究。这个命题关涉古今沟通与中西融通,又以前者为侧重点。只有合理汲取中国传统文论和译学资源,挖掘其现代意义,才能与西方译学互融共生。如今,中华民族正踏上伟大的民族复兴之路,民族的复兴以民族文化的复兴为先导。典籍是民族文化的精髓,典籍翻译及其研究展示文化软实力,同时也是中西文化对话以及中国译学建设的重要内容。张柏然指出:"在中西文化对话中,中国译学理论要把握住自己的身份标志,有必要利用自身

智慧优势,建立一种具有东方神采的'感悟翻译哲学'。"①典籍翻译研究对于中国传统文化的继承是多角度、多方面的。其中,中国传统诗学要素就是我们的智慧优势,洋溢着直觉妙悟的运思方式。借鉴"志情""象境""形神""隐秀"等核心要素,有助于彰显典籍翻译及其研究的民族性特征。

一、志情交织

翻译学在本质上是一类以价值建构和意义阐释为目的的价值科学或文化科学。② 典籍翻译承载着传承中华文化价值观和中华民族精神的重任。"在中国美学看来,由主体实践所产生的'情'表现为贯穿始终的审美态度,它支配主体的知识、知资、能力、才能、意志、志趣,因此'情志'通常相提并论。"③中国历代文人都体现出对"志"和"情"的诗学追求。典籍翻译活动也要体现这种诗学追求,研究者要考察译文是否能用自身的文学价值去影响目标语读者的精神世界。

1."言志"应注重翻译价值评判

人文学科的研究对象是人的精神世界和文化世界。④ 典籍翻译就要揭示人的精神世界和文化世界。中华文化融合了德本精神、求美传统和诗性智慧。其中,天人合一、道法自然的哲学观念,求真务实、向上向善的思想意识,自强不息、厚德载物的风范特质,淡泊名利、宁静致远的人生态度,中庸调和、温柔敦厚的处世方式,以及尊老爱幼、天伦之乐的情感诉求,这些体现民族群体的精神要素正是社会进步的永恒主题。通过典籍翻译进行价值观念传播,对当今世界的文化发展大有裨益。例如,清末名士辜鸿铭英译《论语》的时代正是中华民族饱受西方列强欺压蹂躏之时,多数西方读者对古老的中国充满偏见。在辜鸿铭看来,《论语》中的儒家

---

① 张柏然. 发展中国的译学研究. 光明日报,2001-12-25(B03).

② 张柏然. 全球化语境下的翻译理论研究. 中国翻译,2002(1):58.

③ 刘宓庆. 翻译美学导论. 北京:中国对外翻译出版公司,2005:174.

④ 张柏然. 顶天立地搞科研 领异标新写春秋——翻译理论研究方法论纵横谈// 秦晓晴. 外语教育 Vol.7. 武汉:华中科技大学出版社,2008:3.

思想不仅是中华文化价值观的核心内涵,而且也是具有世界意义和普遍价值的重要思想,"仁、义、礼、智、信"的价值观在很大程度上为当时欧洲的思想启蒙运动提供了参照。辜鸿铭按照英语诗学规范传播儒家思想,体现了典籍翻译的"言志"意义。

"言志"具有浓厚的文以载道意识和人文价值色彩,典籍翻译也要体现充满人性积淀的温度和情怀,相关研究应彰显思想性和人文性。"中国传统译论的思维模式在于从特定的价值定向去考察美和艺术,因而并不是对美和艺术的属性作事实判断,而是对美和艺术的价值作判断;不是对美和艺术的构成因素或实体的认识,而是对美和艺术的意义、功能或作用的评价。"①在这种思维模式和翻译批评的导向中,研究者就要从感性的、鉴赏的角度品评译作,体悟翻译活动的"言志"功能,审视译者是否传达了典籍古为今用、中为西用的心声,从而让爱国主义、以人为本、和谐社会、民胞物与等主流价值观走向世界。这是异质文化求同存异、互相体认的过程。从选择典籍文本开始,译者就将其翻译目的、价值观念、文化立场、审美旨趣渗透到整个翻译活动中,力求充分发挥典籍的持久辐射效应,从而让目标语读者也受感动、教化、启迪和鼓舞。

2. "抒情"应结合语境进行情感传真

情是文学的灵魂,也是文学创作的动因。虽然不同民族的文学创作具有个性,但是人们的认知活动和审美活动又使情感息息相通,这就构成了翻译和交流的基础。即使作者生活在千年之前,事件发生在异国他乡,译者依然可以与作者心心相印。典籍翻译也是译者进行情感传真的过程。译者凝神观照,化我为古,感悟原作之情,同时努力寻找能使目标语读者产生相应情感的语言表达手段。研究者除了运用"价值判断"和"理性分析"的方法之外,还要运用"感性判断"的方法评价翻译活动。如果忽视情感因素,就会失去文学本体的特性以及文学翻译研究的意义。我们要继承中国传统译论充满灵性的特质和人文观照的长处,在"知人论世"的基础上揭示深层情感。

---

① 张柏然,张思洁. 中国传统译论的美学辨. 现代外语,1997(2):28-29.

中国传统译论特别注重情感传真的语境要素。"西方现代译论尤其是语言学派的译论过于重视字词句,但往往不在整个作品的语境中重视它们。其实,对字词句的理解应在作品的整个语境中进行。"①语境是恰切理解文本的依据。《楚辞·离骚》中有以下诗句:"长太息以掩涕兮,哀民生之多艰。""民生"是全诗的关键词,它是指"人民的生活"还是"人生"?综观全诗,屈原用朕、吾、余等第一人称抒写自己的坎坷经历,表明虽然深受迫害却依然怀有安邦之志。这样一位忧国忧民的仁人志士此时主要是在哀叹自己的命运多艰。因此,许渊冲将"民生"译成"a life full of woes"②,更加贴近诗人感叹人生无常的语境。典籍文本意义的繁复晦涩是产生多元阐释的原因,由此也说明诗无达诂的道理。张柏然、许钧指出:"中国古典文论呈现出整体、直觉妙悟的思维方式,强调在历史语境和具体语境中品味文本意义。从某种程度上说,这是一种特色和优势,值得继承和发扬。"③译者批文入情,在具体语境中把握内涵,这正是对中国传统诗论和传统译论的承继。

二、境生象外

中国传统诗学的审美范式体现了心物交融的认识形态以及灵性体悟的思维方式,意象与意境是构成这种审美范式的核心要素。刘勰首次用意象论述文学创作问题,为"意境"说的形成奠定了基础。"意境"正式进入文学领域是在唐朝,王昌龄、释皎然、刘禹锡、司空图等文人确立了"意境"说在中国诗学理论体系中的重要地位。象与境几乎同时生成,"境生象外"反映了一种整体美学效果和深广的审美想象空间。中西方的文化意象有其特定内涵,如何通过意象翻译传达意境是衡量译文质量的重要标准,在某种程度上也折射出译者的文化观念。

---

① 张柏然. 中国译论:直面"浴火重生". 中国外语,2008(4):1.

② 许渊冲,译. 楚辞. 北京:中国对外翻译出版公司,2009:11.

③ 张柏然,许钧. 典籍翻译:立足本土　融合中西. 中国社会科学报,2017-05-26(06).

1. 采用文化翻译策略,以象造境

中国译论是一种包含着丰富中国智慧的"文化—生命翻译诗学"。译学研究必然与文化研究紧密联系在一起。[①] 由于深受"天人合一"思想的影响,中国古人形成了观物取象、取象比兴的尚象传统。典籍文本的意象系统包罗万象,包括生态文化、物质文化、社会文化、宗教文化、语言文化等范畴,这些独特的文化符号呈现出"天人关系"的哲学观念和审美境界。意象是诗性思维的重要表征,正是由于情的介入,意象才生发出具有内在张力的意境。为了满足当今越来越多的目标语读者对中国文化的期待视野,译者应遵循以信为本的原则,传达意象的信息功能、表情功能和审美功能。这是由文学翻译的本质决定的,更是由典籍翻译的民族性、文化性和严肃性特征决定的。

文化翻译策略体现了"和而不同"的翻译理念。"文化翻译是一种文化互动而不是简单的同化。翻译的衍生性和调节作用意味着跨文化翻译是阐释的具体化,而不是文化形式的直接转换。"[②]意象翻译是一种跨文化的认知活动。翻译应恰当传达异域文化的陌生性,译者可合理采用意象移植、意象变形、意象借用、意象省略等方法,再现典籍意象的中国文化色彩以及象外之境。"意象移植"有助于领悟意象的审美源流;"意象变形"侧重考虑目标语文化固有的表达方式;"意象借用"使表层物象发生了变异,但更加便于理解;"意象省略"使译文简化,意境却因为意象的缺失而受损。例如,"芳草喻"在中国文化中十分常见,中国文人喜爱以梅、兰、竹、菊等植物比喻高洁之士的品性。这些植物在英语中虽然有对应词,却只有指称意义,没有象征意义。在这种情况下,译者通常保留原文意象,有时适当添加注释进行阐释,引导目标语读者更加关注中国文化。总之,意象翻译应以异化意识为主导,优先考虑意象移植的方法。当保留意象会引起误解时,译者就不必机械复制,可用目标语的认知方式展现意象营造的意境,表面上的不对等可以达到一种差异性等效。

---

① 张柏然. 发展中国的译学研究. 光明日报,2001-12-25(B03).

② 孙艺风. 翻译与跨文化交际策略. 中国翻译,2012(1):20.

2. 贯彻翻译整合的理念,由心悟境

意象与意境铸造着中国传统美学"感物起兴"与"触物起情"的审美意识。意象具有可感性、抒情性、象征性等特征,意象衍生出的意境具有含蓄性、灵动性、多元性等特征。汉语语义的模糊性是意境生成的重要条件,英语表达则更加注重形合特征和逻辑关系。意象翻译受源语文化因素和目标语文化因素的双重制约,这就使得翻译整合十分必要。例如,清明节是中国的民俗意象,这一天是扫墓祭祖、家人团聚、踏青郊游的日子。唐代诗人杜牧创作的七言绝句《清明》流传千古,全诗景象清新,氛围凄冷。许渊冲将"清明"译为"The Mourning Day"①,旨在渲染凝重悲哀的意境。"mourning"含有哀悼之意,营造了象外之境,可以使目标语读者联想到西方的"万灵节",两者的共同主题是祭祖,表达对故人的哀思。可见,译者需要具备一定的翻译整合能力,充分尊重源语文化,揭示原文意象的隐含意义,同时又要了解目标语文化,善于比较两者之间的异同,并且努力打通其相似之处。

意境的产生依赖于含蓄空灵的表达。"境"指境界,亦源于佛学。境,不是客观景物和环境,乃是起于"识"而生于"心",是空而非实,是佛家彻觉彻悟的标志。所以境的获得不在感官而重在心悟。② 心悟就是主体通过直觉品鉴作品,达到豁然开朗、枢机方通的境界。译者以心悟再现物我契合的意境,秉承了中国传统诗论以及佛家的重悟见性特征。"'悟'字含心,'译'字有言。'悟'道与'译'道,乃'心言'之道,以言传言为表,以心传心为实。悟道即吾心之道,以心参悟,心悟得意。或渐进的感悟,或瞬间的顿悟,皆心灵之觉悟。"③受中国传统诗学的影响,译作和原作都是充满内在生命、浑然不分的整体,它蕴含的意境美是块然自生的。"心悟"一直指导着后世的文学创作,也为鉴赏文学作品的空灵意境提供了参照。翻

---

① 许渊冲. 许渊冲经典英译古代诗歌 1000 首·唐诗上. 北京:海豚出版社,2015:66.

② 张柏然,张思洁. 中国传统译论的美学辨. 现代外语,1997(2):27.

③ 梅德明. 悟道与译道. 中国翻译,2012(5):78.

译也要讲究应物斯感,译者应在一种明心见性的过程中与作者达到超越时空的思想契合和心智融通,在译文中展现原文意境的水到渠成。

三、尚形重神

"形"与"神"的概念和内涵较为宽泛。以神制形、形简神远是中国传统诗论的特点,它对中国传统译论产生了很大影响。对翻译中"形"与"神"的问题有过较为自觉思考和较为系统探讨的中国翻译家是陈西滢、傅雷等人。傅雷的"神似说"将中国传统文论、画论中以神为美的思想引入翻译领域。然而,"神似说"并非只重视神似而轻视形似。由于语言和文化的差异,在翻译活动中,形变是难以避免的。译者应在恰切传递典籍文本内容的基础上,追求形神兼备的佳境。

1. 把握句调精神

汉语是意合语言,更加注重字里行间的意义,反映了中国古典美学的含蓄精神。英语是形合语言,更加注重结构组合的关系,反映了西方美学的严谨特点。在典籍翻译过程中,虽然不能照搬原文句式,但应突出句调精神的相仿。句调精神是以作者遣词造句的用意为内核,句式是其主导要素,句式配置体现诗学思维方式的特点。例如,汉语的对偶结构折射出中国哲学二元对立的思维方式,这种结构难以移植到英语中。因此,可以利用英语语法结构的特点,以此美代替彼美。《楚辞·河伯》中有以下诗句:"波滔滔兮来迎,鱼鳞鳞兮媵予。"美国汉学家伯顿(Burton Watson)译成:"Waves, surge on surge, / come to greet us; / fishes, shoal on shoal, / to be my brides maids."[1]原文的两行被扩展成四行,"波滔滔"和"鱼鳞鳞"分别用"surge on surge"和"shoal on shoal"表达,意义相关,形式整齐,朗朗上口,增强了视觉和听觉效果。对偶属于形的范畴,翻译时只有不受原文形式的束缚,才能达到神似之效。如果对原文形式亦步亦

---

① Watson,B. *The Columbia Book of Chinese Poetry from the Early Times to the 13th Century*. New York:Columbia University Press,1984:51.

趋,就会造成因韵害义、因形害义的情况。

中国传统美学崇尚形散神聚、言简意丰,汉语语句中的省略成分较多。"汉语中的省略,不论其广度还是深度都远甚于英语,这使得汉语语句间关系界限模糊且趋于隐含。在理解汉语话语时,汉语民族完全凭借自己对话语内部语义关系和情境上下文的敏感性。这种敏感性是潜意识的、神美思维的。"①英语造句讲究逻辑美,以主谓句居多,主语不可省略,句子内部的语法关系十分清晰。《诗经·采蘩》中有以下诗句:"于以采蘩? 于沼于沚。于以用之? 公侯之事。"意思是说:"去到哪里采白蒿? 沙滩边上和池沼。采来白蒿作何用? 送给公侯祭祖考。"英国汉学家理雅各(James Legge)译成:"She gathers the white southernwood. / By the ponds, on the islets. / She employs it, / In the business of our prince."②原文没有主语和人称代词,译者添加了第三人称"She",还以"our"修饰"prince"。汉语人称代词的省略可以使物我一体,有助于读者自由转换视角,对文本场景进行移情。但是,译者会把原文隐含的主语进行显化,使译文的指称更加明确,这在一定程度上消解了原文的含蓄之美。总之,译者要依据具体语境对原文的某些诗学要素进行取舍,借用目标语的诗学要素,适当加以变通,以满足意义的恰切表达以及语法的合乎规范。忽视语言共性就失去了对比研究的基础,抹杀语言个性就削弱了文化的民族性。

2. 适当归化语言形式

任何一种文本被移植到异域文化语境中,都要进行一定的本土化改造。相对于内容而言,形式的变异更加常见。有学者就倡导在翻译中国古典诗词时应借鉴英语诗歌的形式,如重音诗(accentual verse)、重音—音节诗(accentual-syllabic verse)、无韵体(blank verse)、英雄偶体(heroic couplet)、自由体(free verse)、戏剧性独白/对白(dramatic monologue/dialogue)等,还可借用头韵(alliteration)、视韵(eye rhyme)、中间韵

---

① 张思洁,张柏然. 意合与形合. 外语与外语教学,1998(7):54.
② 理雅各,译. 诗经. 郑州:中州古籍出版社,2016:13.

(internal rhyme)、准韵（pararhyme）、跨行诗句（run-on line）、变格（variation）等表现手段。① 这些借鉴的方法在很大程度上体现了"以译入语文化为导向"的翻译理念，实际上是用一种更加便于目标语读者接受的方式传播中国文化。也就是说，译文既要提供语义信息和文化信息，又要兼顾英语语言规范，使英语世界读者有更大的亲近感。鉴于此，翻译批评的重点也就会从关注译作与原作的对比转移到注重读者对译作的可接受性，否则翻译就忽视了文化交流的意义而变成一种自我欣赏的活动。

四、隐秀相生

"隐"与"秀"的审美范畴是由刘勰首次提出来的，所谓"隐也者，文外之重旨者也；秀也者，篇中之独拔者也。隐以复意为工，秀以卓绝为巧，斯乃旧章之懿绩，才情之嘉会也"②。隐秀审美观不仅适用于文学创作，而且对典籍翻译也有借鉴意义。典籍文本秀中有隐，隐中有秀，其隐秀相生之美需要译者以诗性认知模式体现原文的神韵。汉语和英语显化或隐化的表现方式不尽相同，模糊化翻译和显化翻译相辅相成，反映了"中和之美"的翻译观。

1. 以模糊化翻译营造审美想象空间

"隐"的审美特点在于言虚而情实。译文重在引发感兴和联想，而不是模仿精确的客观世界和情感世界。情感是一种模糊体验，译者必须从跨文化的角度来认识语言的模糊功能以及决定采取何种策略传达这种模糊度。模糊化翻译有助于对原文的隐喻、象征、比兴等隐美风格进行适当留白。留白的翻译艺术反映了中国文人对气韵生动以及境界空灵的审美倾向。例如，作为文化负载词的数字具有实指功能和虚指功能。实指性

---

① 蒋坚松，陈惠. 实践刘重德教授的译诗主张——《六祖坛经》中偈、颂的翻译. 中国外语，2009（1）：92.

② 刘勰. 文心雕龙·隐秀. ［2021-08-05］. https://www.gushiwen.com/dianjiv/77044.html.

数字只需直译,虚指性数字应再现其所隐含的文化意义。在中国文化中,"九"已经超越了数字本义,而被赋予了"神圣"之义。《楚辞·远游》中有如下诗句:"朝濯发于汤谷兮,夕晞余身兮九阳。"卓振英译成:"At dawn I rinse my hair in th' Sun's Valley / And at dusk I get dry in the sun's shine."[①]译者对"九"进行了模糊化处理,暗含楚国人对太阳的热情讴歌和顶礼膜拜。这种言虚而情实的修辞手法在中国古典诗词中十分常见,译者应唤起目标语读者的相似文化体验。

2. 以显化翻译忠实阐释中国文化

"秀"的审美特征在于形象鲜明、情感浓烈。翻译活动中的"秀"体现了一种显化表达,包括语内显化和语用显化。由于英语有时态、语态、语气、单复数、连接手段等方面的形式特征,时间、地点、人物、事件之间的各种关系清晰明白。在翻译时,译者会添加一些形式衔接手段产生因果、条件、递进、转折等逻辑关系,这种语内显化遵循了英语的形合特征。《中庸》中有以下句子:"喜怒哀乐之未发,谓之中。"理雅各译成:"While there are no stirrings of pleasure, anger, sorrow, or joy, the mind may be said to be in the state of Equilibrium."[②]原文的逻辑关系隐含在字里行间,译者使用"While"和"or"等形式手段,使这种逻辑关系更加明显,这是由两种语言系统内部的差异所造成的显化。

除了语内显化之外,语用显化也很常见。深度翻译就是一种语用显化。这种厚语境化的方法就是在译文中使用注释、评论、按语、序言跋语等补偿手段,将译文置于丰富的历史氛围和社会语境中,表现源语文本的语言特点和文化积淀,从而使目标语读者深刻理解原作。理雅各在翻译《尚书》时,就采用深度翻译的方法进行语用显化,原文中的数字式略语、专有名词、文化典故、言外之义等内容就通过翔实的注解进行深度阐释。译者十分尊重中国经学传统,在泛观博览前人研究成果的基础上去粗存精。可以说,理雅各尝试了一条儒经西译的重构之路,解决了因文化隔膜

---

① 卓振英,译. 楚辞. 长沙:湖南人民出版社,2006:155.
② 理雅各,译. 中庸·大学. 郑州:中州古籍出版社,2016:3.

导致的传播障碍。对于什么样的信息需要明示,在多大程度上进行语用显化,都要根据原文语境和读者的期待视野进行整体考虑。

五、结　语

优秀的典籍是"中学"的重要组成部分,也是中国译学思想的源泉。"志情""象境""形神""隐秀"是典籍文本的诗性特质,也是中国传统诗学话语的核心内涵。创造性吸收是翻译诗学的要旨所在,既包含古为今用,又包含现代创新。中国翻译家更应胸怀历史使命感,以优良的译风和精湛的译艺担当起典籍译介的重任,并以本土翻译经验为依据进行理论提升。典籍翻译渗透着中国传统诗学要素,评判译文的标准也彰显诗学要素和民族性特征。正如张柏然所言:"世界性与民族性是事物的一体两面,表面对立,实则统一。有鲜明的民族性,才有真正的世界性。"[①]翻译研究需要一种多元视野。在中国文化"走出去"的时代背景下,我们应进一步深入挖掘并且积极奉献中国传统诗学资源,为典籍翻译研究提供多元化参照,增强中国译学建设的文化自觉和文化自信。

（原载于《解放军外国语学院学报》2021 年第 6 期）

---

① 张柏然. 建立中国特色翻译理论. 常州工学院学报(社科版),2008(3):82.

张柏然翻译思想美学观及其当下启示

汪璧辉

南京晓庄学院外国语学院

摘　要:面对新时代翻译行业的挑战和翻译研究语境的变化,中国译学界产生了焦虑情绪。作为新时代译学建设的领军先锋,张柏然以"天人合一"的中国传统美学思想为源泉,依循"传统定位—西学反思—融通自立—打造特色"的路径形成由"变化观""适切观""融合观"组成的"三观合一"的翻译美学思想,具有前瞻性、创新性和指导性,启示我们以共性为译学研究本体,以"和而不同"为理论追求,以"比较调和"为研究方法,以"天人合一"的融通之道描绘一幅"译学太极图"。

关键词:天人合一,张柏然,中国译学

引　言

　　100 年前,时值中国历史上的第三次翻译高潮,中国现代译学开始萌芽,既有被国人奉为圭臬的"信、达、雅",又有译介自英国泰特勒的"翻译三原则",蒋翼振则首次在《翻译学通论》(上海义利印刷公司, 1927)中提出了"翻译学"。此时,"翻译学"虽不是真正意义上的"学科",也未受到足够重视,但其聚焦翻译学本质、原理与方法的意识奠定了学科态度。1951

年,董秋斯呼吁重视翻译理论建设,①依旧反响甚微。直到 80 年代后,翻译学成为独立学科。劳陇先生②(1996)吹响揭破"翻译(科)学的迷梦"的号角,中国译学建设逐步由学科自觉、西学译介、传统复兴,走向自省式建构,其间蕴含着一代代中国学人所坚守的基本译学观、发展初心与理论追求。

然而,至今,近四分之一个世纪悄然流逝,中国现代译论在取得长足发展的同时陷入一系列焦虑之中,即"理论的焦虑、技术的焦虑、方法的焦虑和价值的焦虑"③。一方面,规定性翻译研究与描述性翻译研究、本土翻译理论与西方翻译理论、翻译理论与翻译实践等方面的冲突尚未化解,非此即彼的极端倾向凸显了"自我"与"他者"之间的矛盾。另一方面,翻译研究的语境发生了变化,即:"变化之一,涉及中西,便是西学东渐而转向中国文化'走出去'。变化之二,涉及古今,便是从与'旧世界'的根本决裂转向对中国传统文化、中华民族的价值观的重新认识与发扬。"④

焦虑造成困惑,却是前进的内在动力。中国译学要真正自立自强,仍需向内求道,向外借力。作为新时代译学建设的领军先锋,张柏然教授深谙此理。他结合中国传统美学的审美机理与规律,倡导立足传统,坚守本土,中西融贯,以中国语言、文化为基石建立中国翻译学,推动中国译学由译介转向解构与建构。本文基于张柏然教授的学术著述,以其思想的美学基因为起点,分析他由"天、地、人"贯通合一的三才之道衍生而出的"变化观、适切观、融合观"三观合一的融通之道,并尝试以此"道"为观照,从译学研究本体、译学理论架构与译学研究方法三个方面进行尝试性的探索。

① 董秋斯. 论翻译理论的建设. 翻译通报,1951(4):3-4.
② 劳陇. 丢掉幻想 联系实践——揭开"翻译(科)学"的迷梦. 中国翻译,1996(2):39-42.
③ 许钧. 当下翻译研究的困惑与思考. 东北师范大学学报(哲学社会科学版),2019(3):10.
④ 许钧. 中西古今关系之变下的翻译思考. 中国外语,2015(4):1.

一、张柏然翻译思想的美学源泉

早在 1997 年,张柏然教授就提出"建立中国翻译学",立足于中华民族的语言、文化、思维方式,从语言文化对比研究出发,描写翻译实践过程,强调"既要立足本位,也要参照外位,既要注重共性,也不能忽视特性,构建以本国语言文化现实为依据,并能与国际学术界对话的中国翻译学"①。从本体研究到关系观察,沿着"传统定位—西学反思—融通自立—打造特色"的路径,最终确立其核心思想,即:本着"坚持本来,吸收外来,面向未来"的中国译论建设导向,"以本民族的文化和译论资源为依托,古今沟通,中西融通,打造具有中国特色、中国风格、中国气派的翻译学话语体系"②。

"古今沟通,中西融通"是途径,也是目标,投射出张柏然教授的学术追求与审美立场。作为世界文明史上的独特存在和中国传统思想的最高追求,"天人合一"很自然地成为张柏然教授的美学选择,"中国美学的全部丰富性和完整性,唯有在中华文化和其他文化的多元互补中才能体现出来",既要避免"自我"中心,又要防止"文化失语",需要在"建设性对话"中完成"美学复兴"。③

从中国美学与哲学的密切关系来看,"天人合一"无疑是根植于中华民族文化的审美内核,④其原型是《周易》中"天、地、人"贯通合一的三才之道,体现了中国传统文化的生命关怀,以"诗意地栖居"趋向及以"和"为理想的生存状况,"和"是宇宙永恒之本,故而《周易》亦称《太和》。所谓"天人",是指自然与人,也可指世界与人;所谓"合",就是"夫大人者,与天地

---

① 张柏然,姜秋霞. 对建立中国翻译学的一些思考. 中国翻译,1997(2):16.
② 张柏然,辛红娟. 译学研究叩问录——对当下译论研究的新观察与新思考. 南京:南京大学出版社,2016:前言 1.
③ 张柏然. 当代翻译美学的反思. 外语与外语教学,2001(8):1,33.
④ 参见:陈望衡. 中国美学史. 北京:人民出版社,2005;刘纲纪.《周易》美学. 武汉:武汉大学出版社,2006.

合其德,与日月合其明,与四时合其序,与鬼神合其吉凶"①。道家自然观与生态观推崇个体与自然、社会和谐统一的世界,人与自然的生命共感构成相互依存的和谐关系,即"有无相生,难易相成,长短相形,高下相盈,音声相和,前后相随""道生一,一生二,二生三,三生万物。万物负阴而抱阳,冲气以为和",②人投身自然,大化于自然,"天地与我并生,而万物与我为一"③,个体与宇宙融合。儒家的世界观同样架构于生命的和谐,"中也者,天下之大本也;和也者,天下之达道也。致中和,天地位焉,万物育焉"④,这是人存于世的终极意义和价值。

在历史的长河中,"天人合一"逐渐内化稳定为中国美学的核心,自汉代董仲舒的《春秋繁露》初现雏形,"天人之际,合而为一""以类合之,天人一也",⑤因宋代张载的《张子正蒙·乾称》正式得名:"儒者则因明致诚,因诚致明,故天人合一,致学而可以成圣,得天而未始遗人。"⑥由王阳明的《传习录》集大成:"盖天、地、万物与人原是一体,其发窍之最精处,是人心一点灵明。"⑦"天人合一"的生命情调孕育了中国美学,形成了传统的生态意识与思维方式。

就审美主旨而言,"天人合一"之道为"和谐"。人与自然一体,在审美体验中融合协调,妥善处理各种矛盾,达到天人和谐的境界,这是人类对美的最高追求,其根本途径在于抓牢本体——世界运行过程中的内在规律"道"。"道"即为"一",是万物之始,世界在"一"的基础上形成一个有序的和谐整体。正所谓"同声相应,同气相求"⑧,万物处于契合、同构的状态,便会产生正向的积极情感反应,合奏出的生命节奏即为美。这种交融统贯的思维特征奠定了中国整体美学精神的基石,注重万象相连、万物相

① 冯国超,译注. 周易. 北京:华夏出版社,2017:13.
② 陈鼓应,注译. 老子今注今译. 北京:商务印书馆,2003:80,233.
③ 郭象,注. 庄子. 上海:上海古籍出版社,1989:14.
④ 杨天宇. 礼记译注(下). 上海:上海古籍出版社,2004:691.
⑤ 董仲舒. 春秋繁露. 上海:上海古籍出版社,1989:60,71.
⑥ 章锡琛. 点校. 张载集. 北京:中华书局,1978:65.
⑦ 叶圣陶,点校. 传习录. 北京:九州出版社,2018:251-252.
⑧ 冯国超,译注. 周易. 北京:华夏出版社,2017:7.

依、井然有序、同一同构,彼此相因的元素只有在统一的本体之下才能和谐相生,组成整体,达致庄子所追求的具有"适性"的逍遥的审美境界。

从审美原则来看,"天人合一"之纲为"融通"。从本质上说,"和"是不同事物之间的理想和谐状态,万物归一的要义是保持"万物"自身,以"和而不同"为基本美学特征,存异求同,表面不同,内在契合。具体而言,"把对立因素转化为比较关系(只有在比较中才成立)和相济关系(正因相反,实则相成)"①,在比较中进行调和相济、相反相成。正如中国的太极图,阴阳、黑白,各行其道,又相互作用,于天地间循环变化,永不止息,但始终保持均衡,这是对立与交融的整体和谐。

在审美途径层面,"天人合一"之术为"适变"。所谓"和谐",是不断适应自然与环境变化的结果,是以动为本、以变为法的太极。"化而裁之谓之变,推而行之谓之通。"②《周易》里时间的空间化与循环化是宇宙变化不止的明证,也可以说,变化是世界维持整体永恒与和谐的结果。故而,老子云:"夫事生者,应变而动,变生于时,知时者,无常之行。"③以"适变"为关键性概念的中国传统思维方式强调正视且利用差异,谙习变化之理,明察变化之机,掌握适变之法,调适自我,打通堵点,才能实现融合。

二、张柏然翻译思想的美学"三观"

张柏然教授曾立场坚定地表达了他对中国美学的"偏爱",明确提出中国译学理论发展的基石就是"植根于本民族文化之中的审美思想"④。其翻译思想取自中国传统美学,彰显了有遗可承的文化自信、变异而用的辩证理性和中西融合的自强精神,具有"变化观""适切观""融合观"三观合一的美学特点。

---

① 张法. 中西美学与文化精神. 北京:中国人民大学出版社,2010:56.
② 冯国超,译注. 周易. 北京:华夏出版社, 2017:384.
③ 杜道坚,注. 文子. 上海:上海古籍出版社, 1989:5.
④ 张柏然,姜秋霞. 对建立中国翻译学的一些思考. 中国翻译,1997(2):8.

1. 变化观

张柏然教授以中国传统译论为固本之源,但绝不因循守旧,相反,他认为,中国传统译论的生存与发展依赖于现代诠释与应用:"译学概念的意义沿着基本的言谈范围不断萌芽、生长、扬弃和发展,在不同的时间点和空间范围里,意义的内涵和外延不同,稳定不变是相对的,变动则是绝对的。"①

张柏然教授对"变动"的体认源自个体与世界、语言与文化同构的语言观:"所谓语言的存储功能,那是指,语言把世代积淀下来的民族文化固定为符号而贮存在语言单位(包括词、成语、谚语、俗语等)里。这是因为语言是文化的一面镜子,是文化的载体。民族语言与民族文化有着千丝万缕的联系,任何一种民族语言的形成和发展都离不开民族的社会历史和文化。"②

语言是一个涉及多种因素的复杂系统,受宏观社会结构制约,同时也在微观层面映照和重构社会文化。韩礼德指出:"语言与社会人是一个一体的概念,因而两者应当作为整体来考虑和研究。不存在没有语言的社会人,也不存在不被社会人所使用的语言。"③索绪尔以"言语"和"语言"概念诠释语言作为社会制度的属性。社会在变,作为载体的语言也必然由"变"而"化",这是典型的中国美学思维模式,正如刘勰在《文心雕龙·通变》中所说:"夫设文之体有常,变文之数无方,何以明其然耶?凡诗赋书记,名理相因,此有常之体也;文辞气力,通变则久,此无方之数也。名理有常,体必资于故实;通变无方,数必酌于新声;故能骋无穷之路,饮不竭之源。"④意指,文有常规,继而承之,要永久流传,唯有革新变通。

基于对"无穷之变"的认同,张柏然教授洞见译学概念内涵的变化,以

---

① 张柏然,辛红娟. 翻译理论研究的新课题. 中国外语,2008(3):80.
② 张柏然. 字林微言:翻译学、词典学序跋暨学术演讲集. 南京:南京大学出版社, 2017:17.
③ 韩礼德. 作为社会符号的语言:语言与意义的社会诠释. 苗兴伟,等译. 北京:北京大学出版社,2015:8.
④ 周振甫. 文心雕龙今译. 北京:中华书局,1995:269.

及由此导致的译学研究方法与思路的变化。空间上,中西相异,比如,西方译论重思辨性,强于逻辑分析,以科学系统性为特点。中国古代译论注重审美心理体验,"以中和为美,讲求和谐""尚化实为虚,讲求含蓄""重感性体悟,讲求综合",①但缺乏清晰的理论框架、多边立体探讨和客观理性分析。所谓"变动"在于,在中西译论的互动交流中,中国译论吸收西方译论的一些概念与方法,在重体悟的基础上增加科学分析的成分,西方译界在解读中国翻译思想时也会受到中国传统话语的影响。时间上,古今有别,现时所处环境、媒介及手段与古代大相径庭,"变动"意味着翻译的内涵与外延发生变化,译论由传统走向现代。

张柏然教授的"变化观"透出生生不息的生命美学,让我们看到,一是译学研究对象本身具有生命特征,翻译实践以"现实"的方式让原文本带着其中蕴含的传统符号跨越不断变化的时空而获得新生:"包括中国古代哲学在内的传统文化作为无形的符号,必须经过'现实'的途径,进行创新、转化,而这种创新、转化的过程也就是文化穿越时空得以被翻译的过程。翻译实践对于人类持存本民族文化软实力、借鉴他民族文化优势基因有着不可抹杀的功劳。跨越时空的翻译实践使文化的真正意义充分显露,使理解源泉不断涌现,使意想不到的意义关系得以展现,是保存文化软实力的重要途径。"②二是更强调译学研究理论具有生命特性。传统译论是现代译论的生命之源,现代译论是传统译论的生命延续,"传统译论要在当今译学建设中发挥作用,关键在于做好现代转换,使古代译论的一部分探讨面向现代"③,尤其是,传统译论中有世界意义、有生命力的部分亟待挖掘和现代性的"还原释读"。

2. 适切观

张柏然教授的"变化观"源自"适切观":适应时代发展与读者需求,切

---

① 张柏然,张思洁. 中国传统译论的美学辨. 现代外语,1997(2):25-29.

② 张柏然. 字林微言:翻译学、词典学序跋暨学术演讲集. 南京:南京大学出版社,2017:70.

③ 张柏然,张思洁. 翻译学的建设:传统的定位与选择. 南京大学学报(哲社版),2001(4):92.

合语言与社会语境。张柏然教授心中始终装着读者,认可读者的历史能动创造力,将读者视为译作与世界的生命共同体:"源语词典一经翻译,就开始了它在目的语语言文化环境下新的'生命旅程',开始了它的'今生'。"①这是一种特殊的翻译实践,一部词典俨然一部包罗万象的文学作品,是一个需要与读者互动、被读者不断激活的生命体,正如姚斯所说,文学作品"像一部管弦乐谱,在演奏中不断获得读者新的反响,使本文从词的物质形态中解放出来,成为一种当代的存在"②。

在"生命共同体"的观照下,"适切"意味着,译文必须切合语境。比如,蕴含汉民族思维模式与审美情趣的汉语熟语,其字面意义与实际意义相差比较大,很难贴切地翻译。对此,张柏然认为:"由于许多的汉语熟语出自历史典故、文学作品,自然而然地带有感情色彩,在翻译成外语时不仅要求理解其语言上的意义,还要理解其使用场合的关联意义,即应注意切合语境,避免出现语体或感情色彩上的误译。"③"适切"更意味着,中国译论必须切合语境。许钧教授曾表示:"译学界需要解决的重要任务之一就是如何发展既切合民族特点,又能与国际接轨,易为外界理解与接受的一整套术语……""我们既要对传统译论术语进行现代转换,使之能够转化成为新文化的组成部分,又要对大量涌入的西方译学术语和概念进行本土改造,使其能够适切地解释中国大地上发生的汉外转换的翻译事实。"④

中国译论既要切合自身特点,还要切合他者接受度,既要切合传统意义,还要切合现代价值。张柏然教授进一步强调,中国传统译论的"现代转换"关键在于创新,使其具有现代应用价值与意义,其核心是"中国传统

---

① 张柏然. 字林微言:翻译学、词典学序跋暨学术演讲集. 南京:南京大学出版社,2017:84.

② 姚斯,霍拉勃. 接受美学与接受理论. 周宁,金元浦,译. 沈阳:辽宁人民出版社,1987:26.

③ 张柏然. 字林微言:翻译学、词典学序跋暨学术演讲集. 南京:南京大学出版社,2017:50.

④ 许钧. 坚守与求索:张柏然教授的译学思考与人才培养. 中国翻译,2018(3):66,72.

译论范畴体系的转化","吸收其内在思维特性,选择其合理的观念、范畴乃至体系"。①

3. 融合观

如果说"变化"是本质,"适切"是缘由,那么"融合"就是目标。张柏然教授的翻译美学思想处处透露出他对融通合一、均衡和谐的追求。

针对译学的功能与本质,张柏然教授认为,译学的重要作用在于促进世界文化建设和不同民族的相互理解与沟通,应依据整体思维从外在与内在、表层与深层、规范与精神的互补与综合中去理解翻译活动:"翻译学的'科学特性'与'文化性格'在一般意义上并非相悖,而是有机结合的。"②

针对中国译学的研究方法,张柏然教授认为,中国文化具有包容的习惯,具备"中西融合"的姿态,"中国文化源远流长,有着一种非凡的接纳和消融能力,善于接受异质的东西,物为我用"③。他倡导的不是简单的中西比较,而是深层意义上的对话和广泛意义上的共生:"传统译学如果不加阐释地去与具有当代形态的西方译学对话,其结果不仅是落差和错位,而且只能是另一种形式的自说自话……要从中西译学比较入手,借助于'他者'的参照,由外在比较达于内在超越,促动中国译学实现其古典形态的现代转换,从而在中西对话中重建关于译学的价值理解,重建一种具有更大圆周的话语和意义系统,以面对世界性交流共生状态下的共同翻译理论命题。"④

针对中国译学的身份,张柏然教授旗帜鲜明地倡导中国译学研究的"中国特色":"第一,就是用中国人自己的目光、观点与理解,而非外国人的目光、观点与理解,来阐释中外翻译现象,尤其是文学翻译现象。……第二就是必须连接被忽视甚至中断了的古代翻译理论传统,从古代译论中吸取丰富的营养,摄取那些具有生命力的观念,激活那些并未死去的东

---

① 张柏然,辛红娟. 译学研究叩问录——对当下译论研究的新观察与新思考. 南京:南京大学出版社,2016:63, 65.
② 张柏然. 全球化语境下的翻译理论研究. 中国翻译,2002(1):58.
③ 张柏然,姜秋霞. 对建立中国翻译学的一些思考. 中国翻译,1997(2):9.
④ 张柏然,辛红娟. 翻译理论研究的新课题. 中国外语,2008(3):80.

西,使之成为新的译论的血肉。第三,要与当代的中外翻译实践相结合,用以阐释我国与外国的新的翻译现象,形成我国新的翻译理论。第四,有着中国特色的翻译理论又是多种多样的,对精神现象的大一统、单一化的理解一旦破除,翻译理论就显出其自身的多姿多彩,加上各种学派的理论竞相争妍,就会显得更加绚丽斑斓。"①

这是张柏然教授在立足本土、定位起点、多向度对比、摸索出路之后所提出的理性主张,也是在推进中国译论研究过程中的必然选择。首先,他认为,世界文化体现了不同民族的文化本体互促互依的关系,"是由文化的民族性因素和世界性因素(人类的共性)结合的产物"②,我们不能陷入民族性与世界性二元对立的误区。中国译学研究应以共同话题寻求与西方对话,而不是对抗,以自身特色引导对话深入,而不是否定。这是从根本上保证"民族性"与"世界性"、"主体性"与"对话"达到平衡的办法,是中国译论的"涅槃重生":在中西融通中创新,在古今转换中翻新。其次,"中西融通"的终极目的在于"和而不同",他认为,"中国需要创建自己的翻译学派",而自创的关键在于"说自己的话",③重视民族审美经验,尤其是审美的现代性,融通中西译论中共同性、互补性的方面,实现自我创新。

三、张柏然翻译美学思想的启示意义

改革开放以来,我国译学研究在学科框架、翻译研究对象域、学科意识与理论意识等多方面取得了巨大的进步,④但是,新时期翻译活动复杂性增强,原有译论解释力不足,加之学科本体建设不够厚实、理论架构不够成熟、研究方法不够科学,一部分学人陷入迷茫,不确定中国译学理论是否自成体系、是否足以解释和分析当下及未来的翻译事实,不知道如何在中国译学研究话语框架中描述中外互译现象,总感觉在按照别人的思

---

① 张柏然. 建立中国特色翻译理论. 常州工学院学报(社科版),2008(3):79-80.
② 张柏然. 全球化语境下的翻译理论研究. 中国翻译,2002(1):58.
③ 张柏然,辛红娟. 中国需要创建自己的翻译学派. 中国外语,2005(5):69,73.
④ 许钧. 改革开放以来中国翻译研究的发展之路. 中国翻译,2018(6):5-8.

路、用别人的话来描述自己,隔靴搔痒,讲不清,而且,一旦出现新的形势和冲击,很可能患上"失语症",无法灵活应变,深入研究。

张柏然教授以美学为鉴,认为翻译研究的基本走向应该是"学科互涉,多元共生",中国译学研究的出路在于:"第一,以现代观念去整理中国的译论遗产,探究中国译论的现代价值与意义。第二,以创造性思维对西方译论流派进行变异,在世界译论流派史上刻上中国的名字。第三,以中国文化的整体性,去整合西方片面精确的译论,使之在更高的文化层次上得以整合与优化。"①其翻译美学思想有助于加强中国译学理论的文化定力、译论建设的文化理性和译学研究的道路自信,对中国译学建设具有启示意义和引领作用。

1. 译学本体研究坚持"万变归一"

新时期各学科的多向度交叉发展为中国译学研究注入了活力,翻译活动被置于更大的社会语境中予以考察,一时间,语言学、文艺学、交际学、符号学、人类文化学等领域都开始介入翻译研究,众声喧哗之中,学界视线转向本体之外的文化研究,本体研究发展明显不足。② 在张柏然翻译美学思想的观照下,我们需要把握译学研究作为跨学科研究活动的存在,着力于中国译学研究"如何在",包括具有学科代表性的译学研究概念、与实际研究对象对应的明确概念、按照研究类型将概念予以归纳的概念地图。比如,关于"研究对象",即翻译现象及其本质。中国翻译学的研究对象首先是本地的翻译现象,即解决本土出现的翻译问题。蓝红军认为:"我们必须把中国的文化、中国的问题、中国的社会需求和中国的翻译经验作为翻译理论研究的出发根基。"③

诚然如此,中国译学的研究对象似乎很明确,但是,这个研究对象是否有独特之处? 是否只能且必须置于中国译学研究的框架之中? 这是一

---

① 张柏然,辛红娟. 译学研究叩问录——对当下译论研究的新观察与新思考. 南京:南京大学出版社,2016:128.
② 王东风. 发展中的中国翻译学科:问题与对策. 中国翻译,2020(3):11.
③ 蓝红军. 改革开放以来的中国译学理论建构. 中国翻译,2018(6):12.

个有关"特色"与"共性"的问题。共性是主要的,易把握的,个性是特殊的,能针对性地解决根本性的差异问题,比如语言规范差异和文化差异。张柏然教授虽然强调译学研究的"中国特色",但并未局限于"个性",准确而言,"特色"或者"个性"的前提和基础是"共性"。因此,无论翻译现象发生的时空如何变换,中国译学研究应以共性为本,基于统一的焦点,实现中国译学与世界的平衡和谐。当然,需要明确重点对象、特殊对象和因时代变化出现的人机翻译等新兴对象,加强微观问题的研究,为宏观理论的多层次性、系统性和应用性奠定基础。

2. 译学理论追求趋向"和而出色"

"天人合一"框架内的翻译研究关乎"一与多"的命题,张柏然教授主张建立中国特色翻译学,系统梳理中国传统译论,提炼具有普遍价值的规律,展开"理性的理论性分析,目的在于激活那些具有生命力的古代译论部分,获得现代阐述,使之成为当代译学理论的有机组成部分"①,完成内在超越,实现"现代转换"。谭载喜也认为,我们"应当尽量在继承传统思想与立足当下研究之间、在弘扬民族特点与尊重翻译普遍性特征之间、在引进外来翻译思想与开发本土理论资源之间、在理论源于实践与实践升华出理论的认知之间取得平衡"②。

虽然到目前为止,真正具有中国特色的译学理论尚未成形,韩子满指出:"中国的翻译学有其特色,只是这些特色的成因与汉语或传统翻译思想未必有必然的联系。"③然而,值得欣喜的是,已有学者着力于此,王宏印教授的《中国传统译论经典诠释》(湖北教育出版社,2003)是一个好的开端;近期,潘文国通过梳理和比较中西翻译史,认为中国翻译研究具有"立高标""正译名""重文采"三大特色,并以三大特色在中国翻译史四个时期

---

① 张柏然,辛红娟. 译学研究叩问录——对当下译论研究的新观察与新思考. 南京:南京大学出版社,2016:37.
② 谭载喜. 中国翻译研究 40 年:作为亲历者眼中的译学开放、传承与发展. 外国语,2018(5):8.
③ 韩子满. 再论中国特色翻译学——基于《中国翻译》和 *Babel* 的研究(1987—2016). 解放军外国语学院学报,2019(6):123.

的表现为佐证,分析背后的历史、文化和语言因素。① 还有一批学者深入研究本国翻译实践现象,产出生态翻译学、变译理论等原创性翻译理论。当然,整体而言,中国译学话语体系不够完善,中国译学理论还不具备明显的辨识度,本土译学理论数量不多、认可度不足,一些重要的本土翻译理论家和翻译家的思想未得以系统充分的梳理、继承和发扬,比如张柏然、许钧、杨自检、刘宓庆、许渊冲、王宏印等学者的译论相对零散。中国译学理论在国际舞台也尚未站稳脚跟,根据对中国学者国际翻译期刊发文情况的不完全统计,"从论文和作者的重要性来看,难觅对整个译学具有革新性影响的中国文献和作者,我国译学界仍缺乏高质量的文献和高影响力的学者"②。

因此,深入挖掘中国传统译论,加快其系统化现代转换过程,"中国特色"译论建设则大有可为。问题在于:中国传统译论的哪些部分可以作为中国译学研究理论的核心与生发点?如何转化为当今译论研究话语?哪些西方译论适合于与中国传统译论进行融合,如何融合? 这直接涉及核心译学研究概念以及联系概念的逻辑关系。比如,早在 1999 年,姜秋霞教授对翻译概念做过界定:"翻译是一个从原文到译文的转换过程。在此过程中,译者通过审美与认知双重方式能动地接受原文,在大脑中形成一个具有语言意义和艺术意象的整体图式,进而对此图式用译文语言结构重新建构,最后形成译入语的文本。"③这其中的"图式""建构"都是现代话语,"意象"是中西、古今译论都用到的术语,但是,仍存在"原语"与"源语"混用,"重译"与"复译"混用等类似的情况,所以,到底哪些术语可用,如何衔接,比如"案本""求信""信、达、雅""神似""化境"等中国自有译学体系术语如何与当下中国译学研究甚至全球译学研究话语达成有效关联,建立起严密的概念地图,实现中国原创理论的国际化,这些都是中国译学理

① 潘文国. 翻译研究的中国特色与中国特色的翻译研究. 国际汉学,2020(S1):5-37.
② 王昱. 中国译学国际影响力可视化分析(2010—2019). 上海翻译,2019(6):35.
③ 姜秋霞. 文学翻译中的审美过程:格式塔意象再造. 外语与外语教学,1999(12):55.

论建设亟待解决的问题。

3. 译学研究方法突出"比较调和"

翻译学研究方法是串联译学概念的路径,决定了翻译学理论的建构模式和应用方式。基于思维与文化差异,中西译学研究方法存在天然差异。中国人崇尚"天人合一"的哲学理念,习惯于"综合性"整体认知模式,以知觉、体悟为主,英语世界以"物我两分"为哲学基础,常用"分析性"思维模式,以逻辑辩证为主。中国译学研究要成就"中国特色",需要探寻一种适合中国学者的认识论和方法论。固守传统或完全西化都不适合中国学者:"语言不是简单的机械,不是冷漠无情的单纯器具,而是充满了人情心绪、人世体验、人生阅历、人伦享受、人品精华、人性积淀的'思想精灵',是蕴含着生机、灵气、活力、智慧的'生命编码'。甚至可以说,一个人的言语就是他生命的一部分,是生命的知觉,生命的信号,生命的外化。如果无视于此,片面强调翻译研究的模式化、标准化,那实际上是把翻译研究简单化,把情感丰富、跳动着生命旋律的翻译活动变成干巴巴、冷冰冰、枯燥乏味、刻板生硬的'文字游戏场',这是制造'人''文'分离,使'文'外在于'人',结果必定是背离了翻译研究的人文性,又有违于翻译研究科学化的初衷。"①

张柏然教授指出,"比较译学已经不可避免地成为当代翻译研究的话语方式"②,其目的不在于单纯的比较或者趋向共性化的译学研究方法,而在于"能否在对谈和争论中构建一种相互取长补短、综合发挥,具有钱锺书先生所言'打通'特征的诗学阐释学和话语方式,从而比固守单一译学传统的时代能更加深入地谈艺说文,讨论多元文化状态下的文学和翻译事实,尽可能地呈现生命的诗意"③。这种"比较译学"不是二元对立的优劣之比,而是通过对共性与特性的梳理寻找相生互变的融通之道,共同构

---

① 张柏然,姜秋霞. 对建立中国翻译学的一些思考. 中国翻译,1997(2):9.

② 张柏然,辛红娟. 译学研究叩问录——对当下译论研究的新观察与新思考. 南京:南京大学出版社,2016:136.

③ 张柏然,辛红娟. 译学研究叩问录——对当下译论研究的新观察与新思考. 南京:南京大学出版社,2016:142

建一个均衡和谐的整体。当然,中国译学研究方法体系尚未成形,还处在摸索阶段,尚未明确具体方法,取哪些"长",补哪些"短",又如何实现"综合",仍需要加大研究力度,确定科学合理、切实可行的现代译学研究方法。

四、结 语

张柏然教授的翻译思想根植于"天人合一"的中国传统美学思想,衍生出"变化观""适切观"和"融合观","变化"是本质,"适切"是缘由,"融合"是目标。这种"三观合一"的翻译美学思想具有前瞻性、创新性和指导性,给予新时代译学研究学人深刻启示:以具有共性的翻译现象作为译学研究的本体,以"和而不同"作为译学理论架构的标准,以"比较调和"作为更契合中国学人的译学研究方法,以"天人合一"的融通之道描绘一幅"译学太极图"。

(本文主体部分已在《宁波大学学报(人文科学版)》2021 年第 3 期"学人与学派研究·张柏然研究专题"发表)

共同体理论视域下张柏然先生中国特色翻译学思想研究

陈文荣　　祝朝伟

南京审计大学外国语学院　　四川外国语大学

摘　要: 本文梳理了共同体理论的发生与发展,并将其应用于翻译研究,尤其是张柏然先生倡导的翻译学派研究中,引导中国特色翻译理论从翻译研究学派形成的初级阶段(即"虚幻的共同体"阶段)向张柏然先生提出的翻译学派构建(即"真正的共同体")之高级阶段演进。本文认为,在翻译学派构建之共同体高级阶段,要着重处理好中与外、虚与实、动与静、通与专等四对关系,促进中国翻译研究共同体的健康与可持续发展。

关键词: 机械共同体,有机共同体,张柏然,翻译学派

一、引　言

共同体理论的形成与发展是世界范围内文化、政治、科学不断交融及对外传播的过程,而这一过程本身与翻译密不可分。翻译对共同体理论的形成与发展产生了重要影响,共同体理论在翻译研究中亦具有积极的启发意义与应用前景。

本文梳理了共同体理论的形成与发展,深入发掘了其与翻译研究的契合点,并应用于张柏然先生倡导的翻译研究学派观中。文章提出,中国特色翻译理论的构建是翻译学派形成的初级阶段,即"机械共同体"或"杂

乱无序的松散共同体"阶段;①这一理论发展到特定阶段后会迎接翻译研究"有机共同体"阶段的到来,导致翻译学派的诞生。张柏然先生提出了建设翻译研究学派观的思想,如果在此基础上进一步推进翻译研究共同体建设,中国翻译学的形成则指日可待。

二、"共同体"概念的产生、理论演进与应用转化

1. 概念的产生

"共同体"概念源自古希腊城邦的兴起,其本义是指城邦架构下的邦民联合体,城邦中的一切民众形成了事实上的共同体,并在对于"善"的集体追寻过程中获益。城邦的本质就是一个"向善"的政治共同体。家庭是社会共同体的基本元素,是人们为方便日常生活而形成的"第一共同体"②,村落是达到一定数量的第一共同体组成的高一级的共同体,城邦则是众多村落和家族在追求美好、自足生活的基础上形成的更高一级的共同体形态。共同体概念逐步演变为共同体理论源于 19 世纪中后期的欧洲,总体上经历了从社会共同体转向科学共同体,从自然科学共同体转向社会科学共同体,从社会科学共同体渗透至包括翻译研究在内的各类学术领域并产生巨大影响的曲折历程。

2. 理论的演进

在共同体理论的发展演进过程中,马克思、滕尼斯(Ferdinand Tonnies)和涂尔干(Émile Durkheim)是三个最为重要的思想家。马克思较早地对共同体理论进行了深入思考,指出公社所有制概念即源自共同体思想。而作为政治共同体的国家,其理性与否取决于居于其中的阶级对待利益的态度及阶级自身的历史结构形态。具有私利特征的资产阶级将自身利益或局部利益通过夺取政权的形式合法地变成悬置于民众利益

---

① Conley, V. Communal crisis. In Miami Theory Collective (ed.). *Community at Loose Ends*. Minneapolis: University of Minnesota Press, 1991: 49-69.

② 亚里士多德. 亚里士多德全集(第 9 卷). 北京:中国人民大学出版社,1994:19.

之上的普遍利益,从而产生了特权利益与公众利益的博弈。"正是由于特殊利益和共同利益之间的这种矛盾,共同利益才采取国家这种与实际的单个利益和全体利益相脱离的独立形式,同时采取虚幻的共同体的形式。"①因此,"虚幻的共同体"是代表私利的阶级群体以国家的形式确立并与公利相背离而产生的国家或社会组织样态。"真正的共同体"则是在资产阶级虚幻的共同体被取代后,个体外化于社会关系并获得全面发展的阶段,其特征是个体自由发展先于群体的发展。马克思对共同体理论基于历史逻辑的区分,"科学地考察和把握人类发展历程,对资本主义生产方式和生产关系进行了深刻批判,对未来社会的发展目标和图景做出了科学预设,影响极为深远"②。

　　滕尼斯是欧洲现代社会学及共同体理论的开创者之一,他运用二分法将共同体(community)与社会(society)这两种人类群体生活中具有差异性的组织结构进行了有效区分。他认为,共同体是构成群体的个体间基于一定的共同心理、普遍取向或自然情感而历史地甚至思想地构建而成的有机体。"共同体是建立在有关人员的本能的中意或者习惯制约的适应或者与思想有关的共同的记忆之上的。血缘共同体、地缘共同体和宗教共同体等作为共同体的基本形式,不仅仅是各个组成部分加起来的总和,而是有机地浑然生长在一起的整体"③,因此兼具了个体的独特性与全体的多样性特征。社会是个体间持续互动、逐步形成的具有特定功能倾向与主体思想行为规划的复合体,是个体的累加与主体利益的叠置。社会是整体利益聚合或个体目标探寻的载体,共同体则有意识地拒斥各类利益关系与主体。滕尼斯将"共同体"看作人类基本关系的属性,认为其本质是与现实密切关联的有机生命体的连接,"社会"则是这一基本关

---

① 转引自:迟方旭. 马克思恩格斯列宁斯大林论私法. 北京:中国社会科学出版社,2012:2.

② 朱丽君. 共同体理论的传播、流变及影响. 山西大学学报(哲学社会科学版),2019(3):85.

③ 滕尼斯. 同体与社会——纯粹社会学的基本概念. 林荣远,译. 北京:商务印书馆,1999:iii.

系属性的时空延宕与显在,是思想的实体与机械的存在。社会发展的整体进程遵循从初始阶段的共同体形态向新的高一级的社会形态演进的规范,而现代社会则应适当回归逐渐式微的"共同体"形态。

马克思对虚幻共同体与真正共同体的区分、滕尼斯对共同体本质的论述有助于我们了解共同体的类别及其人类基本关系属性,而涂尔干"机械团结"向"有机团结"转换的思想则为这一领域注入了动态演进的特征。涂尔干的理论被称为"社会团结理论",这是他对社会整合与社会秩序深入研究后提出的理论,其本质就是社会共同体思想。社会团结可进一步分为"机械团结"与"有机团结",前者是指欠成熟的社会个体间聚集模式的机械趋同或整体景象一致的呈现,社会成员在价值观念、情感交互与信仰体系等诸方面高度融合,个体特性被压制,以寻求群体利益最大化,客观上限制了个体的自由发展;后者即"有机团结"则是分工专门化到一定程度后的集约化回归,是社会联系的个体间差异的悬置及规模与协同效应的有机呈现。"相反的意识总是相互消解,而相同的意识则总是相互融通,相互壮大;相反的意识总是相互减损,相同的意识总是相互加强"[1],因此,社会结构注定从压制个性的"机械团结"向较高级、更和谐的"有机团结"演进,因为"有机团结"更有助于发挥共同体的递增优势。

3. 理论的应用与转化

共同体理论发端于国家与社会发展进程中的人际关联、社会认同与思想共识,20世纪后半叶之后开始率先应用于科学领域。20世纪40年代,英国科学家波兰尼(Michael Polany)在《科学的自治》一文中首先提出了"科学共同体"(scientific community)思想,[2]主要用于指具有职业差异性与专门化特征,同时具备共同职业规范、科学信仰与价值观的科学家集团,是一种人际意义上的"科学职业共同体"。这一概念突破了科学家的地域局限,为科学研究、知识生产及知识传播赋予了特定的专业化职业身

---

① 涂尔干. 社会分工论. 渠东,译. 北京:生活·读书·新知三联书店,2000:61.
② 薛桂波,倪前亮. 科学共同体的伦理之维. 山西师大学报(社会科学版),2006(3):10.

份。数年后,库恩(Thomas Kuhn)出版了《科学革命的结构》一书,提出了研究范式的概念,从认识论的视角将科学共同体演绎为学科与专业意义上的共同体。库恩的范式观认为,"一个范式支配的首先是一群研究者而不是一个学科领域"①,因而科学共同体指的是具有共同专业结构或相似学科背景的专业群体,即"专业人员共同体"。我们认为,"范式"与共同体思想关联密切,"范式"并非实体意义上的共同体,而是逻辑意义上的共同体,统摄并附着于共同体的深层结构,是特定专业群体共同遵守的学科信仰、专业理论框架、实践操作规范乃至所共享的语言体系的集合。

无论是波兰尼的"科学职业共同体"抑或是库恩的"专业人员共同体",两者均难满足当前科学研究迅猛发展的需要。随着科技进步的加快,"职业"与"专业"的分野逐步模糊,学科与专业的过细划分成为阻碍科学发展的藩篱,跨学科交叉研究与专业融合逐渐成为主流。据此,我们可以对库恩的观点予以修正,将科学共同体从"一个范式支配的一群研究者"拓展至"该范式支配的学科或具体的研究领域"。事实上,库恩也认为,应该"把各门科学看作一个互相作用的群体而不是一些专业的凑合,这些外部因素的累积效果就可能具有决定意义"。② 在当今信息爆炸、学科交叉融合的背景下,科学共同体更应从广义的角度予以把握,即"基于共同研究兴趣与研究领域而自然形成的学术研究共同体"。这样的共同体在人员组织结构上不限定特定专业、职业、地域或国界,而是在全球范围内以共同的研究内容为中心形成的科学共同体,即全球范围内的无形学院(invisible college)。③

三、翻译学派建设的共同体之维

如果我们从共同体理论来观照翻译学派的建设,翻译学派的形成按

---

① 库恩. 科学革命的结构. 4 版. 金吾伦,胡新和,译. 北京:北京大学出版社,2003: 180.

② 库恩. 必要的张力. 范岱年,纪树立,等译. 北京:北京大学出版社,2004:119.

③ 李一平,刘细文. 科学共同体文献计量学特征研究. 图书情报工作,2014(9):62.

照发展的路径可分为初级阶段与高级阶段:初级阶段对应于翻译研究共同体的虚幻共同体(或机械团结)阶段,而高级阶段则对应于翻译研究共同体的真正共同体(或有机团结)阶段。构建翻译研究的"'中国学派'不是宏大的概念,而是一个以研究方向为共核的渐进过程:可以是'视角'(perspective),也可以是'理论'(theory),最后形成的才是'学派'(school)"①。按照这一逻辑,中国特色翻译理论的构建是翻译学派形成的必要前提与基础,是翻译学派形成的初级阶段。中国特色翻译理论发展到一定阶段后,为避免理论"内卷化",需构建更具生命力与创造力的翻译学派,向翻译研究的"真正共同体"阶段演进,并最终完成"与国际学术界进行平等对话……建立在自身语言特点基础上,立足于本国文化精神的理论体系"②。

1. 从失语到特色译论的构建:翻译研究共同体的初级阶段

一直以来,国内翻译界都不善于创建自己的话语与理论体系,而热衷于套用西方译论既有的话语与理论来分析研究问题,导致了长期以来中国译论在世界译坛的集体"失语"。这反映了国内研究者价值判断的失衡及学术心态的偏颇,惯于置中国传统译论不顾,而一味"求新声于异邦"。因此,为促进翻译学科理论体系的持续创新发展,就要不断纠正"全盘西化"的错误观念,"接上传统文化的血脉",努力提倡"博采东西,并揽古今"的主张,改变当前中国翻译理论的世界"失语"。③

令人欣慰的是,经过近三十年的发展,中国翻译理论体系的开拓者们已然意识到上述问题。一批具有前瞻视野的学者正积极构建中国特色翻译理论体系,提出了众多具有原创价值与拓新意义的译论体系,如生态翻译学、变译理论、译者行为批评等。这些中国本土特色译论的提出与应用,"能够抓住理论中的关键问题或是新问题,从新的视角对它们进行合乎实际的理论阐述,提出新见解、新观点,使理论问题在原有的基础上,获

---

① 周领顺,王峰. 研究方向无足轻重吗?. 社会科学报,2020-02-27(05).
② 张柏然,姜秋霞. 对建立中国翻译学的一些思考. 中国翻译,1997(2):8.
③ 曹顺庆. 文论失语症与文化病态. 文艺争鸣,1996(2):52-53.

得新的说明,从而使理论有所丰富、有所发现、有所前进"①。

具体而言,胡庚申提出的生态翻译学是生态学路径的翻译研究,主要"着眼于翻译生态系统的整体性,从生态翻译学的研究视角,以生态翻译学的叙事方式,对翻译的本质、过程、标准、原则和方法以及翻译现象等做出新的描述和解释"②,基于达尔文"适应/选择"说及"译者中心"论提出翻译即译者对翻译生态环境的适应及对译文措辞的选择。翻译生态与自然生态的同构隐喻将翻译研究从单学科路径引向了跨学科研究范式,迎合了翻译理论研究的方向突破与空间拓展需求,是我国学者对翻译理论宏观问题的原创性探索。

黄忠廉的变译理论是另一个由中国学者提出的原创性理论。唐人贾公彦在《周礼义疏》中对"译"字注疏曰:"译即易,谓换易言语使相解也。"③此处"易"即"转变,改变,变化"之意,核心思想即为"变"字。翻译活动无论在语言层面还是文化层面都难逃"变"之本质,翻译本身即是求"变"之过程。黄忠廉教授的"变译理论"即是研究翻译之"变"的理论,研究的是"变译的概念、基本原则、基本方法、注意事项及其适用范围等"④。该理论是在考察大量古今中外翻译实践与翻译现象的基础上提出的具有独创意义的本土译论形态。

同样的理论创新还体现在周领顺提出的译者行为批评论中。作为典型的本土译论,该批评模式"根植于中国译学的传统,放眼于国际译学,是现阶段翻译批评转型期的主流批评模式,可望在国际译学特别是翻译批评领域发挥一定的引领作用"⑤。译者行为批评将翻译批评静态属性的文本批评视域与动态研究的文化批评维度相结合,有效地统一了译内批评与译外批评、规约性制约与主体性彰显之间的二元对立,是一种多视角、多维度、多侧面、历史化的批评路径与理论构建。

① 张柏然. 建立中国特色翻译理论. 常州工学院学报(社科版),2008(3):80.
② 胡庚申. 生态翻译学解读. 中国翻译,2008(6):11.
③ 转引自:罗新璋,陈应年. 翻译论集. 北京:商务印书馆,2009:1.
④ 黄忠廉. 变译(翻译变体)论. 外语学刊,1999(3):80.
⑤ 周领顺,赵国月. 译者行为批评的战略性. 上海翻译,2015(4):9.

此外,许渊冲提出的中国学派的翻译理论,从孔子与老子处汲取思想,重新阐释了翻译的本体论、认识论、方法论与目的论;①潘文国提出的"文章翻译学"为典籍英译量身定制了一整套行之有效的翻译原则与方法;②陈东成提出的"大易翻译学"从全新的易理与易经哲学视角研究翻译问题,令人耳目一新。③ 上述诸多理论均是"根据本国的语言特点,透视语言中所反映的文化精神,构建具有中国特点的译学理论"④的典型,是将中国古典理论进行译学转换与成功应用的典范。

21世纪前二十年,上述理论的构建者们并未止步于传统译论的经验体会,而是基于前人的思想,集众家所长,一以贯之地深入理论的诸多侧面,凝练整合,剔抉爬梳,以异质性视角与思想维度对诸多翻译问题与现象做出了多元阐释。其努力改变了现阶段我国翻译理论研究的样貌与格局,推动了我国翻译研究的理论进展,逐步形成了翻译研究共同体的初级形态,即虚幻的共同体阶段。该阶段是翻译研究共同体发展的起始阶段,是建立在翻译研究相关主体或理论形态的宏观趋同或趋近关系,其特征是翻译研究共同体间呈现高度疏离性与分散性,个体差异最大程度显化,彼此依赖度低,差异性与异质性的过度彰显使得共同体构成了一个机械的形式集。与之对应的是翻译研究共同体发展的高级阶段——翻译学派构建阶段,也是翻译研究的真正的共同体或有机共同体阶段。作为翻译研究发展到一定阶段的产物,有机共同体内部分工专门化确立,主体间关系有机连通,共同协作,彼此依赖又独立运作,个体独特性与全体多样性有机融合。在此有机体内,个体最大化自由发展的方向即为共同体的发展方向。当前我国翻译研究领域处于虚幻的共同体(或机械团结)阶段,需进一步推进并拓展至真正的共同体即有机共同体阶段。

---

① 许渊冲. 谈中国学派的翻译理论——中国翻译学落后于西方吗?. 外语与外语教学,2003(90):52-54+59.

② 潘文国. 文章翻译学的名与实. 上海翻译,2019(1):1-5+24+94.

③ 陈东成. 基于《周易》哲学思想的翻译研究——以《大易翻译学》为例. 上海翻译,2018(6):6-9.

④ 张柏然,姜秋霞. 对建立中国翻译学的一些思考. 中国翻译,1997(2):8.

无论是虚幻的共同体还是真正的共同体,其构建初衷均应是亚里士多德提出的"某种共同的善",或库恩认为的"囊括了某一特定科学共同体成员所共有的一整套承诺"①,而非少数研究者片面狭隘地"单纯从'共同体'这个词汇本身的语义出发,将共同体等同于一个拥有共同利益、共同特征、共同观念、共同行动等的实体"②。对共同体概念或原理的狭隘误读或将导致学派研究中"研究领域的漫无边际、研究视角的多种多样,使得这个学术群体缺乏一种总体上的学术认同感,同行之间没有同行的感觉"③。

2. 从特色译论构建到翻译学派建设:翻译研究共同体的高级阶段

中国特色译论的构建是翻译研究共同体初级阶段需要完成的任务,其发展目标与演进路径是创建中国的翻译学派,推进共同体进入高级阶段,即真正的共同体阶段。众所周知,翻译学派在西方译学理论的发展中扮演着举足轻重的作用。"一部西方翻译学史就是一部学派的传承与更替、聚合与交锋的历史"④,在张柏然先生看来,"学派是激活学术研究不可缺少的'酶',是学术有机体发育和发展不可或缺的'细胞'。学派既是科学研究达到一定深度和规模的标志,又是学术交流和学术争鸣的平台,也是推进学术研究向更深层次发展的动力。学派对于传承和绵延文化精髓,造就学术大师,凝练学术传统,以多样个性来充盈学术的普遍性,促进学术进步有着十分重要的引领作用"⑤。因此,凝聚智慧与汇集力量持续进行理论整合与学派构建,尤其是注重传统译学理论的现代转换以及本土翻译学派的构建,以提升我国译学理论的创新力度与发展速度,乃当前翻译学者须着力推进的重要工作之一。

① 库恩. 必要的张力. 范岱年,纪树立,等译. 北京:北京大学出版社,2004:15.
② 朱丽君. 共同体理论的传播、流变及影响. 山西大学学报(哲学社会科学版),2019(3):89.
③ 库恩. 科学革命的结构. 4版. 金吾伦,胡新和,译. 北京:北京大学出版社,2003:2.
④ 张柏然,辛红娟. 中国需要创建自己的翻译学派. 中国外语,2005(5):69.
⑤ 张柏然,辛红娟. 中国需要创建自己的翻译学派. 中国外语,2005(5):69.

　　然而,我国翻译研究学派的缺位一直是翻译业界不争的事实。杨晓荣在论及我国翻译学派意识淡薄的缘由时指出,国内学界"对我国自己当代的研究成果不够重视,研究缺乏承继性"①。这就明确要求我们,在面对当代翻译学者提出的诸多能够"说自己的话"的"中国现代译论"②时,不仅要发扬批判精神,更应首先对这些理论成果开展全方位、多视角的研究与思考,进行深入的学理分析,方可切实推进中国现代译论的有机融通与学派演进。

　　细而论之,中国现代译论在向翻译学派演进的过程中需关注以下几点:1)积极提倡团队重大理论攻关与个人力量及优势的有机结合,凝聚团队优势,形成聚合效应,将个体的效力最大化。这就从根本上解决了张柏然先生忧虑的"我国翻译学家的知名度的形成过于依赖个人奋斗,难以积聚团队的力量,发挥影响,更奢谈出大师级的人物"③的问题。2)对既有理论进行全面探索与深入挖掘,将零散的、未成体系的理论形态进行脉络梳理与有效整合,形成集聚型理论样态,避免"仿佛珍珠满地,终未凝聚成价值连城的'珍珠项链'"④之现状。3)积极营造宽松的学术环境,开展规范有序的理论互动与学术批判,鼓励创新思维,提升问题意识,最终形成理论间的规范互动与学术争鸣。这样既可以促进既有理论的突破及新理论、新方法的孕育,又可以推进理论创新与发展,有效维持"学术链条的传承、绵延,历史积淀中的新旧更替"⑤。

　　作为翻译研究共同体的学派一旦形成,各学派需注重自身学术队伍的可持续发展,既要拓展理论的深度与广度,也要关注学派思想的传承沿革与创新;将培养学术研究新人与造就理论大师相结合,将共同体内部传承与外部争鸣相统一,不断提升学派对理论的聚合效应与创新促进效用。需要注意的是,共同体内部个体间异质性越强,共同体就越弱,异质性强

---

① 杨晓荣. 略谈我国翻译研究中为什么没有流派. 外语与外语教学,2004(2):41.
② 张柏然,辛红娟. 中国需要创建自己的翻译学派. 中国外语,2005(5):73.
③ 张柏然,辛红娟. 中国需要创建自己的翻译学派. 中国外语,2005(5):72.
④ 张柏然,辛红娟. 中国需要创建自己的翻译学派. 中国外语,2005(5):72.
⑤ 张柏然,辛红娟. 中国需要创建自己的翻译学派. 中国外语,2005(5):72.

到一定程度,共同体便有解体的危险。与之相反,个体间的异质性越弱,共同体就越强。因此,需时刻保持对翻译学派内个体与共同体间动态变化的关注,及时调整,以期保持学派内部的有机整合与最优状态。需要指出的是,我们并非要消除个体间的异质性,关注的也非一家学派的消亡,而是整个翻译学术研究的持续推进,因为学派间的此起彼伏、此消彼长方能真正"构建以本国语言文化现实为依据,并能与国际学术界对话的中国翻译学"①。

翻译学派构建的目标属性是构建翻译学术研究的有机共同体。其本质并不是虚幻的、机械的自我称谓,而是遵循某种特定、积极、共同的内在逻辑与学科范式的有机集成,是浑然自生的理论研究集群,是一旦形成便难以相互割裂的有机集合体。"任何共同体的社会整体现实是,个体必须在整体中才能集成为有机整体并彼此相适(即'个体只有维持自身独特性,方可成为整体中的个体')。"②这就要求我们深入探究翻译研究共同体内部具体的理论沿袭与发展脉络,掌握研究者的学科背景、思想倾向与研究旨趣,明了研究者的学术研究传统与风格在共同体内不断再生、重构、持续发展并与外部发生关联的方式。具体来说,欲达翻译研究共同体内"有机集成"与"浑然自生"之状态,需处理好以下四对关系。

一是中与外的关系。"中国学派"特色的现代译论的开拓,要求我们不能拘于谨守中国译论传统,而应探寻根植于中国古典文论的传统翻译思想的深邃的解释力,同时借鉴国外先进译论资源及研究方法,而非将其生搬硬套、强行搬运至中国实践。努力寻求中外译论的互补与对话,既要传承与发扬,也要批判与摒弃。既不能对西方译论不闻不问,无端拒之,也不应不顾汉英语言差异,仰天空谈西方译论。如此,方可发展出根植中华传统文化并具汉英语言互换特色的"外之既不后于世界之思潮,内之仍弗失固有之血脉","既有中国特色,又有世界意义,富于当代气息的译论

① 张柏然,姜秋霞. 对建立中国翻译学的一些思考. 中国翻译,1997(2):16.
② Sakai,N. & M. Morris. *Translation and Subjectivity:On Japan and Cultural Nationalism*. Minneapolis:University of Minnesota Press,1997:66.

话语和理论体系"。①

二是虚与实的关系。正确处理学派形成过程中虚幻的共同体与真正的共同体两个阶段的关系。在翻译研究共同体研究中,虚幻的共同体阶段指的是学派形成的初级阶段,即中国特色翻译理论的构建阶段。按照马克思的论述,这一阶段最终是要被真正的共同体推翻与取代的。翻译学派的形成不可能不建立在中国特色翻译理论的有效构建与发展基础之上,因此,我们需要淡化虚幻的共同体与真正的共同体之间的阶段对立,将两者纳入具有承继关系的连续统中,辩证地看待虚与实的关系,实现虚与实的有机衔接与自然转换。

三是动与静的关系。对翻译文本的静态研究是本体,其重要性不言而喻。但绝不应满足于此,还应关注翻译行为发生的具体语境及动态变化。当前译界在构建"翻译学术共同体"过程中,应积极确立"动态的翻译观"与"历史的翻译观",以推动译学理论范式从静态的、机械的、描述性的研究向动态的、辩证的、解释性的方向不断转变。

四是通与专的关系。张柏然先生认为:"自晚清以至于五四运动以来,在面临新旧学术交替的时代,关于通人之学与具体学科的关系问题,一直在讨论但一直没有得到解决,而今已经到了不得不解决的时候,也是有条件解决的时候了。"②事实上,关于"通"与"专"的二元对立,只需将两者统一到学术研究共同体这一框架中,问题便迎刃而解了。在翻译研究领域,专业的研究方法、广博的知识储备、深邃的学术思辨、敏锐独特的学术视角、开阔的视野及严谨务实的学风使得译者/研究者能全貌在心,始终站在学术研究的最前沿,取得一系列既有理论建树又有方法创新的成果。然而,兼具上述素养的个体何其寥寥,个别能将"通"与"专"融合的个体,势必成为该学派潜在的大师级学者。从结果上看,学术共同体中诸多在相似范式下开展研究的学者,仅需在某一两个领域深入研究(专),即

---

① 陶李春,张柏然. 对当前翻译研究的观察与思考——张柏然教授访谈录. 中国翻译,2017(2):66-71.

② 张柏然. 顶天立地搞科研 领异标新写春秋——翻译理论研究方法论纵横谈// 秦晓晴. 外语教育 Vol.7. 武汉:华中科技大学出版社,2008:3.

可最大限度地解决个体精力分散带来的不利影响;而共同体最终团体成果的聚集则可集中力量干大事、有效凸显整体优势与拳头效应(通)。因此,在共同体理论框架中,"通"与"专"的关系实际上是相互促进、相辅相成的。

四、结　语

当社会个体相互聚集形成共同体时,会感受到某种集体信念,并被赋予巨大力量。同理,在翻译研究领域,相似或相近的理念、信仰、出发点,相通的研究方法或切近的研究问题可以促进学术共同体的形成,并融入研究者主体内心,帮助其在充分吸收原有思想的基础上延展出新思想。此前彼此疏离甚至背道而驰的观念在共同体的作用下,会适时地转化并释放出巨大的创造力,这也是翻译学派构建的意义所在。张柏然先生大力提倡的翻译研究学派观,有效地契合了共同体理论的核心内涵与运作规律,提出并解决了翻译研究共同体高级阶段的目标任务。将共同体思想应用于中国特色翻译学派的研究,有助于构建并形成具有强大创新力与传承度的翻译学术研究共同体或翻译学派,并在此基础上探索出一条"中国特色译论→中国翻译学派"的中国翻译学构建之路,促进中国译学理论体系的建设与可持续健康发展。

（本文主体部分已在《上海翻译》2021 年第 6 期发表）

中国特色翻译学构建之源与流

——张柏然教授翻译思想影响力研究

李文婷

四川外国语大学翻译学院/英语学院

摘　要:本文梳理了张柏然教授毕生为建立中国特色翻译学、构建中国翻译话语体系所作出的努力和产生的影响,并借助 CiteSpace 可视化图谱分析软件,以科学网核心合集中具有较大国际影响力的翻译学期刊上刊登的主题为"中国+翻译"的论文为数据来源,以两次关于"中国特色翻译学"的论争为依据划分了 1997—2007 年和 2008—2019 年两个时段,对关键词、论文作者所属机构及国家信息、高产作者三个要素进行分析,直观地呈现以张柏然教授为代表的"特色派"提倡构建中国特色翻译学所产生的重大影响力。

关键词:张柏然,中国特色翻译学,中国翻译话语,中西对话,CiteSpace

　　张柏然,江苏武进人,南京大学外国语学院教授,博士生导师,国务院政府特殊津贴专家,资深翻译家和词典编纂家。张柏然教授在自传中曾写道:"七四年夏,被'借调'回校,协助先师陈嘉编纂国家辞书项目《英语常用短语词典》。两年后正式调入母校。教书做事,均甚认真,往往吃亏,亦不后悔。业余翻译,小说剧本,时有面世,博人一粲。"①这便是其编纂词典与翻译的学术发端。张柏然教授作为主编亲自参与编写的词典有 13部之多,总篇幅数千万字;②在参与翻译《人生的枷锁》《大白鲨》等英美文

---

①　引自《张伯然七十自叙》(未出版)。

②　南京大学双语词典研究中心. 张柏然英汉词典编纂知行录. 南京:南京大学出版社,2018:前言 1.

学作品的同时,张柏然教授还对翻译理论进行了深入的剖析与思考,著有《译学卮言》《字林微言:翻译学、词典学序跋暨学术演讲集》《译学研究叩问录——对当下译论研究的新观察与新思考》等著作,与许钧教授共同主编了《译学论集》《译学新论》《面向21世纪的译学研究》等学术论文集,发表了《对建立中国翻译学的一些思考》《翻译本体论的断想》《翻译学的建设:传统的定位与选择》《翻译理论研究的新课题》等具有重要学术影响力的论文,对中国特色翻译学的构建和定位进行了深入的思考,并提出:"我国译论建设应该'坚持本来,吸收外来,面向未来',亦即以本民族的文化和译论资源为依托,古今沟通,中西融通,打造具有中国特色、中国风格、中国气派的翻译学话语体系。"①时至今日,当我们结合中国文化"走出去"的国家文化发展战略,探索翻译在讲好中国故事、提升民族自信方面所扮演的重要角色,反思张柏然教授对构建中国特色翻译学所提出的高瞻远瞩的意见时,我们会发现其翻译思想极具前瞻性,并充分地体现在中国特色翻译学的成立、发展和影响三个方面。

一、中国特色翻译学的成立:从"应然"到"实然"

自从詹姆斯·霍尔姆斯(James Holmes)提出建立一门新学科"翻译学"并初步勾勒出该学科的具体框架以来,翻译学在国际上已经走过了四十余年的时间。在中国,自1999—2001年有关翻译学能否建立的大讨论以来,中国翻译学研究也有了很大的发展变化。② 2005年,上海外国语大学高级翻译学院经教育部有关部门确认,正式建立了我国内地高校第一个独立的翻译学学位点,并从2005年起招收翻译学的博士生和硕士生。③

① 张柏然,辛红娟. 译学研究叩问录——对当下译论研究的新观察与新思考. 南京:南京大学出版社,2016:前言1.
② 赵云龙,马会娟,邓萍,牙合甫. 中国翻译学研究十五年(2001—2015):现状与发展新趋势. 中国翻译,2017(1):11-17+126.
③ 谭载喜. 翻译学学科建设的新阶段——我国内地高校建立第一个独立的翻译学学位点论谈. 中国翻译,2004(3):31-32.

这是翻译学学位点的探索性尝试。2011 年,教育部在最新的学科目录中将翻译学列为独立的二级学科,"翻译学"在中国终于获得了其独立地位,从"梦想"变成了"现实",并且在理论研究、实践活动以及学科建设等各方面均飞速地发展。

　　回顾翻译学在中国的发展历史,关于如何构建中国翻译学,学者们曾提出了"中国翻译学要不要有中国特色?"这个著名的论题,并进行了持久而激烈的论争。在 CNKI 上以"中国翻译学"为主题或关键词进行搜索,可见两个发文量较大的时段:第一个时段是 20 世纪末到 21 世纪初,为论争白热化阶段:以桂乾元、刘重德、刘宓庆、张柏然和姜秋霞、孙致礼、吴义诚、孙会军和郑庆珠、马会娟和管兴忠、张柏然和张思洁、孙会军和张柏然、王宏印和刘士聪、萧立明等为代表的"特色派"和以谭载喜、朱纯深等为代表的"普适派"就"是否建立中国特色的翻译学"展开了针锋相对的论争。①

　　在这一时段的论争中,无论是从论文的数量还是质量来考察,张柏然教授都当之无愧地成为"特色派"中最具影响力的学者之一。张柏然教授

---

① 桂乾元. 为确立具有中国特色的翻译学而努力——从国外翻译学谈起. 中国翻译,1986(3):12-15;刘重德. 关于建立翻译学的一些看法. 外国语,1995(2):6;刘重德. 事实胜雄辩——也谈我国传统译论的成就和译学建设的现状. 外语与外语教学,2000(7):34-38;刘宓庆. 关于中国翻译理论的美学思考. 青岛海洋大学学报(社会科学版),1995(1):3;张柏然,姜秋霞. 对建立中国翻译学的一些思考. 中国翻译,1997(2):4;孙致礼. 关于我国翻译理论建设的几点思考. 中国翻译,1997(2):3;吴义诚. 关于翻译学论争的思考. 外国语,1997(5):8;孙会军,郑庆珠. 也谈中国翻译学的建立. 解放军外语学院学报,1998(2):5;马会娟,管兴忠. 试论中国翻译学. 天津外国语学院学报,2000(3):12-18;张柏然,张思洁. 翻译学的建设:传统的定位与选择. 南京大学学报(哲学·人文科学·社会科学),2001(4):87-94;孙会军,张柏然. 全球化背景下对普遍性和差异性的诉求——中国当代译学研究走向. 中国翻译,2002(2):4;王宏印,刘士聪. 中国传统译论经典的现代诠释——作为建立翻译学的一种努力. 中国翻译,2002(2):3;萧立明. 中国译学论. 中国翻译,2002(2):2. 谭载喜. 试论翻译学. 外国语,1988(3):6;朱纯深. 走出误区　踏进世界——中国译学:反思与前瞻. 中国翻译,2000(1):8;朱纯深. "特色"抹不掉,"特色论"不必要——读孙会军、张柏然论文有感. 中国翻译,2002(6):4.

于 1997 年提出"构建以本国语言文化现实为依据,并能与国际学术界对话的中国翻译学"①。2001 年,张柏然教授回应了"普适派"对"特色派"的质疑,认为:"特色派以汉外为研究对象、针对汉外互译实践及其理论研究的方法而提出的一种探索性建议,此言本无可厚非。"②张柏然教授进一步思考如何建设中国当代译论,提出了"传统译论的现代转换",认为:"现代转换就是一种理性的理论性的分析,目的在于激活那些具有生命力的古代译论部分,获得现代的阐述,成为当代译学理论的组成部分。古代译论话语极为丰富,可以为当代译论体系的构筑提供话语选择。"③要在全球对话中建立中国译学理论的现代体系,首先要做的工作是对一批具有世界意义的中国译学经典进行现代性的"还原释读",从其文化精神内核中,提炼、生发出具有中国现代特色的译学理论。④

2002 年,张柏然教授反驳了"普适派"所标榜的"西方翻译理论很少强调民族或国家特色,而强调纯理论的普遍适用性",指出:"在中国翻译学和纯翻译学这一对矛盾中,前者是特殊性(或曰差异性),后者是普遍性,二者既对立,又统一,不可偏向某一方,而忽视另一方。重视译论的中国特色,并不意味着放弃对普遍性的追求;同样,对纯理论的偏重也不应该以对特殊性的牺牲为代价。"⑤这篇文章又引起了朱纯深对"特色派"必要性的质疑和驳论。⑥ 然而,这也恰恰体现了这篇文章的重要性,因为能在学术界引起论争是好事,真理总是越辩越明。截至 2002 年,第一时段的论争基本告一段落。这次论争虽然没有明确的结论,但从双方观点支持

① 张柏然,姜秋霞. 对建立中国翻译学的一些思考. 中国翻译,1997(2):16.
② 张柏然,张思洁. 翻译学的建设:传统的定位与选择. 南京大学学报(哲学·人文科学·社会科学),2001(4):89.
③ 张柏然,张思洁. 翻译学的建设:传统的定位与选择. 南京大学学报(哲学.人文科学.社会科学),2001(4):93.
④ 张柏然,辛红娟. 译学研究叩问录——对当下译论研究的新观察与新思考. 南京:南京大学出版社,2016:40.
⑤ 孙会军,张柏然. 全球化背景下对普遍性和差异性的诉求——中国当代译学研究走向. 中国翻译,2002(2):5.
⑥ 朱纯深. "特色"抹不掉,"特色论"不必要——读孙会军、张柏然论文有感. 中国翻译,2002(6):38-41.

者的数量和发文量来看,"特色派"似乎占了上风。

第二个时段是 2008—2013 年,"中国特色翻译学"又引起了翻译界一些学者的关注。这一次却出现了与第一次明显不同的情况:有影响力的基本上都是"特色派"发表的言论,支持构建中国特色翻译学,并对于如何构建中国特色翻译学提出了进一步的设想,代表人物有张柏然、王宏印、鲁伟和李德凤、潘文国等。①

2008 年,张柏然教授连发三篇论文,旗帜鲜明地支持构建中国特色翻译学,建立中国特色翻译理论。在《翻译理论研究的新课题》一文中,他阐明了再次讨论"中国特色翻译学"这个话题的必要性:中国翻译学"合法性"的焦虑和思考,在当下并不是老问题的简单重现,而是面对全球化的新语境和东西方文化的新格局所彰显出来的新话题。它的关切点在于反思"中国翻译学"的建构历程及其带来的问题,探讨"中国翻译学"研究走向及其合理化的思路和方法、其建设的向度和面向未来的姿态,正是当代中国翻译学研究自我反思进一步走向自觉和深入的理论表征。② 在《中国译论:直面"浴火重生"》一文中,张柏然教授对"中西融通"与"古代译论的现代转换"这两个中国译论建设的关键问题进行了清晰的阐释。③ 在《建立中国特色翻译理论》一文中,张柏然教授明确提出建成中国特色翻译理论的标志是"在吸收中外古今译论的基础之上,我们在阐释本国翻译与外国翻译现象时,在理论上有自己的一套不断确立着的规范、术语与观念系统,具有我们自己的理论独创之处;在世界译论中,不是总是跟着人说,而

---

① 张柏然,辛红娟. 翻译理论研究的新课题. 中国外语,2008(3):79-82 + 94;张柏然. 建立中国特色翻译论. 常州工学院学报(社科版),2008(3):79-83;张柏然. 中国译论:直面"浴火重生". 中国外语,2008(4):1 + 85-86;王宏印. 融通中西译论,革新中国译学. 中国外语,2008(6):33-36;鲁伟,李德凤. 中国特色的翻译学:误区还是必然? ——兼评《中西翻译思想比较研究》. 中国科技翻译,2010(2):11-14 + 29;潘文国. 中国译论与中国话语. 外语教学理论与实践,2012(1):1-7;潘文国. 构建中国学派翻译理论:是否必要? 有无可能?. 燕山大学学报(哲学社会科学版),2013(4):20-24.

② 张柏然,辛红娟. 翻译理论研究的新课题. 中国外语,2008(3):81.

③ 张柏然. 中国译论:直面"浴火重生". 中国外语,2008(4):1 + 85-86.

是用我们自己的话语表达,并在世界多元化的译论格局中,有着我们译论的一定地位,使中外译论处于真正的交往、对话之中"①。这篇文章也引导了一个讨论的新风向:从"是否应该构建中国特色翻译学"到"如何构建中国译学话语体系",目的在于打破西方的学术霸权,实现中西翻译理论的平等对话。潘文国也一针见血地指出:"有没有中国特色翻译学不是一个理论问题,而是一个实践问题。中外互译实践与印欧语之间互译实践的不同决定了中国特色翻译学是个必然的选择。理论问题说到底就是话语权,建设中国特色翻译学的过程就是争夺中国翻译话语权的过程。"②从第二个时段中翻译学界对"构建中国特色翻译学"的反响来看,大多数学者已经接受了"中国特色翻译学"从"应然"转变为"实然",并对如何构建中国翻译话语体系开始进行思考和探索,这也是张柏然教授不断高声呼吁所期盼的结果。

二、中国特色翻译学的发展:构建中国译论话语体系

自 1987 年第一次全国翻译理论研讨会在青岛召开之后,"要不要构建中国特色翻译学"可谓是三十多年来翻译界最有争议性的议题之一。正如王宏印所评价的:在所有有关翻译学的讨论中,围绕中国(特色)翻译学与世界普遍翻译学的思考应当说是最具挑战性和理论思辨性的,然而也是最需要实证性和有待于时间证明的。③ 张柏然教授在这个问题上立场坚定,从不怀疑"构建中国特色翻译学"的正确性。他不仅在学界大声疾呼,而且集结学界有识之士,带领自己悉心培养的 29 位博士生,为构建中国译论话语体系添砖加瓦。

1997 年,张柏然教授与许钧教授合作主编了《译学论集》,从江苏译界学人近二十年来陆续发表的译论中遴选出 52 篇论文汇集而成,而选篇的

---

① 张柏然. 建立中国特色翻译理论. 常州工学院学报(社科版),2008(3):80.
② 潘文国. 中国译论与中国话语. 外语教学理论与实践,2012(1):1.
③ 王宏印. 中国传统译论研究与翻译学建设十大问题. 民族翻译,2008(1):25.

标准就是"中国译论要有中国味道"。集内所收论文,有的是学贯中西、蜚声中外的学界耆宿之手笔,有的是著译颇丰、成绩斐然的中年学者的研究成果,有的则是近几年学坛新秀的精心之作。这些文章,或从理论的高度,对翻译理论做整体性的把握和全方位的思考;或借鉴"西方话语",从某一特定视角入手,对所论议题层层剖析,在具体分析中去展示译学的迷人风采;或以美学为纲绳,犹如艺海拾贝,探测挖掘翻译这一特殊的人类"生命—精神"活动的美的灵光。这些文章还从一个侧面映现出了新历史时期中国的翻译理论研究在艰难中探索前进的轨迹。①《论集》的问世对新世纪的译学研究提出了更高的要求。展望未来,那些与本国翻译现状、本民族语言文化传统和现实"不搭界"的翻译研究将会逐渐减少,越来越多的翻译研究将密切关注本国、本民族的现状和发展,脚踏实地地探索具有民族特色的译学理论。中国的学人将对中国翻译的走向问题,对纵深理论层面即翻译的跨学科研究、基本理论层面,如翻译的实质、翻译的可译性限度、翻译与文化、翻译中的形式对应、翻译的风格等问题更为关注。② 2008 年,张柏然教授与许钧教授再次携手合作,从江苏译界学人近十余年来发表的论文中遴选出 48 篇,编辑出版了《译学新论》。该论集中,既有对《译学论集》原有的"文学翻译经典化""翻译哲学""翻译美学""翻译文体学""翻译过程""译者主体性"等话题的深度探讨,也有从后殖民主义、解构主义、互文性理论、计算机语言学、语料库语言学等新视角对翻译研究范围的拓展;既有对中国翻译智慧,诸如林语堂、董秋斯、梁实秋、傅雷等翻译家思想的再发掘与再阐释,也更明显、更集中地体现了反思西方翻译理论、建构中国译论的学术努力。新时期的翻译理论改变了原有的面貌,它探索的锋芒射向翻译研究领域的各个方面,论集所收的文章讨论的不少问题是过去的翻译理论研究未曾涉及的,可谓新见迭出。③从这两本论集的选篇、内容、主旨可以看出张柏然教授和许钧教授对于构

---

① 张柏然,许钧. 译学论集. 南京:译林出版社,1997:1.
② 肖辉. 新时期译学研究的总结与展望——评《译学论集》. 中国翻译,2000(4):70.
③ 许钧. 坚持与求索:张柏然教授的译学思考与人才培养. 中国翻译,2018(3):67.

建中国译论话语体系所做出的努力。两本论集所收录的论文均来自江苏译界学人。一方水土养育一方人,同乡之间除了多一分亲切感,还更容易因为共处的区域环境而对同样的研究课题产生兴趣,从而加强彼此之间的学术联系,更可能形成学派。中国翻译研究学派的缺位延缓了翻译理论研究的进程,学派的建立是张柏然教授高瞻远瞩地为中国翻译学的长期良性发展而考虑的举措。学派可以促进学术发展。学派具有较强的凝聚作用,能使分散的学术资源得以适当集中,进行优化配置,从而形成某一方面或某一方向上的优势,这种局部的相对优势又可以成为整个学科发展与进步的动力。中国翻译学界要从整体上提高学术实力,增强学术影响力,以立足于世界前沿,就应当创建自己的学派,并充分发挥学派的聚合效应。①

2002 年,张柏然教授与许钧教授合作主编了《面向 21 世纪的译学研究》的文集。这部文集收录的 45 篇论文,均出自我国外语界长期以来专事或主要从事翻译理论研究的学者之手。文章的作者们结合自己的研究心得,对译学或做理论性的元思考,或做学科分支性的研究,抑或做应用型的研讨,都力图从特定的学术视角对各个专题进行准确的诠释,注重抓住一些关键性问题和环节,找准症结,在总揽实际和分析资料的基础上,提出切实可行的对策与思路;并依据现状,提出今后的主要研究任务和一些前瞻性的思考。在一定程度上,这些文章向世人展示了我国老、中、青三代学者在新时期二十年来在译学领域所做的不懈努力,以及他们在融通中西译学、继承和发展中国传统译论方面所取得的研究成果。② 通读《面向 21 世纪的译学研究》的所有论文,我们深切感受到整部著作处处洋溢着编著者对翻译实践与理论研究的执着和热情,表现了他们对中国翻译事业在新世纪腾飞的坚定信心。《面向 21 世纪的译学研究》充分体现出译学界百家争鸣、百花齐放的学术氛围,展现了编者的真知灼见和虚怀若谷、勇于倾听不同声音的宽阔胸怀。编者为我国翻译界整理总结了一

---

① 张柏然,辛红娟. 中国需要创建自己的翻译学派. 中国外语,2005(5):72.

② 张柏然,许钧. 面向 21 世纪的译学求索. 北京:商务印书馆,2002:编者絮语1.

份宝贵的理论财富,这份财富将对新世纪翻译工作和翻译批评的态度倾向和研究趋势产生巨大的影响。①

2005—2009 年,张柏然教授携手许钧教授共同筹划并主编"译学新论丛书",由上海译文出版社共推出包括《英汉词典历史文本与汉语现代化进程》(胡开宝,2005)、《构建与反思——庞德翻译理论研究》(祝朝伟,2005)、《普遍与差异》(孙会军,2005)、《汉诗英译的主体审美论》(刘华文,2005)、《中国传统译论范畴及其体系》(张思洁,2006)、《中国传统译论专题研究》(吴志杰,2008)、《道德经在英语世界》(辛红娟,2008)在内的由翻译学博士论文完善而成的学术著作 33 部。这套丛书有明确的追求:一是入选的课题力求具有相当的理论深度和原创性,能为翻译学科的理论建设和发展起到推动作用;二是研究力求具有系统性,以强烈的问题意识、科学的研究方法、扎实的论证和翔实的资料保证研究的质量;三是研究力求开放性,其开放性要求研究者既要有宽阔的理论视野,又要把握国际翻译理论研究前沿的进展状况,特别要在研究中具有探索的精神,力求有所创新。② 如今,这 33 部学术著作以其深刻的思想性和浓厚的研究意识已然成为构建中国译学话语体系的基石,而这 33 位作者也大都发展成为中国翻译学界的中流砥柱。我们在 CNKI(来源类别为核心期刊和 CSSCI 来源期刊)上搜索这 33 位学者发表的学术论文,搜索结果共计 598 篇,采用可视化图谱分析软件 CiteSpace,在操作界面上选择"作者",得到图 1。

由图 1 可见,"译学新论丛书"的多位作者在核心期刊与 CSSCI 来源期刊(不包括国际发表)上发表论文数量多,影响力强,彼此之间多有合作,形成一张庞大的学术网。而在这张学术网的中心,我们赫然可见"张柏然"这个名字,而且其节点的影响力很大,与周围数位作者之间都有密切的关联。实际上,当我们在筛选数据时,并没有将"张柏然"作为"作者"进行搜索,他之所以出现在图 1,完全是因为他与这些作者之间的合作论

---

① 肖辉,陶玉康. 中国译学的回眸、反思、总结与展望——评《面向 21 世纪的译学研究》. 语言与翻译,2004(1):80.

② 祝朝伟. 构建与反思——庞德翻译理论研究. 上海:上海译文出版社,2005:总序 5.

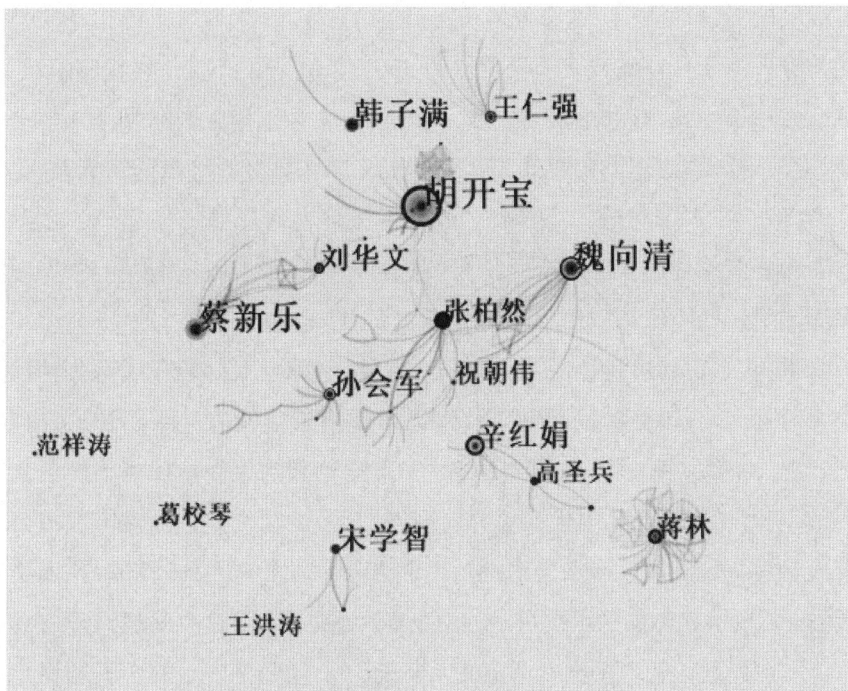

图 1　"译学新论丛书"作者共现图谱

文。由此可见,张柏然教授不仅尽心栽培自己的博士生,还不遗余力地提携后辈。作为这套丛书的主编,他更是有着敏锐的学术眼光和深谋远虑的学术规划,为构建中国译论话语体系贡献了宝贵的力量。

2016 年,张柏然教授与辛红娟教授以新颖的问答形式,将多年的译学思考写成《译学研究叩问录——对当下译论研究的新观察与新思考》。书名中"叩问"一词带有尊敬的意思,表示"打听,询问",出自《送东阳马生序》(明·宋濂):"又患无硕师名人与游,尝趋百里外,从乡之先达执经叩问。"这本书的命名风格与张柏然教授一贯的谦逊作风保持一致,他常将自己的"大义"称作"卮言"(见《译学卮言》)、"微言"(见《字林微言》)。全书分为上、中、下三编,试图在一问一答间,或从理论的高度,对翻译理论做整体性的把握和多方位的思考;或秉持中国传统译学理论、借鉴西方译论话语,从某一特定视角出发,对所论议题进行剖析,在具体分析中去探索译学的奥秘;或以哲学、美学为纲绳,探测、挖掘翻译这一人类特殊的精神活动的丰富内涵。① 这部著作甫一问世便引起了学界广泛的关注与持续的好评。汪璧辉盛赞该书视角独到、内容深刻、观点创新,具有前瞻性、创新性和指导性,有利于推动中国译学建设、文学翻译实践和翻译人才培养,谱写中国译论建设新图景。② 许钧指出,该书最令人称道的特点是,论者始终站在"古今沟通、中西融通"的学术高度对我国翻译理论研究道路上的诸多现象和问题进行全面检视,答言高屋建瓴、切中命脉。③ 薛宁宁高度评价该书不仅是中国当代译论研究的见证,也是整个译学研究体系中的重要一域,其特色和学术价值非常明显。④ 郑宇、张晓春认为,张柏然先生对翻译场、审美实践活动以及翻译本体三者之间的关系展开从宏观到微观、由浅入深的抽丝剥茧,不仅让一直被遮蔽的翻译本体露出庐山真面目,还为学界指明了当代译学的前进方向,强调在交流互动中实现古今沟通、中西融合,通过诗情与理性的有机相融,重新构建我国新时期译论话语。⑤ 从学界热烈的反响可见,张柏然教授对于"创建中国翻译学的立足点""翻译理论的中国学术话语体系构建""大变局背景下的中国翻译定位"和"中国翻译研究流派建设及其意义"等重要问题的深入思考和独到见解具有高度的学术价值,为构建中国译论话语体系打下了坚实的基础。

三、中国特色翻译学的影响:加强中西翻译学对话

中西之间的文化落差和不平等交流,造成了中西译学关系上的不正常局面,即西方高位,中国低位;西方译介中国少,中国译介西方多;西方

---

① 张柏然,辛红娟. 译学研究叩问录——对当下译论研究的新观察与新思考. 南京:南京大学出版社,2016:前言6.
② 汪璧辉. 中国译论建设新图景——《译学研究叩问录——对当下译论研究的新观察与新思考》评介. 外语研究,2017(2):111.
③ 许钧. 坚持与求索:张柏然教授的译学思考与人才培养. 中国翻译,2018(3):70.
④ 薛宁宁. 叩问中国当代译论研究之路——《译学研究叩问录——对当下译论研究的新观察与新思考》评述. 外文研究,2018(2):99.
⑤ 郑宇,张晓春. 比较译学:构建中国译学新篇章——《译学研究叩问录》述评. 出版广角,2019(2):94.

话语具有现代形态,中国译学话语呈现为古典形态。这就迫使中国翻译学人面对强大的西方理论话语挑战,急需回应和对话,并且要在这种回应和对话中发现和重建民族翻译学的意义,改变不平衡的局面。① 有鉴于此,张柏然教授在 1997 年就颇有预见性地提出构建中国翻译学,并进一步明确,"建立中国翻译学,我们要立足于中华民族的语言、文化、思维方式,从本民族的语言与文化现实出发,从汉—外、外—汉语言文化对比研究的实际情况出发,描写翻译实践过程,展开翻译理论研究"②。那么,以张柏然教授为代表的"特色派"所呼吁并为之努力的"构建中国译论话语体系,加强中西翻译学对话"是否取得了预想的成效呢? 下面我们以1997—2019 年科学网(Web of Science)核心合集中主题为"中国 + 翻译"的学术论文为例,基于 CiteSpace 可视化图谱分析软件,通过可视化图谱管窥"构建中国译论话语体系"对于加强中西翻译学对话的影响。

1. 研究设计

本研究基于科学计量法,采用可视化图谱分析软件 CiteSpace 为工具,以可视化图谱的方式更直观地呈现想要研究的问题的客观情况。进行数据筛选时,作者首先在科学网核心合集中搜索主题为"Chin * + translat * "的论文,通配符" * "可以代替 0 个或多个字符(例如"translat * "可以检索出"translate, translation, translator"等词语),匹配范围更广。以"中国 + 翻译"这个主题进行搜索,旨在了解近年来在世界翻译学舞台上围绕中国的翻译事实而展开的研究情况,因为基于中国的翻译现象和翻译经验加强中西对话,是构建中国特色翻译学最重要的目标之一。此外,在文献类型选择方面,我们选择了最能体现理论原创性的学术论文(article),而书评(book review)、社论材料(editorial material)等其他文献类型在本研究中被排除在外。论文的语言我们选择了"英语",因为其在全世界的学术界中享有通用语的地位(lingua academica)。出版年份

---

① 张柏然,辛红娟. 译学研究叩问录——对当下译论研究的新观察与新思考. 南京:南京大学出版社,2016:138.

② 张柏然,姜秋霞. 对建立中国翻译学的一些思考. 中国翻译,1997(2):8.

选择 1997—2019 年,起点设为 1997 年(这一年张柏然教授明确提出建立
"中国特色的翻译学"),终点设为 2019 年(因为这是能获取科学网整年数
据的最近一年)。同时,我们将这一时间段以 2008 年为界划分为两段,依
据为第二次关于"中国特色翻译学"讨论的兴起时间为 2008 年。论文类
别选择"linguistics;language linguistics",接着在来源出版刊物中筛选了
具有较大国际影响力的翻译类核心期刊,这样可以侧面反映出论文的国
际影响力。

2. 基本数据

经数据筛选后,1997—2007 年(共计 11 年)期间,以"中国 + 翻译"这
个主题在科学网核心合集中具有较大国际影响力的翻译学期刊上发表的
论文共计 68 篇,分别发表在 *Perspectives:Studies in Translatology*(26),
Meta(23),*Perspectives:Studies in Translation Theory and Practice*
(13),*Translation Review*(4)和 *Translator*(2)上;而 2008—2019 年(共
计 12 年)期间,以"中国 + 翻译"这个主题在科学网核心合集中具有较大
国际影响力的翻译类期刊上发表的论文共计 281 篇,分别发表在:*Babel-
Revue Internationale de la Traduction / International Journal of
Translation*(56),*Perspectives:Studies in Translation Theory and
Practice*(45),*Meta*(34),*Perspectives:Studies in Translatology*(27),
Translation Studies(20),*Translation and Interpreting Studies*(19),
Translator(18),*Target:International Journal of Translation Studies*
(16),*Interpreter and Translator Trainer*(11),*Across Language and
Cultures*(10),*Translation Spaces*(6),*Interpreting*(5),*Journal of
Specialized Translation*(5),*Translation & Interpreting:the
International Journal of Translation and Interpreting*(4),*Current
Trends in Translation Teaching and Learning*(3)和 *Translation Review*
(2)上。与 1997—2007 年相比,2008—2019 年在科学网核心合集的国际
翻译学期刊上发表的主题为"中国 + 翻译"的论文不仅数量增长了三倍多,
而且涉及的期刊种类得到了极大的丰富,增加了 *Babel-Revue Internationale
de la Traduction / International Journal of Translation*,*Translation*

Studies，*Translation and Interpreting Studies*，*Target*：*International Journal of Translation Studies*，*Interpreter and Translator Trainer*，*Across Language and Cultures*，*Interpreting* 等 11 种国际翻译学期刊,基本涵盖了所有高影响因子的国际翻译学核心期刊。

3. 数据分析

首先,在 CiteSpace 操作界面上选择"关键词",分别对 1997—2007 年和 2008—2019 年两个时段国际翻译学核心期刊上主题为"中国 + 翻译"的论文关键词进行分析,得到图 2 和图 3。

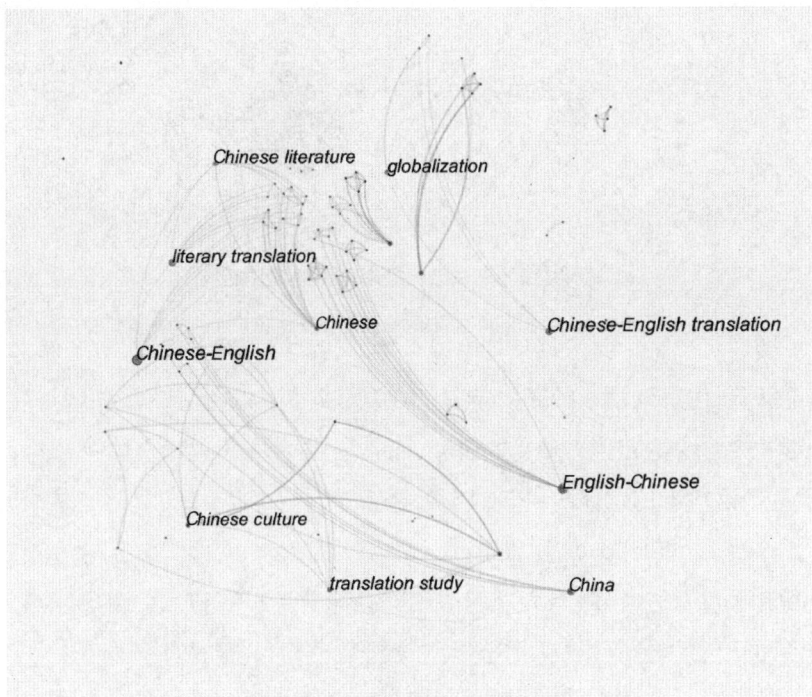

图 2　1997—2007 年论文关键词图谱

由图 2 可见,1997—2007 年期间国际翻译学核心期刊上发表的主题为"中国 + 翻译"的论文关键词主要集中在"英译汉""汉译英""中国""文学翻译""全球化"和"中国文学"。而由图 3 可见,2008—2019 年期间除了"英汉互译""中国""文学翻译"仍然保持为最明显的节点外,新增了"基于语料库的翻译研究""字幕翻译""语言""中文""方法论"和"接受"等较大

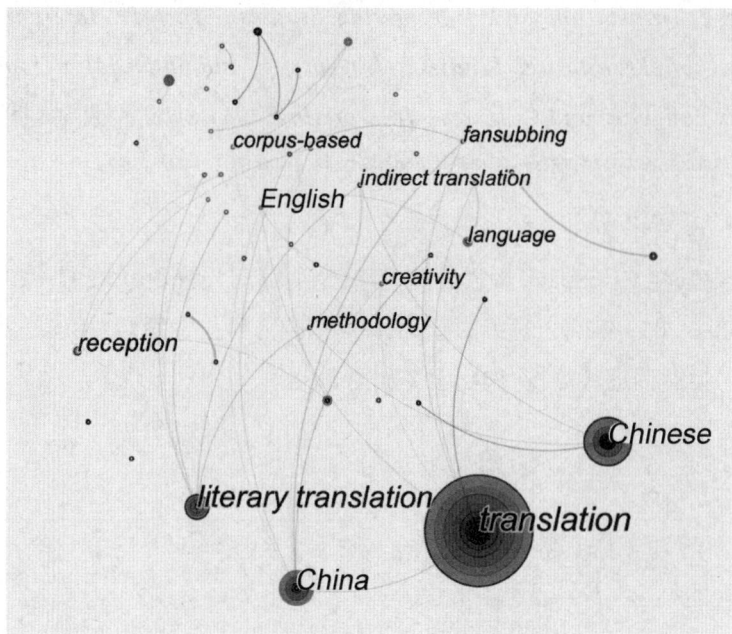

图 3　2008—2019 年论文关键词图谱

的关键词节点。由此可见,对"中国＋翻译"这个主题的研究,学者们主要还是从英汉互译、文学翻译(特别是中国文学外译)的翻译实践出发,近年来更关注方法论和读者接受的研究,而且紧跟了国际翻译学的研究热点,如"基于语料库的翻译研究"和"字幕翻译"等。

　　其次,在 CiteSpace 操作界面上选择"国家＋机构",分别对 1997—2007 年和 2008—2019 年两个时段国际翻译学核心期刊上主题为"中国＋翻译"的论文作者所属机构和国家信息进行分析,得到图 4 和图 5。

　　对比图 4 和图 5,我们可以发现一个明显的变化:1997—2007 年期间,主题为"中国＋翻译"的论文作者所属机构和国家可视化图谱的节点分布非常有限,明显可见的是中国(包括清华大学、北京外交学院、香港城市大学等)和英国;2008—2019 年期间,主题为"中国＋翻译"的论文作者所属机构和国家可视化图谱中最大的节点仍然是中国(包括岭南大学、香港浸会大学等),而较大的节点增加了美国、西班牙和澳大利亚,可见研究"中国＋翻译"这个主题并能在国际翻译学核心期刊上发表论文的中坚力

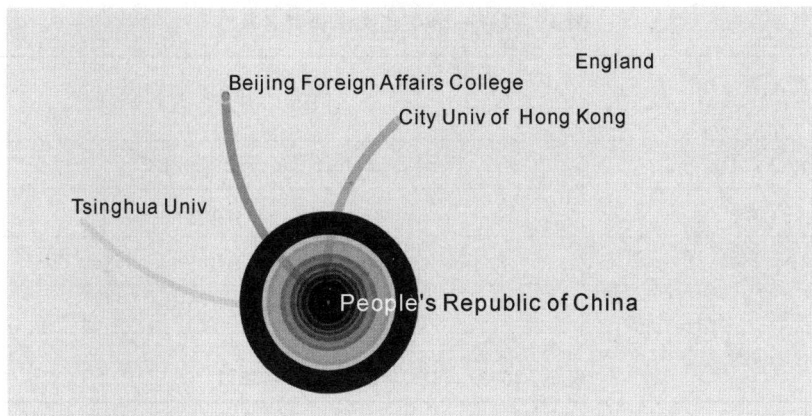

图 4　1997—2007 年论文作者所属机构和国家信息分布

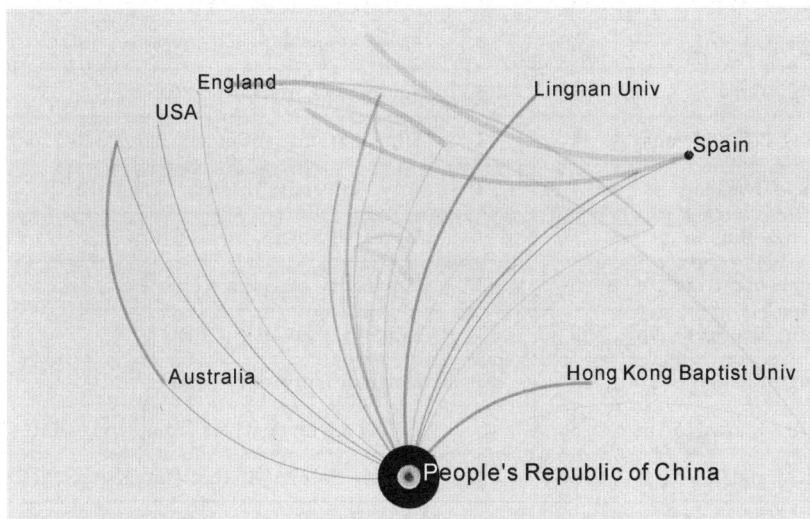

图 5　2008—2019 年论文作者所属机构和国家信息分布

量无疑是中国学者,而这个话题得到了更多的国际关注,也正吸引着来自各国的学者进行研究。

最后,在 CiteSpace 操作界面上选择"作者",分别对 1997—2007 年和 2008—2019 年两个时段国际翻译学核心期刊上主题为"中国＋翻译"的论文作者进行分析,得到表 1 和表 2。

表 1　1997—2007 年高产作者名单

作者姓名	发文量	第一作者发文量	作者所属机构及国家地区
Luo，XM	4	4	Tsinghua University，PRC
LI，YX	3	3	Tianjin Normal University，PRC
FAN，SY	3	2	Beijing Foreign Affairs College，PRC
Lung，R	3	3	Lingnan University，PRC

表 2　2008—2019 年高产作者名单

作者姓名	发文量	第一作者发文量	作者所属机构及国家地区
Zhong，Yong	5	4	University of New South Wales，Australia
Cheung，Martha P. Y.	4	4	Hong Kong Baptist University，PRC
Tang，Jun	4	4	Southeast University，PRC
Casas-Tost，Helena	4	4	University of Autonoma Barcelona，Spain
Zhu，Chunshen	4	3	City University of Hong Kong，PRC
Zheng，Binhan	5	3	University of Durham，UK
Lee，Tong King	3	3	University of Hong Kong，PRC
Chan，Leo Tak-hung	3	3	Lingnan University，PRC
Lung，Rachel	3	3	Lingnan University，PRC
Chan，Clara Ho-yan	3	3	Chinese University of Hong Kong，PRC
Ma，Huijuan	3	2	Beijing Foreign Studies University，PRC

　　通过对比表 1 和表 2，并进一步研究表中所提及的作者和论文，我们发现表 1 与表 2 有三个明显的不同之处：1）表 1 中的中国作者姓名中的名都是采用的是缩写形式，而表 2 中的中国作者姓名采用了全名的拼写方式，更有助于读者识别作者的姓名。2）表 1 中的高产作者无一例外全是中国作者，其中大部分来自中国内地的高校，而表 2 中的高产作者大部分是中国学者，主要来自中国香港地区的高校，还有一部分是来自国外高校的外国学者。3）表 1 中的高产作者除少数论文是同中国学者合作撰写，例如罗选民与 Lei，H 合作撰写论文"Translation theory and practice

in China"①(《中国的翻译理论与实践》);Fan,SY 以第二作者身份与王克非(Wang,KF)合作撰写论文"Translation in China：A motivating force"(《翻译在中国：一种推动力》),其他论文均为独撰。而表 2 中的高产作者不仅有多篇合撰论文,而且合作者并不局限于本国学者,例如郑冰寒(Zheng,Binghan)作为第二作者与谢尔盖·丘列涅夫(Sergey Tyulenev)、佩内洛普·约翰逊(Penelope Johnson)合作撰写论文"A comparative study of translation or interpreting as a profession in Russia,China and Spain"(《口笔译作为一门职业在俄罗斯、中国和西班牙的比较研究》),Tang,Jun 与埃德温·根茨勒(Edwin Gentzler)合作撰写论文"Globalisation,networks and translation：A Chinese perspective"(《全球化、网络和翻译：一个中国视角》),体现了跨国际学术交流的广度和深度。

同时,我们发现表 1 与表 2 有一个共同之处:高产作者的多篇论文灵感都来自中国的翻译实践、翻译史以及传统译论等文化资源,例如罗选民以严复提出的译论"雅"及其对托马斯·亨利·赫胥黎(Thomas Henry Huxley)的《天演论》的翻译为例,阐释传统的中国文学翻译理论在后殖民主义时代如何解构和重构,②还回顾了中国翻译理论的发展历史,③并深入研究了中国近代著名维新派领袖梁启超在翻译方面的实践与思考。④张佩瑶(Cheung,Martha P. Y.)主持了《译者》(*The Translator*)2009 年第 2 期特刊"中国翻译话语:立场和观点",阐明当期主题的由来及内涵,并介绍了在当期特刊发表文章的作者 Guo Yangsheng、毛思慧(Mao Sihui)、Lu Fang、张美芳(Zhang Meifang) & Pan Li、赛恩·戈尔德(Seán

---

① Luo,X. M. & H. Lei. Translation theory and practice in China. *Perspectives：Studies in Translatology*,2004(1)：20-30.

② Luo,X. M. "Elegance" in translation：A post-colonial mark. *Perspectives：Studies in Translatology*,2002(3)：207-214.

③ Luo,X. M. & H. Lei. Translation theory and practice in China. *Perspectives：Studies in Translatology*,2004(1)：20-30.

④ Luo,X. M. Ideology and literary translation：Liang Qichao. *Perspectives：Studies in Translatology*,2005(3)：178-187.

Golde)和玛丽亚·铁木志科(Maria Tymoczko)的论文主旨。[①] 她分析了
中国翻译史上不同时期对翻译的概念重构,提出了自己对翻译(fanyi)的
一种新的定义,[②]肯定并探索了"是否应该建立有中国特色的翻译学"这场
辩论的重大意义,表明在 21 世纪地理政治学背景下这场辩论有益于促进
跨文化的对话交流,[③]并借用中国武术中的"推手"一词提出翻译史研究的
一种新的思维方式。[④] 马会娟(Ma Huijuan)以刘宓庆划分的"形式系统"
和"非形式系统"的美学观、中国语文学和现代文体学为理论依据,讨论了
如何在文学译作中再现原文的美学价值。[⑤] Tang Jun 与埃德温·根茨勒
从中国视角来理解全球化背景下翻译与翻译研究的新内涵,从而审视不
断扩大的本土翻译市场需求、对译者的新要求、译者的工作环境以及本土
翻译的商业化和工业化进程。[⑥]

　　这些例子不胜枚举,均体现了以张柏然教授为代表的"特色派"基于
中国的翻译事实所提出的极具原创性的理论思考,对构建中国翻译话语
体系、加强中西翻译学对话产生了至关重要的影响。正如张柏然教授和
辛红娟教授所言,本土的翻译现象和翻译经验,是产生原创性译学理论的
最深厚、最值得珍惜的文化资源。[⑦]

---

① Cheung, Martha P. Y. Introduction-Chinese discourses on translation positions and perspectives. *The Translator*, 2009(2): 223-238.

② Cheung, Martha P. Y. Reconceptualizing translation—Some Chinese endeavours. *Meta: Journal Des Traducteurs*, 2011(1): 1-19.

③ Cheung, Martha P. Y. The (un)importance of flagging Chineseness: Making sense of a recurrent theme in contemporary Chinese discourses on translation. *Translation Studies*, 2011(1): 41-57.

④ Cheung, Martha P. Y. The mediated nature of knowledge and the pushing-hands approach to research on translation history. *Translation Studies*, 2012(2): 156-171.

⑤ Ma, Huijuan. On representing aesthetic values of literary work in literary translation. *Meta: Journal Des Traducteurs*, 2009(4): 653.

⑥ Tang, J. & E. Gentzler. Globalisation, networks and translation: A Chinese perspective. *Perspectives: Studies in Translatology*, 2009(3-4): 169-182.

⑦ 张柏然,辛红娟. 译学研究叩问录——对当下译论研究的新观察与新思考. 南京:南京大学出版社,2016:前言 4.

四、结 语

我们不可否认的是,从大数据来看,中国翻译话语在世界翻译学舞台上的声音仍然还很微弱。但我们要看到中国学者乃至世界学者对于我国翻译理论和实践的关注,以及为加强中西翻译学对话所做出的努力。在与外国学者对话时,吸引他们的往往是我们具有中国特色的民族性和历史传承。正是由于像张柏然教授这样的老一辈中国翻译家的振臂高呼,并穷其毕生所学在中国翻译学的沃土上精心耕耘,为继往开来者指明了前进的方向,才能有机会让世界听到我们的声音。由此,我们可以大胆地宣告:特色抹不掉,特色真必要!

第四编

张柏然翻译教育理论与实践

教研同一　道术归一　知行合一

——张柏然翻译人才培养观研究

祝朝伟

四川外国语大学

摘　要:张柏然教授是个不折不扣的"翻译人",他从事翻译实践、翻译研究与翻译人才培养长达半个世纪,为祖国培养了近 60 名高素质译学研究人才。其研究型翻译人才和致用型翻译人才培养的理念可以"创新引领、中西融通""国学陶养、通才模式"和"能力导向、质量为本"24 字概括,这些思想贯穿于先生的翻译教学与人才培养中,遵循从"应然"经"使然"再到"实然"的逻辑演绎路径,实现了翻译人才培养的教研同一、道术归一与知行合一,在"对外讲好中国故事、传播好中国声音"的大背景下,具有重大的现实指导意义。

关键词:张柏然,翻译人才培养观,研究型,致用型

一、引　言

改革开放 40 余年来,特别是进入 21 世纪以来,我国的对外交流事业取得了举世瞩目的成绩。与我国对外开放事业同步发展的,是我国的翻译学科与翻译人才培养事业。自 20 世纪 50 年代董秋斯提出建设中国翻译学以来,我国的翻译学科伴随着"中国有没有翻译学?""中国能不能建成翻译学?""中国翻译学的建设是不是一个美丽的梦想?"等争论,已从最初的语言学分支发展成为一门独立的学科。2004 年上海外国语大学在全国首次自主设置翻译学二级学科学位点并于 2005 年开始招生,2011 年翻

译学获得独立的学科地位,成为"外国语言文学"一级学科下的 13 个二级学科之一。与此相伴,教育部先后于 2006 年和 2007 年设立翻译本科专业(BTI)和翻译硕士专业学位(MTI),迄今已有 281 所高校设立了翻译本科专业,316 所高校设立了翻译硕士专业学位。翻译学本科、硕士、博士的人才培养体系已经搭建完成,翻译人才培养在服务国家经济社会发展的同时,人才培养质量也受到了前所未有的关注。此外,随着中华文化"走出去"战略和"一带一路"倡议的实施,对外讲好中国故事、传播好中国声音已经成为时代的最强音;培养什么样的翻译人才、如何培养高质量的翻译人才,已经成为学界及语言服务业界普遍关注的问题。

作为著名的翻译理论家、双语词典编纂家,张柏然教授一生致力于翻译实践、词典编纂、翻译理论研究和翻译人才培养,先后担任过中国翻译协会副会长兼翻译理论与教学专业委员会主任、中国辞书学会副会长、江苏省翻译工作者协会会长等学术职务,2011 年被中国翻译协会授予"资深翻译家"称号,在国内学界具有重要的影响。在 50 余年的教学、科研与词典编纂生涯中,张先生立足中国传统译论肥沃的土壤和中国传统哲学、美学的深厚根基,在充分吸收西方译论的基础上,提出了系统的中国特色翻译学思想、翻译哲学思想、翻译美学思想和中西比较译学思想,产生了重要的影响。特别值得一提的是,张柏然教授一直关注我国翻译人才的培养,形成了独特而富有远见的翻译人才培养观。整理并发掘张柏然先生的翻译人才培养思想,在"对外讲好中国故事、传播好中国声音"的大背景下,具有重大的实践价值与现实指导意义。

二、教研同一:张柏然教授对翻译人才培养的持续关注

张柏然教授祖籍江苏武进,18 岁考入南京大学专修英文,1966 年毕业留校,除 1968 年到 1976 年的多舛岁月以外,一直从事辞书编纂、教学科研、业余翻译,绵绵 51 年,是一个"融文字、文学与文化的学者"①。在长

---

① 许钧. 坚守与求索:张柏然教授的译学思考与人才培养. 中国翻译,2018(3):65.

达半个世纪的教学科研生涯中,先生特别钟情翻译,是一个一辈子都从事翻译、热爱翻译、关注翻译和培养翻译人才的"翻译人"。

1966 年,张先生大学毕业留校即被"下放农场",一年半之后"就地改派,奔赴苏北极地"[①]。1972 年,先生的恩师陈嘉"为了充实和加强教师队伍","从六六届毕业生中挑选数人调回母校",但先生"则因当地军代表的阻拦未能如愿返校"。后因国家辞书规划项目《常用英语短语用法词典》编纂的需要,先生 1976 年被"借调"回校,后经陈嘉"前后三次冒着酷暑跑到省教委协调",1978 年才正式调回母校南大。[②] 词典编纂之余,先生一直从事文学翻译工作——"业余翻译,小说剧本,时有面世,博人一粲"[③]。他先后独立或与人合作翻译美国作家伯纳德·马拉默德(Bernard Malamud)的中篇小说《职业的选择》(*A Choice of Profession*, 1979)、彼得·本奇利(Peter Benchley)的长篇小说《鲨海涛声》(*Jaws*, 1980)、阿瑟·黑利(Arthur Hailey)的长篇小说《超载》(*Overload*, 1981)、利昂·尤里斯(Leon Uris)的长篇小说《愤怒的群山》(*Angry Hills*, 1984)、英国小说家里斯·戴维斯(Rhys Davies)的短篇小说《人的本性》("Best Revenge", 1988)、英国女作家维多利亚·霍尔特(Victoria Holt)的爱情历史小说《阿欣顿珍珠项链》(*The Spring of the Tiger*, 1985)、美国小说家迈克尔·帕尔默(Michael Palmer)的长篇小说《血谜》(*The Fifth Vial*, 1989)、美国作家约翰·契弗(John Cheever)的短篇小说集《绿阴山强盗——约翰·契弗短篇小说选》(*The Housebreaker of Shady Hill*: *Selected Short Stories of John Cheever*, 2001)和英国著名小说家毛姆(W. Somerset Maugham)的《人生的枷锁》(*Of Human Bondage*, 2007)等。长期的翻译实践造就了先生对英汉文字转换的独到心得,使他对文

---

① 张柏然. 张柏然先生小传//南京大学双语词典研究中心. 张柏然英汉词典编纂知行录. 南京:南京大学出版社,2018:1.

② 张柏然. 点滴忆念陈嘉老师//张柏然,辛红娟. 译学卮言. 南京:南京大学出版社,2012:219.

③ 张柏然. 张柏然先生小传//南京大学双语词典研究中心. 张柏然英汉词典编纂知行录. 南京:南京大学出版社,2018:1.

字转换过程的艰辛了然于心,同时也使他对翻译人才培养积累了必要的实践认识。

此外,先生长期从事翻译人才的培养。教书育人、执教杏坛一直是先生的主要工作。据先生小传记载,"八四至八六,执掌专英,教学科研,风生水起"。先生 1986 年开始招收翻译理论与实践方向硕士研究生,1995年招收博士研究生,先后培养了 31 名硕士研究生,28 名翻译学和双语词典学博士研究生。这些学生广泛活跃于全国外语教学与研究领域,不少人已经成为行业中坚或译学翘楚,正为祖国的翻译学科建设、译学研究及外语(或翻译)人才培养贡献力量。可以说,无论是本科生的培养,还是硕士、博士研究生的培养,先生都亲自参与其中,熟悉人才培养的每一个环节。为了更好地促进外语及翻译人才培养,特别是本科与研究生的综合技能融合能力与创新研究能力,先生从 2011 年起先后策划编写了《致用大学英语实训教程》《致用大学英语读写译教程》、"大学本科翻译研究型系列读本"和"大学翻译学研究型系列教材"。其中"大学本科翻译研究型系列读本"和"大学翻译学研究型系列教材"各推出 10 本,本科系列读本涵盖翻译概论、文化翻译、文学翻译、商务英语翻译、法律英语翻译、传媒英语翻译、科技英语翻译、英语口译、英汉比较与翻译、翻译资源与工具等10 个领域,研究型系列教材涵盖中国翻译理论、当代西方翻译理论、当代西方文论与翻译、翻译学方法论、语言学与翻译、文学翻译、汉语典籍英译、英汉口译理论、语料库翻译学、术语翻译等 10 个领域。2013 年 4 月,先生在中南大学主持召开"2013 年全国翻译学研究型教学暨教材研讨会",围绕"翻译教学中的问题与对策""翻译教学中的民族文化视角""翻译教材的改革与编写""翻译方向人才培养的理念与模式"等议题进行了深入的探讨。

先生一直从事翻译学与双语词典学的研究,时刻关注译学与词典学的发展动态,并不断创造条件为自己的博硕士研究生提供学习交流机会和成果发表的平台。先生的工作单位南京大学是我国外语教育与研究的重要基地,先生所主持的翻译研究中心和双语词典研究中心会定期举办各种高层次、高规格的学术研讨会议或学术交流活动。先生也会借这些机会,让自己的学生参与交流、组织会务,以此开阔视野、培育人脉、促进交流、增长才干。不仅如此,先生和许钧教授还先后策划主编了《译学论集》(1997)、《面向 21 世纪的译学研究》(2002)、"译学新论丛书"(2005)、《译学新论》(2008)等多套(本)翻译学论集或学术专著,为翻译学者(特别是青年翻译学者和翻译学博士研究生)提供学术成果发表的平台,助推青年成长。这些论集除汇编国内名家巨擘的论文以外,也会留出适当的篇幅,用于展示青年学者的研究成果。有的丛书编写更是以推出青年学者作品为旨归,如 2005 年推出的"译学新论丛书",前后四辑共推出 33 位青年才俊的译学研究最新成果,使这些年轻人为学界所认识,为他们的成长奠定了坚实的基础。

除此以外,先生对翻译人才的培养还进行了深入的理论思考。在《译学研究叩问录——对当下译论研究的新观察与新思考》一书中,先生还辟专题讨论了"翻译服务实业化""研究型翻译教材的编写理念""传统文化资源与当今翻译人才培养"和"翻译硕士专业人才培养"等问题。如在翻译服务实业化问题上,先生认为,翻译服务的实业化是行业发展的大势所趋,发达的实业化翻译服务包括口笔译翻译活动、翻译加工业、翻译资讯及出版业、翻译研究和翻译教学(译员培训)五个部分,翻译实业化"丝毫不亚于 19 世纪末、20 世纪初那一场志在救国的实业革命",其关键是"一要有一个高屋建瓴的理性定位和相应的发展方略;二要有一支高素质的文化实业家团队"。[①] 由此可见,培养熟悉中国翻译实业、深知理论研究的文化战略意义的翻译人才有多么重要。在人才培养的重要载体翻译教材的编写上,先生指出,"我国翻译理论在概念陈设、模式架构、内容安排上存在着比较严重的同质化现象",需要从根本上予以改进,"而如何改进则取决于我们有什么样的教学理念"。[②] 在"传统文化资源与当今人才培养"问题上,先生指出,"翻译人才在从事中西'打通'工作的同时,还必须'参

---

① 张柏然,辛红娟. 译学研究叩问录——对当下译论研究的新观察与新思考. 南京:南京大学出版社,2016:255.

② 张柏然,辛红娟. 译学研究叩问录——对当下译论研究的新观察与新思考. 南京:南京大学出版社,2016:335.

互'古今","只有加强国学素养的培育,才能积极应对业已出现的人才培养瓶颈,培养出有担当、有情怀、有使命感的高层次翻译人才"。① 针对当前广受关注的 MTI 人才培养,先生认为,"我们在大力推进教学实践的同时,应当多研究、分析这些成功的经验,开展基于全面质量管理的人才培养探索,加大以实践能力为培养重点的翻译人才教育举措"②。

可见,在几十年的教学、研究过程中,张柏然教授研为教用、教研同一,把理论研究与人才培养有机地融合在一起。他长期关注我国翻译人才的培养,既为我国翻译人才培养取得的成绩感到欢欣鼓舞,也针对人才培养的问题把关诊脉、开药献方,体现出翻译家和翻译教育家的家国情怀与实践旨归。

三、道术归一:张柏然教授翻译人才培养观的内涵

张柏然教授关于翻译人才培养到底有哪些方面的论述,其内涵又是什么呢? 张先生在论述翻译学的本质曾说:"翻译学在本质上是一类以价值建构和意义阐释为目的的价值科学或文化科学。这既是事实性的(实然),也是表达性的(应然)。"③从哲学上看,"应然"是指事物应该的样子,是一种理想的状态,而"实然"则是事物当下实际的样子,是一种现实的状态。张柏然教授关于翻译人才培养的论述,大多从现状(实然)出发,针对目前的问题,提出解决问题的办法,从而实现人才培养的目标(应然)。这一从实然出发到达应然的逻辑演绎路径,实际上遵循的是从问题到方法、从方法到效果的实践关怀与问题意识,是翻译人才培养道与术的归一。

就人才培养的类型而言,张柏然教授心目中的翻译人才分为两类:一是翻译研究型人才,二是翻译致用型人才。前者是指我国改革开放以后

---

① 张柏然,辛红娟. 译学研究叩问录——对当下译论研究的新观察与新思考. 南京:南京大学出版社,2016:339,338.

② 张柏然,辛红娟. 译学研究叩问录——对当下译论研究的新观察与新思考. 南京:南京大学出版社,2016:348.

③ 张柏然,许钧. 面向 21 世纪的译学研究. 北京:商务印书馆,2002:编者絮语 2.

设立的外国语言文学学科的翻译理论与实践方向的学术型翻译研究人才,后者是指翻译硕士专业学位(MTI)研究生的培养。

1. 研究型翻译人才培养的道术归一

我国的外语教育始自新中国成立,但研究型翻译人才的培养,源自改革开放以后翻译理论与实践方向硕士与博士研究生的培养。南京大学作为我国外语专业人才培养的重要基地,一直致力于翻译学博硕士研究生的培养。按照国家教育管理部门对于研究型人才培养的要求,外国语言文学学科对硕士研究生的培养目标是:"应具有较系统的外国语言文学基础理论和专业知识,了解本学科的基本特点和本质,掌握本学科的基本研究方法;具有从事外国语言文学研究工作的基本能力;具备较熟练的外语口笔译能力和较高的汉语写作水平,掌握一定的第二外国语口笔译能力及阅读与本学科有关的专业外文资料的初步能力;具有从事与本学科相关工作的较强的工作能力。"对博士研究生的培养目标则是:"应掌握系统坚实的外国语言文学基础理论和专业知识,了解学科的特点和本质、当前状况、前沿动态与发展趋势;熟练掌握本学科研究的基本方法;具备熟练的外语口笔译能力和较强的汉语写作水平,以及参加国内外学术交流活动的能力、借助第二外国语阅读专业文献的能力;具有毕业后在高等院校、科研单位或有关部门从事本学科教学、科研或对外交流的独立工作能力。"[①]在这一思想指导下,各个学校根据翻译学博硕士人才培养的要求与自身实际,制定了研究型翻译人才的培养目标,并对人才培养的具体要求、规格与能力素养进行了描述。尽管这些描述因校而异,但归纳起来主要有以下三方面的要求:1)熟悉并掌握中西翻译理论动态,具有一定的理论素养;2)掌握一定的科学研究方法,具有创新意识、创新思维、较强的创新研究能力、第二外语语言能力和从事本学科实际工作的实践能力;3)能够理论联系实践,注重理论与实践的结合。一言概之,上述三方面的要求可以总结为 12 个字,即理论素养、创新能力、研用结合。

---

① 国务院学位委员会第六届学科评议组. 学位授予和人才培养一级学科简介. 北京:高等教育出版社,2017:52.

张柏然教授长期致力于翻译学与双语词典学博硕士的培养,虽然他没有明确地提出过研究型翻译人才的培养要求,但他却在不同场合论及了研究型翻译人才培养存在的问题(即实然问题)。那么这些实然性问题到底有哪些呢?

(1)理论速食倾向明显。20 世纪 80 年代以来,国外的翻译理论大量涌入。一时各种理论流派、各种研究视角、各种研究方法纷至沓来、纷繁复杂,颇有"乱花渐欲迷人眼"之势。国内一些学者,特别是一些年轻的翻译研究学者,"对西方翻译理论能详熟于心,对中国传统翻译理论资源却说不出所以然"①,抱着这种"学术偏见"却认为可以包打天下,出现了"理论速食主义倾向"。这种表现一是执一种理论而见木不见林,恰如"盲人摸象",认识不到"每一种理论流派所认识的翻译在很大程度上具有片面性,揭示的只是翻译活动的一个方面,难以深刻地反映翻译活动的全貌"。二是出现"理论 + 翻译"两张皮现象,看不到"有的理论只浮在表面,难以真正起到指导翻译研究的作用"。三是为翻译研究的表面繁荣所遮蔽,看不到翻译研究潜在的危机:"翻译研究在引进各种理论的同时,有一种被其吞食、并吞的趋向,翻译研究的领域看似不断扩大,但在翻译从边缘走向中心的路途中,却潜伏着又一步步失去自己位置的危险。"②

(2)创新能力不足。先生认为,创新意识和创新能力是中国译论现代化的重要因素,中国译论的现代化存在于中国译论家的持续创造之中。创造是对中国传统译论和西方译论的超越。③ 而当今的翻译教学,过于重视学生语言技能("技")的训练,而忽视了"道"即翻译作为"一种精神、一种品格、一种修养、一种价值观、一种人生态度或一种本质性的东西"④的

---

① 张柏然,辛红娟. 译学研究叩问录——对当下译论研究的新观察与新思考. 南京:南京大学出版社,2016:340.

② 张柏然,许钧. 译学新论丛书:总序//祝朝伟. 构建与反思——庞德翻译理论研究. 上海:上海译文出版社,2005:总序 5.

③ 陶李春,张柏然. 对当前翻译研究的观察与思考——张柏然教授访谈录. 中国翻译,2017(2):67.

④ 杨柳,张柏然. "道"与"技"——被忽略的中国翻译教学问题. 中国科技翻译,2003(1):21.

培养。"翻译学在本质上不是一类以价值中立、文化无涉为前提……的科学活动,而是一类以价值建构和意义阐释为目的的价值科学或文化科学。"①翻译研究型人才培养中的"道"是指"一种美学教育,是审美精神和人文精神的培养,是批判性思维方式的渗透"。换言之,"对于研究生这批未来科研领域的主力",我们的培养应该更加重视批判思维与创新能力的培养,在教材的选择上应该"重点选择研究型的操作材料",在教学法上"提倡尼采式的'视角主义',消解传'技'的边界,倾听'他者'的声音"。②因此,先生 2012 年起与南京大学出版社合作,推出了"大学翻译学研究型系列教材"和"大学本科翻译研究型系列读本"。这两套教材"不以知识传授为主要目的,而是培养学生发问、好奇、探索、兴趣,……逐步实现思维方式和学习方式的转变,引导学生及早进入科学研究阶段;不追求知识的完整性、系统性,……引入探究学术问题的教学模式;……建构以探索和研究为基础的教与学的人才培养模式"③。

(3)研用严重脱节。正确看待并处理翻译理论与翻译实践的关系,是研究型翻译人才培养中很重要的一环。但很遗憾的是,由于多种原因,我们的人才培养中两者仍然存在脱节现象。针对部分高校教师理论研究与实践脱节的问题,先生毫不讳言:多年来,我国有些高校的教师从事过相关的理论研究,"并将他们的研究成果发表在各类学术期刊上","但是遗憾的是,这些研究成果中的绝大部分并没有转化成'生产力',……出现了'产学研'脱节的现象"④。究其原因,是因为"长期以来翻译家本身专注于

---

① 张柏然,许钧. 面向 21 世纪的译学研究. 北京:商务印书馆,2002:编者絮语 2.

② 杨柳,张柏然. "道"与"技"——被忽略的中国翻译教学问题. 中国科技翻译,2003 (1):22.

③ 张柏然.《翻译学研究型系列教材》序//张柏然. 字林微言:翻译学、词典学序跋暨学术演讲集. 南京:南京大学出版社,2017:126-127.

④ 张柏然. 读者需求与外语辞书创新——上海外教社辞书编纂出版学术研讨会致辞//张柏然. 字林微言:翻译学、词典学序跋暨学术演讲集. 南京:南京大学出版社,2017:185-186.

翻译实践,忽视了对翻译问题的理性思考与系统研究"①而造成的。

既然存在上述问题,研究型翻译人才培养的理想状态(应然)又该是什么样子呢? 张柏然教授认为,研究型翻译人才一是应该具有良好的翻译理论素养,做到"中西融通";二是要具有较强的创新能力;三是要能够研用结合、理论联系实际。

张柏然教授一生致力于翻译理论与词典编纂方面的研究,对我国传统译论有着深入的理解和特别的钟情,认为优秀的翻译人才不仅要具备"打通"中西的语言、文化素养,还需具备"参互"古今的能力,做到"中西融通"。面对纷繁复杂、林林总总的西方翻译理论,先生对这些理论的渊源、研究方法、研究视角及要解决的问题进行了考辨,认为要辩证批判地看待西方翻译理论,摆脱对西方翻译理论的依赖,因为"任何一个文化大国,它在建设自己的翻译体系的时候,都是要以本国的翻译经验作为最基本的认知材料,作为整个知识体系的骨架和网络"②。我国译论建设应该"坚持本来,吸收外来,面向未来",即以我们自己的"民族文化和译论资源为依托,古今沟通,中西融通,打造具有中国特色、中国风格、中国气派的翻译学话语体系"。③ "坚持本来"是要立足我们自己的民族文化与译论资源,体现的是家国情怀、文化自信和对中国本土译论的自信。"吸收外来"体现的是译学研究的国际视野与博大胸襟,做到古今沟通、中西融通。"面向未来"体现的则是中国译学研究者的使命感与责任感,要以"打造具有中国特色、中国风格、中国气派的翻译学话语体系"为己任,勠力同心,砥砺前行。从研究型翻译人才培养的角度来说,中青年博硕士研究生是我国译学研究的生力军,肩负着建设中国译论的重任,应该具有家国情怀、文化自信、理论自信,做到古今沟通、中西融通,"既应充分重视中国传统

---

① 张柏然,许钧. 译学新论丛书:总序//祝朝伟. 构建与反思——庞德翻译理论研究. 上海:上海译文出版社,2005:总序 1-2.

② 张柏然,辛红娟. 译学研究叩问录——对当下译论研究的新观察与新思考. 南京:南京大学出版社,2016:前言 4.

③ 张柏然,辛红娟. 译学研究叩问录——对当下译论研究的新观察与新思考. 南京:南京大学出版社,2016:前言 1.

译论资源的价值意义,创造性地吸收古代译论的理论精华,又必须正确地借鉴西方译论中有价值的观点和方法"①。在理论创新问题上,张柏然先生高度重视学术创新,认为步入新世纪的翻译研究达至"大成"的关键就在于"建立一种渊深宏通、胸襟开放,又新锐高效的学术创新体制"②。在西方译论走向形式科学的今天,中国现代翻译学必须在吸取西方智慧的同时,利用自身智慧优势,"创建一种具有新的文化精神的翻译学"③。中国的译学建设需要创新,从事翻译理论研究的青年学者同样需要创新。他在一次面向青年教师的演讲中指出,要"顶天立地搞科研,领异标新写春秋"。"顶天立地"就是要熟悉和了解国际国内相关领域的学术大背景,而"领异标新"则是"不落窠臼的创新"。中国的学者要实现理论创新,首先要"明晰地意识到自己的主体身份和中国立场——这是中国学术获得原创性的前提"。学术创新不一定意味着超越,很多时候可能只是意味着"与众不同"。青年学者从事科学研究,是"在已知领域里探索未知",目标往往是要"写出命题立意新、思想论点新、论据材料新的有科学价值的论文"。那么,怎样才能做到这一点呢? 张柏然教授的建议是:在交叉学科之间寻求切入点,发掘新思想;在对比中寻找突破口,总结翻译规律;在理论的制高点上俯瞰,开展批判性思维;在中国古典文论思想研究中开掘翻译思想;在中外古典名著中观察翻译家的翻译艺术,积累例证素材。④

在研用结合、理论联系实践问题上,张先生认为,理论脱离实践"不能不说是个历史的误会",因为"翻译活动的特殊性提出了种种问题和困难,而面对这些问题和困难,翻译家们也不可能视而不见,无动于衷"。⑤ 事实上,在中国翻译史不同的历史阶段,翻译家们都在以不同的方式从事着丰

① 张柏然,辛红娟. 译学研究叩问录——对当下译论研究的新观察与新思考. 南京:南京大学出版社,2016:62.
② 张柏然,许钧. 面向 21 世纪的译学研究. 北京:商务印书馆,2002:编者絮语 2.
③ 张柏然,许钧. 面向 21 世纪的译学研究. 北京:商务印书馆,2002:编者絮语 6.
④ 张柏然. 顶天立地搞科研 领异标新写春秋——翻译理论研究方法论纵横谈//秦晓晴. 外语教育 Vol.7. 武汉:华中科技大学出版社,2008:1-7.
⑤ 张柏然,许钧. 译学新论丛书:总序//祝朝伟. 构建与反思——庞德翻译理论研究. 上海:上海译文出版社,2005:总序 2.

富的实践,并在实践中积累了丰富的经验与体会。这些体验式的、顿悟式的译论正是"具有东方神采的'感悟翻译哲学'"的一部分,是"一笔笔非常珍贵的遗产"。我们需要对这些遗产进行整理发掘,并在此基础上建立具有中国特色、中国风格、中国气派的翻译学话语体系,因为"翻译实践呼唤科学的翻译学理论来给予指导,人们也需要对翻译实践和经验加以总结,进行深入的研究和理性的思考,并将感性经验上升为理性认识"①。联系翻译实践进行翻译理论研究,从肥沃的实践土壤中发掘并整理中国特色译论,"这是一方大有可为的天地"②。

上述有关翻译研究型人才培养存在的问题及应该实现的目标的思考,是张柏然教授 50 余年教学、科研及人才培养悉心观察的结果,遵循的是哲学上从实然到应然的逻辑演绎。但张先生并不满足于此,他还指出了超越实然、走向应然的实践(使然)路径:国学陶养、通才模式(见图 1)。这里的"国学"是一个与"西学"相对应的概念,主要指"中国学术文化的全体",包括中国"一切过去的文化历史",是"中国传统的学问"。在先生看来,作为中华民族代代相传的文化精髓,国学是"民族凝聚力和创造力的重要源泉",也是"综合国力竞争的重要因素",是"中国之成为中国"的文化软实力之所在。③ 翻译学科要培养在实践和理论素养方面的"打通"人才,使其能够打通中西、参互古今,最首要的就是要了解自己的文化遗产,国学的知识能够造就翻译专业人才在学术上和操行上"无所不包的胸襟"④。国学的缺位会造成语言理解障碍和"对传统翻译理论的误解甚至曲解",而国学传统的缺席则会"造成对中国古代翻译理论资源的误解,使

---

① 张柏然. 翻译研究与多元对话——全国翻译理论研究学术研讨会开幕词//张柏然. 字林微言:翻译学、词典学序跋暨学术演讲集. 南京:南京大学出版社,2017:181.
② 张柏然. 翻译研究与多元对话——全国翻译理论研究学术研讨会开幕词//张柏然. 字林微言:翻译学、词典学序跋暨学术演讲集. 南京:南京大学出版社,2017:181.
③ 张柏然,辛红娟. 译学研究叩问录——对当下译论研究的新观察与新思考. 南京:南京大学出版社,2016:339.
④ 张柏然,辛红娟. 译学研究叩问录——对当下译论研究的新观察与新思考. 南京:南京大学出版社,2016:342.

翻译学界在国际学术范式中处于'失语'的窘境"。① 翻译专业人才培养,不仅要重视双语能力即"技"的培养,更要"返回到中国传统文化中汲取学养","从中取益,实现完美人格的塑造","使专业教育升格至'道'的培育和综合能力的养成"。②

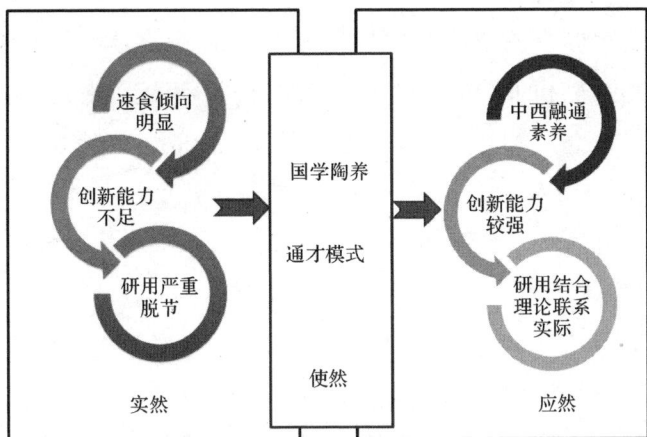

图 1　研究型翻译人才培养示意

从人才培养的方式而言,这种"道"的培养需经过通才模式予以达成。张柏然教授认为,中国的传统学术,基本上可以说是"以文史哲为主的道德文章教育(即通才教育)",中国国学大师的成长之路大都是通人之路,是"道德、文章加影响力的'内圣外王'之道",是一种"通人治学模式"。③当今的翻译学科建设,面对西方翻译理论的大量涌入,中西学术体制与译学话语冲突竞合、交汇融通,导致我们借用西方学科的细分体制,将人文学科中的文、史、哲分科设置。这种学科分裂的弊端日益显现,使"跨越两种语言、文化的翻译专业人才培养也似乎进入了瓶颈期"。面对这一弊

---

① 张柏然,辛红娟. 译学研究叩问录——对当下译论研究的新观察与新思考. 南京:南京大学出版社,2016:343-344.

② 张柏然,辛红娟. 译学研究叩问录——对当下译论研究的新观察与新思考. 南京:南京大学出版社,2016:345.

③ 张柏然. 顶天立地搞科研　领异标新写春秋——翻译理论研究方法论纵横谈// 秦晓晴. 外语教育 Vol.7. 武汉:华中科技大学出版社,2008:3.

端,翻译学科必须弘扬以"道"为逻辑起点的国学教育,采用通才育人模式,才能"应对业已出现的人才培养瓶颈",培养出"基础厚实、适应面宽广","有担当、有情怀、有使命感的高层次翻译人才"。①

2. 致用型翻译人才培养的道术归一

张柏然教授所关注的致用型翻译人才主要是翻译硕士专业学位(MTI)研究生人才的培养。MTI 自 2007 年开始设置以来,迄今已有 253 所高等学校设立了 MTI 学位点,年度全日制录取学生数达 43340 人。②围绕 MTI 设置与人才培养,全国翻译学界与外语教学同仁展开了广泛而深入的研究,张柏然先生也不例外。张先生在 2016 年出版的《译学研究叩问录》中辟专节讨论了翻译硕士专业人才培养的问题。

从 MTI 人才培养的理想状态(应然)而言,张柏然先生认为,翻译专业硕士是一个与翻译行业紧密相连、适应社会发展需求而设立的专业,应该"着眼国家战略需求与区域经济、社会发展所需紧缺人才培养,立足区域经济和行业发展实际需要,致力于培养具有扎实的语言功底、厚实的文化素养、宽广的专业知识、敏锐的市场意识的口笔译人才"。因此,在培养方法上,MTI"应建立、健全以翻译项目带动人才培养的实战化、市场化培养机制",最终实现翻译教学与实战、翻译课堂与社会人才需求的无缝对接。在课程设置上,各人才培养单位"应以实践性、实用性课程为主,辅以必要的理论课,增强翻译周边技能培养,加大翻译项目实训与翻译项目模拟力度;积极拓展校内外翻译实习平台,注重翻译项目管理人才、翻译行业管理人才、术语审校人才等对接社会需求的跨语言服务人才培养"。③如果用一句话来说,那就是 MTI 要培养的人才应与传统的学术性学位相

---

① 张柏然,辛红娟. 译学研究叩问录——对当下译论研究的新观察与新思考. 南京:南京大学出版社,2016:337-338.
② 穆雷. 我国翻译硕士专业学位现状与问题——基于《翻译硕士专业学位发展报告》的分析研究. 中国翻译,2020(1):90. 根据 2021 年的最新数据,开设有 MTI 学位点的高校总数为 316 所。
③ 张柏然,辛红娟. 译学研究叩问录——对当下译论研究的新观察与新思考. 南京:南京大学出版社,2016:351-352.

区别,其核心是"以实践能力为重点"的高层次应用型口笔译人才。

但是,由于国内 MTI 设置的时间较为短暂,在人才培养方面还存在一些问题(实然)。张柏然教授援引全国翻译硕士第二轮教学合格评估的结果指出,我国翻译硕士专业学位人才培养在"兼职教师、学生相关专业知识、实习基地、课程建设、专任教师实践能力等方面仍有较大提升空间"①,"蓬勃的翻译人才培养热潮难掩师资不足及教学条件、教学管理、实践基地和生源等的不尽如人意"②。在这些问题中,师资队伍、翻译平台建设、翻译实践量与过程管理是三个比较突出的问题。

在师资队伍建设方面,突出的问题主要有三个方面:一是"学界在翻译硕士师资研究方面力度相对较弱",二是"大多数院校在翻译专/兼任教师方面仍有较大提升空间",三是"很多高校受过系统翻译专业训练的师资相当匮乏"。③ 在翻译平台建设方面,最主要的问题一是实习基地的匮乏,"除位于北上广等一线城市的学校外,多数院校面临实习基地匮乏的现实",二是已建实习基地并未得到有效使用,因为"建立实习基地并不是校企双方签订协议,把学生派到基地这么简单"。④ 在翻译实践量与过程管理方面,先生虽然并未正面论述存在的问题,但从他提出的使然性措施中我们可以推知,主要存在三个方面的问题:一是"多维立体的实践空间"未能建立,二是"项目驱动式翻译实践模式"未能建立、翻译实践质量无法有效保障,三是缺乏有效的质量监督机制。

针对以上 MTI 人才培养存在的问题,张柏然教授开出了自己的"药方":全面质量管理(Total Quality Management)的理念。先生认为,教育部印发的《翻译硕士专业学位教学评估指标》就是"全面质量管理"理念的

① 张柏然,辛红娟. 译学研究叩问录——对当下译论研究的新观察与新思考. 南京:南京大学出版社,2016:352.
② 张柏然,辛红娟. 译学研究叩问录——对当下译论研究的新观察与新思考. 南京:南京大学出版社,2016:346.
③ 张柏然,辛红娟. 译学研究叩问录——对当下译论研究的新观察与新思考. 南京:南京大学出版社,2016:353.
④ 张柏然,辛红娟. 译学研究叩问录——对当下译论研究的新观察与新思考. 南京:南京大学出版社,2016:356.

最好体现。该指标设办学理念、师资队伍、教学资源、教学内容、教学管理和教学质量 6 个一级指标,共有 20 个二级指标、47 个主要观测点,涵盖了翻译硕士人才培养的方方面面,凸显了"全程性、全面性和全员性"之"三全"特点,与高等教育中的"全面质量管理原则"非常契合。[①] 按照这一"药方",张柏然先生从"翻译'双师'队伍建设""翻译平台建设"和"翻译实践量与过程管理"三个方面分别"配药",构成其从实然到应然的使然路径(见图 2)。

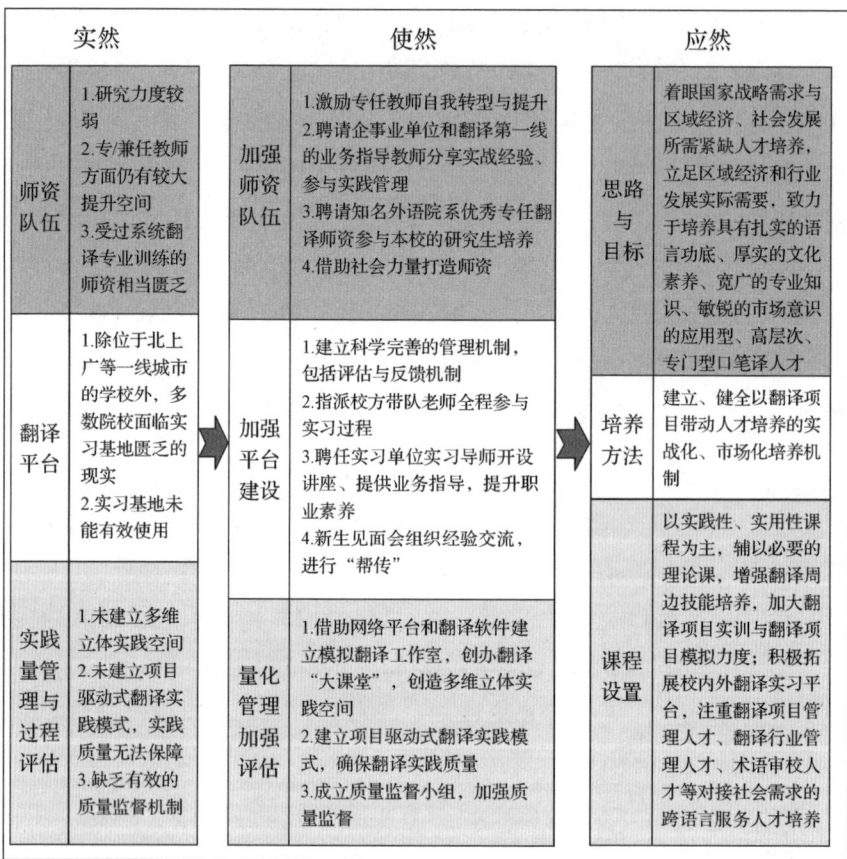

实然		使然		应然	
师资队伍	1.研究力度较弱 2.专/兼任教师方面仍有较大提升空间 3.受过系统翻译专业训练的师资相当匮乏	加强师资队伍	1.激励专任教师自我转型与提升 2.聘请企事业单位和翻译第一线的业务指导教师分享实战经验、参与实践管理 3.聘请知名外语院系优秀专任翻译师资参与本校的研究生培养 4.借助社会力量打造师资	思路与目标	着眼国家战略需求与区域经济、社会发展所需紧缺人才培养,立足区域经济和行业发展实际需要,致力于培养具有扎实的语言功底、厚实的文化素养、宽广的专业知识、敏锐的市场意识的应用型、高层次、专门型口笔译人才
翻译平台	1.除位于北上广等一线城市的学校外,多数院校面临实习基地匮乏的现实 2.实习基地未能有效使用	加强平台建设	1.建立科学完善的管理机制,包括评估与反馈机制 2.指派校方带队老师全程参与实习过程 3.聘任实习单位实习导师开设讲座、提供业务指导,提升职业素养 4.新生见面会组织经验交流,进行"帮传"	培养方法	建立、健全以翻译项目带动人才培养的实战化、市场化培养机制
实践量管理与过程评估	1.未建立多维立体实践空间 2.未建立项目驱动式翻译实践模式,实践质量无法保障 3.缺乏有效的质量监督机制	量化管理加强评估	1.借助网络平台和翻译软件建立模拟翻译工作室,创办翻译"大课堂",创造多维立体实践空间 2.建立项目驱动式翻译实践模式,确保翻译实践质量 3.成立质量监督小组,加强质量监督	课程设置	以实践性、实用性课程为主,辅以必要的理论课,增强翻译周边技能培养,加大翻译项目实训与翻译项目模拟力度;积极拓展校内外翻译实习平台,注重翻译项目管理人才、翻译行业管理人才、术语审校人才等对接社会需求的跨语言服务人才培养

图 2　致用型翻译人才培养示意

① 张柏然,辛红娟.译学研究叩问录——对当下译论研究的新观察与新思考.南京:南京大学出版社,2016:350.

具体而言,从翻译"双师"队伍的建设而言,张柏然教授配了四味药:一是要激励专任教师自我转型与提升。各翻译硕士人才培养单位应为本单位尚未确立具体研究方向且有 20 万字以上译作的年轻教师配备翻译学方向教授担任学术导师,进行学术、教学引导,鼓励青年教师走出去,参加中国译协与全国翻译硕士教指委联合主办的师资培训班,助推其实现从语言教学师资向翻译师资的转型。二是要聘请企事业单位和翻译第一线的业务指导教师分享实战经验、参与实践管理,这样才能"形成覆盖多学科、知识结构合理的翻译教学师资群体,加大法律翻译、经贸翻译、科技翻译、外事翻译等市场急需的口笔译人才的培养力度"。三是要按照"行业经验+教学能力"的标准,聘请知名外语院系优秀专任翻译师资参与本校的研究生培养。张柏然教授认为,"在聘任兼职导师时也应当十分看重兼职师资基于实践经验之上的教学能力";"优秀的口笔译业务指导教师应当来自知名外语院校以翻译为好、以翻译为业的教师";"(他们)是真正喜之乐之的翻译人","加之他们所受的系统教学训练,能够更好地将翻译经验和教学分享给后辈学人,起到师徒相承的工作坊效果,应当是业务指导教师的中坚力量"。四是要借助社会力量打造师资。张柏然教授指出:"最理想的翻译专业教师应当具备如下三方面功夫:'一是有丰富的翻译实践经验,精通翻译的一般策略与技巧;二是有宽广的翻译理论视野,熟悉译论的国内外发展动向;三是有无穷的琢磨翻译的激情,懂得教学的互动与循循善诱。'"而(理想的)"师资团队不可能速成,要 10 年甚至更长的时间去打造",最有效的措施就是"借助社会力量,联合打造翻译师资队伍,实现师资队伍建设周期的最短化和人才培养效果的最大化"。①

在翻译的平台建设方面,张柏然先生也配了四味"药":一是要建立"科学完善的管理体制",包括企业保障机制与评估反馈机制。前者是为了"切实保障学生实习的效果"和企业利益的"最大化",后者是为了督促学生及时记下心得总结体会、填写实习情况记录表并让教师在实习结束

① 张柏然,辛红娟. 译学研究叩问录——对当下译论研究的新观察与新思考. 南京:南京大学出版社,2016:354-355.

时对"学生的真实表现和业务能力给出鉴定和评价"。二是指派校方带队老师全程参与实习管理,包括实习学生选拔、学生派遣、实习过程监管、学生表现评估与反馈、学校与企业基地之间的协调与联络等,以"确保实习过程的顺畅性和高效性"。三是用好实习基地的实习导师,"为学生开设与实习单位工作内容密切相关的讲座,并在现场实习时为学生提供业务指导,帮助实习生分析来自现场的经验与教训",同时开展礼仪培训,"提升学生职业素养"。四是利用新生见面会开展经验交流,做好"帮传"工作。可以"策划、组织口笔译实习活动模范为新生做经验交流,帮助新入校学生迅速进入学习状态,为新生指明实习和实践的努力方向",同时"帮助学生尽快树立市场化观念"和"大事能干,小事也能干,能做翻译、做记录、做演讲、做接待"的意识。①

在翻译实践量的管理与过程评估方面,张柏然教授开出了三剂良方:一是借助网络平台和翻译软件建立模拟翻译工作室,创办翻译"大课堂"。这样做的目的是把课堂向课外、向社会延伸,为学生创造多维、立体实践空间。二是建立项目驱动式翻译实践模式,确保翻译实践质量。要"围绕实战项目,建立在线术语共享平台,整合学生资源,通过分级管理制度,全面控制译稿质量"。三是成立质量监督小组,加强质量监督。要"出台相关质量管理文件,完善翻译实践工作监督、评估与奖励机制,进行译审把关和有效监督,确保翻译实践的真实性与有效性"。②

由上可知,无论是研究型翻译人才的培养还是致用型翻译人才的培养,张柏然教授均提出了人才培养的目标与重点(这是人才培养的应然或"道"的层面),同时针对现实中存在的问题(实然)开出了药方、提出了解决方法与实现路径(使然或"术"的层面)。《庄子·天下篇》云:"古之道术有在于是者。"又云:"六通四辟,小大精粗,其运无乎不在。"如果说"道"是讲道之本身,是人才培养的目标,那么"术"则是指我们应该如何去做才能

① 张柏然,辛红娟. 译学研究叩问录——对当下译论研究的新观察与新思考. 南京:南京大学出版社,2016:357-358.

② 张柏然,辛红娟. 译学研究叩问录——对当下译论研究的新观察与新思考. 南京:南京大学出版社,2016:358-359.

实现目标、获得圆满。在从实然到使然,再到应然的逻辑演绎过程中,张柏然教授道不离术、术不离道,其研究型与致用型翻译人才培养的思想是"道"与"术"的交融与归一。

四、知行合一:张柏然先生翻译人才培养观的时代意义

归纳总结张柏然先生的翻译人才培养观,我们可以得出 24 字理念:创新引领、中西融通,国学陶养、通才模式,能力导向、质量为本。前 16 字是指研究型翻译人才的培养,后 8 字是指致用型翻译人才的培养。张柏然教授虽然已经仙逝 4 年多,但他这 24 字人才培养理念在今天仍然具有强烈的理论指导意义,焕发出瑰丽的时代光辉。

1. "创新引领、中西融通"的时代意义

"创新引领、中西融通"一直是张柏然教授的理想。这一理想从小的方面讲,着眼的是我们翻译专业博硕士研究生应该成为什么样的人;从大的方面讲,着眼的则是面对中西交汇、话语竞合的大背景下,中华民族的传统翻译理论如何立身于世界民族之林的大课题。

在翻译人才培养上,张柏然教授一直倡导,翻译专业的博硕士研究生应该熟悉和了解中国传统的翻译理论,并在坚持本来的基础上传承创新,实现中西译论的融通。要实现这一融通,需要我们"古今沟通"和"中西融通"。"古今沟通"就是要知道中西译论的过去与昨天,知道"中国古代译论中有许多精文而且带有普遍意义的东西,往往是西方译论所缺乏的"①。"中西融通"就是要认识到"中西译学思想传统,同具人类理性认识的某些普遍性价值"。如果我们把这些"相似点、相近点找出来加以比较、沟通",形成互补,就能"达到一种交融的境界"。而这种融通的程度与进程,则是衡量中国译论是否成熟的标志,"中国译论走向成熟的标志之一,就是中

---

① 张柏然,辛红娟. 译学研究叩问录——对当下译论研究的新观察与新思考. 南京:南京大学出版社,2016:前言 1.

西融通正在推进","中西译论全面融通之日,就是中国译论成熟之时"。①
可见,"中西融通"是目标与结果,其前提是对中西译论的全面比较性研
究,是基于对中西译论全面认知之"知"进而在"行"的层面的运用,是知与
行的辩证统一,其核心是"创新":"'中西融通'贵在融通中有创新,融通的
目的是为了实现创新。"②"走进21世纪的翻译研究要达至'大成',关键在
于要建立一种渊深宏通、胸襟开放,又新锐高效的学术创新体制。"③具体
而言,这种"创新"就在于传统译论的"现代转换",即把中国传统译论中
"那些具有普遍意义且与当代译学理论在内涵方面有着共通之处的概念
及有着普遍规律性的成分清理出来,赋予其新的思想、意义,使其与当代
译学理论融合,成为具有当代意义的译学理论的血肉"④。

可以说,"创新人才培养,实现中西译论的融通"将是中国学界未来几
十年回避不了的话题,因而张柏然教授"传统译论之现代转换"的创新思
想在今天仍然具有深远的意义。基于同样的创新融通理念,王宏印针对
中西译论的互鉴互用,提出了中西译学融合创新的四条建议与思路;⑤孙
致礼在充分肯定我国在新时期翻译理论建设成绩的基础上指出,"摆在我
们面前的一个现实的任务,是如何把中西的理论融汇在一起,从而建立起
具有中国特色的翻译理论体系"⑥。在这一点上,张柏然教授提出的"坚持
本来,吸收外来,面向未来"的思想更值得我们传承与发展。许钧指出,
"坚持本来"是根本,"中国译学理论不应简单沦为西方译论的试验场",中
西融通的前提是以本土传统译论为根基,这是对中国本土译论的理论自
信;"吸收外来"是博大开放的精神,是"借鉴西方译论话语,为中国译学问

① 张柏然,辛红娟. 译学研究叩问录——对当下译论研究的新观察与新思考. 南京:
　　南京大学出版社,2016:前言2.
② 张柏然,辛红娟. 译学研究叩问录——对当下译论研究的新观察与新思考. 南京:
　　南京大学出版社,2016:前言3.
③ 张柏然,许钧. 面向21世纪的译学研究. 北京:商务印书馆,2002:编者絮语2.
④ 张柏然,辛红娟. 译学研究叩问录——对当下译论研究的新观察与新思考. 南京:
　　南京大学出版社,2016:37.
⑤ 王宏印. 融通中西译论,革新中国译学. 中国外语,2008(6):36.
⑥ 孙致礼. 关于我国翻译理论建设的几点思考. 中国翻译,1997(2):11-12.

题寻找可能的解决路径";"面向未来"则是中国译学建设者的责任与使命担当,是中国译学建设的目标愿景。① 面对中西译论的冲突、交流与话语竞合,理论自信、开放包容和使命担当正是中国译学建设者最为需要的精神之"钙",对于我国译学建设具有强烈的指导意义与实践价值。

从中华民族的传统翻译理论如何立身于世界民族之林的大课题来看,张柏然教授的思想也具有很强的指导意义。今天的中国,正面临"百年未有之大变局",正越来越接近世界舞台的中央。崛起的中国需要讲好中国故事、传播好中国声音。进入新时代的崭新中国更不能没有能够屹立于世界学术之林的中国翻译理论。"作为一个现代大国,中国是不是要在翻译理论建设上以高度的理论自觉和理论自信,打造具有中国特色、中国风格、中国气派的翻译学话语体系?"②张柏然提出的这一时代课题,值得我们每一个翻译学者深思。他提出的这一译学的时代之问,值得我们每一个翻译学人穷一生之精力、耗毕生之心血追之索之、图之成之。

2."国学陶养、通才模式"的时代意义

如果说"创新引领、中西融通"是张柏然教授对于研究型翻译人才培养的期许,是张先生作为翻译人毕生希望实现的梦想,那么"国学陶养、通才模式"则是先生达成上述理想的人才培养路径。这一路径对于我国翻译人才,乃至宽泛意义上的外语人才培养都具有持续的理论指导意义。

中国的传统学术,向来是无所谓分科的。历代的大儒,大多以"万能博士"自居或以此为目标,所谓"一物不知,儒者之耻"。如果一定要分科,也大致只有三种:"曰义理之学,曰考据之学,曰词章之学。"③尽管有这种划分,但这三大部门却有共同的研究对象:经史。现当代文史哲的三分,源于近代"西学东渐"历程中西方学科体制对国内学术的影响。学科精细化虽然有其合理性与科学性,但其对"打通"型人才培养造成的弊端也显

① 许钧. 坚守与求索:张柏然教授的译学思考与人才培养. 中国翻译,2018(3):70.
② 张柏然,辛红娟. 译学研究叩问录——对当下译论研究的新观察与新思考. 南京:南京大学出版社,2016:前言6.
③ 转引自:曹伯韩. 国学常识. 北京:中华书局,2015:5.

而易见。这一点在翻译人才培养方面尤其突出。张柏然教授认为,翻译人才培养的瓶颈至少体现在两个方面:一是"一些翻译专业人才对西方翻译理论能详熟于心,对中国传统翻译理论却说不出所以然"①;二是无法实现"传统译论之现代转换",进而创造"具有中国特色、中国风格、中国气派的翻译学话语体系"②。这两个方面综合的表现就是翻译人才"打通中西、参互古今"的能力不够。究其原因,在于翻译实践"勾连两种语言和文化",而译者则是"从事国际文化交流的文明、文化中间人与协调者",需要"打通中西""参互古今"。③ 为了解决这一问题,国内学界也逐渐开始认识到"国学陶养、通才模式"的重要性。从"五四"以后胡适、梁启超、顾颉刚等人对整理国故的重视,到当代学界对国学的大力弘扬,无不基于这样一种思想,即中国学者如果不了解自己固有的文化,"立足自身、融通中西"只能是一张无法兑现的空头支票。作为中华文明的观念载体,国学既是我们的文化根基,也是我们吸收世界民族文化精华、实现中西融通,进而让中国学术(包括中国译学)屹立于世界学术之林的起点。可以说,只要翻译人才培养在"打通中西、参互古今"方面做得不够,中国还未能创立得到世界认可、具有中国特色的理论体系,张柏然教授的思想就永远具有时代的指导价值,就永远值得我们去参透领悟,探索破解这一问题的有效路径。

3."能力导向、质量为本"的时代意义

"能力导向、质量为本"是张柏然教授关于致用型人才培养的核心思想。可以说,张先生的这八字箴言精准地抓住了当前 MTI 人才培养的两大命脉:能力培养与质量控制。

国内外关于翻译能力的研究与讨论非常丰富,讨论的核心主要集中

---

① 张柏然,辛红娟. 译学研究叩问录——对当下译论研究的新观察与新思考. 南京: 南京大学出版社,2016:340.

② 张柏然,辛红娟. 译学研究叩问录——对当下译论研究的新观察与新思考. 南京: 南京大学出版社,2016:前言1.

③ 张柏然,辛红娟. 译学研究叩问录——对当下译论研究的新观察与新思考. 南京: 南京大学出版社,2016:340.

在翻译能力的构成①、翻译能力培养的路径②、课程设置与翻译能力的养成③等。不同学者对于翻译能力构成的意见并不相同,如西班牙巴塞罗那自治大学翻译能力习得与评估研究小组认为,翻译能力由双语子能力、语言外子能力、翻译知识子能力、工具子能力、心理生理要素和策略子能力等六大子能力构成。④ 国内学者文军认为,翻译能力主要由语言/文本能力、策略能力和自我评估能力三种子能力构成。⑤ 但所有的学者均认为,MTI 人才培养的核心在于翻译能力的养成。也正是在这一意义上,张柏然教授指出,翻译人才培养的重点是"(翻译)实践能力","翻译人才教育举措应在科学的理论框架内,最大限度地贴近翻译现实,培养实际翻译操作能力"⑥。具体而言,先生援引《翻译硕士专业学位基本要求》指出,MTI 专业学位研究生应该掌握语言知识、翻译知识、百科知识和信息技术知识等四种知识以及语言能力、翻译能力、跨文化交际能力、百科知识获取能力及团队协作能力等五种能力,其中重中之重是"(翻译)实践能力"。可以说,翻译实践能力是 MTI 人才培养的核心与龙头,是"牛鼻子",抓住了这一"牛鼻子",就能达到纲举目张的效果。

———————————

① 参见:PACTE. Investigating translation competence: Conceptual and methodological issues. *Meta*,2005(2):609-619;Presas,M. Bilingual competence and translation competence. In C. Schäffner & B. Adab. (eds.). *Developing Translation Competence*. Shanghai:Shanghai Foreign Language Education Press,2012:19-32.

② 参见:苗菊. 翻译教学与翻译能力发展. 天津:天津人民出版社,2006;金萍. 多维视域下翻译转换能力发展与翻译教学对策研究. 北京:中国人民大学出版社,2011.

③ 参见:何瑞清. 对翻译硕士(MTI)笔译方向课程设置的思考. 北京第二外国语学院学报,2011(12):37-41;祝朝伟. 基于翻译能力培养的 MTI 课程设置研究. 外语界,2015(5):61-69.

④ PACTE. Investigating translation competence: Conceptual and methodological issues. *Meta*,2005(2):610.

⑤ 文军. 翻译课程模式研究——以发展翻译能力为中心的方法. 北京:中国文史出版社,2005.

⑥ 张柏然,辛红娟. 译学研究叩问录——对当下译论研究的新观察与新思考. 南京:南京大学出版社,2016:351.

为了确保翻译实践能力这一核心目标的实现,张柏然教授认为,必须进行全面质量管理。这一概念最早由美国学者费根堡姆(A. V. Feigenbaum)提出,主要用于商业和军事领域,20 世纪 80 年代后引入学校管理。与传统教学质量管理不同的是,"全面质量管理"注重"全面"意义上的质量管理,涉及每一个过程、每一项工作和每一个人,其基本特征是全面性、系统性和发展性。[①] 按照全面质量管理的要求,MTI 开办院校应该树立"翻译实践能力"核心意识,围绕能力培养,科学设置每一个教学环节,包括办学理念、教学课程、师资聘请、教学资源建设、实习基地建设、教材编写、特色凝练、教学管理与质量控制等,做好每一个环节,落实到每一个教师和学生,进而形成合力,实现质量的持续改进。

概而论之,张柏然教授所提出的"创新引领、中西融通"和"能力导向"是研究型与致用型翻译人才培养的核心,"国学陶养、通才模式"与全面质量控制则是确保人才培养目标得以实现的手段。前者是教育者"知"的层面,后者是为了确保"知"的实现而采取的手段,是行的层面,24 个字是目标与手段的统一,也是知行一体的融合。在翻译人才培养形成热潮、举国上下形成能力培养共识的背景下,张柏然教授的思想对于我们提升翻译人才培养质量、稳步推进翻译学科建设、确保翻译产业健康持续发展具有重大的理论指导价值与实践意义。

五、结　语

张柏然教授在长达半个世纪的教学、科研与词典编纂生涯中,一直从事翻译实践、翻译研究与翻译人才培养并长期关注翻译教学,是一个不折不扣的"翻译人",先后为祖国培养了 60 名翻译学或词典学博硕士研究生。他的翻译理论研究服务于翻译教学与翻译人才培养,人才培养的实践又反过来促进其翻译理论研究,实现了教研的同一与同向同行。张柏

---

① 张柏然,辛红娟. 译学研究叩问录——对当下译论研究的新观察与新思考. 南京:南京大学出版社,2016:350.

然教授的翻译人才培养观可以用"创新引领、中西融通""国学陶养、通才模式"和"能力导向、质量为本"24字概括,并充分地体现在其研究型翻译人才和致用型翻译人才培养的实践之中,遵循从"应然"经"使然"再到"实然"的逻辑演绎路径,实现了翻译人才培养的道术归一与知行合一,至今仍然具有重大的理论价值与实践指导价值。

（本文主体部分已在《宁波大学学报(人文科学版)》2021年第3期"学人与学派研究·张柏然研究专题"发表）

张柏然翻译人才培养观述评

秦文华

南京师范大学外国语学院

摘　要:张柏然教授翻译人才培养观对于高校教学设计、翻译实践与学术研究具有指导意义。他提出翻译人才培养与翻译学科定位相辅相成。译界学人首先要了解翻译学科的框架和结构,具备"中西、古今、体用"融合的学科意识和研究能力;同时,知识结构完备、学术视野开阔的高素质翻译人才也能体现出翻译学科的特色和风格。"以学生为中心、为学生服务"这一理念需渗透到教学大纲、教材编写、词典编纂、期刊发表、学术思维等诸多方面。翻译人才培养还要处理好科学性与人文性、道与器、言与意、普遍与特殊、知与行等对立统一关系,以培养适应时代发展、多元化、具备动态眼光以及高端实践与研究水准的翻译人才。

关键词:"中西、古今、体用"融合;为学生服务;知行合一

引　言

南京大学外国语学院博士生导师、资深翻译家、国务院政府特殊津贴专家,曾任中国翻译协会副会长、中国辞书学会副会长的张柏然教授于病榻中仍坚持学术观察与思考。针对其时的翻译研究,他对前来采访的翻译界年轻学人谆谆教诲。2017年的这次访谈,压轴之论就是张教授从事翻译教学以及翻译研究以来思考与关切较深的人才培养之道。不多久的

2017年5月,张教授溘然长逝,但他留下的关于中国特色翻译学思想、翻译哲学思想、翻译美学思想、翻译学派观、传统与西方译论观、比较译学观以及人才培养观等,对于翻译研究领域而言,不啻为宝贵的学术财富,值得翻译界学人深入了解并进一步发掘,如此,将会为翻译界补充学术养分,拓展理论视野,弘扬翻译研究的价值。

张柏然教授深信苏霍姆林斯基说过的一句话:"教师的语言,是任何东西都不能取代的塑造学生心灵的一种手段。"①其间所折射出的对教学、实践以及科研的思考使人受益良多,对于高校翻译实践以及翻译理论的本科和研究生教学工作颇有启发,值得译界学人和教师在教学与科研过程中比照与学习、体会与思考。本文将从翻译学科奠立之基石、翻译人才培养之名立、翻译人才培养对立统一关系之辨析、观念与践行之知行合一几个方面对张柏然教授的翻译人才培养观加以梳理与述评。

一、"中西、古今、体用"——翻译学科奠立之基石

张柏然教授一直孜孜以求,希望帮助译界学人培养融合"中西、古今、体用"的语言学习能力和理论研究能力,并以此作为学科奠立的基石。如此,翻译实践、学术探讨、教育培养也才能有所依托。

改革开放为国人打开眼界创造了条件,西方政治经济文化乃至学术话语体系随之涌入我国。人文社科领域必然也受到影响,而且是全方位的影响。张柏然教授指出,对于翻译学科而言,这一波开放,既带来了思维方式、价值观念的变化,也有研究方法、治学倾向的更新,还包含了逻辑、概念、术语、句法、语法的影响。他提醒译界学人,作为中国研究者和学习者,要始终把握一个基点,即西方影响不能是单向的,必须是双向的,是一种你中有我、我中有你的中西融合态势。

张教授在很多文章里提到,要构建既有中国特色,又具备世界视野的译论话语和理论体系,必当"外之既不后于世界之思潮,内之仍弗失固有

---

① 转引自:陈伟,张柏然. 教学功能凸显与词典范式演变. 外语界,2007(12):36.

之血脉"①;处在开放时代,也"不能丢掉传统中宝贵的东西,不能遗忘中国翻译史上智慧的闪光,不能不充分考虑中国翻译实践的特殊性,比如中西文化差异、中英语言差异之悬殊所带来的翻译难度与复杂性"②。张教授提醒译界学人"应以主动积极的态度挖掘中国古典文论蕴含的人文精神、美学渊源、哲学思想和诗学内涵,提炼具有时代特色和精神高度的译学思想"③。

这与张柏然教授 21 世纪初提出的主张一以贯之:"任何一个文化大国,它在建设自己的翻译理论体系的时候,都是要以本国的翻译经验作为自己最基本的认知材料,作为整个知识体系的骨架和网络。……我们的文明过程,我们的文化材料,才是我们的优势所在,也是我们中国翻译理论原创性的根据所在。"④毕竟,有价值的思想和学术资源,既是民族的,也是全人类共有的。

张教授曾引用史学大家钱穆的一句话来表明自己对待传统翻译理论的态度:"所谓对其本国已往历史略有所知者,尤必附随一种对其本国已往历史之温情与敬意。"⑤当今全球化背景下,"我们对自己的传统翻译理论不仅需要这种温情与敬意,更需要认真梳理总结,撷英取精,以创造性转化和创新性发展,使传统译论成为当代翻译理论的重要组成元素,促进中国翻译理论的健康发展"⑥。张教授主张帮助学生和研究者挖掘中国传统翻译批评中的智慧,使中国的优秀传统和理论资源能够获得新的生机。

中西、古今融通之路既难也不难。张教授给译界学人指点迷津,既不能全盘抛弃传统,也不是全然拥抱西方,而是在现代化语境中以中国传统

---

① 陶李春,张柏然. 对当前翻译研究的观察与思考——张柏然教授访谈录. 中国翻译,2017(3):67.

② 陶李春,张柏然. 中国术语翻译研究探微——张柏然教授访谈录. 外语研究,2016(5):84.

③ 张柏然,许钧. 典籍翻译:立足本土　融合中西. 中国社会科学报,2017-05-26(06).

④ 张柏然. 中国译论:直面"浴火重生". 中国外语,2008(4):86.

⑤ 钱穆. 国史大纲. 北京:商务印书馆,2009:7.

⑥ 陶李春,张柏然. 中国术语翻译研究探微——张柏然教授访谈录. 外语研究,2016(5):86.

译论为母体,加以持续创造,将中国传统译论中的精华融入现代语境,进行现代转换,继而融入世界;对西方译论,则取其精华,但不陷入受西方支配的境地,而是以西方译论为参照——可以尝试先找出其中的相似点、相近点,然后加以比较和沟通,犹如给"巨龙点睛",以达至互补。钱锺书先生也说过,中西交往,人我关系,如同鸟之双翼、剪之双韧,缺一不可。

当然,一方面,我们要克服对西方译论生搬硬套而引起的水土不服;另一方面,也不能因着要突出中国特色,而去"轻视或勾销普遍性价值"①。对于传统资源的坚守,并不代表要将其扩大成文化保守主义的保护伞,更不应该将其变成接纳西方值得借鉴的文化资源的障碍。② 须知,传统本来就是开新之源,开明的态度要求批判与继承并举;如果仅有继承而无批判,则很难达到创造性转换。

涉及"体与用"的问题,张教授也有独到之见解。无论是汉译外还是外译汉,文本经过翻译,都会产生一定程度的变形甚至扭曲,正如勒菲弗尔所言,翻译是对原作的一种"折射"或"重写"。这是民族文学与世界文学之间相互转换的必然,也是应然。文本之"体"有所牺牲,但原文从中受益,也是"用"的结果和意义所在。从某种角度而言,文本翻译是为"体",人类跨文化交流是为"用"。

张教授坚持,无论教学还是科研,面对学生和读者,为人之师、为研究者之范,都要具备文化主体意识、历史担当精神、开放求新态度,在中西融通的基础上,贯通古今,打通"体、用"之学科二脉,加强创新意识,以中国文化海纳百川的胸怀将擅长逻辑推理的西方优势和擅长综合感悟的中国传统结合起来,通过文本翻译这一"体"尝试在不同语言、文化、时空环境之间实现"用",互通有无,取长补短,和谐发展,以实现多重超越,另立新论,走向世界。

在张教授看来,"中西、古今、体用"这三组范畴自始至终都起着"关键

①　张柏然. 中国译论:直面"浴火重生". 中国外语,2008(4):1.
②　张柏然,辛红娟. 翻译理论研究的新课题. 中国外语,2008(5):82.

词"的作用,从而成为一个关乎中国文化命脉、走向的原点性问题。① 张教授指出,这六个字也指向了理论研究的方法论,也是整个 20 世纪中国人文学术思想发展演变的焦点问题。唯有达至"中西、古今、体用"多维度的统合,才能给翻译学科以可生发的丰富天地,从而发现翻译创造的内在规则和奥秘,将中国传统的诗性追问和西方现代的理性追问结合起来,实现翻译所蕴含的生命活动和审美活动,建立翻译学的本体理论和实践价值的双重构架,走向未来返本开新的新天地。

当然,也必须承认,理论建构不可避免的一个现实是,"每一种译论都有它的盲区和局限性"②。翻译学科应当有理论依托、有实践土壤;立足本土、融合中西、贯通古今、体用兼备,且具有跨学科视野;重视知行合一、参照互鉴的动态开放的学科构建意识。进入这样的融通之境,就能实现翻译学科的创造性,也就标志着中国翻译学科之立已趋近成熟。张柏然教授指出,作为知识分子中的一元,作为传播中外文学、文化的翻译界学者,更应该坚守客观的立场,适当发挥知识分子所应当具备的"理性阀门"的节制功能。③ 面对国力的日渐强盛,我们应当保持健康平稳的心态。在中西、古今、体用方面获得必要的认知,并落实到教学与研究中去,为年轻学人的成长创造良好、积极、开放的培养平台。事实上,以此为导向的张柏然教授几十年来,培养了翻译学界各类优秀人才,从本科生到硕士生再到博士生,从实践层面到理论层面,从高校到研究所,从教学岗位到学术研究与编辑行列,众多译界优秀人才皆出自张教授门下;后辈又生生不息,接过张教授手中的火炬,继续为翻译界培养一代代新学人、新传人。

① 张柏然. 顶天立地搞科研　领异标新写春秋——翻译理论研究方法论纵横谈//秦晓晴. 外语教育 Vol.7. 武汉:华中科技大学出版社,2008:2.
② 陶李春,张柏然. 对当前翻译研究的观察与思考——张柏然教授访谈录. 中国翻译,2017(3):67.
③ 张柏然,秦文华. 后殖民之后:翻译研究再思——后殖民主义理论对翻译研究的启示. 南京大学学报,2004(2):116.

二、"以学生为中心、为学生服务"——翻译人才培养之名立

在张柏然教授看来,为师者,课堂上授课、闲谈间传道、文章里评论,乃至编写教材或是编纂词典,都要秉持为学生服务这样一个基本理念。张教授一直积极倡导,作为教师,不但要传授知识,提供实践方案,进行专业训练,而且要激发学生的学习兴趣,培养学生发现问题、提出问题、探索问题的主动性。教师对学生要因材施教。针对翻译人才培养,张教授主张应根据学生自身的特点和专长以及实际需求,确立翻译人才培养的多样化目标,配备多样化人才培养方案,使实践活动、教学工作、学术研究、数据库建设、教材及词典编纂等相关领域,都能得到恰当的引导。

为学生服务,还意味着教学理念从以教师为主导转向以学生为主导。张教授从这种转向中还看到了更深的内涵和意义。他认为,注重以学生为中心的人才培养方略,对拓宽翻译学科人才培养通道以及加快国家文化软实力建设、促进中外学术研究交流、推进构筑"中国梦"与"世界梦"之通天塔的建设,都功莫大焉。① 张教授更将这一转向视为翻译学学科建设的大事、翻译界的幸事,也自然是张教授本人心中愿景之一。

张教授虽长期负责培养博士生、硕士生以及主导、组织词典编纂,但对本科教学也一直关注。尽管后来对本科教学所涉不多,但他仍心系大学基础教学,因为他视之为翻译人才培养和翻译学科发展的地基式工作。张教授观察到,外语专业的本科生乃至硕士生,学了十几二十年外语,竟然都无法自如地用第二语言与人交流,更遑论学术交流了。毕竟,学习英语的最终目的是为了能以英语为工具进行交流。

张教授不但注意到这个无奈之象,而且进行了深入的探究,继而从更高层面指出,英语教学的教学大纲还只是基础性的通用教学,并没有提升到专业英语教学的高度;如此薄弱的设置和要求,也难怪培养出来的学生

---

① 张柏然. 发刊词//许钧. 翻译论坛:2014 年第 1 期. 南京:南京大学出版社,2014:扉页.

难以达到理想的专业英语水平,其他语种就更显弱势,无法跟上时代需求。张教授还用心良苦,将现时教学大纲中的英语词汇量要求与民国时期做了一番对比,令人疑惑且担忧的是,民国时期高中英语教学就要求8000的词汇量,而现在大学甚至都达不到这个标准,由此张教授发出呼吁,必须调整大纲中的相关标准,以适应当今社会发展的切实需要,才能更有效地培养英语以及翻译专业人才。

张教授还悉心观察过我国翻译理论教材建设的状况,也得出一个不太乐观的结论:"我国翻译理论教材在概念陈设、模式构架、内容安排上存在着比较严重的雷同化现象。"①面对这一情况,张教授提出:"教材建设需要从根本上加以改进,而如何改进则取决于我们有什么样的教学理念。"②张教授还以开放性的眼光和吸纳学习的姿态建议译界同仁将目光适当投向国外翻译教材编写的状况和特色,以填补国内翻译教材的缺失。

在张柏然教授看来,教材系学术之本和知识之源,因此编写教材是重中之重,必须体现课程的教学理念、教学内容、教学要求,甚至教学模式,如此方能在教学过程中起引导教学方向、保证教学质量的作用。③ 张教授直接为理想的教材做了概括性描述和要求:综合中西译论和相关学科,注重理论与实践的融合以及方法论的多层次研究;同时结合目前高校翻译教学和研究践行的现状进行创造性整合,在此基础上突出问题意识,以满足翻译学科本科生和研究生教学与研究的多方需求。

张教授还进一步具体而微地指出,人才培养与教材配置宜考虑不同阶段学生的不同需求,如此才能更好地落实为学生服务的宗旨。在本科生阶段,不妨侧重实践,加强阅读与鉴赏能力的训练,逐步引导学生主动学习;到了研究生阶段,则应渐渐进入以探索和研究为主的人才培养模式,让对科研感兴趣的学生有机会接触最新理论成果及其来龙去脉、前沿论题。这样一个具有从知识能力培养到研究能力培养的梯度过程的培养

---

① 张柏然. 从"心中有而笔下无"说开去——序文三篇. 江苏外语教学,2013(5):3.
② 张柏然. 从"心中有而笔下无"说开去——序文三篇. 江苏外语教学,2013(5):3.
③ 张柏然. 从"心中有而笔下无"说开去——序文三篇. 江苏外语教学,2013(5):2.

体系,才能应对翻译教学与研究的发展需求和未来千变万化的时代。

对翻译学科教材,张教授提出步步递进的目标和可操作性方案:首先,编写教程要能满足培养学生翻译实践、普及中外翻译历史知识、满足未来理论研究之需。其次,如果能出现满足这几方面需求、内容充实、功力深厚的教材,则应大加提掖与鼓励。此外,张教授还亲自组织编写并提笔撰文推荐优质教材。其亲自编写,或主编,或指导出版的教材让很多高校教师、学生和研究者受益匪浅。须知,在当今出版物充斥市场、质量良莠不齐的情况下,如能出现张教授所赞许的如空谷足音般投入心力、具备水准,也能满足教学之需的教材,必当为翻译人才输送有益的养分。

在谈及契合心中目标的刊物时,张教授提出,学界要为翻译学科建设和翻译人才成长提供高质量的载体,建设良好的、为翻译教学与研究服务的平台,才能跟上翻译学科发展的迫切要求,也才能激励翻译人才对于翻译学科的自信和自觉。翻译人才成长,需要从基础教学大纲、本科及研究生教材编写,到师长对知识与学术的授予和引导等方面着力,同时也需要良好的刊物给译界学人提供探究、创新、写作,以及成就自身的机会。

作为翻译领域翘楚的张柏然先生,同时也是词典编纂大家。其以学习者为主的教育理念和培养宗旨,即便在词典编纂方面,也深度渗透。他明确提出重视"用户视角",走出以编者为中心的窠臼,进入以"用户"为中心的新天地。对于词典的发展方向、编纂理念、用取功能,包括语料库的建设和维护,张教授皆强调要发挥词典等作为语言教学桥梁的最大价值和人才培养工具的最佳效果。词典编纂必须与语言教学紧密相连,因为词典负有从语言学习能力、认知理解能力、文化社交能力等各个层面为外语学习者提供学习参考的重任。

词典虽然有不同类型,但都必然包含注重学习者需求的要素。一本好的词典,在张柏然教授看来,"就像一个网络,而所设的关键概念犹如网络的连接点。词典使用者在推敲比较中悦泽风神,在联想的丰富中观照思想深境,触类旁通,举一反三,得之于心,应之于手,可以较自如地抒写胸臆"①,这样搭建的沟通"心灵、语言、世界"桥梁的词典在张教授心目中才是好词典,才能"最大限度地满足用户的语言知识需求,增加他们的语言处理技能,提高他们的词汇认知能力"②。

张柏然教授甚至将词典的教学功能看成一部词典的灵魂。他也一直亲自践行并发文呼吁词典编纂要考虑翻译教学的维度,注重减轻学习者的负担,加强学习的认知可解性,以及促进学习者的学习自主性。如此,词典的使用者和学习者才能更好地理解掌握新知识,才能学得会、记得牢。总而言之,词典是学习和掌握一门外语的工具与指南,担负着教育、教学的任务,并负责讲解困惑不解的词语、教授其使用人群,因此词典必须发挥典范性的教导和教学作用,以及为翻译爱好者、翻译学习者服务的功能。

综上,张柏然教授以学生为中心、为学生服务的意识贯穿在他所涉及的各个方面。他对翻译人才培养思虑全面,亦用心良苦,更成果丰硕。

三、"道与器"——翻译人才培养对立统一关系之辨析

无论是坐冷板凳钻研学问、编纂词典、撰文论著,还是在课堂上给学生传道授业解惑,抑或是谈笑间引导为人为学之理,张柏然教授都能中肯地辨析翻译学科的科学性与人文性、道与器、学与术、言与意、翻译学科与其他学科、共性与个性、普遍与特殊等对立中包含统一、统一中衍生对立的关系与原则。

张教授坦言,人文学科的研究对象是人的精神世界和文化世界,那就意味着人的意义与价值世界,所以翻译作为人文学科,其所关注的不仅是语言结构转换规律等科学性特征,也有与人性、人心、社会、文化密切相关的东西,因而翻译学科"既有跟人文社会科学相一致的地方,也有跟自然

---

① 张柏然. 从"心中有而笔下无"说开去——《朗文英语写作活用辞典》序. 当代外语研究,2012(10):1.

② 陈伟,张柏然. 认知观:词典研究范式的归向. 外语与外语教学,2007(10):61.

科学相一致的地方。与其说它接近于自然科学,不如说它更接近于人文社会科学。翻译离开了人,就不成为其翻译"①。

张教授以外语专业传统领域常学、常练、常见的文学作品翻译为例,指出这一特殊类型的翻译是个体创造性发挥很大的领域,因此不能以一个标准整齐划一地进行划分,否则就丧失了人文学科的艺术性和创造性。文学创造领域本身就充满了想象力空间,无论是作者还是译者,都是思维活跃的创作主体,倘若非要明确划分疆界和标准,就会束缚思想的自由驰骋。因此,文学文本文字的意义不能进行简单的、定量的规定,必须联系一定的上下文,亦即说,对于字、词、句的理解,应在作品的整个语境中进行考量,所谓"词本无义,义随人生"。张教授认为,恰到好处才是文学作品译文的真谛。

在谈到典籍翻译时,张教授提出了具体的方式方法——"通过鉴赏翻译名家的翻译艺术,探索多元翻译策略,揭示翻译规律"②。当然,如果是科学技术术语、合同格式文本、工程安装指南、说明书等的翻译,则另当别论。张教授认同这种专业类型的文本翻译有其自身的规律性和科学性。

张教授对如何处理"道"与"器"、"学"与"术"的关系,分析得既鞭辟入里,也推陈出新。张教授指出,人类进入大数据时代,也引发了哲学基础、观念形态和方法论的革新。一方面,哲学的根源在于追求事物之间的一种因果关系;另一方面,大数据则体现了事物之间的相关性。所谓"道",里面包含了传统哲学的因果关系,而大数据之"器"则突破了传统的因果,涵盖了一切事物的相关性,并不特别追求因果性。从哲学基础而言,因果性和关联性是不一样的类型,但在内容庞大复杂的大数据里,也是有一定关系的。对这两者之间如何融合,张教授提示,应在翻译教学培养思路中设置这个内容,给予年轻人思考、突破的机会。面对新兴的机器翻译这一新"术",如果要在"学"这个方面获得更大的进展,就必须集中大数据、充分利用网上抓取的方式,利用多得无法想象的可能性进行思考和选择。

---

① 张柏然. 建立中国特色翻译理论. 常州工学院学报(社科版),2008(3);82.
② 张柏然,许钧. 典籍翻译:立足本土　融合中西. 中国社会科学报,2017-05-26(06).

作为一个长期浸淫在翻译实践活动(包括词典编纂和理论思考)中的大家,张教授善于从中国古代译论中寻找与自己契合的思想资源,并结合现代新学和西方学说进行整合,从而形成自己的独特见解。针对"言"与"意"的关系,张教授也做了深入思考与辩证比较。他发现,中国古代译论中重视整体与直觉感悟的思维方式具有存在论的特点,与 20 世纪西方思维方式的转换有异曲同工之妙。他由此得出结论:古代译论本身就是存在论的,这里面就蕴含着现代性的话题。张教授进一步具有引申意义地提醒翻译研究者与教学工作者,古代译论产生于古代文化语境,反映了古人对于翻译现象的思考,但现在时代不同,翻译实践的对象和理论探讨的语境也随之而变化,所以要把握一个度,即只挖掘古代译论中具有现代意义的部分,而不能采用完完全全的复古思维。要将古代译论中某个命题或范畴在现代语境中激活,实现古代理论的现代转换和创新,这也是古代之"言"在新的中西、古今融合中获得现代之"意"的再发现。

张柏然教授不仅立足于翻译学科本身,还放眼与翻译相关的其他学科,提出将文化向度作为翻译领域的一种新的知识形态。张教授曾借鉴文艺理论家朱立元的说法,表明自己的治学立场与人才培养思路:"立足于我国现当代已形成的翻译传统的基础上,以开放的胸怀,一手向国外,一手向古代,努力吸收人类文化的一切优秀成果,进行创造性的融合和发展,逐步建构起多元、丰富的适合于说明中国和世界翻译学学科发展新现实的、既具当代性又有中国特色的翻译理论开放体系。在中国当代翻译理论的文化场域中,文化研究的开展与实现,不仅大大拓展了翻译批评的视界,打开了文本与文化现象的多元呈现方式与阐释向度,而且也在翻译文本与社会文本之间建立起了广泛的意义关联。这一新的知识形态是由中国当下的社会环境与思想文化氛围所决定的,与中国当下的现实变动相关联,意味着中国当代学术思想与文化场域的生态构成发生了根本的变革,也注定了文化研究一出现就会引起跨学科的广泛兴趣。"[①]因为"人类学家为自己制定的任务就是文化之间的翻译,即把一种文化翻译成另

---

① 张柏然,辛红娟. 当下翻译理论研究的两个向度. 中国外语,2009(5):96.

一种文化能够理解的术语"①。说到底,"真正的翻译只能是文化的翻译"②。

此外,对于翻译实践活动和翻译理论探讨,都存在如何处理共性与个性关系的问题。张柏然教授主张在个性研究的基础上来研究共性。③ 不过,张教授也提醒译界学人,过分强调"共性"研究,或者过分调"个性"研究,都是不合适的。张教授一语中的,所谓特色,恰恰说明共性的普遍存在。辩证观之,差异性和普遍性是对立统一的关系,不可偏向某一方而偏废了另一方。重视特色并不意味着放弃对普遍性的追求,而重视普遍性也不代表要牺牲特殊性。

无论是翻译实践活动,还是理论探索构建,看上去都是学者或学习者们作为个体在进行,但是翻译活动归根结底不是个人的日常生活活动,而是可以纳入普遍的社会文化现象图谱中的。翻译发生在一定的时间和空间中,对于该学科的学习者和研究者而言,都必须将翻译体验的普遍性当成翻译学科以及理论建构的客观基础,继而将普遍体验转换成知识形态,而且要形成一个双向的而非单向的大循环。这是翻译学科人才培养的一个重要姿态和存在方式:客观、中肯、辩证、融合。

四、"和而不同,与时俱进,教学相长"
——观念与践行之知行合一

"翻译随世运,无日不趋新",这是张柏然教授对翻译研究、翻译实践、翻译教学的基本看法。他始终关心翻译人和翻译事的发展活力;作为大学教授,他也关心象牙塔之外的实业发展。

在张柏然教授看来,理论与实践同样重要。"没有理论的实践是盲目的;没有实践的理论则是空洞的。"④原本理论与现实之间就没有"玄远而

---

① 张京媛. 后殖民理论与文化批评. 北京:北京大学出版社,1999:279.
② 张京媛. 后殖民理论与文化批评. 北京:北京大学出版社,1999:279.
③ 张柏然. 建立中国特色翻译理论. 常州工学院学报(社科版),2008(3):81.
④ 张柏然. (全国中青年翻译家笔会)闭幕词. 语言与翻译,1991(1):4.

不可达至的距离";"理论成为思想中的现实,现实成为理论最真实的根基和最切实的生长点,二者之间更多地显示出一种相生相成的关系"。① 因此,"只有将我们的翻译理论研究深深扎根于实践这块沃土之中,翻译理论才能呈现勃勃生机的未来"②。

翻译作为一门杂学,其理论资源多种多样,也需要研究者本着"和而不同"的学术态度,多加吸纳和运用。张教授赞同韩礼德的理论立场:翻译是普遍语言学的重要组成部分。他曾悉心阅读研究语言学的文献资料,从中汲取与翻译教学相关的理论资源。他认为,要对翻译学科有一个全面的认识,必须掌握语言学家对翻译的讨论,从而给予翻译学科一个相对全面的知识框架,这样才能培养出知识结构完备、学术视野开阔的翻译人才。在阐释功能语言学家对翻译的描述时,他把握到其出发点就是外语教学。

翻译本身就是一种特殊的语言对比形式,它包括两个方面:语际等值和语法结构的全面对比。利用母语进行语言对比可以使学生注意到两种语言的异同。③ 不过,在肯定语言学对于翻译学科建设以及翻译人才培养的重要性时,张教授也敏锐地指出,不能完全拘泥于原文的语言信息层面,也要重视作品的美学功能和艺术特色。他还以更为开阔、动态的眼界指出,翻译过程中,文本主题结构、话语篇章结构以及更大范围的语用维度和文化因素是相互补充的。

作为资深翻译人,张柏然教授对积极有益的新生事物持接纳态度。他不仅关注数字技术,而且身体力行投入文本翻译和词典编纂的数字化建设之中。在张教授看来,数字化是一次科技革命,由此使我们拥有了两个生存世界:"一个是现实世界,一个是虚拟世界。……'数字化'的到来,刷新了我们的文化视野,使我们有可能在一个全新的维度上审视以往的

① 张柏然,辛红娟. 当下翻译理论研究的两个向度. 中国外语,2009(5):96-97.
② 张柏然. 《全国中青年翻译家笔会》闭幕词. 语言与翻译,1991(1):4.
③ 张柏然. 试析翻译的语言学研究. 外语与外语教学,2008(6):58.

翻译学,在一个全新的、元初性的起点上思考翻译学的理论建设。"①

张教授还从虚拟网络世界看到了翻译研究与实践的转型,因为其从根本上改变了原本基于纸质印刷文本的阅读形态,对受众范围、文化视野、审美期待乃至精英大众的界限,都是极大的拓展和刷新。诚然,张柏然教授并不拘泥于网络与纸质之分,而是抓住了一个核心——"只有'翻译'才是永恒的命名"②。张教授认为,虚拟网络世界也让人们见识了无可替代的平等自由理念的体现。他还超越传统的眼光和视野,关注人脑与机器的互动和可以开发的互建互助空间。

张柏然教授不但自己保持与时俱进,还具备与时俱进的动态人才培养观。他一直强调学生是教学活动的重心,而传统的教师主导作用要通过学生的主体活动来实现。相较于传统教学模式,培养学生的好奇心、探索心以及发现问题、探索解决之道,是思维方式和教学理念的一种更新。张教授认为,翻译教学重在调动、发挥学生的主动性,从对翻译感兴趣到诱发研究意识,通过教学引入对学术问题的关注,如此,才能培养出高素质的翻译人才,并体现出翻译学科的特色和风格。

具体到人才培养模式,张教授提出老中青三代人之间的"帮学带":在注重领军人物培养的基础上,形成一个具有梯队层次、知识结构合理的"学习、实践、研究"的高素质群体,由此提高年轻翻译工作者的能力,继而扩大翻译家队伍。此举可以促进中青年翻译工作者的成长和进步,给翻译领域输入新的养分,使译界老中青学人能够共同铸就平等参与世界文明对话的格局和能力。同时,三代学人也可以互相交流、互相借鉴,形成教学相长的良性循环体系。

就翻译学科所要涉及的学习和研究的门类,张柏然教授给出了五个方面:以史为线的中外翻译史梳理,以论为线的中外翻译理论研究,以人为线的作家、翻译家以及翻译理论家研究,以作品为线的古今中外名著名

---

① 陶李春,张柏然. 对当前翻译研究的观察与思考——张柏然教授访谈录. 中国翻译,2017(3):69.

② 陶李春,张柏然. 对当前翻译研究的观察与思考——张柏然教授访谈录. 中国翻译,2017(3):71.

译研究,以及翻译批评学的构建。① 翻译研究方式多样化必然也催生翻译人才培养多样化的趋势。学科建设本身的特点就预示着寻求新的方法,如此才能促进教学方式和理论探讨的多样化,排除人类思维和教学方式的独语现象,解放人的思维,散发人的智慧,从而使学科个性得到彰显和尊重,学科建设以及学科培养下的人才能够得到成长、获得生机、与时俱进。

张教授还主张翻译学者要面向社会,不能居于一隅。"当翻译活动变成仅仅是谋生的手段时,知识分子便被局限在他从事的职业范围之内,看不到自己所做的事情与更广阔的社会和历史有怎样的关系,使得翻译研究工作和翻译实践工作愈来愈脱离翻译的实际和历史感,而与此同时发展出的一套越来越带技术性的特别形式,一套玄虚的理论和方法,使得学科发展只能成为学术的乌托邦。与此同时,翻译理论与现实历史经验之间也在新的基础之上建立起一种深度的关联。这种新的历史关联对从事翻译研究工作的学人、对从事翻译理论元理论思考和翻译理论文化理论思考的知识分子提出了更高的要求,也意味着一个更大的挑战。"② 这些观点从深度和广度上深刻地改变了中国当代翻译理论的内在质地和基本构成,当然,也革新了翻译人才培养的原则和方法。

"水本无华,相荡乃生涟漪;石本无火,相击而成灵光",相同与相异、过去与未来、理论与实践、教与学、师与生是相互融通、相互传递、相互碰撞的关系。张教授呼吁,在失序中逐渐酝酿、形成、完善新兴的有序状态,将和而不同、教学相长等理念从观念变为现实,构成新的知行合一的人才培养格局;重视学生的个性和多元智性,不仅仅是传递已知,而是要引导学生探索未知,把学生培养成积极的创造者,而非仅仅是被动的知识信息的接受者,亦即能够在已知领域里探索未知的翻译人才,从而获得有新立意、新内容、新价值的研究成果;使教育发挥真正的帮助人成长、帮助人发展的功能。

---

① 张柏然. 顶天立地搞科研　领异标新写春秋——翻译理论研究方法论纵横谈// 秦晓晴. 外语教育 Vol.7. 武汉:华中科技大学出版社,2008:4.

② 张柏然,辛红娟. 当下翻译理论研究的两个向度. 中国外语,2009(5):97.

五、结　语

纵然赘言万字,亦难涵盖张柏然教授翻译人才培养观之全面。其翻译人才培养理念值得历届学人与研究者在教学和科研中潜心研究,并在吸纳张教授深邃而全面的知识体系的同时,学习他给予生徒提点和督促的初心和方法,将张柏然教授的翻译人才培养观落实到学术思考的大格局以及具体而微的教学实践中去。

（原载于《外语研究》2021 年第 3 期）

躬行与传承

——张柏然教授培养的翻译人才访谈

郭 薇

中南大学外国语学院

摘 要:教育的根本任务和使命在于人才培养,衡量高等教育质量的第一标准在于人才培养的质量。张柏然教授在致力于中国翻译学与词典学教学、研究与实践的 50 余年里,始终重视人才培养。张门弟子现广泛活跃于中国外语教育与翻译界,不少人已成为行业中坚和译界翘楚。本文采访了张柏然教授培养的本科生、硕士研究生、博士研究生代表,探讨了张柏然教授躬身垂范、因材施教、有教无类的教学宗旨,梳理和构建了张柏然教授"知行并重,古今共鉴,本外共参"的翻译人才培养观,以期为中国翻译学人才培养提供启发与借鉴。

关键词:张柏然,培养,翻译人才,访谈

引 言

张柏然教授生前是南京大学外国语学院教授、博士生导师,中国资深翻译家、双语词典编纂家,曾任南京大学外文系英语专业教研室主任、双语词典研究中心主任、中国翻译协会副会长、中国辞书学会副会长等职。他一生致力于翻译学与词典学研究与实践,在 50 余年的教学、科研与实践中,提出了系统的中国特色翻译学和词典编纂理念,为中国翻译学、词

典学发展做出了重大贡献。与此同时，他重视人才培养，从本科生到硕士生、博士生培养，全程参与其中，悉心指导了31名硕士研究生和28名博士研究生，形成了全程、全面、全员的"三全"人才培养观。张柏然教授培养出的学生现广泛活跃于中国外语教学与研究、词典编纂及翻译实践等领域，不少人已经成为行业中坚和译界翘楚。本访谈采访了张柏然教授培养的五位翻译人才，本科生代表是知名译者马爱农，硕士研究生代表是上海交通大学刘华文教授和南京大学魏向清教授，博士研究生代表是兰州城市学院姜秋霞教授和四川外国语大学祝朝伟教授。访谈的目的在于与他们共同探讨张柏然教授人才培养的指导思想与具体措施，尝试构建张柏然教授的翻译人才培养观。

一、知行并重：指引学生坚定理念、开展实践

笔者：马老师好，您于1982—1986年本科就读于南京大学外文系，毕业后致力于翻译实践，成功译介了以《哈利·波特》为代表的系列西方文学作品，译文质量获译界一致好评。请问，时任南京大学外文系英语专业教研室主任的张柏然老师，对您的翻译实践有何影响？

马爱农：张柏然老师的翻译课堂生动别致、内容丰富。张老师对我的影响主要体现在两个方面，其一，翻译要勤于查证。张老师的查证精神，从其对《人生的枷锁》第一章首句"The day broke gray and dull. The clouds hung heavily, and there was a rawness in the air that suggested snow."的翻译处理可见一斑。此句中的"clouds"，原本译作"阴云"，但张老师不满意。他隐约记得汉语里针对下雪前的云有专门的表达。于是，他花了三天时间在书堆里查证，终于在《水浒传》中找到了"彤云"这一表达，"彤云"即下雪前密布的浓云，遂将原文改译成："天亮了，天色阴沉沉的。彤云低垂，寒风刺骨，眼看要飞雪花了。"[①]张老师以亲身经历垂范后生，他在翻译实践中勤于查证、字斟句酌的翻译精神让我受益颇丰。自本

---

① 毛姆. 人生的枷锁. 张柏然，张增建，倪俊，译. 南京：江苏人民出版社，1983：1.

科毕业开展翻译实践起,对待每一件翻译作品,我都如同对待一件玉器,
总会耐心细致地不断打磨。

其二,翻译要注重译文的可读性。无论是开展翻译实践,还是品读他
人译作,张老师都拒绝翻译中的"硬译"现象,译文力求贴合译入语的语言
习惯。张老师在课堂上讲解翻译理念时,曾举过一例。《大卫·科波菲
尔》董秋斯英译本,把原文"with no more hair upon his head (which was
a large one, and very shining) than there is upon an egg"译成"他的头
很大,亮光光的;上面的头发绝不比一个鸡蛋上的多"。张老师认为,这样
的翻译貌似忠于原文,但实际上可读性不佳。此处英文原文的修辞法不
符合汉语的语言习惯,若"硬译",译文显得晦涩、生硬。张老师建议将此
句改译为"他的头像鸡蛋一样,是个不毛之地",既还原了原文的比喻修
辞,又符合汉语的语言习惯。张老师注重译文读者体验的翻译理念启发
了我,在翻译文学作品,特别是儿童文学作品时,我总是特别注重译文的
可读性和读者的接受度,力求译文的自然晓畅。

笔者:除了翻译精神的传递与翻译理念的普及,张柏然教授也特别
注重对学生翻译实践能力的培养。早在 1990 年的全国中青年翻译家笔
会闭幕词中,张柏然教授就说过"翻译理论和翻译实践一样重要"①,后
在《毛姆短篇小说选 I》审校者前言中,他再次强调,译者"能将理论研究与
文学翻译实践相结合,是值得肯定的"②,由此可见,张柏然教授对学生翻
译实践能力培养的重视。作为《毛姆短篇小说选》的责任编辑,可否请您
谈谈张柏然教授与译者辛红娟教授及张门第三代弟子的翻译实践打磨
细节?

马爱农:在译文审校过程中,张柏然教授和辛红娟教授及其弟子经常
为了某个标题或某处措辞的翻译处理,邮件、电话讨论很多个回合。以其
中一篇短篇小说的标题"Lion's Skin"的翻译为例。Lion's skin 在英文典

---

① 张柏然.(全国中青年翻译家笔会)闭幕词. 语言与翻译,1991(4):4.
② 毛姆. 毛姆短篇小说选 I. 辛红娟,阎勇,译. 张柏然,审校. 北京:人民文学出版
社,2016:前言 4.

故中,表示"假威风,假勇气",译者起初将其译为"假威风",虽能传达源语的言外之意,却丢失了原文语言的形象性。后改译为"狐假虎威",乍一看,保留了原文语言的形象性,但内容精准度却打了折扣。汉语是一门极具包容性的语言,多数中国读者"读异国文学是为了欣赏异国作品特有的韵味和语言风格"①,要实现汉语的包容性及读者对异国文学特色的期待,译文就应涵盖一定的异化特色,"狐假虎威"虽保留了原文语言的形象性,却以"老虎"替代"狮子",导致译文内容失真,同时,降低了汉语的包容性。经过一周的反复研讨,张柏然教授与译者团队最终定稿为"狮皮之虞","虞"字形象地传达了原文的言外之意,即欺骗。"狮皮"一词还原了原文的语言特色,扩充了"狮皮"在汉语里的表达力。张柏然教授带领门下弟子及再传弟子开展翻译实践的"传帮带"风格和他对翻译实践的精益求精可见一斑。在张柏然教授的影响下,我在翻译实践中一直秉持着一丝不苟的严谨态度。

笔者:2013 年,您向法院起诉中国妇女出版社及署名周黎的译者,抄袭出版您的译作《绿山墙的安妮》,同时起诉了新世界出版社出版的"外国少年儿童译丛",因其采用"马爱侬编译"署名,误导了读者。② 这起翻译维权事件,引起了译界的广泛关注。众多翻译家为您的行为署名发声,包括为人低调内敛的张柏然教授。您如何看待张柏然教授对您的维权声援行为?

马爱农:张柏然老师为我的维权行为进行联合署名发声,不仅仅是对我这名学生的声援,更是对社会剽窃、侵犯译者知识产权行为的讨伐,是对中国翻译事业良性发展的有效维护。张老师不仅是一名翻译研究者,还是一名译著等身的翻译实践者。他的译著(含合译)包括:伯纳德·马拉默德(Bernard Malamud)的短篇小说《职业的选择》(*A Choice of Profession*,1979)、彼得·本奇利(Peter Benchley)的长篇小说《鲨海涛

① 姜秋霞,张柏然. 是等值还是再创造?——对文学翻译的一项调查与分析. 外语教学与研究,1996(4):56.

② 李景端. 声援马爱农为翻译依法维权. 中华读书报,2013-08-07(05).

声》(*Jaws*,又译《大白鲨》,1980)、阿瑟·黑利(Arthur Hailey)的长篇小说
《超载》(*Overload*,1981)、萨默塞特·毛姆(W. Somerset Maugham)的长
篇小说《人生的枷锁》(*Of Human Bondage*,1983)、利昂·尤里斯(Leon
Uris)的长篇小说《愤怒的群山》(*Angry Hills*,1984)、维多利亚·霍尔特
(Victoria Holt)的长篇小说《阿欣顿珍珠项链》(*The Spring of the Tiger*,
1985)、罗伯特·凯利(Robert Kiely)的学术论文《现代派文学在中国》
(1987)、里斯·戴维斯(Rhys Davies)的短篇小说《人的本性》("Best
Revenge",1988)、迈克尔·帕尔默(Michael Palmer)的长篇小说《血谜》
(*The Fifth Vial*,1989)和约翰·契弗(John Cheever)的短篇小说集《绿阴
山强盗——约翰·契弗短篇小说选》(*The Housebreaker of Shady Hill*:
Selected Short Stories of John Cheever,2001)等。作为翻译实践者,张老
师深刻体会过"一名之立,旬月踟蹰"的艰辛;作为翻译研究者,张老师明
白建立健全的翻译版权保护法律法规对于维护译者知识产权的重要性;
作为翻译教学者,张老师深谙译者品行的传承。因此,为人一向低调的
他,才有了为我的维权行为署名声援的高调举措。我很感激他对我这名
昔日学生的爱护及对中国翻译事业良性发展的推动。

二、古今共鉴:指引学生回溯传统、立足当下

笔者:刘老师好,您于1992年跟随张柏然教授开展硕士研究,毕业入
职南京大学双语词典研究中心后,又在职跟随张柏然教授开展博士研究。
多年的耳濡目染,您从张柏然教授身上学到的最主要的为学、为师理念是
什么?

刘华文:作为张柏然教授门下的弟子,我们以导师高瞻远瞩、坚持创
立中国传统翻译学派的学术观点为荣,以导师勤勉扎实、为编纂词典甘坐
冷板凳的学术精神自勉。但张柏然教授虚怀若谷,从无门派之见。他长
期兼任翻译学会副会长和中国辞书学会副会长,对国内翻译研究和双语
词典学研究领域的青年学子总是不吝指导、勉励有加。张柏然教授为师
重道、甘为人梯,因材施教、乐于提携后学的学术风范,是我为学、为师路

上的指路明灯。

笔者:张柏然教授提携学生的具体体现是什么?

刘华文:张柏然教授所主持的南京大学翻译研究中心和双语词典研究中心定期举办各种高层次、高规格的学术研讨会议或学术交流活动。他鼓励学生参与交流、组织会务,以此开阔视野、培育人脉、促进交流、增长才干。不仅如此,他与许钧教授先后策划主编了《译学论集》(1997)、《面向 21 世纪的译学研究》(2002)、"译学新论丛书"(2005)、《译学新论》(2008)等多本(套)翻译学论集或学术专著,为翻译学者(特别是青年学者和翻译学博士研究生)提供学术发表的平台,助推青年学者的成长。这些论集除汇编国内名家巨擘的论文以外,也会留出适当的篇幅,用于展示青年学者的研究成果。部分丛书更是以推出青年学者作品为旨归,助力译学的传承与发展,如 2005 年推出的"译学新论丛书"。这套丛书前后四辑共推出 33 位青年才俊的译学研究最新成果,使这些年轻人进入学界视野,为他们的成长奠定了坚实的基础。给我印象最深的一次是我和我的同门张思洁教授跟先生一起主编《中国译学:传承与创新——2008 年中国翻译理论研究高层论坛文集》(2008),在其中我深刻体会到他不遗余力提携后学的为师风范。

笔者:在您于 2003 年年底完成的博士学位论文《中西比较视阈中汉诗英译的主体性审美介入》中,张柏然教授给出了 35 条批注,"既有对论文中存在的某一较深的学术问题的详细见解,也有对一些相对浅显的小问题的细致入微的补充和指正"①。您如何看待张柏然教授对您的培养与指引?

刘华文:先生博古通今、学术功底深厚,对学生的培养与指引细致入微,注重因材施教。在我博士学位论文的 35 条导师批注中,最繁长的一条是针对"言、象、意"三者关系的归纳概括及其在诗歌翻译中的运用。通过援引王弼在《周易略例》中的论述,我认为渊源于中国古代哲学的"言意

---

① 贾玉嘉. 翻译诗学论文批注中的学术呼应. 南京工程学院学报(社会科学版),2020(1):27.

之辨",可以借助西方语言哲学思维,进行"言、象、意"指称性强弱程度的划分,进而观照诗歌翻译。先生在理解、肯定这一观点的基础上,以其深厚的国学功底,对"言、象、意"的古代渊源和历史发展进行了更为细致的描述,对我的观点进行了延展与细化,为我的论述创造了更为深入广阔的探讨空间。在张老师古今共鉴的翻译研究指导思想下,我继续前行,近年来出版了《翻译诗学》《差异·认知·界面——汉英翻译三维论》等专著,以求深化、拓展导师思想,实现与导师的学术呼应。

笔者:张柏然教授倡导建立"自成体系的中国翻译学"①的根基是什么?

刘华文:先生倡导建立有中国传统文论特色翻译学的根基是文化自信,立足点是中华民族的语言、文化、思维方式。纵观一千多年来的中国翻译理论,从道安的"案本求信",到严复的"信、达、雅",再到傅雷的"神似"说和钱锺书的"化境"论,都体现了中华民族的传统思维方式,都根植于中华民族的审美思想。在中华民族数千年来的思维方式和审美思想的基础上,构建符合中国语言文化特色的翻译理论体系,是符合学科理论发展特征的。秉持着这种文化自信与学科理念,张柏然教授在翻译研究与教学的过程中,特别注重培养学生的中国古典哲学、美学思想,他认为,"只有加强国学素养的培育,才能积极应对业已出现的人才培养瓶颈,培养出有担当、有情怀、有使命感的高层次翻译人才"②。张柏然教授对张门弟子的影响是直接而深刻的。同门中,姜秋霞、张思洁、祝朝伟、辛红娟、吴志杰和我本人,都在翻译研究和国学素养积累的过程中,不断诠释有中国古代文论特色的翻译理论。是导师的宏观指引以及他对中国文化、中国翻译理论根基的信心,激励着我们积极探索中国翻译理论体系构建路径。与此同时,张柏然教授也注重培养学生词典学、术语翻译等当代学科的研究能力,注重培养学生的创新意识。同门中,魏向清、郭启新和杨蔚

---

① 张柏然,姜秋霞. 对建立中国翻译学的一些思考. 中国翻译,1997(2):7.

② 张柏然,辛红娟. 译学研究叩问录——对当下译论研究的新观察与新思考. 南京:南京大学出版社,2016:338.

等十余人跟随张老师开展词典学研究,如今大多已成为词典学教学科研与应用研究领域的中坚力量。

笔者: 魏老师好,您和刘华文教授同为张柏然教授的硕、博士生,都是跟随张柏然教授时间比较长的弟子。如果说,刘老师的研究重点是回溯中国古代诗学、美学以构建当代译论,是否可以认为您的研究更立足当下,关注应用,侧重于双语词典学理论探索以及术语翻译研究? 张柏然教授对您的学术人生有何影响?

魏向清: 在拙著《双语词典译义研究》的后记中,我曾写过这样一段话:"导师是我学术研究道路上的启蒙者,是我从事双语词典学研究的引路人。……张柏然教授渊博的学识、深邃的思想和睿智的学术眼光使我在学术研究领域少走了很多弯路;张柏然教授严谨求实的治学态度、淡泊名利的治学品格和精益求精的工作精神使我深受教育和鞭策;张柏然教授谦虚豁达的心胸、积极乐观的人生哲学以及默默奉献、甘为人梯的高尚师德使我由衷地敬佩;张柏然教授的平易近人与诚恳善良更让我时时感动。"[①]这段话或许可以基本回答你的这个问题。简言之,导师对我的学术人生影响至深而且是多方面的。我从 1989 年跟随张老师求学,后来一起共事,前后近 30 年,可以说,我的学术人生前进的每一步都离不开张老师的言传身教,榜样的力量是无穷的。张老师一生共走过了 41 年词典编纂与翻译研究的学术生涯。他作为主编亲自参与编写的词典就有 13 部之多,总篇幅数千万字,他还为多达 17 部双语词典撰写了序言。与此同时,他还悉心培养出了数十位词典学方向的硕博士人才。我们从这些数字就可以很直观地看到张老师在学术研究和教书育人两方面的卓越贡献,但他留给我们的精神财富是无形的,也无法量化。张老师在双语词典编纂与研究方面知行合一、学以致用,对双语词典编纂及其价值有独特认知。他认为,双语词典编纂应坚持"汉语语言文化语境下"的英汉双语词典编纂进路,考虑英汉语言差异,尤其注重中国人的外语学习真实需求。双语词典的编纂绝不仅仅是实现语言层面的对译,更要实现双语词典在促进

---

① 魏向清. 双语词典译义研究. 上海:上海译文出版社,2005:332-333.

不同文化对话、维护世界语言文化多样性方面的作用。正是在张老师的精神感召与学术引领下,我也在双语词典编纂实践和术语翻译研究的世界中不断探索,时时感受着学术研究带来的乐趣。

笔者:您认为张柏然教授的翻译思想是如何在双语词典编纂实践中具体体现的?

魏向清:张老师长期致力于双语词典编纂实践与研究,其翻译思想与实践理念常常直接体现在日常的英汉词典编译工作之中。张老师是国内语料库词典学创始人,由他主编的《新时代英汉大词典》是国内首部利用自建双语语料库研编的大型学习词典,满足了国内中高级英语学习者的英语学习新需求,其原创性受到学界同行与使用者高度评价。《新时代英汉大词典》的编写原则是以学习者之需为本,务求译义准确精当,配例丰富适用。该词典不仅提供词语译义,还广设短语、成语和整句译例。凡16万条译例,译文自然流畅,让学习者在查证词义之余,可研读英文并学习汉译之法。正如王守仁教授在《新时代英汉大词典》序言中所说:"《新时代英汉大词典》例证的译文是一个亮点,做到了英文理解准确,中文表达地道。翻译工作者从这些意义对等、形神兼备的译文中可以获益匪浅,得到不少启发。"①在我的记忆中,张老师总是对英文词目对应词以及例证的翻译仔细推敲、译文精益求精,从中我们不难看出他作为词典学与翻译学研究大家的深厚功力与实践追求。

在英汉词典编纂中,张老师特别注重汉语语言特色的表达及中国传统译论美学思想的体现。他认为,"汉语意合重于形合"②,中国传统翻译美学"以中和为美,讲求和谐""尚化实为虚,讲求含蓄""重感性体悟,讲求综合",③而"编写英汉翻译词典,如何通过译笔将汉语的语言特色如实传达出来,这是摆在词典编纂者面前的一大课题"④。《新时代英汉大词典》

---

① 王守仁. 序三//张柏然. 新时代英汉大词典. 北京:商务印书馆,2004:iv.

② 张柏然,张思洁. 意合与形合. 外语与外语教学,1998(7):54.

③ 张柏然,张思洁. 中国传统译论的美学辨. 现代外语,1997(2):27-28.

④ 张柏然. 代序//史企曾. 史氏汉英翻译大词典. 昆明:云南人民出版社,2006:代序1.

的编纂,正是这种翻译思想与实践理念的具体践行。以体现汉语凝练典雅美的四字结构为例,《新时代英汉大词典》中的四字结构译法比比皆是。如:张老师将"She moved with an extraordinary spontaneity and grace"译为"她步履轻盈、仪态万千",将"The graceful outlines of the mountains were traced against the sky"译为"群山优美的轮廓与天空交相辉映"。四字结构的使用,使得汉语的和谐、含蓄与整合之美,汉民族注重中和、内敛与平衡的思维模式尽显无遗。读者在品味译例语义内涵与意境之美的同时,也提升了翻译审美的能力。可以说,张老师将其翻译思想与实践理念用于词典编纂中,为我国英汉学习词典译义质量的提升做出了最佳示范。

三、本外共参:指引学生关注国学、借鉴西方

笔者:姜老师好,张柏然教授自 1995 年开始招收翻译学博士生,您是张柏然教授门下第一位博士生。作为开山弟子,可否请您谈谈张柏然教授对您的影响?

姜秋霞:张柏然教授是我的授业恩师,更是人生导师。在张老师门下进行博士研究的四年时间及我的整个教学、研究生涯里,他教给我的人生信条是"做人以诚、做事以敬、学之以恒、心怀感恩"。他常常引导我思考、提问,让我明白教师授课不是单向的付出,而是师生互动、互相学习、共同进步的过程。

笔者:自 1997 年起,张柏然教授就率先发声,倡导建立"中国翻译学"①,认为翻译界完全有可能,也有必要建立有中国特色的翻译理论体系。您于 1995 年至 1998 年,跟随张柏然教授攻读博士学位,是张柏然教授提出建立"中国翻译学"的见证者。要建立"中国翻译学",您认为我们当下的努力方向在哪里?

姜秋霞:建立中国翻译学,我们要立足于中华民族的语言、文化、思维

---

① 张柏然,姜秋霞. 对建立中国翻译学的一些思考. 中国翻译,1997(2):8.

方式,从本民族的语言与文化现实出发,展开翻译理论研究。"任何一个文化大国,它在建设自己的翻译理论体系的时候,都是要以本国的翻译经验作为自己最基本的认知材料,作为整个知识体系的骨架和网络。"①然后才是对东西方的原理进行相互参照、取长补短,在此基础上得出更加深层次的结论。"要使我们的翻译理论体系具有中国的优势,就必须重视我们自己的经验和智慧,要养成我们中国式的人文情怀、文化姿态和叙事方式,直接进入中华文明的历史发展的过程,体验和思辨出具有自己文化专利权的原理、原则。"②中国的传统学术是"以文史哲为主的道德文章教育"(即通才教育),中国国学大师的成长之路大都是"道德、文章加影响力的……'内圣外王'之道",是一种"通人治学模式"。③ 西方的译学理论是建立在西方语言特点基础上的,我们不能机械地照搬。然而,当前的翻译学学科建设及人才培养体制,常常照搬西方学科的细分体制,将人文学科中的文、史、哲分科设置,导致学科分裂弊端已日益突显。要建立"中国翻译学",翻译学科应该回归中国的传统学术模式,翻译人才培养则应注重通才培养。

笔者:近年来,您致力于敦煌文化翻译与传播研究,发表了数篇有影响力的论文,主编了《敦煌文化关键词(中英对照)》,为敦煌文化走向世界开辟了一条有效道路。您对敦煌文化对外传播的关注,是否得益于张柏然教授倡导建立中国翻译学的启发?

姜秋霞:季羡林先生曾说过:"世界上历史悠久、地域广阔、自成体系、影响深远的文化体系只有四个:中国、印度、希腊、伊斯兰,再没有第五个;而这四个文化体系汇流的地方只有一个,就是中国的敦煌和新疆地区,再没有第二个。"④敦煌独特的历史地理位置形成了其独特的文化形态——

① 张柏然,辛红娟. 译学研究叩问录——对当下译论研究的新观察与新思考. 南京:南京大学出版社,2016:前言 4.
② 许钧. 坚守与求索:张柏然教授的译学思考与人才培养. 中国翻译,2018(3):69.
③ 张柏然. 顶天立地搞科研　领异标新写春秋——翻译理论研究方法论纵横谈//秦晓晴. 外语教育 Vol.7. 武汉:华中科技大学出版社,2008:3.
④ 季羡林. 敦煌学、吐鲁番学在中国文化史上的地位和作用. 红旗,1986(3):32.

敦煌文化。"敦煌文化作为古丝绸之路文化的结晶,是集宗教、艺术、科技、文学、医药、农业、建筑、民俗等内容于一体的综合文化体系,蕴含着丰富的历史文化精神、深厚的中西文化思想和独特的文化形式。"①对敦煌文化的翻译与传播研究,是从中华民族的语言与文化现实出发展开的研究,符合张柏然教授建立中国翻译学的构想,是中国翻译学的有效组成部分。

笔者:张柏然教授认为,"要建立中国翻译学,必须坚持科学化与人文性相结合"②。张柏然教授不仅重视中国传统翻译理论的溯源与发展,同时也拥抱科学技术对翻译研究与实践的影响。他在翻译人才培养过程中,如何体现这种结合?

姜秋霞:张柏然教授在人才培养过程中,既强调人文性,也强调科学性,始终是辩证而中庸的。在张柏然教授培养的数十名弟子中,有中国翻译理论、汉语典籍英译、当代西方翻译理论、西方文论、翻译学方法论与文学翻译等人文学科性质研究者,也有语料库翻译、术语翻译及口译前沿技术等科学技术性研究者,同时不乏人文性与科学性同时同向发展的研究者。互鉴与共参是张柏然教授人才培养观中的重要理念,注重学生研究领域人文性与科学性的结合,是他古今共鉴、本外共参翻译学人才培养观的体现。

笔者:祝老师好,如果说姜秋霞教授是张门弟子中"立足本位"的代表,您则是"参照外位"的典范。通过对《锦瑟》一诗英译本的分析,您认为"理解是对原文的接受,解释则是对原文的阐发"③,论证了西方阐释学对中国诗歌翻译研究的借鉴意义,借助外位参照丰富了中国译学理论。请问张柏然教授对您的学术影响,体现在哪些方面?

祝朝伟:张柏然教授时常告诫我们,做学问要做到"学贯古今、打通中西",这已成为我为学为师的信条。我在四川外国语大学任教,并从事管

---

① 姜秋霞. 优化语言生态 对外传播敦煌文化. 中国社会科学报,2018-08-14(03).

② 张柏然,姜秋霞. 对建立中国翻译学的一些思考. 中国翻译,1997(2):9.

③ 祝朝伟,张柏然. 翻译与阐释的多元——从《锦瑟》的英译谈起. 外国语,2002(5):55.

理工作。在翻译研究中,我始终注重当代西方文论与中国传统译论的结合,既借用西方分析性思维,又采纳中国传统哲学、美学观。在高校事务管理及人才培养过程中,则注重当代西方教育教学方式与中国传统教育理念的结合,既努力培养学生批判性、发散性的思维方式,又积极督促学生养成尊师重道、求真向善的求学品质。

笔者:近年来,翻译硕士专业(MTI)教育随着我国专业学位政策的调整和就业市场的需求,获得了飞速发展。张柏然教授认为,"当下翻译硕士人才培养重中之重应当加大以实践能力为培养重点的翻译人才教育举措"①。作为外语类高等学府管理人员,您如何看待张柏然教授对于 MTI 人才培养的考量?

祝朝伟:张柏然教授认为,翻译人才可分成两类,一类是翻译研究型人才,一类是翻译应用型人才。注重翻译理论研究的硕士生及博士生属于前者,注重翻译实践的本科生及 MTI 硕士生属于后者。针对翻译应用型人才培养,张柏然教授注重的是翻译人才能力与市场需求的结合。张柏然教授曾援引全国翻译硕士第二轮教学合格评估的结果指出,我国翻译硕士专业学位人才培养在"兼职教师、学生相关专业知识、实习基地、课程建设、专任教师实践能力等方面仍有较大提升空间"②,在这些问题中,师资队伍、翻译平台建设、翻译实践量与过程管理是三个比较突出的问题。针对上述问题,张柏然教授提出,各院校应该依据教育部印发的《翻译硕士专业学位教学评估指标》(以下简称《指标》)进行改进。《指标》设定了办学理念、师资队伍、教学资源、教学内容、教学管理和教学质量等 6 个一级指标、20 个二级指标和 47 个主要观测点,涵盖了"翻译硕士人才培养的方方面面",凸显了"全程性、全面性和全员性"之"三全"特点,与高等

① 张柏然,辛红娟. 译学研究叩问录——对当下译论研究的新观察与新思考. 南京:南京大学出版社,2016:352.

② 转引自:仲伟合、姚恺璇. 从专项评估看翻译硕士学位教育的问题. 东方翻译,2016(2):7-8.

教育中的"全面质量管理原则"非常契合。① 若能根据《指标》进行改进,我国的 MTI 人才培养能更好地实现人才能力与市场需求相匹配的目标。

笔者:许钧教授曾说,他在翻译学博士生培养理念方面与张柏然教授不谋而合,旨在建立一种"渊深宏通、胸襟开放,又新锐高效的学术创新体制"②。您如何理解张柏然教授的学术创新体制?

祝朝伟:这种学术创新体制在博士研究生培养中主要体现在三个方面:一是博士研究要有理论深度和原创性;二是博士研究要有强烈的问题意识、科学的研究方法、扎实的论证、翔实的研究资料,以保证研究质量;三是博士研究要有开放性和创新性。具体而言,在翻译学人才培养过程中,应注重三种倾向:一是指引学生用现代观念整理中国的传统译论,探求中国译论的当下价值和意义;二是用创造性思维对西方的译论流派进行学习后创新,让中国特色在世界译论中彰显;三是用中国传统译论的完整性去有效整合西方各类译论的分散性。据我所知,作为张门的再传弟子,你正跟随导师辛红娟教授进行中国典籍的哲学阐释与英译研究。这类研究选题具备理论深度和原创性,希望你在学习与研究的过程中,投入足够时间与精力,扎实论证,力求研究的开放性与创新性,将张柏然教授的学术精神与翻译思想传递下去。

笔者:谢谢您的鼓励,在张门第一代弟子继往开来的学术根基上,吾辈定当加倍努力。

四、结 语

在 50 余年的翻译学、双语词典学人才培养过程中,张柏然教授以身垂范,阐释了求真严谨的治学精神;始终注重对学生特质的发掘,深入了解学生的个人素养、能力与学术兴趣,全方位引领学生参与翻译理论研究

---

① 张柏然,辛红娟. 译学研究叩问录——对当下译论研究的新观察与新思考. 南京:南京大学出版社,2016:350.

② 许钧. 坚守与求索:张柏然教授的译学思考与人才培养. 中国翻译,2018(3):67.

与实践,真正做到"夫子教人,各因其材"。张柏然教授毕生躬耕在翻译实践、翻译理论构建与翻译人才培养的园地,秉持对基础知识与前沿理论兼容并蓄的理念,不遗余力地提携与推动学界后辈。张柏然教授的翻译学人才培养观贯穿于本科生、硕士生、博士生人才培养全阶段,为翻译学本科生提供理论指引与实践能力培养,对翻译学硕士研究生进行学思并举的创新思维训练,推动翻译学博士研究生参与共同创建"古今共鉴,本外共参"的翻译理念。躬行与传承是对张柏然教授翻译人才培养生涯的深刻解读,"知行并重,古今共鉴,本外共参"是张柏然教授翻译人才培养理念的真实写照。

(本文主体部分已在《外国语言与文化》2021 年第 2 期发表)

翻译诗学博士论文批注中的学术呼应

贾玉嘉　刘华文

上海交通大学外国语学院

摘　要:刘华文的博士论文《中西比较视阈中汉诗英译的主体性审美介入》在初稿完成后接受了授业导师张柏然先生的亲笔批注,内容涉及传统诗学、比较诗学和翻译诗学。从批注所关注的焦点问题、内容的来源、功能、语气等方面进行分析,可以发现师生之间在学术上的呼应和唱和,说明了学生的学术追求是对导师所倡导的学术理念的赓续和发展,这种师承尤其反映在批注中对言、象、意的关系及其在诗歌翻译中的运用等问题上。

关键词:博士论文批注;翻译理论;学术呼应;诗歌翻译

一、引　言

《中西比较视阈中汉诗英译的主体性审美介入》是张柏然教授的弟子刘华文老师的博士毕业论文,最终于 2005 年出版成书①。在共计 141 页的论文手稿中,有张柏然教授的批注 35 条,这些批注基本集中于论文的前四分之三,批注时间为 2003 年年底至 2004 年年初。批注多标于论文原文的上方、下方及旁边的留白处。本文试对张柏然教授的这些眉批做较为客观、详尽、深入的分析。

---

① 刘华文. 汉诗英译的主体审美论. 上海:上海译文出版社,2005.

二、眉批的解读

笔者主要从眉批所涉及的学科、眉批所关注的焦点问题、眉批内容的来源、眉批的功能、眉批的语气五个方面进行探究。在这些眉批中,既有对论文涉及的某一较深的学术问题的详细见解,也有对一些相对浅显的小问题(比如书名不全、标点错误)的细致入微的补充和指正。最繁长的一条批注出现在论文第 6 页,是对论文中涉及的言、象、意三者之间关系问题的归纳概括。

1. 眉批所涉及的学科

眉批涉及中西古今哲学、美学、文艺学、翻译学等学科。比如,第 28 页“结构主义语言观和经验主义语言观对翻译的判定模式的设定”一节中关于《式微》翻译的讨论,就涉及了中国古典文艺学和西方近代哲学的相关内容:哈芒德(Louis S. Hammand)意译《式微》。

> 式微式微,胡不归?
>
> 微君之故,胡为乎中露?
>
> Oh woe! Oh woe!
>
> Why not go?
>
> Because of you
>
> We are drenched with dew.

哈芒德试图将一个中文字译成一个英文音节,且保持原诗韵律。然译者重于音节的等量,却忽视了所指意义的等同。艺术表现形象的形成过程,即符号化的过程,就是将能指与所指结合起来的过程。“式微”与“Oh woe”所指显然不合,前者是天色昏昧的自然意象,后者是不堪被奴役的喟然慨叹,再现原文应是象、意、情的统一。《文心雕龙·诠赋》说“情以物兴”,试想译文舍弃了昏昧向晚的物象之性,而徒以内心情感的呼唤作为开头语,形遗气泄,失去了原文内蕴的力量。维柯(Giovanni B. Vico)认为,形象思维的基本方式是以己度物的隐喻。所谓隐喻就是我国古代诗论家所说的"赋比兴"三体中的"兴"。原作者因天色昏昧而起兴,译者只从音韵形式而未能用隐喻的方法表现出原文的意象。

"情以物兴"意为在作诗的时候,人的情思因外物而起;批注者将其用在《诗经》翻译的讨论中,是已然深切体会到中国古典文论对诗歌翻译同样具有启发和指导作用。而上述维柯的观点出自其历史哲学著作《新科学》,是对其中的核心概念"诗性智慧"的本质特征和基本规律的描述。这也从侧面说明了批注者在探讨诗歌翻译时能够自觉地以西方近代哲学的相关知识进行观照。而"隐喻"和"兴"的联系,说明批注者已经认识到西方和中国的哲学、文艺学在诗歌翻译领域具备了一定程度上的交融互通的可能性和实践性。

2. 眉批所关注的焦点问题

综观所有眉批可以发现,批注者对以下两个问题所添加的批注最密集,而且多为比较繁长的眉批,第一个是"言、象、意"的关系及其与诗歌翻译相联系的问题,第二个是"形似"和"神似"的关系问题。本文主要就第一个问题展开论述。

在"言、象、意"的关系问题上,论文中的阐述如下:

> 在《周易略例》中,王弼是这样阐发言、象、意的关系的:"夫象者,出意者也;言者,明象者也。尽意莫若象,尽象莫若言。"显然,在这里王弼排列出了这三者由显到隐的层次程度,"言"在其中是最为表层和显在的,"象"次之,而"意"最具隐性。要是从语言哲学的角度进行分析,具有最明显的意指物的应该是"言",所以其指称性最强,因为至少它指示"象"。这个"象"并不是外物,而是经过人的感知加工之后的外物反映到人的头脑中的"物象",被楼宇烈解释为:"夫象,圣人有以见天下之颐,而拟诸其形容,象其物宜,是故谓之象。"可见"象"是反映到人的头脑中的"物象"。在王弼看来,"言"相对于"象"和"象"相对于"意"发挥的都是工具性的功能,就像"蹄"之于"兔"和"筌"之于"鱼"一样,可以"得象而忘言"以及"得意而忘象"。

针对此段阐述的批注如下：

> 中国古典美学中的"言（象）意"论涉及艺术创作中内在思想感受与外在艺术语言（艺术形象）的关系问题，同时也涉及审美鉴赏中超越艺术语言以把握艺术品内在意蕴的问题。言（象）意论，渊源于古代哲学中的"言意之辨"。言，本指言辞、概念，在古代美学中引申为艺术语言；意，本指情感、思想，在古典美学中引申为心理感受（或感应？）。《庄子·外物》把言和意的关系比作捕鱼的筌与鱼的关系，捕兔的蹄与兔的关系。筌与鱼、蹄与兔、言与意，是手段与目的的关系。言作为手段的作用，是用来获取所得之意。"语有所贵者，言也。"（《庄子·天道》）。《周易·系辞》上说，"圣人立象以尽意"，提出"象"在解决"言不尽意"中可发挥特殊作用的观点。《易》之象，主要指卦象，但其中也包含有艺术形象。如果说言为意之中介，那么，在这种中介和目的之间，还有一种中介，即"象"。

论文原文主要由王弼之言引出"言、象、意"三者的显隐程度，随即联想到以西方语言哲学的角度来衡量三者指称性的强弱程度，加之由楼宇烈对"象"的描述从而推得其性质。在阐述"言、象、意"三者关系时，重点提到了王弼的观点，认为"言"和"象"对于"意"都是工具性的手段。但实际在王氏之前，《庄子》和《周易》中就已经有了相似的论述。此条批注首先从总体上概括了"言、象、意"论所涉及问题的范畴，为其做了一个定性。然后，从历史渊源和发展角度分别描述了"言""意""象"的含义和作用。最后推得，"言"和"象"实际都是"意"的中介。由此可见，论文原文的阐述发散性较强、涉及面较广；较之论文原文，批注所述条理分明、简洁凝练、直击要垒。原文和批注两者各有侧重和所长，后者又可视为前者的补充和提炼，可谓相得益彰。

继之，关于将"言、象、意"三者运用到诗歌和诗歌翻译中的问题，论文作者如此阐述：

> ……于是，"象"是"言"和"意"彼此之间作辩证运动过程中停留的驿站。诗歌这种艺术品就是由诗人借助"抑扬之法"启动这三者的

审美辩证运动之后形成的最佳诗境。诗歌的翻译并不是在译文中也纹丝不动地保持这三者原有的辩证关系,而会在自己的审美经验的介入和干扰下让这三元运动起来,从而把这种言内辩证关系动态地反映在译文之中。

对此,批注者进行了如下的批注:

> 在诗歌翻译中,在翻译的理解过程中,对于原诗必须通过语言符号来把握原诗之象,并进而逆测符号之意;表达阶段则在把握原诗之意与符号之志的推下,通过艺术形象,并最终诉诸形象化的译语表达。由此,翻译的全过程简略表述如下:理解阶段:言—象—意;表达阶段:意—象—言。

论文原文重在说明"言、象、意"的辩证运动性以及"象"在其中的作用;诗歌翻译就是对诗歌中"言、象、意"的动态关系的重新调整。批注将"言、象、意"的运动模式细化到诗歌翻译中核心的理解过程和表达过程中,明确了诗歌翻译过程中"言、象、意"的运动模式。由此看来,批注者在理解、肯定了论文作者的观点的基础上,又对其进行了延展、细化和深化,深化了这个焦点问题的内涵,也借此为原文作者创造了更为深入广阔的探讨空间。

3. 眉批的内容来源

从眉批涉及内容的来源看,主要分为根据自己的想法构思而成的眉批与借鉴他人的文章段落而成的眉批。其中,前者和后者的比例约为7:1。

根据自己的想法而写成的眉批,如批注者在对"离(易)形得似"部分的批注中阐述了自己的理解:

> 有时会趋于离形的极端——要特别注意"度"——唐司空图提出"离形得似,庶几斯人"的主张,认为只有通过离形,才能更好地达到神似,即不拘泥于形迹而直契神髓。

可见,批注者是在理解论文作者此处之意的基础上做出了如上加注,且点出了需要特别注意的地方。

借鉴他人著述而成的眉批,如在论文原文"诗歌中的内指意向(诗中的意象返指创作主体的内心,必然带有内指性)"的部分,批注者添加了引自龚光明老师论文①的如下批注:

> And a fish / In the deep；And a man / In the mind.（James Stephen）水中有鱼,心中有君；鱼难离水,君是我心。（郭沫若译）译诗后两句是原诗所没有的,原文的意象经过此烘托,较之原诗更有情味,可谓得其神髓之作。

他认为,批注中的原诗和译诗可能作为"内指意向"的例证,因而借之,誊于论文原文侧畔。

4. 眉批的功能

从眉批的功能来看,有批注者对论文中所涉及问题的自行思考,主要起到"自省自悟"的功能；也有对论文中涉及问题的总结、补充、改正和对论文作者的善意提醒,主要起到"他省他悟"的功能。虽做出如此区分,亦不妨可以说,"自省自悟"同时亦含有"他省他悟"的功能。

主要发挥"自省自悟"功能的眉批,如在探讨论文涉及的"悬搁"的相关问题时写道:

> "悬搁"应被译成"悬置"；胡塞尔要对某件事物做出较忠实而全面的理解,就必须回到事物本身,由该事物最简单、最明了、最原始的面貌开始,把该事物已存有的理解先行悬搁,然后透过直观来了解该事物。

批注者在读完论文原文后,根据自己的理解和思考,认为"悬置"的译法更为恰当,并简述了其原理(或言进行过程),记于论文原文上方,似是自我回顾,亦是提醒论文作者加以注意。再如,批注者将"言、象、意"三者的关系运用到诗歌翻译中去的时候提出了自己思考后的见解或推测,通过自

---

① 龚光明. 形象思维与翻译. 江南大学学报(人文社会科学版),2002(4):93-96.

己的思辨使端倪显明,然后记为眉批,亦提供给论文作者作为参考。

而明确发挥"他省他悟"功能的眉批,如第 9 页,在对"语音中心主义"的界定中,批注者明确提示了另一种不同的看法,作为对论文相应内容的补充:

> 日本学者柄谷行人不同意德里达把索绪尔放到整个西洋"形而上学"的语境里,被归入"语音中心主义"的解读方法。(见《日本现代文学的起源》三联书店出版,2003:1)

5. 眉批的语气

从眉批中透出的语气来看,大部分为委婉、温和、斟酌、建议的语气,主要表现为批注中使用了"请······!"的祈使句式、在批注末尾添加"(?)"符号,其中,后者占大部分比例。如在第 64 页中,批注者为"诗歌翻译中的审美意向性和审美非意向性"一节添加批注,意在提供一首此处可能用得上的译诗:

> The moon's an arrant thief. / There is boundless theft. / In limited professions, / Each thing's thief; / all that you meet are thieves.

> 梁实秋译:月亮是一个真正的强盗,她的苍白的光亮是从太阳那里抢来的;每一样东西都是强盗,你们所遇的全是强盗。

> 钱锺书译:日、月、水、土莫不行同盗贼。凡百行业亦即穿窬,举目所见,人乎物乎,一一皆盗贼也。

> 钱译意想所得,颇多创得。(?)

由以上示例可以发现,张柏然教授的这些批注语气柔和、客气,多为商榷性的修改建议。

三、解读眉批的心得

张柏然教授对刘华文老师的博士毕业论文的批注可以清晰地反映出

他们在学术上的呼应,也反映出后者对前者的学术继承和发展。比如说,他们对"言、象、意"的关系及其在诗歌翻译中的运用等问题的探讨过程,实际就是师生间互相唱和的过程。批注主要体现了张柏然教授作为导师对其学生的应和;而就论文本身的选题和内容来看,同样也体现了论文作者对其导师的应和。欧阳修言:"古之学者必严其师,师严然后道尊。"(《答祖择之书》)正是怀着尊师之心,才能重视所从之道。刘华文老师在之后的学术道路上也以自己的实际行动与其师张柏然教授继续进行着唱和。在翻译理论研究方面,他近年所出的专著大多延续了张柏然教授倡行的翻译学研究中的古今、中西、学科融通的思路,科学化和人文性相结合的原则,在立足于导师的翻译研究的基础之上,进行了属于自己的学术创新,取得了值得肯定的进展。比如,近年来出版的《翻译诗学》和《差异·认知·界面——汉英翻译三维论》就是这样的两本专著。就前者而言,正如顾明栋教授所评价的,该书"精当地将翻译和诗学、中西哲学和美学、中西文论和语言理论、中国译学史料和翻译实践相结合,已初步构建成一个学贯中西、打通古今、理论联系实践的体大思精之作"①。再详观之,其中的"第六章 格物、感物和体物:诗歌翻译的物我论""第七章 言意之辨与象意之合:诗歌翻译的意象论""第九章 从'点化'到'夺胎换骨':诗歌翻译的活法论"等章,主要是以中国古代文艺理论、诗学理论来观照诗歌翻译,而"第四章 诗歌翻译的现象学考察:诗歌翻译的意向论"则主要以现象学这个西方近代哲学的角度来思考诗歌翻译。而就后一部著作来说,主要是"基于当代语言学理论,尤其是认知语言学和界面理论,针对汉英翻译中的翻译单位、过程、目的、方法、策略予以理性的思考"②。择"第二章 对事件作为汉英翻译单位的可行性分析"细述,它从翻译过程中的事件原型性特征的变化入手,运用事件语言学中的支系理论即语义角色、论元实现、词汇化、体识解等理论,分析了汉英翻译中事件表征方式之间的认知识解差异及其变化走向,证明了事件在汉英翻译中用作

① 刘华文. 翻译诗学. 北京:外语教学与研究出版社,2015:vii.
② 刘华文. 差异·认知·界面——汉英翻译三维论. 南京:南京大学出版社,2017:2.

操作单位的可行性。他以事件语言学观照英汉翻译,不失为继承上的创新。

刘华文老师对张柏然教授的唱和不仅体现在翻译理论研究方面,也体现在翻译实践方面。张柏然教授翻译(或参与翻译)的《人生的枷锁》《大白鲨》《沸腾的群山》《人的本性》等英美文学作品在业界和读者中颇受好评;近年来,刘华文老师也出版了《康德》《海德格尔》《康德与鸭嘴兽》等广为流传的译作。

从其眉批所涉及的学科、眉批所关注的焦点问题中,我们都能明确感受到张柏然教授一直执守并致力于翻译学研究中的中西、古今、学科融通。他曾经多次阐述翻译学中的中西融通,例如:"笔者觉得中国译论走向成熟的标志之一,就是中西融通正在不断推进。……所谓'中西融通',就是将我们民族的翻译理论资源,输入到现代语境之中,与我们现代视野中的西方译论进行平等的对话和沟通,从中挑选出更符合翻译现象实际的理论范畴和命题,进行创造性的整合和建构,从而创造出有中国理论资源参与的翻译理论新形态。"[①]"中国现代翻译学应该站在现代文化的立场上,寻求曾经孕育了她几千年历史的文化之根,重建传统,同时吸取西方翻译学的智慧,参照现实文化变迁的需要,创建一种具有新的文化精神的翻译学。"[②]如今,他在新世纪之初的论断经过数年,已经得到了愈来愈多的赞同与践行。

四、结　语

张柏然教授给刘华文的博士论文标注的眉批虽然体量不大,却凝聚着他对学生及其热爱的翻译学研究的深厚情意和殷切寄望。希望有朝一日,他对中国翻译学研究的宏愿能够很好地实现:"我们的目标是繁荣和

① 张柏然,刘华文,张思洁. 中国译学:传承与创新——2008 中国翻译理论研究高层论坛文集. 上海:上海外语教育出版社,2008:序言 i-ii.
② 张柏然,许钧. 面向 21 世纪的译学研究. 北京:商务印书馆,2002:序言 6.

发展中国译学研究,建立有中国特色的译学理论和翻译批评、翻译评价体系,使中国翻译学在国际对话中发出自己的声音,为世界译学和文化的发展做出贡献。"①相信通过我们的不懈努力,来日可期。

(原载于《南京工程学院学报(社会科学版)》2020 年第 1 期)

---

① 张柏然,许钧. 面向 21 世纪的译学研究. 北京:商务印书馆,2002:序言 6-7.

附　录　张柏然学术编年^①

辛红娟　蒋梦缘

1943 年

3 月 26 日(农历),生于江苏省苏州市。

1961 年

7 月,毕业于江苏省常州市武进县鸣凰中学。

9 月,入南京大学外文系,专修英文(学制 5 年)。

1966 年

7 月,毕业于南京大学,留校任教。1968 年 8 月至 1970 年 1 月,因"文革"原因,由学校根据中央文件精神安排至江苏省泰州市红旗军垦农场劳动锻炼。1970 年 1 月至 1976 年 3 月改分配至江苏省连云港市陇东中学、连云港市教育局等单位。

1976 年

3 月,被借调回南京大学外文系,协助陈嘉教授编纂国家辞书规划项

---

① 此编年为宁波大学外国语学院辛红娟、蒋梦缘根据张柏然先生的学术资料辑录而成。感谢张柏然先生遗孀谈继红女士提供宝贵的第一手资料以及对编年资料的审定。

目《英语常用短语词典》。该工作结束后,于 1978 年 7 月正式调回南京大学外文系英文专业任教。

1979 年

10 月,译美国著名犹太小说家伯纳德 · 马拉默德(Bernard Malamud)的短篇小说《职业的选择》(*A Choice of Profession*),发表在《译林》1979 年第 1 期(创刊号)。

1980 年

10 月,与赵学熙、乐眉云合译美国小说家彼得 · 本奇利(Peter Benchley)的长篇小说《鲨海涛声》(*Jaws*),发表在《译林》1980 年第 4 期;在同期刊发《读〈鲨海涛声〉》文,对作品的主要内容、人物形象和艺术手法进行评介、分析。1992 年,该作品以单行本《大白鲨》为名,由译林出版社出版,此后数次重印;2018 年由人民文学出版社再版。

1981 年

1 月,与巫一丁、梅孝达合译(巫宁坤审校)加拿大小说家阿瑟 · 黑利(Arthur Hailey)的长篇小说《超载》(*Overload*),由江苏人民出版社出版。

10 月,翻译有"美国郊外契诃夫"美称的小说家约翰 · 契弗(John Cheever)的《金饭碗》(*The Pot of Gold*),发表在《当代外国文学》1981 年第 4 期。

1982 年

5 月,论文《试谈约翰 · 契弗短篇小说的艺术特色》发表在《徐州师范学院学报》1982 年第 2 期。

10 月,与杨治中联合主编的《英语常用短语词典》(陈嘉主校)由商务印书馆出版。该词典第 1 次(1982)、第 2 次(1984)印刷均署名为"南京大学外文系英语教研室编、陈嘉主校",第 3 次(1995)印刷起,应陈嘉先生要求,《英语常用短语词典》署名更改为"杨治中、张柏然主编,陈嘉审校",此后数次重印。

1983 年

5 月，与张增建、倪俊合译英国小说家威廉·萨默塞特·毛姆（W. Somerset Maugham）创作的长篇小说《人生的枷锁》（*Of Human Bondage*），由江苏人民出版社出版；1996 年，该书版权转交给上海译文出版社。

6 月，与吴克明合编中级英语读物丛书《世界优秀故事选》（上、下册），由江苏人民出版社出版。

9 月，与吴克明合编中级英语读物丛书《英语现代散文选》，由江苏人民出版社出版。

1984 年

6 月，与吴克明合编中级英语读物丛书《外国寓言童话选》，由江苏教育出版社出版。

10 月，与吴克明合编中级英语读物丛书《英语幽默及语言游戏》，由江苏教育出版社出版。

10 月，与尹晓煌、金朝亮合译美国当代小说家利昂·尤里斯（Leon Uris）的长篇战争小说《愤怒的群山》（*Angry Hills*），发表在《译林》1984 年第 4 期。

1985 年

8 月，与罗长炎合译英国 20 世纪中期女作家维多利亚·霍尔特（Victoria Holt）的爱情历史小说《阿欣顿珍珠项链》（*The Spring of the Tiger*），由江苏人民出版社出版。

1986 年

8 月，作为中美合作富布赖特高级访问学者赴美国印第安纳大学和哈佛大学，研究比较文学、词典学和美国文明史，次年 8 月回国。

1987 年

4 月,与葛良彦合译美国哈佛大学英文系教授罗伯特·凯利(Robert Kiely)所撰的《现代派文学在中国》,发表在《当代外国文学》1987 年第 2 期"国外对中国当代文学的评述"专栏。

1988 年

5 月,与韦润芳合编《快速阅读》(第五册),由江苏教育出版社出版。

8 月,受南京大学和商务印书馆委托组建南京大学双语词典研究中心,承担南大文科重点科研项目、"八五""九五"专项研究项目《综合英汉大辞典》的主编工作,全书 3000 万字,于 1996 年年底完成。此后一直致力于双语词典编撰与词典学、翻译学人才培养,主编《新时代英汉大词典》,主持创建"南京大学英汉语料库"以及"英汉双语词典计算机编纂软件系统"。

10 月,翻译英国作家里斯·戴维斯(Rhys Davies)的短篇小说《人的本性》("Best Revenge"),发表在《译林》1988 年第 4 期。

1989 年

1 月,与章祖德、步惜渔合译美国通俗小说家迈克尔·帕尔默(Michael Palmer)的长篇小说《血谜》(*The Fifth Vial*),发表在《译林》1989 年第 1 期。

1990 年

11 月 9—12 日,受中国翻译工作者协会委托,在"全国中青年翻译家笔会"上代表主办方致闭幕词,全文发表在《语言与翻译》1991 年第 1 期,致辞中第一次明确提到"建立具有鲜明现代特色的我国翻译理论体系"。在南京召开的"全国中青年翻译家笔会"被认为是继 1987 年 5 月南京"中国首届研究生翻译理论研讨会"和 1987 年 7 月青岛"全国第一次翻译理论研讨会"之后召开的又一次成功会议,中国翻译工作者协会副会长赵瑞蕺代表中国译协致开幕词。

1992 年

1 月,主编《英汉百科知识辞典》,由南京大学出版社出版。这是一部中型英汉百科知识辞典,从人类起源到当代"机器人",从苏美尔文明到宇宙空间探索,从古希腊悲剧到现代大众文艺,共收词 30000 余条,释文 400余万字,供我国知识界的广大读者特别是青年读者使用。

9 月,主编《简明英语同反义词四用词典》,由江苏科学技术出版社出版。收集现代英语常用的同义词(包括短语)982 组、4766 条。通过例证用汉语诠释主要含义和用法,揭示各组同义词中词与词、词与短语、短语与短语之间在某个意义上的异同。每个典型词条的微观结构包括:核心词、同义词、词义辨异、用法辨异、试题及其答案、其他同义词、反义词等 7项内容。正文之后附有"汉英索引"。

9 月,审定南京大学外文系英汉词典编纂研究室编译的《简明美·英国英语词典》,由南京大学出版社出版。

1993 年

2 月,论文《双语词典(编纂)学刍论》发表在《外语与外语教学》1993年第 1 期。文章聚焦双语词典(编纂)学的学科性质及其内容结构,为学界绘制了双语词典学的研究图景:阐明双语词典的实质;描述双语词典编纂的过程;厘定双语词典的原则和标准;描述双语词典编纂的方法;说明双语词典编纂中的各类矛盾。全文收录于《辞书研究》1995 年第 5 期。

7 月,主编《当代美国口语词典》,由北京出版社出版。该词典收有美国口语中较常用而普通英语词典较少收录的词和短语 15000 余条,详加考释,提供准确、恰当的汉语对应词。词典例证丰富,译文语言表达地道,广大读者在查阅词条的同时,还能从其独具特色的翻译中获益。该词典2007 年修订后由上海辞书出版社出版。

10 月,获国务院政府特殊津贴。

11 月,主编《双语词典研究:1992 年南京全国双语词典学术研讨会论文集》,由商务印书馆出版。全书收文 19 篇,涉及词典编纂史与双语词典学理论、编纂法与编纂经验、双语词典与外语学习、电子词典与机助翻译等领域的研究成果。

1994 年

11 月,主编《译林袖珍学生英汉双解词典》,由译林出版社出版。

1995 年

1 月,论文《语言资料库与双语词典编纂》发表在《辞书研究》1995 年第 1 期。该文为 1994 年 7 月在大连举行的中国辞书学会首届双语词典学术研讨会优选论文,基于西方 20 世纪后半期语料库词典编纂的具体做法和经验,提出利用语料库编纂词典需解决"储"与"用"的矛盾。文章详细介绍了总容量可达 2 亿字节的"商务—南大英汉语言资料库"(CONULEXID)及在词典编纂使用中仍然存在的问题与挑战,预测大型综合性语料库的建立给我国英汉双语词典编纂带来的机遇与未来启示。

10 月,主编《英语外来语辞典》,由世界图书出版西安公司出版。系南京大学外文系英文教研室部分教师历时两年编纂而成,是国内较早关注外来词的专门性工具书。

1996 年

9 月,与张思洁合撰《试从中西思维模式的差异论英汉两种语言的特点》,发表在《解放军外语学院学报》1996 年第 5 期。文章分析指出:中西方"第一哲学"间的差异是导致汉语"综合性"思维和英语"分析性"思维之间差异的根源;中西方"人论"观的差别是导致汉语倾向于多用"人称"主语而英语倾向于"非人称"主语的内因;以各自的哲学为基础的中西方美学审美观的差异是汉语注重意合而英语注重形合之间差异的根源。

10 月,与姜秋霞合撰《是等值还是再创造?——对文学翻译的一项调查与分析》,发表在《外语教学与研究》1996 年第 4 期。为回答文学翻译追求等值还是再创造的争论问题,文章通过设计问卷调查和采访等实证研究方法,就预先设计的问题调查了译者的观点、译法及读者的态度,通过分析,从中把握译者的心理取向与读者的接受取向,力图为翻译理论研究提供一些客观依据。

11 月,与姜秋霞合撰《整体概念与翻译》,发表在《中国翻译》1996 年第 6 期。文章将格式塔心理学的内核"整体概念"引入翻译探讨,论证指出,翻译应该是建立在文本整体意义上的语篇的整体转换,寻求的是整体意义的对应。从整体上认识理解原文语篇的内容,形成一个整体概念,再将此概念用译文语言表达,使译文语篇意义完整,内容连贯一致,语言形式自然流畅,这就是整体翻译。

1997 年

1 月,与叶敢合撰《英汉双语语料库与英汉词典的编纂》,发表在《南京大学学报》1997 年第 1 期。文章介绍了国内外语料库及南京大学筹建的英汉双语语料库的情况,针对词典文本中词条格式的特殊性,提出先对词条进行切分和标引,以便于建立特定的数据结构,为今后的检索、排序和统计做好准备,对语料的收集、处理和语料库的结构做了初步设想。

3 月,与姜秋霞合撰《对建立中国翻译学的一些思考》,发表在《中国翻译》1997 年第 2 期。文章首次明确回应"中国能不能建立翻译学?""能不能有自成体系的中国翻译学?"等学术争论问题,开创性地指出:建立中国翻译学,要立足于中华民族的语言、文化、思维方式,从本民族的语言与文化现实出发,从汉—外、外—汉语言文化对比研究的实际情况出发,描写翻译实践过程,展开翻译理论研究,不能机械地照搬和套用西方翻译理论模式,应该在吸取这些理论对翻译共性的描述的同时,根据汉语的语言特点,透视语言中所反映的文化精神,构建具有中国特色的译学理论。

4 月,与张思洁合撰《中国传统译论的美学辨》,发表在《现代外语》1997 年第 2 期。文章开宗明义指出我国古典美学是传统译论的沃土,分析了传统译论的"以中和为美,讲求和谐""尚化实为虚,讲求含蓄""重感性体悟,讲求综合"等美学特色。但由于各种译论直接或间接地根植于我国古典文论及传统美学,各译论间虽然相互联系,渐次提高,进而构成一个整体,但就美学体系而言,各种译论之间仍存在间断性和非系统性,呼吁学界系统深入地对中国传统译论中的美学特征进行归纳与提升。

5月,与许钧合编《译学论集》,由译林出版社出版。该书系江苏译界学人此前近20年间发表的52篇翻译学研究论文汇编,文集整体遴选方针秉持"中国译论要有中国味",明确提出建立"中国翻译学"的主张,呼吁翻译界在西方翻译理论引进高潮中,结合当代学理开展中国翻译理论冷思考,对一些具有世界意义的中国译学经典进行现代性的"还原释读",超越非此即彼的东西文化冲突模式,凝练出翻译研究的中国经验与中国智慧。

1998 年

1月,受南京大学和商务印书馆委托,正式启动《新时代英汉大词典》编写工程,历时6年,至2003年12月完成。

4月,论文《翻译本体论的断想》发表在《外语与外语教学》1998年第4期。文章通过对20世纪译学研究格局的横向扫描,揭示了本体论阙失和错位的理论错误;对解决这个问题的逻辑思路进行思辨性的梳理,以期从哲学出发,重建翻译本体论的理论话语。文章回答了如下四个问题:什么是错位的本体论? 从哲学上的存在如何导向翻译上的存在? 落实到具体,翻译本体论如何研究翻译的存在? 是否可以把主体性能的翻译活动上升到"本体"的高度?

7月,与张思洁合撰《意合与形合》,发表在《外语与外语教学》1998年第7期。文章用比较研究的方法,以汉语和英语为研究对象,首先着手于形合、意合与其他术语的甄别及各自概念的重新界定,然后提出汉语意合重于形合,并着力探求导致汉语语言意合重于形合的深层根源。文章指出,汉语的语言学特性是其意合重于形合的表层原因,而汉民族所特有的哲学传统和审美思维范式则是其意合重于形合的深层动因。

2000 年

8月,为英国 Routledge 出版社出版的《词典学词典》(*Dictionary of*

Lexicography，1998)撰写导读,由外语教学与研究出版社出版。后在中国辞书学会双语词典专业委员会第四届年会暨学术研讨会上宣读论文《〈词典学词典〉读后随想》,对该书进行细读、引介。*Dictionary of Lexicography* 由欧洲辞书学会前会长、英国埃克塞特大学辞书研究中心主任哈特曼(R. R. K. Hartmann)与香港科技大学语言中心主任格雷戈里·詹姆斯(Gregory James)合作编写。

2001 年

4 月,与魏向清合撰《新世纪词典学理论研究趋势展望》,发表在《外语与外语教学》2001 年第 4 期。文章基于 20 世纪末期词典学研究出现的若干研究趋势的分析,指出,新世纪以来词典学理论研究得到极大丰富,研究视野日益开阔,研究方法日趋多样。首先是批评视野的拓宽,其次是批评理论的理据多元化,再次是词典批评的实践逐步从感性的自发与无序状态走出来,呼唤词典批评理论体系的构建。

5 月,与杨蔚合撰《立足实用　追求创新——从柯林斯系列英语词典看当代学习词典的编写》,发表在《辞书研究》2001 年第 3 期。文章归纳分析了英国哈珀·柯林斯出版公司 1999 年度出版的五部系列词典在推陈出新、贴合时代脉搏的律动、更好地满足读者的学习渴望等三方面的典范做法:1)词典编纂的革命性进展:语料库的贡献;2)词典在词目的选择、词义的排序、词目的释义等内容上紧随时代和语言发展步伐;3)词典在词语的释义方式、例证的选择、用法信息、语言提示等方面体现出的一切以读者为中心的编纂思想。

6 月,与魏向清合编《双语词典学论集》,由江苏教育出版社出版。系第四届全国双语词典学术研讨会论文集,收文 51 篇,按内容分"理论经纬""方法探讨""词典批评"及"他山之石"等四个部分。

7 月,编写《大学英语学习词典》,由湖北辞书出版社出版。

7 月,与张思洁合撰《形合与意合的哲学思维反思》,发表在《中国翻译》2001 年第 4 期。文章从中西哲学观念和思维范式的互异辨析中反观英汉语段结构特点,剖析汉语以意驭形而英语以形制意的可能内在成因。

文章认为,中国传统哲学的整体观、汉民族的综合思维和模糊思维是汉语意合趋向的能动的理性根源;形合特征则是西方民族依照原子论哲学观念和形式逻辑思维法则对其语言的发展走向做出的自然选择。

8 月,论文《当代翻译美学的反思》发表在《外语与外语教学》2001 年第 8 期。文章指出,无论"西化"还是"汉化",对翻译美学自身都是迷失自我的"文化失语"。拒绝这双重"失语",坚守并高扬民族主体性,应当成为翻译美学研究者的理性自觉。就本土语境而言,既要防止非中华民族"他者"话语对中华民族"自我"话语的强势误指,又要防止中华民族"自我"话语对非中华民族"他者"话语的不自觉趋同。不能让中国翻译美学研究丧失自我品质,蜕变成非中华民族美学原理的某种简单例证寻求。既要通过保持独立性来杜绝"失语",又要通过杜绝"失语"来保持独立性,这依然是跨入 21 世纪的中国翻译美学研究的课题。

8 月,与张思洁合撰《翻译学的建设:传统的定位与选择》,发表在《南京大学学报》2001 年第 4 期。文章聚焦传统译论如何改造和升华这一话题,认为要进行当代译论建设,我们还得在原有的文化、翻译理论传统的基础上进行,在中国现代译学理论的基础上充分研究古代译论,把其中的包括其体系与各种术语的有用成分最大限度地分离出来;丰富其原有的含义,赋予其新义,与现代译学理论、西方翻译理论融合起来,使其成为当代译学理论的血肉,形成当代译学理论的新形态——一种在长远时间里不断生成、不断丰富、体现现代性的译学理论的新形态。

11 月,与肖辉合撰《翻译过程模式论断想》,发表在《外语与外语教学》2001 年第 11 期。文章运用认知科学及心理学理论,对奈达、霍姆斯、贝尔所提出的几个翻译模式的假设做了探讨。文章分析指出,将翻译作为一种过程进行研究,实际上是探讨双语转换的认知心理过程,基于认知的翻译研究的最终目标是要对"翻译是如何发生的"做出科学的解释,并在此基础上发掘出双语转换的思维规律,从而为翻译科学的建构打下坚实的基础。

11 月,译编《绿阴山强盗——约翰·契弗短篇小说集》(*The Housebreaker of Shady Hill: Selected Short Stories of John Cheever*),由

译林出版社出版,收入所译约翰·契弗的各类短篇小说 32 篇。

12 月 25 日,在《光明日报》学术版发表《发展中国的译学研究》一文,呼吁"必须从我国翻译事业的兴旺发达和民族振兴的高度,充分认识有中国特色的翻译理论的重要性和紧迫性"。

2002 年

1 月,论文《全球化语境下的翻译理论研究》发表在《中国翻译》2002 年第 1 期。文章聚焦建立中国翻译学的宏观路径,分析指出,要在全球对话中建立中国译学理论的现代体系。首先要做的工作是对一批具有世界意义的中国译学经典进行现代性的"还原释读",从其文化精神的内核中,迸发出具有中国现代特色的译学理论。此外,要对极其丰富复杂的翻译现象进行系统的搜集、整理、考证和理论把握,即"现象统观",比较充分地吸收和转化中国传统的翻译学的学问,从而以比较深厚的功力,在本色的意义上展示与西方译学发展不同的中国译学历史过程,进而在宏观上建立中国翻译学。

2 月 16—26 日,受香港中文大学邀请,赴港担任"王泽森—新法书院语文教育访问教授公开讲座"主讲嘉宾,发表"词典与翻译"的专题演讲。其间,接受香港《文汇报》记者采访,将演讲的主要内容以《为翻译学画龙点睛》为题发表在该报 3 月 6 日 PC2 版。文章指出,我们只有联系文化来研究译学,才能对译学的意义和作用,有深入了解。中国翻译家在翻译中国文化时,应保留中国传统和独特文化,建立"有中国特色的翻译理论",在多样性的世界文化中发展我们的中华文化,让中国译学走向世界。文章强调,走进 21 世纪的翻译研究要达至"大成",关键在于要建立一种渊深宏通、胸襟开放,又新锐高效的学术创新体制。

3 月,与孙会军合撰《全球化背景下对普遍性和差异性的诉求——中国当代译学研究走向》,发表在《中国翻译》2002 年第 2 期。文章深入剖析全球化背景下对普遍性和差异性的诉求,逐一回答当代中国译界最具紧迫性和重要性并亟待达成统一认识的问题:当代中国翻译理论的建设应如何进行?是以建立具有中国特色的翻译理论为目标,还是以构建对人类所有翻译活动具有普遍意义的世界翻译学为依归？起源于西方的译学理论具有普遍的适用性吗？能够为包括中国在内的东方的翻译理论研究的实践提供令人满意的解释吗？中国译界是要大力引进和借鉴西方的翻译理论，还是利用中国传统译论中的概念自铸伟辞，建立自成体系的、具有中国特色的翻译理论？

5月，与许钧合编《面向21世纪的译学研究》，由商务印书馆出版。收文45篇，"编者絮语"中明确指出："中国现代翻译学应该站在现代文化的立场上，寻找曾经孕育了她几千年历史的文化之根，重建传统，同时吸取西方翻译学的智慧，参照现实文化变迁的需要，创建一种具有新的文化精神的翻译学。"

5月，与杨仁敬等译《译林短篇小说精选》（英汉对照），由译林出版社出版。遴选先后承译的《译林》短篇小说佳作12篇。

9月，与祝朝伟合撰《翻译与阐释的多元——从〈锦瑟〉的英译谈起》，发表在《外国语》2002年第5期。文章结合西方的阐释学理论，从《锦瑟》一诗的多种阐释与英译入手，论证了阐释学对翻译的借鉴意义：文本的空白与阐释的多元、作者本意的游移与阐释的历史性使理解陷入阐释的循环，因此翻译的过程就是对文本进行阐释的过程，阐释的循环必然产生不同的译文。

2003 年

2月，与杨柳合撰《"道"与"技"——被忽略的中国翻译教学问题》，发表在《中国科技翻译》2003年第1期。文章从中国翻译教学界普遍忽略的"道"与"技"的关系问题入手，阐明技能化教学以及"道"与"技"的失衡所带来的严重后果；继而从审美教育的角度出发，用美学教育观说明重"道"的意义和翻译教学中平衡"道"与"技"之关系的社会价值。

4月，与张思洁合撰《译学研究中的文化认同思辨》，发表在《外语研究》2003年第2期。面对"以中国传统译论精华为体，兼容西学理论来构建中国译学体系"与"以西方译论为坐标，通过对传统译论进行批判和消解来构建中国译学体系"两种不同的学术主张，文章分析指出，两种翻译观并无冲突,也不涉及力量对比;它们构成了逻辑上合理的悖论,这种悖论正是创生中国译学体系的创造力之源。创生中国译学体系须对传统译论及西方译论进行双重超越;传统文化的认同研究抑或对其进行反省和批判,均是译学研究张扬民族精神的重要手段。

2004 年

2 月,与胡开宝合撰《论语用学原理在双语词典编纂中的应用》,发表在《外语与外语教学》2004 年第 2 期。文章从意义、语境、合作原则和言语行为理论等语用学概念和原则角度阐述了语用学原理在双语词典编纂中的应用。文章认为,语用学原理在双语词典编纂中的应用,可以实现传统双语词典编纂理念和编纂模式的革新,充分发挥双语词典在正确、恰当运用外语方面的指导作用。

2 月,与秦文华合撰《后殖民之后:翻译研究再思——后殖民主义理论对翻译研究的启示》,发表在《南京大学学报》2004 年第 1 期。文章认为,后殖民主义理论以其文化政治批判的策略引导翻译研究从语言的内部层面走向了广阔的社会政治、经济文化、意识形态语境,由此给予翻译以深刻而具现实意义的揭示。我国翻译研究有必要全面反思中外文化背景和历史传统的不同,找出一条既植根于本民族优秀文化又借鉴到西方先进理论的研究路径。中国的翻译研究应当在走出边缘、争取自身话语权的同时谨防陷入非此即彼的二元对立模式,力图寻求与西方话语的真正对话,达至多元共生、互动互补,从而获得研究视野的开拓和方法论的启迪。

3 月,与韩江洪合撰《国外翻译规范研究述评》,发表在《解放军外国语学院学报》2004 年第 2 期。文章分析了 20 世纪 50 年代以来传统语言学、篇章语言学和翻译研究学派等三种西方翻译规范研究,指出前两种规范研究是规定性的,注重制定一定的语言学规范和文本类型样板,已显示出明显的局限性;而从翻译研究角度进行的规范研究是描述性的,旨在通过析出和描述规范来揭示翻译的本质和规律,呈现出良好的发展势头。

3 月,与孙睿超合撰《感应文学翻译》,发表在《南京航空航天大学学报(社会科学版)》2004 年第 2 期。文章分析指出,文学翻译具有本质上与绝对意义上的不可译性和实践上的可译性,根据翻译实践过程中的主体性作用,可在翻译中采用"语言平等置换"原则。

4月,领衔主编的《新时代英汉大词典》由商务印书馆出版(两年后推出缩印本)。这是我国第一部利用英汉语料库编纂完成的大型英汉学习词典。该词典共收单词及短语15万余条,例证16万余条,插图1000余幅,篇幅达1200万字,是一部内容新、收词丰、例证多、颇具创新意义的大型英汉学习词典。被誉为"千琢良玉,百炼精金",先后获得江苏省和教育部人文社会科学优秀成果一、二等奖,被列入"南京大学改革开放三十年以来最具学术影响力的优秀成果榜"。

10月,与杨柳合撰《现代性视域下的林语堂翻译研究》,发表在《外语与外语教学》2004年第10期。文章从启蒙的现代性与审美的现代性两种充满矛盾和张力的现代性特质入手,将林语堂研究置于中西翻译文化的现代性话语背景中,分析林语堂的翻译及其审美的现代性。文章提炼出林语堂翻译独具的五种审美现代性特征:对"新""异"的追求、审美"救赎"的意识、对感性和人文精神的呼唤、颠覆的姿态和自由的理念、多元混融的效果和"弹性"协调的艺术。

11月,与秦文华合撰《翻译研究的辩证批判》,发表在《外国语》2004年第6期。文章认为,翻译研究的逻辑学范式使其克服了以主观直觉为归依的传统模式,引入了科学性、客观性、明晰性、严密性等特质;然而对此的过分强调也难免使翻译研究陷入囿于文字文本的困境。现象学范式崇尚人的主观性、创造性、意象性和超越性,在某种程度上将翻译从物化了的、只重视纯客观对象的、机械的封闭结构中解放出来;不过对主体自由和不确定性的过分张扬也会使我们的研究走向反面,从而再次陷入神秘主义的泥潭。文章分析指出,翻译作为一门跨语言、跨文化,且集科学性、艺术性、独特型、综合性于一体的学科,其研究必须具备兼收并蓄、辩证批判的态度。

2005 年

2月,《新时代英汉大词典》"编者絮语"以《岁月溶金铸新辞　斗觉霜

毛一半加》为题发表在《外语与外语教学》2005 年第 2 期。文章详陈自
1986 年 5 月下旬南京大学与商务印书馆合作开发《综合英汉大辞典》到
《新时代英汉大词典》问世,南京大学双语词典研究中心团队 18 年来的字
林穿梭实践,聚焦回答学术界和文化界关心的两大问题:为何要编写这部
《新时代英汉大词典》? 这部《新时代英汉大词典》是如何编写的?

　　3 月,与韩江洪合撰《论翻译学词典的特征与释义原则》,发表在《中国
翻译》2005 年第 2 期。文章依据词典类型学研究新成果,论证了翻译学词
典在词典谱系中的位置,指出翻译学词典是一种有层次地收录翻译领域
的概念、术语和专名,成系统地反映翻译领域的知识概要的专科词典。文
章认为,翻译学词典的质的规定性来源于释义,做好释义工作是翻译学词
典编纂的重中之重,释义工作应遵循专业性、准确性、描写性等原则。

　　7 月,与杨文秀合撰《英语学习词典中的语用信息研究述评》,发表在
《外语学刊》2005 年第 3 期。文章对学习词典中的语用信息问题研究所涉
及的诸方面进行了述评,指出作为词典学研究中的新课题,未来可在如下
方面进行拓展研究:哪些词(组)明显含有语用信息? 除了词(组)层面的
语用信息外,学习词典可否反映语句、语篇层面的语用信息? 学习词典可
否提供语音方面的语用信息? 双语学习词典如英汉学习词典中如何反映
语用信息? 等等。文章认为,对这些方面的理论研究无疑有助于拓宽对
词典中语用信息的认识,最终也将丰富学习词典中的语用信息。

　　8 月,与辛红娟合撰《西方现代翻译学学派的理论偏向》,发表在《中南
大学学报(社会科学版)》2005 年第 4 期。文章分析指出,西方语言学翻译
研究使翻译具有一定的科学性,但过强的功利性容易造成对翻译现象的
误释和翻译理论学科的消解;而文化翻译研究则因与其他学科联系紧密,
使得翻译研究作为一门学科的学科边界变得模糊,从而使其失去了成为
一门独立学科的可能性。文章认为,中国翻译学界的理论研究,不应当仅
仅从事简单的理论搬运和移植,而应当带着批判的眼光,借鉴西方翻译学
业已取得的成果,以推动中国翻译学学科的建设与发展。

　　9 月,与辛红娟合撰《中国需要创建自己的翻译学派》,发表在《中国外
语》2005 年第 5 期。文章简要梳理了西方翻译理论的发展历史,指出一部

西方翻译学史就是一部学派的传承与更替、聚合与交锋的历史。国外翻译学发展的启示表明:翻译学中创新理论的产生,与不同学派的酝酿、产生和发展有着密切的关联。文章分析了我国翻译学界学派缺位的主要原因,认为学派缺位现象不仅延缓了学科发展的步伐,而且带来诸多方面的局限性。基于以上论述,文章提出,我国翻译学界应当尽快建立自己的学派,以促进学术发展,培养具有可持续发展潜力的学术队伍,以提高我国翻译学界在国际学术领域的地位。

10 月,与许钧联合策划、主编翻译学博士生论丛"译学新论丛书",由上海译文出版社出版,至 2009 年 1 月,先后推出四辑,共 33 部博士生著作。"译学新论丛书"恪守明确的理论建构追求:一是入选的课题力求有相当的理论深度和原创性,能为翻译学科的理论建设和发展起到推动作用;二是研究力求具有系统性,以强烈的问题意识、科学的研究方法、扎实的论证和翔实的资料保证研究质量;三是研究力求开放性,其开放性要求研究者既要有宽阔的理论视野,又要把握国际翻译理论研究前沿的进展状况,特别是要在研究中具有探索的精神,力求有所创新。第一辑 8 部:《普遍与差异:后殖民批评视阈下的翻译研究》《双语词典译义研究》《英汉学习词典中的语用信息研究》《汉诗英译的主体审美论》《文学翻译杂合研究》《英汉词典历史文本与汉语现代化进程》《构建与反思:庞德翻译理论研究》《翻译的本体论研究》。

10 月,主编《最新四六级英语考试词汇一典通》,由上海译文出版社出版。

11 月,与杨文秀合撰《麦克米伦高阶英语学习词典中的语用信息》,发表在《中国外语》2005 年第 6 期。文章分析了新世纪英语学习词典中的新成员——《麦克米伦高阶英语学习词典》中所提供的语用信息及提供语用信息的方式,指出其创新之处与不足。文章认为,该学习词典虽然在提供语用信息方面存在不足,但其在宏观结构中提供语篇层面的语用信息,在微观结构中提供施为动词的语用信息的方法值得英汉学习词典借鉴。

2006 年

3 月,主编《最新初高中英语考试词汇一典通》,由上海译文出版社出版。

7 月,与许文胜合撰《基于英汉名著语料库的因果关系连词对比研究》,发表在《外语教学与研究》2006 年第 4 期。文章选取两本英美经典小说及汉译本,参照汉语名著,对其中的因果关系连词进行了基于语料库的定量研究,通过对因果关系连词的描述研究,分析了思维模式不同对英汉语句群结构表达的影响,揭示了译本作为独立文本存在的自足性,西化句法存在的合理性、可能性以及翻译中所体现的民族文化心态。文章指出,该是译界走出二元对立困境的时候了,好的译文常常在"充分翻译"和"可接受翻译"这一连续体上的某一点保持着自身的动态平衡。

7 月,与许文胜合撰《本土化品牌名的接受美学与功能主义判据》,发表在《求索》2006 年第 7 期。文章从接受美学与功能主义标准出发,为"非忠实的"、迎合目的语民族文化审美心理的本土化品牌译名找到合法性理据。

9 月,论文《从〈牛津大学英语词典〉谈起》发表在《辞书研究》2006 年第 3 期。文章聚焦上海译文出版社引进的《牛津大学英语词典》,高度评价该词典编纂中采用的新理念、新方法。文章指出,该词典利用计算机语料库,吸收现代语言学、认知科学等方面的研究成果,吸取英语学习词典的成功经验,借鉴美国大学(版)词典的编纂工艺,形成了一部具有鲜明特色的英语工具书。文章在对其主要特色进行剖析的基础上,试图揭示英语词典编写的新模式和新趋向,供国内辞书编纂与研究者参考借鉴。

10 月,主编《最新硕博英语考试词汇一典通》,由上海译文出版社出版。

10 月,与许钧联合主编"译学新论丛书"(第二辑)11 部,由上海译文出版社出版:《从文学翻译到翻译文学》《翻译的社会性研究》《翻译文学经典的影响与接受》《学理翻译与策略重构:英汉词典中例证翻译的目的性研究》《翻译研究的互文性视角》《后现代语境下的译者主体性研究》《美的变迁:论莎士比亚戏剧文本中意象的汉译》《严复话语系统与近代中国文化转型》《中国传统译论范畴及其体系》《认知视角的汉英词典词类标注实证研究》《科学翻译影响下的文化变迁》。

11 月,与祝朝伟合撰《现代性的诉求——庞德〈华夏集〉对美国诗歌主题与用词的创新》,发表在《解放军外国语学院学报》2006 年第 6 期。文章分析指出,庞德以前的浪漫主义诗人痛恨城市文明,摒弃城市题材,其诗歌辞藻华丽且华而不实。庞德在《华夏集》的翻译中主动而自觉地完成了诗歌主题的转变,摒弃古旧词语的使用,运用日常口语词汇精确地再现诗性体验,将现代城市文明等题材纳入诗歌领域,在诗歌主题与用词等方面表现出对现代性的强烈诉求,实现了对美国诗歌主题与诗歌用词的创新,引发了轰轰烈烈的自由诗运动。

12 月,论文《老枝发新芽　新桃换旧符——〈新牛津英汉双解大词典〉代序》发表在《外语界》2006 年第 6 期。文章系借王安石诗句"总把新桃换旧符"为上海外语教育出版社出版的《新牛津英汉双解大词典》所作的序言。文章基于《新牛津英语词典》的"当代英语""当代思维"和"当代语料中可获取的例证"三大特色,概括出《新牛津英汉双解大词典》的三大品格——理念:与时代同行,与语言同步;措施:充分利用语料库,吸收现代语言学、认知科学等方面的研究成果,在着力加强信息和深度的同时,突出精品意识,对传统编纂工艺进行改造和革新,使之更加适应读者的需求;效果:词典内容构成更加合理,结构布局更加清晰,信息量和重点得到突出和加强,厚实的内容散发着清新的时代气息。

2007 年

1 月,与魏向清合撰《汉语走向世界与中国双语辞书工作者的历史责任》,发表在《辞书研究》2007 年第 1 期。文章立足于汉语走向世界的时代背景,探讨了双语辞书编纂出版在促进不同文化传播与交流方面的特殊功能;阐述了当今中国双语辞书工作者在积极传播汉语及中国文化的过程中所应担负起的历史责任。文章倡导中国的双语辞书工作者进一步开拓双语词典学理论研究与实践的新领域,切实与汉语辞书工作者、对外汉语教学与研究的专家学者一起开展广泛的合作研究,共同致力于外向型双语辞书的研究与编纂,为汉语及中国文化的更广泛传播做出自己的贡献。

8月,与贾正传合撰《辩证系统视野中的翻译本质和特性》,发表在《外语研究》2007年第4期。文章认为,翻译本质上是一种以符号转换性为核心,兼有艺术再造性、信息传递性、审美交际性、社会交往性、文化交流性等多重性质的复杂的人类活动系统,由译者、原文作者、译文读者、原文、译文、方法等若干要素按特定的非线性结构关系构成,受特定的源语和译语环境制约,并在环境中执行多重功能,体现为一种包含源语和译语活动等多重阶段的运作和演进过程,并在其内部、外部、过程上分别呈现出多元性与整体性、自主性与开放性、动态性与稳态性等辩证统一的系统特性。

10月,与陈伟合撰《认知观:词典研究范式的归向》,发表在《外语与外语教学》2007年第10期。文章在回归认知主体这一人文社会科学理论思潮取向下论证指出,认知观是词典研究范式的必然归向,当前局限在针对用户"显性"信息需求层面的词典研究范式只是面向认知主体的不彻底回归,真正科学的词典认知研究范式必须走向基于用户大脑如何进行语言习得的认知机制研究这一隐性层面。

12月,与陈伟合撰《教学功能突显与词典范式演变》,发表在《外语界》2007年第6期。文章认为,词典范式在现代语境下经历了外在创生构体与内在精神理念的演变与发展,其中,词典范式内在精神理念的演变是以词典教学功能的张扬和突显为标志的,集中体现为对教学语境的模拟与对教学机制的复制,并渗透至词典的微观与宏观结构,以及表现为以教学功能为灵魂的词典新类型。

2008 年

1月,与许钧联合主编"译学新论丛书"(第三辑)10部,由上海译文出版社出版:《〈道德经〉在英语世界:文本行旅与世界想象》《Logic汉译研究》《鲁迅传统汉语翻译文体论》《梁实秋中庸翻译观研究》《英汉双语词典中搭配信息认知模型的构建》《翻译学的学科建构与文化转向》《理解与接受中意义的构建》《"第三类语言"面面观:文学翻译中的译作语言探索》《融合与超越:走向翻译辩证系统论》《平行语料库与积极型汉英词典的研编》。

3月,论文《顶天立地搞科研　领异标新写春秋——翻译理论研究方法论纵横谈》收录在《外语教育 Vol.7》中。文章结合翻译理论研究的现状与原创性问题为学界指明了在已知领域深挖未知,拿出富有真意的学术成果的五条路径:在交叉学科之间寻求切入点,发掘新思想;在对比中寻找突破口,总结翻译规律;在理论的制高点上俯瞰,开展批判性思维;在中国古典文论思想研究中开掘翻译思想;在中外古典名著名译中观察翻译家的翻译艺术,积累例证素材。文章指出,翻译理论不仅仅是描述有关翻译的种种知识,并集结为翻译理论观念,而且也传达着既是民族的又是人类共有的文化价值与精神的观念。在人文学科领域,中国学者必须有自己的立足点,这个立足点就是我们中华民族的文化和精神。我们于 21 世纪重新谋划中国翻译学术的原创性时,不能不首先明晰地意识到自己的主体身份和中国立场——这是中国学术获得原创性的前提。

4月,光荣退休,并由学校延聘至 2012 年。

5月,与辛红娟合撰《翻译理论研究的新课题》,发表在《中国外语》2008 年第 3 期。文章首先对 20 世纪中国翻译学发展进行总结与分析,描述了中国翻译学从兴起、发展到更新、求变的过程。文章通过对中国传统翻译思想的阐发和反思,结合国际范围内对现代性和后现代性的讨论,分析了中国翻译学"合法性"的焦虑和中国翻译学"主体性"建立的合适路径。文章指出,西方翻译学的文化研究转向给创建有中国特色的译学研究带来新的启示,普遍主义与本土理论传统之争、文化研究冲击与审美经验在翻译学中地位的进与退、西方"后学"话语的引入与对中国翻译理论研究状况的现实思考等,已经成为新世纪翻译学理论研究的新课题。

6月,论文《试析翻译的语言学研究》发表在《外语与外语教学》2008 年第 6 期。文章在肯定现代语言学对翻译理论研究的发展做出贡献的前提下,通过对西方翻译语言学派的几个代表人物的理论的剖析,指出这一学派的翻译研究存在如下理论偏向:太拘泥于原文的信息层,不甚注意作品的美学功能,忽视文艺作品的艺术再现,忽视文本主题结构以及文本的话语和语篇结构,忽视更大范围的文化与这些因素对译文的生成和接受所产生的影响,没有考虑语用维度、语用意义和文本的社会与文化语境,对这些方面的理论描述比较薄弱。这一封闭、静止、自足的范式势必被20世纪90年代中期兴起的翻译理论研究的文化转向所打破。

6月,论文《建立中国特色翻译理论》发表在《常州工学院学报(社科版)》2008年第3期。文章在反思新时期以来我国翻译学研究的经验与教训的基础上,针对当前翻译学研究中对建立中国特色翻译理论的某些质疑,在学术上做出回应,对这一理论命题的内涵与外延做了系统、深入的阐述,并从中西对话语境的视角出发重申建立这一理论的必要性和重要性。文章提出,在全球性跨文化对话中,中国译学理论要把握住自己的身份标志,有必要利用自身的智慧优势,建立一种具有东方神采的"感悟翻译哲学"。进而以感悟翻译哲学来破解中国思维方式的核心秘密,融合中国翻译文化的基本特征,在西方译论走向形式科学的同时,促使中国译论走向生命科学,创立一种包含着丰富的中国智慧的"文化—生命翻译诗学"。

7月,与张思洁合撰《哲学解释学之于译品样态的预设与规约》,发表在《外语教学》2008年第4期。文章指出,哲学解释学因不断赋予人们慧识卓见而被引入翻译研究领域。研究表明,哲学解释学以其对本体论存在方式的深刻见地和理解事件时所持有的效果历史品格,为翻译过程中原文本的意义之诠释提供了"哲学方法论"基础。正是在这个理论前提下,文章分析了哲学解释学对于译品样态的预设与规约,指出文学翻译是历史与当下、他者与自己、语言与存在等关系在张力作用下的解释创作活动。

7月,论文《中国译论:直面"浴火重生"》发表在《中国外语》2008年第4期。文章开宗明义指出,我国译论建设应该以本民族的文化和译论资源为依托,建设具有民族特色和大国气象、大国风范的现代译论。因此,中西融通与古代译论的现代转换工作,便成了一个关涉我国翻译理论建设前途和速度的重大问题。文章分析指出,我们的文明过程、我们的文化材料,才是我们的优势所在,也是我们中国翻译理论原创性的根据所在。本土的翻译现象和翻译经验,是产生原创性译学原理的最深厚、最值得珍惜的文化资源。要使我们的翻译理论体系具有中国的优势,必须重视我们自己的经验和智慧,要养成我们中国式的人文情怀、文化姿态和叙事方式,直接进入中华文明的历史发展的过程,体验和思辨出具有自己文化专利权的原理、原则。然后对东西方的原理、原则进行互相参照,互相贯通,相同的东西通之,不相同的东西比较之,在参证比较中得出更加深层次的结论。

9 月,与刘华文、张思洁主编《中国译学:传承与创新——2008 中国翻译理论研究高层论坛文集》,由上海外语教育出版社出版。全书收录论文43 篇,涉及六大论题:1)传统译论研究的现代意义;2)西方译论冲击下中国传统译学理论语境的再认识;3)构建现代翻译系统与中国传统译论资源;4)中西比较译学建立的可能性;5)中西文化相遇(如经学与佛学、经学与神学以及文学与文艺等)过程中翻译实践活动对中国译学的影响和塑造;6)中国翻译学应以何种形态去与世界对话。

10 月,与许钧合编《译学新论》,由上海外语教育出版社出版。从江苏译界学人在《译学论集》(1997)出版之后陆续发表的论文中遴选出 48 篇,选题更明显、更集中地体现了反思西方翻译理论、建构中国译论的学术努力。这些论文对译学或做理论性的元思考,或做学科分支性的研究,抑或做应用性的研讨,都力图从特定的学术视角对各个专题进行准确的诠释,注重在总揽实际和翔实的资料分析的基础上,提出切实可行的对策与思路,并依据现状,提出今后的主要研究任务和一些前瞻性的思考,呈现出前所未有的多角度、多方法、多学科的研究景象。

11 月,与魏向清合撰《学术摹因的跨语际复制——试论术语翻译的文化特征及研究意义》,发表在《中国外语》2008 年第 6 期。文章从现代文化基因学——摹因学研究的视角出发,探讨术语翻译作为学术摹因的跨语际复制这一过程中体现出的文化特征,同时简要分析相关的术语翻译问题以及术语翻译研究的文化意义,旨在引起学界对术语翻译研究的文化视角的重视。

2009 年

1 月，与许钧联合主编"译学新论丛书"(第四辑)4 部，由上海译文出版社出版:《中国传统译论专题研究》《隔与不隔的循环:钱锺书"化境"论的再阐释》《翻译研究的语用学转向》《梁启超"豪杰译"研究》。

5 月，译《柯林斯 COBUILD 高级英汉双解词典》，由高等教育出版社出版。该词典后多次重印。词典保持了柯林斯系列词典的鲜明特色:1)所有义项均采用整句释义，亲切自然，深入浅出，成功凸现出词汇在典型语境中的典型用法，释义本身即是绝佳的例证。2)全部英语语料出自规模为 6.5 亿词的语料库，例句真实、可靠、地道。3)增设附加栏，版面清晰，查找方便，提供词频、语法、搭配结构和语用等方面的信息，帮助学习者正确使用语言，成功达到交流的目的。4)创新地使用菱形符号标注词频信息，令基础和重点词汇一目了然。62000 余例证直接出自世界知名英语语料库 the Bank of English。

9 月，与辛红娟合撰《当下翻译理论研究的两个向度》，发表在《中国外语》2009 年第 5 期。文章指出，在中国翻译理论界的"杂语喧哗"中，在各种不同的理论意向、理论话题和理论思潮论争中，翻译理论的元理论向度与文化理论向度成为最值得关注的问题，其对于翻译学科的自身构成与自我确立可能是最有意义的，对于翻译学科的发展具有举足轻重的地位;充分认识翻译理论研究中的这两个向度，积极将当下的众多翻译理论话题纳入学术视野，无疑会催生翻译研究的本体自觉。

10 月 23—25 日，作为特邀嘉宾出席北京外国语大学中国外语教育研究中心与上海交通大学外国语学院为推动语料库翻译学发展召开的"全国首届语料库翻译学研讨会"，作为国内较早使用语料库手段开展双语词典编撰的专家，受大会主办方委托致开幕词。该开幕词全文发表在《当代外语研究》2010 年第 1 期。"致辞"在回顾了近年来国内语料库语言学研究的进展后指出，翻译学知识激增和查询资料日益困难的矛盾为语料库翻译学应运而生提供了现实土壤;学界应积极投身语料库翻译学研究，全面掌握这种以描写翻译理论为其理论基础、以语料库实证研究方法为其研究手段、力求科学且系统地描写和归纳翻译(包括汉外对比研究)领域的知识与技能之概要的学问。

2010 年

1 月,主编《英汉词典(全新版)》,由四川出版集团、四川辞书出版社出版,并多次重印。词典收录英语核心词汇、习语和近几年产生的英语新词 2 万余条;注重收录日常用语和口语,翻译简明扼要,体现地道的汉语风格;对读者难以把握的词句和语法、用法现象,在正文中附加了诸多语法和用法提示。

2011 年

1 月,主编《最新高级英语学习词典》,由四川辞书出版社出版。该词典被认为收词全面,释义准确,例证典范,凸显解疑释惑功能、用法说明,同义辨析,博采众长,极大地强化了学习功能,内容丰富,语料新全,信息量大,切实满足读者需求。

3 月,译编克里斯廷·A. 林德伯格(Christine A. Lindberg)的 *The Oxford English-Chinese Dictionary*,以《译文版牛津英汉双解词典》为名由上海译文出版社出版。该词典系牛津大学出版社与上海译文出版社联手、历时六年打造的国内第一本大学生牛津英汉双解工具书;收录词条及释义项 40 余万,增收当代新词新语 3000 余条,例句覆盖计算机、医学、政治及通俗文化领域。

9 月,主编《50000 词英汉词典(全新版)》,由四川辞书出版社出版(双色版次年 8 月出版)。这是一部专门的英语学习型词典,适合学生、教师、翻译工作者及社会学习者使用。词典收录 50000 余条单词、短语,注重收录日常用语、口语及新词;示例典范,译文简明扼要,精准通顺,符合汉语规范;1000 余组同义词辨析,帮助使用者得体地遣词造句;2000 余条习语,1000 余条动词短语,重视语言运用能力;融检索、学习功能于一体,语法信息和语用信息丰富。

9月23日，被中国翻译协会授予"资深翻译家"称号。

2012 年

4月，著作《译学卮言》由南京大学出版社出版。该书收录张柏然关于翻译学、词典学的著述39篇，开篇为《对建立中国翻译学的一些思考》，对"中国能不能建立翻译学""能不能有自成体系的中国翻译学"等时代学术命题做出积极、正面回应。

6月，策划、总主编"大学翻译学研究型教材"20本，至2014年11月，整套教材全部出版。面向翻译学本科生的10本教材是：《科技英语翻译读本》《传媒英语翻译读本》《文学翻译读本》《文化翻译读本》《英汉口译读本》《商务英语翻译读本》《法律英语翻译读本》《翻译概论读本》《英汉比较翻译读本》《翻译资源与工具读本》；面向翻译学研究生的10本教材是：《语料库翻译学研究导引》《中国翻译理论研究导引》《汉语典籍英译研究导引》《语言学与翻译研究导引》《当代西方文论与翻译研究导引》《文学翻译研究导引》《英汉口译理论研究导引》《翻译学方法论研究导引》《术语翻译研究导引》《当代西方翻译理论研究导引》。

2013 年

5月，主编《30000词英汉词典》，由四川辞书出版社出版。词典既收录英语核心词汇，又扩充常用派生词和短语，能满足初高中学生及教师和其他英语学习者的查询需求。针对在学习、使用英语中的实际困难，词典中专门设有用法说明栏、同义词辨析栏，大大强化了学习功能。该词典还特别重视语词语法信息，在正文行间对单词的语法特征附加诸多提示；标明了词条的词类、词源、修辞色彩等额外语用信息，帮助读者得体地遣词造句。

2014 年

3月，主编《80000词英汉词典（全新版）》，由四川辞书出版社出版。词典收录英语核心词汇、习语和近几年产生的英语新词近8万条(含派生词),总篇幅300余万字;坚持从中国人学英语的特点出发,博采英美英语学习词典的长处,力求体例严谨,释义准确,文字简明,例证鲜活;注重收录日常用语和口语,翻译力求简明扼要,体现地道的汉语风格;针对读者难以把握的词句和语法、用法现象,设立用法说明和同义词辨析,并在正文中附加诸多语法和用法提示,为读者释疑解惑。该词典多次重印。

5月,为江苏省翻译协会主办的《翻译论坛》总第1期撰写《发刊词》。《发刊词》高屋建瓴地凝练了集刊的办刊方向与秉承的理念,指出,翻译理论是人文社会科学的组成部分,以高度的理论自觉和理论自信,打造翻译理论的中国学术话语体系,既是我国翻译学自身发展的迫切要求,也是加快我国国家文化软实力建设、促进中外文化交流、推进构筑连接"中国梦"与"世界梦"之"通天塔"的迫切要求,具有很强的理论意义和现实意义;打造具有中国特色、中国风格、中国气派的翻译学学术话语体系,是翻译界的一大时代课题,也是这份集刊的学术愿景。该集刊是由许钧教授担任主编、南京大学出版社出版的翻译类学术季刊,开创性地从宏微观角度对翻译与教学的交互发展轨迹及总体特征进行学理性的探究。

8月,主编《英汉汉英词典(全新版)》,由四川辞书出版社出版。该词典主要特色为:收词全面,收录核心词汇和新词新语;内容丰富,释义准确,例证鲜活;详解语法,同义辨析,强化学习功能。

2016 年

4月,接受陶李春访谈,以《中国术语翻译研究探微——张柏然教授访谈录》为题发表在《外语研究》2016年第2期。该访谈在翻译事业从古代、近代的精英翻译演变为大数据时代的术语管理与大众翻译的学术背景下,张柏然结合自己整整50年的科研教学经历,通过梳理中国术语翻译实践中的核心问题,阐发了时代需求和历史条件对术语翻译理论与实践的作用与影响,回答了如何深入理解术语、如何有效开展术语翻译理论与实践等问题。该访谈明确指出,术语翻译理论的建构与发展既要注重自我也要向外借鉴,关键是要怎么做好这个融合的工作。

7月,审校辛红娟、阎勇、鄢宏福译《毛姆短篇小说选》(I、II)(*Short*

Stories by Somerset Maugham），由人民文学出版社出版。该书精选毛姆短篇小说 48 篇，撰有"前言"，介绍毛姆作品汉译情况及所选作品的翻译原则。

12 月，与辛红娟合著《译学研究叩问录——对当下译论研究的新观察与新思考》，由南京大学出版社出版。张柏然将数十年来对译学研究的所思所想，以问答的形式呈现在这部书中。全书分上、中、下三编，试图在一问一答之间，或从理论的高度，对翻译理论做整体性的把握和多方位的思考；或秉持中国传统译学理论、借鉴西方译论话语，从某一特定视角出发，对所论议题进行剖析，在具体分析中去探索译学的奥秘；或以哲学、美学为纲绳，探测、挖掘翻译这一人类特殊的精神活动的丰富内涵，从一个个侧面映现出译学理论研究在艰难中探索前进的轨迹。该书认为，中国译论建设应该"坚持本来，吸收外来，面向未来"，亦即以本民族的文化和译论资源为依托，古今沟通，中西融通，打造具有中国特色、中国风格、中国气派的翻译学学术话语体系。重建中国译论，至少有这么几条道路可以探索：第一，以现代观念去整理中国的译论遗产，探究中国译论的现代价值与意义。第二，以创造性思维对西方译论流派进行借鉴与改造，在世界译论流派史上刻上中国的名字。第三，以中国文化的整体性，去整合西方片面精确的译论，使之在更高的文化层次上得以整合与优化。

2017 年

3 月，接受陶李春访谈，以《对当前翻译研究的观察与思考——张柏然教授访谈录》为题发表在《中国翻译》2017 年第 2 期。该访谈在新世纪中国文化"走出去"战略逐步推进、翻译功用与国家文化发展战略更加紧密相关的时代背景与学术框架下，呈现了张柏然对中国当前翻译研究的观察和思考。访谈指出，中国译论的现代化存在于中国译论家的持续创造之中，创造是对中国传统译论和西方译论的超越，只有把我国译论典籍研究透，确切了解中华民族历史发展进程中所创造的译论，联系 20 世纪以来翻译和译论所发生的变化，探索中西译论的异同，洞察世界译论发展的走向，才能在 21 世纪建构出"外之既不后于世界之思潮，内之仍弗失固有之血脉",既有中国特色,又有世界意义,富含当代气息的译论话语和理论体系。

5月,文集《字林微言:翻译学、词典学序跋暨学术演讲集》由南京大学出版社出版。该文集收录论者近20年间为学人所作词典学著述序跋20篇,翻译学著述序跋11篇,以及在各类翻译学、词典学会议与专题讲座中的演讲文稿16篇,文稿言约义丰地呈现了其词典编纂的孜孜以求与"翻译研究要秉持传统路向"的一贯主张。

5月26日,与许钧合撰《典籍翻译:立足本土 融合中西》,发表在《中国社会科学报》2017年5月26日第6版。文章指出,典籍翻译是向世界传播中国文化的重要载体,不仅涉及中国传统文化精髓能否为世界文化的繁荣发展提供新思路、贡献新价值,而且关系到中国能否平等参与世界文明对话。文章针对学术界共同关注的"如何通过恰当翻译,传承中华典籍的思想价值和艺术价值?""如何利用中国古典文论和译学思想资源,同时借鉴西方译论,建设典籍翻译理论?""如何通过客观、中肯的翻译批评,提高典籍翻译的质量?"等问题,提出了三大准则:1)互通有无 取长补短 和谐发展;2)突出人文 时代转换 中西融通;3)多元互补 中肯批评 参照互鉴。

5月26日,因病辞世,享年74岁。

中華譯学館·中华翻译研究文库

许　钧◎总主编

第一辑

第二辑

图书在版编目(CIP)数据

张柏然翻译思想研究 / 胡开宝,辛红娟主编.—杭州:浙江大学出版社,2022.5
(中华翻译研究文库/许钧主编)
ISBN 978-7-308-21893-1

Ⅰ.①张… Ⅱ.①胡… ②辛… Ⅲ.①张柏然—翻译理论—研究 Ⅳ.①H059

中国版本图书馆 CIP 数据核字(2021)第 216051 号

张柏然翻译思想研究

胡开宝　辛红娟　主编

出 品 人	褚超孚
丛书策划	张　琛　包灵灵
责任编辑	张颖琪
责任校对	陆雅娟
封面设计	程　晨
出版发行	浙江大学出版社
	(杭州市天目山路 148 号　邮政编码 310007)
	(网址:http://www.zjupress.com)
排　　版	浙江时代出版服务有限公司
印　　刷	杭州高腾印务有限公司
开　　本	710mm×1000mm　1/16
印　　张	24.25
字　　数	384 千
版 印 次	2022 年 5 月第 1 版　2022 年 5 月第 1 次印刷
书　　号	ISBN 978-7-308-21893-1
定　　价	78.00 元

浙江大学出版社市场运营中心联系方式　　(0571)88925591;http://zjdxcbs.tmall.com